21世纪保险学精算学系列教材

财 产 保 险

（第三版）

陈伊维　主编

南开大学出版社

天　津

图书在版编目(CIP)数据

财产保险 / 陈伊维主编. —3 版. —天津：南开
大学出版社，2021.7
　21 世纪保险学精算学系列教材
　ISBN 978-7-310-06121-1

Ⅰ.①财… Ⅱ.①陈… Ⅲ.①财产保险—高等学校—
教材 Ⅳ.①F840.65

中国版本图书馆 CIP 数据核字(2021)第 129221 号

财产保险(第三版)
CAICHAN BAOXIAN (DI-SAN BAN)

南开大学出版社出版发行
出版人：陈　敬
地址：天津市南开区卫津路 94 号　　邮政编码：300071
营销部电话：(022)23508339　营销部传真：(022)23508542
http://www.nkup.com.cn

天津市蓟县宏图印务有限公司印刷　全国各地新华书店经销
2021 年 7 月第 3 版　　2021 年 7 月第 1 次印刷
230×170 毫米　16 开本　29.5 印张　2 插页　507 千字
定价：95.00 元

如遇图书印装质量问题,请与本社营销部联系调换,电话：(022)23508339

总　序

　　南开大学是 1979 年国内保险业务恢复以后，在全国最早建立保险专业的高校。1984 年开始招收保险专业研究生，1985 年招收保险专业本科生；1988 年在国内率先招收精算研究生，培养了国内第一批精算研究生，在国内外产生了重要影响。1991 年南开大学建立了国际保险研究所，是我国综合性大学中最早设立的保险研究机构。1994 年在国内高校中率先建立风险管理专业方向。1997 年招收保险方向博士生。2004 年增设保险专业研究生的社会保障方向。目前，南开大学正与国际上的保险组织和院校积极合作培养保险专业的本科生和研究生。与此同时，在保持保险精算教育特色的基础上，南开大学积极与国际保险组织合作，引进财产保险教育体系。应当说，二十多年来南开大学保险学科的发展已取得了较大的成就，并已得到社会的认可。

　　多年来，南开大学风险管理与保险学系教师在致力于保险人才培养的同时，一直注重保险教材建设，并编写了一批在国内有影响的保险专业教材。如刘茂山教授编写的《保险经济学》，王海柱教授主编的《保险管理学》，刘茂山教授主编的《保险学原理》，江生忠教授主编的《保险会计学》，李秀芳教授主编的《保险精算》，赵春梅副教授、陈丽霞副教授、江生忠教授编写的《保险学原理》，以及我系教师参编的由原中国人民保险公司组织编写的教材《社会主义保险学》，国家人事部考试中心及中国保监会组织编写的《保险理论与实务》，原国家教委组织编写的统编教材《保险学》，中国人民银行组织编写的《海上保险》，中国精算师资格考试用书《利息理论》等。近年来，南开大学保险学系教师又出版了多本教材，如李秀芳教授编写的《寿险精算实务》、《中国寿险业资产负债管理研究》，张连增副教授编写的《风险论》，刘茂山教授主编的《国际保险学》，江生忠教授主编的《人身保险市场与营销》、《保险中介教程》、《保险经营管理学》等。此外，南开大学保险系教师还编写了多本属于保险理论前沿问题的保险专著，同样在国内保险业界产生了重要的影响。应当说，多年来南开大学风险管理与保险学系保险教材与专著的建设对于提高师资水平和教学质量，推动南开大学保险学科的发展发挥了重要的作用。

对于目前，我们之所以再编写一套"21世纪保险学精算学系列教材"，其主要原因或考虑是：

一是保险学科属于应用性学科，所以在一段时期后及时更新教材是必要的。目前我国保险专业教材建设虽然在数量上已增加不少，但有些教材的内容与保险业的快速发展相比还是略显陈旧，个别教材的内容还不能反映世界或国内保险业快速发展的现状，呈现理论与实践相脱节的现象。这不仅引起了保险业界的不满，而且保险专业的教师和学生也有同样的感觉。所以，在保险教材数量不少的情况下，写教材、出丛书尽管有可能产生微词，但我们认为还是有必要的。

二是通过丛书，系统地体现南开大学保险教育的特色。南开大学风险管理与保险学系教师虽已出版多本保险专业教材，但还没有编写一套完整的保险与精算教材丛书。通过编写系统性的教材，目的之一就是希望从整体上推动南开大学保险学科的发展。目前，虽然国内已有部分院校出版了保险专业教材的丛书，但仅是反映某些院校的保险教育状况。此外，在保险教材建设领域，在相隔一段时间增加一套丛书还是有利于保险教育的。需要指出，编写和出版丛书仅是手段而不是最终的目的。所以，我们全体编写人员已达成共识，不能为编写丛书凑数量而忽视质量，不能片面地追求丛书中各书籍在同一时间出版而形成所谓的"丛书"。当然，我们也希望在不长的时间内能完成该套丛书的编写和出版。

三是注意教材的层次化，写出理论性相对较强的教材。由于保险学科具有应用性的特征，所以目前有些保险教材往往注意教材的应用性而忽视教学的梯度或对象的差异性，以及教材使用对象的层次性。即教材的使用对象不明确，同一教材大学可以用，大专可以用，中专也可以用。事实上，随着我国保险业发展水平的不断提高和经营管理的逐步成熟，培养多层次的保险人才又重新成为保险教育界所面临的一个现实问题，设立保险专业的院校既要培养保险大专人才，也要培养保险本科生和保险硕士生，此外还需要培养高层次的保险博士生。所以，根据不同层次的保险教育编写具有不同特点的保险专业教材是必要的、合理的。此外，编写保险教材，还应把握院校教育与公司教育的差异和特点。公司在职教育固然有其特殊性和必要性，不能被院校教育所替代，而院校教育同样也应有自己的地位和特点，不能变成公司在职教育。所以在教材建设上，两者同样也不能互相替代。最后，需要指出，保险学科虽然具有实践性和应用性的特征，但这并不能否定保险学作为一个独立的学科所应具有的理论性，即使是涉及保险业务的一门教材同样存在一定的原理和理论。所以，编写院校保险教材，强调理论性是合理的。就该套丛书而言，我们的指导思想就是：该丛书的使用对象是高等院校保险专业的本科生，并强调教材的理论性。

　　参加编写该套教材的作者主要是南开大学风险管理与保险学系的教师，他们大多数人是年轻教师，具有很好的教育背景，并具有较丰富的教学经验和较强的科研能力。此外，为提高教材的质量，我们还邀请了武汉大学、中国对外经贸大学、天津财经大学、广州金融学院等其他院校的部分教师参与我们的教材编写。在编写体制上完全实行主编负责制，由主编确定大纲，组织编写人员，并最后定稿。当然，在写作过程中，为提高教材的质量，编写人员也会有些交流和沟通，并请一些相关的教师进行审阅。

　　如何进行教材建设，并写出经得起时间考验的经典或好教材，对教师来说是一个永恒的课题。所以，该套教材的推出难免还是存在这样或那样的问题，以至影响到该丛书没有达到我们的初衷。对此，敬请读者批评指正，我们不胜感激。

　　最后，我们要感谢南开大学出版社的同志，他们为该套教材的出版投入了很大的精力，对此我们深表感谢！

南开大学风险管理与保险学系主任

江生忠教授

2005 年 6 月 1 日于南开大学

第三版前言

时间飞逝，《财产保险》第二版出版至今又是 7 年过去了。在过去的这 7 年中，我国的保险市场环境已经发生了许多新的变化：2013 年 5 月，《中国第二代偿付能力监管制度体系整体框架》发布；2015 年，《中华人民共和国保险法》再次修订，同年起车险费率改革再启动；2017 年 1 月，保监会印发《财产保险公司保险产品开发指引》，对保险公司财险产品的开发作出明确的规定和指导；2018 年，中国银行业监督管理委员会（以下简称"中国银监会"）和中国保险监督管理委员会（以下简称"中国保监会"）的职责整合，组建中国银行保险监督管理委员会（以下简称"中国银保监会"）；2020 年 5 月 28 日，十三届全国人大三次会议表决通过了《中华人民共和国民法典》，该法典将于 2021 年 1 月 1 日起施行；2020 年 9 月 19 日，中国银保监会《关于实施车险综合改革的指导意见》正式实施；除此以外，财产保险产品及其销售渠道不断创新，互联网保险方兴未艾……在不断变化的背景下，我们再次对《财产保险》教材进行了修订。

本教材此次修订的主要部分是：

1. 更新内容：（1）根据最新颁布的法律法规，对第一章的数据、图表及其他相关内容进行了更新；（2）对第四章产险展业渠道进行了补充；（3）更新了第五章中利润损失保险的相关内容；（4）第六章更新了机动车交通事故责任强制保险条例的内容，并以 2020 年《中国保险行业协会机动车辆商业保险示范条款》为基础对第六章作了较大修改，同时补充了自 2015 年开始的商车费改的相关内容；（5）第十章以民法典为基础进行修改，增加了第六节环境污染责任保险，补充了安全生产责任保险、保险中介职业责任保险、董事及高级管理人员责任险的相关内容。

2. 更新了全文的数据图表，数据大多已更新至 2018—2019 年。

3．更新了保险业相关法律、法规及保险公司条款等。

在本次教材的修订中，我们特别邀请了具有财产保险公司工作经验的人员参与，以使更新的内容能够贴近保险实践。

参加本次教材修订的人员有：陈伊维、翟寅生、苏博如、王旭鹏、石秀连、李天一、唐琦、徐迎亚、袁理、杨蕉熙、陈亮。其中，陈伊维负责对全书作总纂。

需要说明的是：在本书的编写过程中，编者直接引用了《中华人民共和国民法典》等相关法律的法条；引用了一些财产保险公司的条款；参阅了一些相关教材、论文以及案例中的观点与资料。在此谨一并表示感谢。

由于水平所限，我们在写作过程中难免有疏忽或不当之处，恳请读者不吝指正。

编者

2020 年 9 月

第二版前言

　　《财产保险》第一版出版至今已过去了7年，在这7年中我国的保险市场环境发生了许多新的变化。2006年7月，机动车交通事故责任强制保险在全国实施；2009年《保险法》修订，2010年《侵权责任法》颁布并实施；保险市场主体不断增加；保险营销方式不断出新：网络保险、电话直销、保险电子商务以及交叉销售方式层出不穷……面对不断变化的新形势，财产保险业界也在不断地调整、改革。在此背景下，原版本的某些内容已显陈旧。为此我们对《财产保险》教材作了较大的修订，希望此次修订能够将最新的、最前沿的内容介绍给学生。

　　此次本书修订的主要部分是：

　　1．新增第九章农业保险。

　　2．更新内容：（1）在第一章中新增有关保险监管的内容。（2）根据《保险法》的相关规定，对第四章准备金的内容作了调整。同时对有关财产保险展业、承保、理赔的内容作了较大修正。（3）在第六章中补充了交强险的相关内容，并以2012年中国保险行业协会机动车辆商业保险示范条款为基础对第六章作了较大修改。

　　3．更新了数据，数据大多已更新至2010—2011年。

　　4．更新法规、法条以及保险条款。

　　为了使教材更贴近实践，在本次教材的修订中，我们特别地增加了既具有保险硕士学位又具有财产保险公司工作实践经验的修订人员，以使教材更新的内容能够真正与保险实践紧密联系。

　　参加本次教材修订的人员有：陈伊维、薛磊、魏巍、刘珊、于新亮。陈伊维对全书作了总纂，并对一些章节作了较多增删。

需要说明的是，在本书的编写过程中，编者直接引用了 2009 年版《保险法》、《侵权责任法》等相关法律的法条；引用了一些财产保险公司的条款；参阅了一些相关教材、论文以及案例中的观点与资料，在此谨向作者表示感谢。

由于我们的水平所限，本书在写作过程中难免有疏忽或不当之处，恳请读者指正。

编者
2013 年 3 月

前　言

　　2003 年 10 月，我国《保险法》修订之后保险市场发生了诸多变化：条款、费率的制定权被交给保险企业；产险公司可以经营意外伤害保险及健康保险业务，新的险种层出不穷……与此同时，国际保险市场也在发生着变化：金融保险领域的兼并、合作浪潮此起彼伏，"东方国家保险公司不会破产"的神话已被打破……在这一背景下我们编写了这本新教材，力图将产险领域最新的变化、最新的研究成果介绍给学生。

　　本书的主要特点是：

　　1. 系统性、全面性。本书系统地阐述了财产保险的基本原理和基本内容，在写作的过程中注意博采众长。

　　2. 实用性。本书不仅对国内财产保险的一些主要险种条款进行解释，对财产保险实务进行说明，而且辅以许多案例加以分析，以提高学生的分析和解决问题的能力。

　　3. 前沿性。本书用一定的篇幅对国际、国内保险业发展的最新动态进行了介绍，并阐述了国际上保险业发达国家财产保险的主要险种及其做法，以便为学生们打开一扇了解世界保险业的窗口。

　　同时我们针对学生普遍缺乏对具体险种条款了解的情况，在具体险种的讲授开始以后，辅以保险公司的相应条款，以加强学生对财产保险的感性认识。

　　参加本书编写的人员有：陈伊维、朱航、魏巍、李娟、谭颖、王晖、高志强、段镇涛。陈伊维对全书作了总纂，并对一些章节作了较多增删。由于编著者水平有限，而财产保险领域又处在不断变化之中，书中难免有疏忽或不当之处，恳请读者指正。

编者

2005 年 4 月

目　录

第一章　财产保险基础 1

第一节　财产保险的特征及作用 1

第二节　财产保险的分类 10

第三节　我国的财产保险 18

第四节　国际非寿险发展的现状与发展趋势 29

附一　互联网消费保险 41

附二　宁波市保险创新 44

第二章　财产保险合同 48

第一节　财产保险合同的特征 48

第二节　财产保险合同的订立、变更及终止 54

第三节　财产保险合同形式 65

第四节　财产保险合同要素 69

第三章　财产保险遵循的基本原则 80

第一节　最大诚信原则 80

第二节　保险利益原则 85

第三节　损失补偿原则 90

第四节　代位原则 93

第五节　分摊原则 98

第六节　近因原则 101

第四章　财产保险业务经营 107

第一节　财产保险公司的损益构造 107

第二节　财产保险业务的费率制定与财务稳定性 115

第三节　财产保险公司的展业与承保 128

第四节　财产保险理赔 138

第五章　火灾保险 144

　第一节　火灾保险概述 144

　第二节　英美国家的火灾保险 148

　第三节　日本的火灾保险 155

　第四节　企业财产保险 159

　第五节　利润损失保险 172

　第六节　家庭财产保险 181

　附一　××保险公司财产综合险条款 192

第六章　运输工具保险 204

　第一节　汽车保险 204

　第二节　船舶保险 239

　第三节　飞机保险 247

　附一　机动车交通事故责任强制保险条例 255

　附二　中国保险行业协会机动车辆商业保险示范条款（2020 版）.......261

　附三　中华人民共和国海商法（节选）......................280

第七章　国内货物运输保险 288

　第一节　货物运输保险的基本特征 288

　第二节　货物运输保险的内容 291

　附一　国内水路、陆路货物运输保险条款（2009 版）......310

第八章　工程保险 315

　第一节　工程保险概述 315

　第二节　建筑工程保险 320

　第三节　安装工程保险 334

　第四节　机器损坏保险 339

　附一　××保险公司建筑工程一切险条款 342

　附二　××保险公司安装工程一切险条款 347

第九章　农业保险 356

　第一节　农业保险概述 356

　第二节　种植业保险 361

　第三节　养殖业保险 367

　附一　××保险公司小麦种植保险条款 371

第十章　责任保险 379

第一节　责任保险概述 379

第二节　公众责任保险 389

第三节　产品责任保险 395

第四节　雇主责任保险 401

第五节　职业责任保险 407

第六节　环境污染责任保险 412

附一　××保险公司公众责任保险条款 416

第十一章　信用、保证保险 424

第一节　信用保险 424

第二节　保证保险 437

附一　××保险公司短期出口贸易信用保险条款 445

第一章　财产保险基础

学习目的：

通过本章的学习，应掌握财产保险的基本概念；了解财产保险的特征与作用；掌握国际财产保险市场的发展现状，把握财产保险发展的趋势。

第一节　财产保险的特征及作用

一、财产保险的基本概念

财产是金钱、财物以及民事权利义务的总和。按所有权划分，可以分为国有财产、集体财产和私有财产；按存在形式划分，可以分为有形财产和无形财产；按民事权利义务关系划分，可以分为积极财产和消极财产。

财产保险是经济学领域中保险学科的一个重要组成部分，属于社会科学的范畴，而社会科学，是在一定的社会历史条件下形成和发展起来的，必然带有明显的时代痕迹。所以，有关社会科学领域的定义，必然会反映这种社会活动或行为的自然属性及社会属性。离开了自然属性，不可能反映其本质与内涵，而离开了社会属性，也不可能揭示其存在的社会价值。保险业是商品经济发展到一定阶段的产物，保险业产生的社会基础是商品经济的存在，自然基础是商品经济发展过程中社会财富所面临的不可预测的意外损失。因此，财产保险的定义应该能准确地反映财产保险的自然属性和社会属性，可高度概括财产保险作为一种经济行为存在和发展的本质。这样通过财产保险的定义，人们可从感性上了解财产保险的基本作用，明晰财产保险运动的大致轮廓；从理论上认识财产保险的自然和社会属性，把握财产保险运动的实质内容。

财产保险是以财产及其相关的利益和损害赔偿责任作为保险标的，以补偿被保险人的经济损失为基本目的的保险。这里所说的财产泛指一切可以用货币衡量其价值的财产，利益是指由于财产价值和人类社会行为的变化对于当事人的经济活动所产生的实际影响，赔偿责任则是指因被保险人的过失或疏忽造成他人人身伤害与财产损失时所应承担的责任。财产保险保障的范围非常广泛，其标的包括各种动产、不动产、在产品、产成品、预期利润、运费、信用、责任等。

财产保险有广义和狭义之分。广义的财产保险包括财产损失保险、信用保险、保证保险等；狭义的财产保险则仅指财产损失保险，其保险标的是各种具体的财产物资，包括火灾保险、运输工具保险、货物运输保险、工程保险、农业保险等。同时，由于财产有有形与无形之分，故而财产保险又可区分为有形财产保险与无形财产保险。有形财产保险所涵盖的内容与狭义的财产保险基本一致，无形财产保险所保障的则是被保险人的利益和责任，如责任保险、信用保险。广义的财产保险包括有形财产保险与无形财产保险两大部分。

关于财产保险的概念，应注意从以下几个角度把握。

首先，财产保险属于商业保险范畴，因此，保险的基本原理、原则和要素等同样适用于财产保险。

其次，财产保险的保险标的必须是可以用货币衡量或标定价值的财产或利益。无法用货币衡量价值的财产或利益，由于无从确定其保险利益，不能成为财产保险的保险标的，如矿藏、河流等。

再次，财产保险所提供的是风险保障。作为社会经济的稳定器，财产保险的核心内容是对可以用货币衡量或标定价值的财产或利益提供风险保障，这既反映了财产保险的基本功能，也揭示了财产保险的自然属性。要认识财产保险的运作过程必须紧密围绕"提供风险保障"这一关键点。

最后，损失分摊原则是财产保险运行的基础。

二、财产保险的产生与发展

（一）古代的财产保险思想与财产保险形态

谋求经济生活的安定是人类与生俱有的本性，也是人类社会进化、进步的原动力。保险思想的萌生也是源于这种原动力。

人类社会从产生伊始就面临着自然灾害和意外事故的侵扰，在与大自然抗争的过程中，古代人们就萌生了对付灾害事故的保险思想和原始形态的保险方法。

1. 我国古代的保险思想与保险形态

我国是最早发现风险分散这一保险基本原理的国家。早在三千多年前，中国商人即将风险分散原理运用到货物运输中。当时扬子江上的帆船商人，已经体会到老祖母们不把鸡蛋放置在一个篮子里携带的道理，在扬帆运货于激流的过程中，为了尽可能地减少损失，他们注意不将个人的全部货物集放于一船，以分散风险。

我国历代王朝都非常重视积谷备荒。春秋时期孔子"耕三余一"的思想就颇有代表性。孔子认为，每年如能将收获粮食的 1/3 积储起来，这样连续积储 3 年，便可存足 1 年的粮食，即"余一"。如果不断地积储粮食，经过 27 年可积存 9 年的粮食，就可达到太平盛世。我国在周朝就已经建立起各级后备仓储，到战国以后，已逐步形成仓储制度，如魏有"御廪"，韩有"敖仓"；汉代有"常平仓"；隋朝有"义仓"；宋朝有"社仓"。

另外，我国古代的镖局也可看作在特定历史条件下形成的中国特有的原始保险形式，其承办手续与现代保险大致相同。

2. 国外古代的保险思想与保险形态

国外最早的保险思想产生于处在东西方贸易要道上的古代文明国家，如古巴比伦、古埃及、古罗马、古希腊等。据英国学者托兰纳瓦在《保险起源及早期历史》一书中论证："保险思想发源于古巴比伦，后来传至腓尼基（今黎巴嫩境内），再传入希腊。"

《汉谟拉比法典》是一部有关保险的最早的法规。据史料记载，公元前 2500 年前后，在西亚两河（底格里斯河和幼发拉底河）流域的古巴比伦王国，国王曾下令僧侣、法官及村长等对他们所辖境内的居民收取税金，以备火灾及其他天灾救济之用。到了公元前 2250 年左右，其第六代国王汉谟拉比在所颁布的《汉谟拉比法典》中更为明确地体现了保险思想，该法典中有这样一条规定：沙漠商队在运输货物途中若马匹死亡、货物被截或发生其他损失，经宣誓证明并无纵容或过失等，可免除其个人之债务，损失由商队全体共同承担。这一规定在 2000 年后传至腓尼基，扩充适用于对"船舶"与"货物"的保障。

（二）近现代财产保险的形成与发展

1. 海上保险

海上保险在各类保险中起源最早、历史最长。正是海上保险的发展，带动了整个保险业的繁荣与发展。

人类历史的发展，一直与海洋密不可分。海上贸易的获利与风险是共存的，在长期的航海实践中逐渐形成了由多数人分摊海上不测事故所致损失的方式——共同海损分摊。在公元前916年《罗地安海商法》中就明确规定："为了全体利益，减轻船只载重而抛弃船上货物，其损失由全体受益方来分摊。"在罗马法典中也提到共同海损必须是在船舶获救的情况下，才能进行损失分摊。共同海损被认为是海上保险的萌芽。

现代海上保险是由船货抵押借款制度逐渐演化而来的。船货抵押借款在公元前800—公元前700年间在古希腊雅典一带流行，在中世纪盛行于意大利及其他地中海沿岸国家。船货抵押借款的基本做法是：为解决航海所需资金，在航行之前船东和货主以船舶、货物作抵押向高利贷者取得抵押借款，资金的归还日期为船舶到达目的地以后。倘在航行途中发生意外，船东可根据损害程度免除部分或全部债务，由债权人承担船货损失风险。而如果船货安抵目的地，船东必须归还本金及议定的利息（当时此种借贷的利率水平非常高，有人认为高达12%，也有人认为高达36%，而当时的普通借贷利率为6%）。船货抵押借款具有保险的性质与特征，债权人相当于保险人；船东在借贷的同时也购买了保险，其支付的高额利息相当于现代保险的保费；而遇难船舶的船东无需返还的部分或全部借款相当于现代保险的赔款。但后来由于利率水平太高，船货抵押借款被法律禁止。船货抵押借款被认为是海上保险的雏形。

在14世纪以后，海上保险的做法已在意大利商人中间开始流行。1384年，在佛罗伦萨诞生了世界上第一份具有现代意义的保险单。这张保单承保一批从法国南部阿尔兹运抵意大利比萨的货物。在这张保单中有明确的保险标的，明确的保险责任，如"海难事故，其中包括船舶破损、搁浅、火灾或沉没造成的损失或伤害事故"。在其他责任方面，也列明了负责"海盗、抛弃、捕捉、报复、突袭"等所带来的船舶及货物的损失。15世纪以后，新航线的开辟使大部分西欧商品不再经过地中海，而是取道大西洋。在16世纪，英国商人从外国商人手里夺回了海外贸易权，积极发展贸易及保险业务。到16世纪下半叶，经英国女王特许，在伦敦皇家交易所内建立了保险商会，专门办理保险单的登记事宜。1720年，经女王批准，英国的"皇家交易"和"伦敦"两家保险公司正式成为经营海上保险的专业公司。

1688年，劳埃德先生在伦敦塔街附近开设了一家以自己名字命名的咖啡馆，为在竞争中取胜，劳埃德慧眼独具，发现可以利用国外归来的船员经常在咖啡馆歇脚的机会，打听最新的海外新闻，进而将咖啡馆办成一个发布航讯消息的中心。由于这里海事消息灵通，每天富商满座，保险经纪人利用这一时机，将承保便条递给每个饮咖啡的保险商，由他们在便条末尾按顺序签署自己的姓名及承保金额，直到承保金额总数与便条所填保险金额相符为止。随海上保险不断发展，劳埃德承保人的队伍日益壮大，影响也不断扩大。1871 年，英国议会正式通过一项法案，使它成为一个社团组织——劳合社。目前其承保范围已不局限于海上保险。

2. 火灾保险

现代火灾保险的起源可以追溯到 1118 年冰岛设立的"黑瑞甫"社（Hrepps），该社对火灾及家畜死亡损失承担赔偿责任。

17 世纪初，德国盛行互助性质的火灾救灾协会制度。1676 年，46 个火灾救灾协会合并并宣告成立了第一家公营保险公司——汉堡火灾保险局。但真正意义上的火灾保险是在伦敦大火之后发展起来的。

1666 年 9 月 2 日，伦敦约翰·法里塔的皇家面包房因烘炉过热起火，窜出的火苗引燃了附近的斯塔客栈院中的干草堆，大火冲天。这次大火整整烧了五天，当时伦敦市内 448 亩①地域中的 373 亩成为瓦砾，占伦敦面积的 83.26%，13200 户住宅被毁，财产损失 1200 多万英镑，20 多万人流离失所，无家可归。灾后的幸存者非常渴望能有一种可靠的保障，来对火灾造成的损失提供补偿。在这种情况下，聪明的牙医巴蓬于 1667 年独资设立了一家营业处，专门办理住宅火险，开创了近代火险的先河。1680 年他又同另外三个志趣相投的人集资 4 万英镑，成立了火灾保险营业所，1705 年更名为菲尼克斯即凤凰火灾保险公司。在巴蓬的主顾中，相当部分是伦敦大火后重建家园的人们。巴蓬的火灾保险公司根据房屋租金计算保险费，并且规定木结构的房屋比砖瓦结构房屋的保费要增加一倍。这种依房屋危险情况分类进行保险的方法是现代火险差别费率的起源。这一时期的火灾保险组织形式多为相互保险。

火灾保险成为现代保险，在时间上与海上保险差不多。1710 年，查尔斯·波文创立了太阳保险公司，不仅承保不动产还承保动产，营业范围遍及全国。18 世纪末到 19 世纪中期，英、法、德等国相继完成了工业革命，机器生产代替了原来的手工操作，物质财富大量集中，这使人们对火灾保险的需求也更为迫切。火灾保险发展异常迅速，其组织形式由股份公司取代了相互保险组织。进入 19 世纪，在欧洲和美洲，火灾保险公司大量出现，承保能力有了很大提高。如 1871 年芝加哥一场大火造成 1.5 亿美元的损失，其中保险公司赔付达

---

① 1 亩≈0.667 平方公里

1 亿美元，可见当时火灾保险的承保面之广。随着人们的保险需求不断变化，火灾保险所承保的风险也在日益扩展，承保责任由单一的火灾扩展到地震、洪水、风暴等非火灾危险，保险标的也从房屋扩大到各种固定资产和流动资产。在 19 世纪后期，随着帝国主义的对外扩张加剧，火灾保险传到了发展中国家和地区。

三、财产保险的特征

与人身保险相比较，财产保险的最鲜明特征是其具有补偿性。具体来讲，财产保险具有如下特征。

（一）保险标的具有可估价性

人身保险的保险标的是人的寿命和身体。人的寿命是一个抽象的概念，当其作为保险保障对象时，以生存和死亡两种状态存在；以人的身体作为保险保障对象时，则以人的健康、生理机能和劳动能力等状态存在。无论是人的寿命还是身体，都无法用货币来度量其价值，因此具有不可估价性。

与人身保险标的不同，财产保险的保险标的的价值是可以确定的，即具有可估价性。对于有形财产而言，其本身就有客观的市场价；对于无形财产而言，投保人对其具有的经济利益也必须是确定的、可以用货币来估算的，否则不能作为保险标的。

（二）保险金额依对标的的估价而确定

人身保险的保险金额由合同双方当事人约定。由于人身保险的保险标的没有保险价值，因此其保险金额的确定不是在对保险标的的估价的基础上确定的，而是由投保人根据被保险人对人身保险的需要和投保人缴纳保险费的能力，在法律允许的条件下，与保险人协商确定。

财产保险的保险金额依据对保险标的的估价而确定。由于财产保险的保险标的本身具有保险价值，因此保险金额是在对保险标的的估价的基础上确定的。保险金额可以根据标的的市场价确定，也可以按照账面价或重置价确定。

（三）保险金的赔偿遵从补偿原则

在被保险人因为意外事故或疾病的发生造成伤残或死亡时，其伤残程度难以用货币进行衡量，同样被保险人生命的价值更难以用货币衡量。因此，在人身保险事故发生后，保险人按照保险合同的约定给付保险金，即人身保险是给付性保险。

而财产保险则是补偿性保险。财产保险保险标的的损失可以用货币来衡量，在保险事故发生后，保险人对被保险人的赔偿遵循损失补偿原则。即在保险金额限度内，按照保险单约定的赔偿方式，损失多少，赔偿多少，被保险人最终不能获得超过实际损失的额外利益。

（四）保险期限较短

人身保险，特别是人寿保险，其保险期限一般较长。也正因为其保险期限长，使人身保险既具有保障性，又具有储蓄性。人身保险采用年度均衡保费制，保险费多为按年度分期缴纳；保险人每年都有比较稳定的保险费收入，其形成的保险基金可进行中长期投资。

财产保险与人身保险不同，其保险期限一般为一年或一年以内。由于期限短，在保险实务中要求投保人投保时一次性交清保险费，保险费不计利息；其形成的保险基金不能作为保险人中长期投资的资金来源；财产保险一般不具有储蓄性，保险单也没有现金价值。

四、财产保险的功能

财产保险作为一种商业活动，必须在社会经济活动中通过自身的社会功能体现其存在的社会价值和社会意义。财产保险除了具有商业保险的基本社会功能以外，还具有特有的社会功能。

（一）保障整个社会经济生活的安定

无论是固定的还是运行中的或是建造中的财产，都可能会由于自然灾害、意外事故而受损，而财产保险是以提供补偿的方法达到社会生产持续不断发展及安定人民生活的目的，从而保障社会经济稳步发展和人民生活安定。

（二）分散危险

对于难以预测的危险事件的发生，可以运用保险功能，通过保险费把集中的危险分散给大家，同时又可以用固定的小额保费支出来弥补不固定的损失。化集中为分散，化不固定为固定，化大为小，这是财产保险的原理和功能所在。

（三）合理负担

保险公司对各种危险按什么标准收费是经过了大量调查研究所产生的结果，是根据长期积累下来的对各种灾害事故造成损失的统计资料，研究发生损失的原因及其规律，按不同危险分别制定出不同的费率，据以收取保费的。这对于每一个负担保费的被保险人来说是科学的、合理的，体现了分担公平、共同互助的性质。

五、财产保险的作用

（一）财产保险的微观经济作用

1. 对家庭和个人的作用

财产风险的客观存在，会使人们产生恐惧感，影响其工作效率和生活质量；同时，灾害事故一旦发生，必然会造成财产损失，有可能使家庭和个人的生活陷入困境。而财产保险可以为家庭和个人的财产提供保险保障，解除人们的后顾之忧，保障生活的安定。

2. 对企业的作用

企业的生产经营活动可能因灾害事故的发生而停顿，企业不仅可能遭遇直接的财产损失，而且受灾后利润可能难以实现，甚至会导致原有合同无法履行，从而影响企业的信用。而如果企业参加了各种财产保险，将未来不确定的损失转变为固定的小额保费支出，则可以有效地保障企业的财产安全，实现企业的利润，提高企业的信誉，促进企业的发展。

（二）财产保险的宏观经济作用

1. 促进社会再生产的顺利进行

在任何社会形态下，保持各生产部门之间合理的比例关系，是社会再生产过程持续进行的必要条件。但是，自然灾害和意外事故的发生，会使社会再生产过程中的这种合理的比例关系失衡，从而使再生产这一本应连续不断的运动过程中断，并造成连带损失。也就是说，对生产单位而言，这些风险不仅会造成生产单位本身的损失，而且会造成相关生产单位的连带损失。而通过财产保险业务的开展，可以帮助受灾单位迅速恢复正常的生产经营，从而保障各生产部门合理的比例关系。财产保险虽然不能避免灾害事故的发生，却可以减轻或消除这种破坏对社会生产的影响，为再生产的顺利进行提供保障。可以说，财产保险所带来的总效益，将远远大于其补偿总额。

2. 保障社会稳定

公民个人和家庭生活安定是社会稳定的基础。但在社会生活中，人们会面临各种风险，如财产损失风险、信用风险，同时交通事故、产品责任事故的发生也会造成受害人的财产损失或人身伤亡。各种财产损失保险、责任保险、信用保证保险能对受害人提供及时的经济补偿，消除各种不安定的因素，从而促进社会的稳定。

3. 有利于科技进步

科学技术是第一生产力，科技的应用有利于劳动生产率的提高。但任何一项科技的发明和应用，都要冒较大的风险。有财产保险作后盾，可使风险得以分散，从而有利于科技的推广应用。如卫星保险、航空保险、核电站保险等都为这些领域的发展发挥了明显的保障作用。

4. 保障社会财富的安全

保险公司在经营财产保险业务中，为了减少保险标的的损失，降低赔付率，必然要开展防灾防损工作。例如：参与社会的防灾防损活动；随时检查保险标的的安全状况，督促被保险人做好防灾工作；当保险事故发生时，督促和配合被保险人采取施救措施，以减少保险财富的损失。保险公司通过以上一系列手段，客观上起到了减少社会财富损失，保障社会财富安全的作用。

5. 促进对外贸易和国际经济交往，平衡国际收支

在国际贸易中，无论是进口商品还是出口商品，都必须办理保险，货物成本、保险费和运费已经成为国际贸易中商品价格的不可缺少的组成部分。我国实行对外开放政策以后，同世界各国的经济技术合作日益增多，对外贸易、技术引进、中外合资和外资企业、相互提供劳务、科学技术交流等迅速发展，而各种涉外保险业务的开展，对促进对外贸易和国际经济交往起到了积极作用。目前，许多国家的外汇保费收入已成为一项重要的非贸易外汇收入，成为国家积累外汇资金的重要来源。即财产保险对于平衡一国国际收支具有积极作用。

6. 有利于商品流通的顺畅

在市场经济中，保持商品流通的顺畅对社会再生产持续进行及人们生活的安定具有重要作用。但是，商品流通会遭受因自然灾害和意外事故等因素所导致的各种风险损失。比如，商品在储存期间，会因仓库失火或遭受洪水而受损；商品在运输工程中会因装卸事故或途中失火、遭受暴雨等原因而受损。财产保险可保持商品流通的正常进行。

7. 有助于财政收支计划和信贷收支计划的顺利实现

自然灾害和意外事故发生后所导致的损失，都将或多或少地造成财政收入的减少或银行信贷归流的中断，同时还会增加财政和信贷的支出，从而给国家宏观调控带来困难。然而，如果企业参加了财产保险，财产损失可以得到及时的补偿，使恢复生产经营有了可靠的资金保障。而生产经营一旦恢复正常，就保证了财政收入的基本稳定，银行信贷也就能得到及时的清偿或重新获得物资保证。同时，受灾企业由于得到了保险经济保障，可以减轻甚至无须财政和银

行信贷支持。由此可见，保险对财政收支平衡和信贷收支平衡发挥着重要的保障作用。

第二节　财产保险的分类

财产保险有多种分类方法，这里我们主要介绍按保险保障范围进行分类的财产保险。

按照保险保障范围，财产保险可以分为财产损失保险（狭义的财产保险）、责任保险和信用保证保险三大部分。

一、财产损失保险

财产损失保险的标的是各种有形的财产。主要险种包括以下几种。

（一）火灾保险

1. 企业财产保险基本险及综合险

这两个险种所保障的对象是企业、机关、事业单位及社团的存放地点相对固定的处于相对静止状态的财产。

基本险和综合险的保险标的包括可保财产和特约财产。可保财产包括属于被保险人所有或与他人共有而由被保险人负责的财产；由被保险人经营管理或替他人保管的财产；以及法律上承认的与被保险人有经济利益关系的财产。特约财产则是指那些被保险人须与保险人特别约定，并在保险合同上予以明确的财产。

基本险及综合险均采取列明风险方式确定保险责任，也就是说，保险人仅对保险标的遭受保险合同中所列明的灾害事故造成的损失承担赔偿责任。综合险承担的风险责任范围要比基本险风险责任宽，费率也高于基本险费率。

此外，投保人还可以根据自己的需要在投保了基本险或综合险的基础上购买附加险。

2. 利润损失保险

该险种在英国保险市场上通常被称为利润损失保险或灾后损失保险，在美国保险市场上则被称为营业中断保险或毛收入保险。

利润损失保险对传统财产保险中不予承保的间接后果损失提供经济保障。承保由于火灾等自然灾害或意外事故使被保险人在一个时期内停产、停业或营业受到影响所造成的间接经济损失，这里的经济损失包括利润损失和受灾后在营业中断期间仍需支付的必要费用。

目前利润损失保险在我国被作为一项附加险开办，依附在财产基本险或财产综合险基础上。即只有当被保险人投保了财产基本险或综合险后，保险财产遭受了保险合同中所列明的保险事故并造成了损失的情况下，保险人才负责赔偿被保险人由此所蒙受的利润损失。

3. 家庭财产保险

家庭财产保险承保个人或家庭所拥有的财产，以及代他人保管或与他人所共有的财产。私营企业主所拥有的财产不能投保该保险。家庭财产保险主要有普通家庭财产保险、两全家庭财产保险、投资类家庭财产保险等险别。

普通家庭财产保险对被保险人的财产因遭受保单列明的保险事故所造成的损失承担赔偿责任。

两全家庭财产保险的可保财产范围、保险责任与普通家庭财产保险相同，不同之处仅在于，两全家庭财产保险的投保人所交纳的并非保险费而是保险储金。在保险期间内，无论被保险人是否得到过保险赔偿，保险人都将返还投保人所交纳的保险储金。实际上，两全家庭财产保险的保费来自投保人所交纳的保险储金所产生的利息。

两全家庭财产保险是一个具有双重功能的险种，因其既具有保险的经济补偿功能，又具有到期还本的功能，故被称为"两全保险"。

投资类家庭财产保险则是在传统的两全保险基础上，增加了投资功能。在保险期满后，无论被保险人是否得到过保险赔偿，保险人除了要返还其本金外，还提供固定回报，且回报率高于同期银行存款利率。

（二）汽车保险

汽车产生于 19 世纪末，汽车工业目前已经成为一个重要的经济支柱产业，汽车在社会经济和人们的日常生活中正在发挥着越来越重要的作用。汽车保险也因此在财产保险中居于举足轻重的地位，在当今世界财产保险市场上，汽车保险的保险费约占世界非寿险保费收入的 60% 以上。汽车保险是财产保险中竞争异常激烈的领域。

汽车保险一般有车辆损失保险和第三者责任险两个基本险。车辆损失险以汽车本身作为保险标的；第三者责任险则以被保险人对第三者依法应承担的民事法律责任作为保险标的。此外，汽车保险还可承保一些附加险，如盗窃险、车辆玻璃单独破碎险等。

车辆损失险主要负责被保险人的车辆在行驶或停放期间遭受自然灾害或意外事故所导致的损失。车辆损失险有这样一个特点：在保险有效期内，不论被保险人发生一次或多次保险责任范围内的损失，只要每次的赔偿金额与免赔额之和未达到保险金额，则保险合同仍然有效，保险人仍需对保险事故所导致的损失承担赔偿责任。

汽车第三者责任险是指被保险人及其被保险人允许的合格驾驶人员在使用保险车辆的过程中发生意外事故，致使第三者遭受人身伤亡或财产的直接损毁，依法应当由被保险人支付的赔偿金额，由保险人依照保险合同的规定给予赔偿。

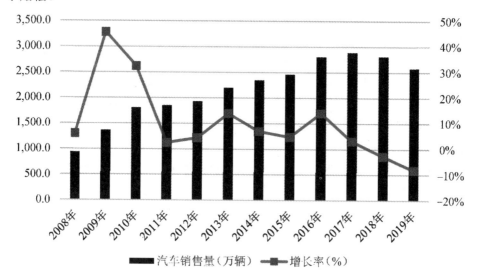

图 1-1　2018—2019 年中国汽车销售情况一览表

数据来源：由中国汽车工业协会网上发布数据整理得到。

我国自 2006 年 7 月开始实施机动车交通事故责任强制保险，极大地刺激了汽车保险投保率的攀升，同时也带动了汽车销售量的大幅增长，但 2015 年车险费率改革的启动，使得汽车保险保费的增速放缓，汽车销量的增速也随之下降（见图 1-1），汽车保险在各财险公司保费占比开始有所下降，但依然维持在 60% 以上。

（三）工程保险

工程保险的历史较短，至今只有一百多年的历史。工程保险是财产保险和责任保险相结合的综合性保险。承保工程期间内因工程遭遇保险事故造成的物质损失及对第三者的人身伤害与财产损失所承担的赔偿责任。根据工程项目的不同，工程保险又分为建筑工程保险和安装工程保险两大类。

1. 建筑工程保险

建筑工程保险简称建工险，主要承保各项土木建筑工程在整个建筑期间因发生保险事故造成被保险工程项目的物质损失及被保险人对第三者人身伤害及财产损失承担的经济赔偿责任。

2. 安装工程保险

安装工程保险简称安工险，主要承保储油罐、起重机、吊车、钢结构工程等机器和设备在安装过程中因自然灾害和意外事故所造成的损失，包括所负责安装工程的物质损失、费用损失和对第三者损害的赔偿责任。

（四）航空保险

航空保险虽然属于财产保险的范畴，但它与海上保险、汽车保险一样，在国际保险市场上通常单独命名。航空保险是一个统称，保障的范围包括一切与航空有关的风险。以财产为保险标的的航空保险主要有飞机保险、航空运输货物保险两种。以责任为保险标的的航空保险则有旅客责任保险、飞机第三者责任保险、机场责任保险等。

飞机保险最初是以飞机作为保险标的的保险。由于飞机失事会涉及所载乘客、货物、第三者的损害赔偿问题，所以飞机保险早已发展成为一揽子保险。飞机保险有基本险和附加险之分。飞机保险的基本险包括机身险、飞机旅客法定责任保险、第三者责任保险。

飞机保险的附加险有飞机战争险、劫持险。承保由于战争、敌对行为或武装冲突、扣押、没收、劫持和被第三者破坏等原因造成保险飞机的损失、费用以及被保险人应对第三者或旅客承担的经济赔偿责任。在我国国内飞机保险与汽车保险一并称作运输工具保险。

航空运输货物保险承保使用飞机载运的货物在空运途中因自然灾害、意外事故或外来原因所造成货物的损失。在我国，航空运输货物保险包括航空运输险和航空运输一切险两个险别，共属于货物运输保险。

（五）海上保险

海上保险也称水险，是以保险标的发生风险的地域命名的。由于财产所面临风险产生于海上，所以称之为海上保险。海上保险对由于自然灾害和意外事故所造成的海上财物、费用的灭失或损害，以及因海上事故引起的责任赔偿，由保险人提供经济保障。海上保险的险别主要有：海洋货物运输保险、船舶保险、海上石油开发保险等。

1. 海洋货物运输保险

该保险承保海运途中因自然灾害、意外事故所造成货物的损失。我国的海洋货物运输保险的保险责任条款与国际保险市场上的条款基本相同。海洋货物运输保险包括基本险和附加险。基本险主要承保因自然灾害和意外事故所造成货物的灭失与损坏；附加险承保因一些特定的外来风险所造成货物的损失。我国海洋货物运输保险的基本险别包括平安险、水渍险和一切险。

海洋货物运输保险提供很多附加险，投保人可以在投保了基本险的基础上，根据自己的需要任意选择一种或几种附加险投保。海洋货物运输保险的附加险有三大类：一般附加险、特别附加险、特殊附加险。

2. 船舶保险

该保险的保险对象为各类型的船舶和各种水上浮动装置，险别包括全损险和一切险。

3. 海上石油开发保险

该保险承保在海上石油开发过程中的钻前普查勘探、钻井钻探、建设和生产阶段中所遭受风险的损失。该险种是一种技术复杂、风险巨大的综合性专业保险。

（六）货物运输保险

货物运输保险以运输中的货物作为保险标的，对因自然灾害和意外事故造成的货物损失承担赔偿责任。根据货物的不同运输方式，货物运输保险可分为海洋货物运输保险、航空货物运输保险和陆上货物运输保险三大类。

（七）农业保险

农业保险是以种植业和养殖业为保险标的，对其在生长、哺育、成长过程中遭受自然灾害和意外事故所造成的经济损失提供经济补偿的保险。

农业保险可分为种植业保险和养殖业保险两大类。种植业保险包括生长期农作物保险、收获期农作物保险、森林保险、经济林和园林苗圃保险。养殖业保险主要包括畜禽保险、水产养殖保险。

农业保险的风险较大，从事农业生产的经济收入较低，但农民又非常需要农业保险，因此不适宜采用商业保险的经营方式来经营。在许多国家农业保险或者是由国家或地方政府开办，或者对开办者予以政策性的支持。在我国已出现了专营农业保险的保险公司。

二、责任保险

责任保险，是以被保险人对第三者依法应负的民事损害赔偿责任作为保险标的的保险。

责任保险起源于 18 世纪末，于 20 世纪 50 年代得以迅速发展，现已成为财产保险市场上的重要险种之一，在美国等发达国家其业务量已占据产险业务的三分之一左右。

责任保险承保的是被保险人依法对受害人应承担的民事损害赔偿责任，即民事赔偿法律责任。民事赔偿法律责任有侵权责任和违约责任之分。侵权责任，是指行为人因侵害他人合法或自然的财产权利或人身权利而依法应承担的民事损害赔偿责任。侵权责任又可分为过错侵权责任、无过错侵权责任、故意侵权责任。责任保险只承保过错侵权责任和无过错侵权责任。

责任保险既可以作为财产保险的附加险承保，也可以出立单独的保单承保。以独立保单方式承保的责任保险主要包括公众责任保险、产品责任保险、职业责任保险、雇主责任保险四大类。

（一）公众责任保险

公众责任保险又称普通责任保险或综合责任保险，其应用范围极为广泛，主要承保企业、机关、团体、家庭、个人以及各种组织在固定的场所因被保险人的疏忽、过失行为而造成他人的人身伤害或财产损失，依法应由被保险人承担的经济赔偿责任。

公众责任保险主要有场所责任保险、个人责任保险等险别。

场所责任保险是公众责任保险中业务量最大的险别，承保被保险人的固定场所（包括房屋、建筑物及其设备、装置等）因管理不善，或被保险人在被保险场所内进行生产经营活动时因疏忽发生意外事故造成他人的人身伤害或财产损失的经济赔偿责任。该险适用于商店、办公楼、旅馆、影剧院、公园、游乐场、学校等公共活动场所。

个人责任保险承保自然人或家庭成员由于其作为或不作为而对他人的身体或财产造成损害依法应负的经济赔偿责任。在国际保险市场上，个人责任保险又可分为综合个人责任保险和住宅责任保险。

（二）产品责任保险

产品责任保险承保产品的制造者、销售者以及修理者，因其制造、销售、修理的产品有缺陷而造成他人的人身伤害或财产损失依法应由其承担的经济赔偿责任。

产品责任保险始于 1910 年的英国、美国等国家保险市场上的毒品责任保险。而产品责任保险的迅速发展是在 20 世纪 60 年代末期美国确立绝对责任归责原则并在世界产生广泛影响以后。

（三）职业责任保险

职业责任保险承保各种专业技术人员因工作上的疏忽或过失造成他人或合同对方的人身伤害或财产损害依法应承担的经济赔偿责任。职业责任保险又称职业赔偿保险或业务过失责任保险。

职业责任保险始于 1890—1900 年间的欧美国家，并于 20 世纪 60 年代以后迅速发展起来。保险期限一般为一年。由于职业责任事故从产生到受害方提出索赔，可能间隔一个较长的时间，所以，一方面保险人在经营职业责任保险时，通常采用以索赔为基础的形式进行承保；另一方面，保险人通常在一定的保险期限之外规定责任追溯日期，保险人仅对追溯日期开始后发生的疏忽行为并在保险合同有效期内提出的索赔负赔偿责任，而对追溯日期以前发生的事故索赔不负责赔偿。

（四）雇主责任保险

雇主责任保险承保被保险人（雇主）的雇员在受雇期间从事与工作有关的业务时因遭受意外导致伤、残、亡或患有与职业有关的职业性疾病而依法或根据雇佣合同应由被保险人承担的经济赔偿责任。雇主所承担的责任包括其自身的故意行为、过失行为所致雇员的人身伤害赔偿责任，但保险人为了控制风险并与社会公共道德准则相一致，故将被保险人的故意行为列为责任免除。

雇主责任保险的特点是：第一，它是以民法和雇主责任法或雇主与雇员之间的雇佣合同作为承保条件的；第二，被保险人是雇主，但客观上保障的是雇员的权益，即保险合同的受益人是与雇主有雇佣关系的雇员，保险人与被保险人的雇员之间并不存在保险关系。

在我国，雇主责任保险经保险双方约定后，还可以扩展承保两项保险责任：附加医药费保险和附加第三者责任保险。

三、信用保证保险

信用保证保险，是一种以经济合同所确定的预期应得有形财产或预期应得经济利益为保险标的的保险，是一种担保性质的保险，按担保对象的不同，信用保证保险可分为信用保险和保证保险两大类。

（一）信用保险

信用保险，是权利人要求保险人担保对方（被保证人）信用的保险。也就是说，信用保险是为被保险人（债权人）所面临的债务人不能履行给付或拒绝偿付债务的风险而提供的保障。

信用保险主要有出口信用保险和国内信用保险。其中出口信用保险是世界各国开办的主要险种，出口信用保险承保出口商因进口商不履行买卖合同而遭受的损失，一般由政府开办。出口信用保险除了承保商业风险之外，还承保政治风险。商业风险是指由于债务人本身的原因致使债务不能履行或不能如期偿还的风险；政治风险是指由于买方无法控制的原因而造成债务不能履行或不能如期偿付的风险。

我国现行的出口信用保险有短期出口信用保险和中长期出口信用保险两大类。

（二）保证保险

保证保险是被保证人根据权利人的要求，要求保险人担保自己信用的保险。也就是说，由保险人代被保证人向权利人提供担保，如果由于被保证人不履行合同义务或有犯罪行为，致使权利人受到经济损失，由保险人负责赔偿。

保证保险主要有三大类：合同保证保险，产品质量保证保险，忠诚保证保险。

合同保证保险是指合同的一方由于另一方未能按时、按质、按量地履行合同所规定的各种义务而遭受的损失，由保险人负责赔偿。合同保证保险包括以下几个险别：供应保证保险、投标保证保险、履约保证保险、预付款保证保险、维修保证保险。

产品质量保证保险承保制造商、销售商或修理商因其制造、销售、修理的产品存在质量上的缺陷而导致产品本身损坏对使用者所负的损害赔偿责任。

忠诚保证保险承保雇主因雇员的不法行为如盗窃、贪污、伪造单据、挪用款项等行为而使雇主受到的经济损失。忠诚保证保险按照雇主的要求可以投保其所有的雇员，也可以投保其指定的某些雇员。

除了以上所介绍的险种外，财产保险还有原子能保险、核电站保险、航天保险、地震保险等险种。

第三节　我国的财产保险

一、我国财产保险的历史与现状

（一）我国财产保险发展的简要历史回顾

我国财产保险业在中华人民共和国成立之初即建立，中间曾停办 20 年，直到 1980 年才得以恢复。在恢复之初，国内只有中国人民保险公司（以下简称"人保"）一家保险公司，经营的只是财产保险业务，这是由于在计划经济体制下，人们的生老病死全由国家包揽。

自国内保险业务恢复以来，财产保险业务的发展大体上经历了四个阶段。

1. 1980—1988 年。人保独家经营保险业务，保险市场基本处于垄断状态。在此阶段，人保的业务增长代表了保险发展的总趋势。1980 年人保财产保险的保险费收入为 2.9 亿元，1988 年的保险费收入为 57.3 亿元，1988 年的保险费收入是 1980 年的 20 倍，年均业务增长率在 40%以上。

2. 1989—1994 年。平安保险公司于 1988 年成立，人保独家经营保险业务的局面被打破，特别是 1990 年以后，随着中国平安保险公司机构（以下简称"平安"）的增加和中国太平洋保险公司（以下简称"太平洋"）的正式成立，我国财产保险业务在三家保险公司的竞争中迅速成长，年均保险费收入的增幅在 30%以上。

3. 1995—2007 年。产寿险实行分业经营，除人保、平安、太平洋保险公司经营财产保险业务外，随着一批新保险公司的加盟和外资保险公司的进入，保险竞争加剧。在此阶段，财产保险业务的发展速度明显减慢。

4. 2008 年至今。中国保监会下发《关于印发〈中国保监会关于进一步规范财产保险市场秩序工作方案〉的通知》（保监发［2008］70 号），并采取了打击"三假"、数据真实性自查等多项严厉的监管手段。同时，各地保险行业协会积极推进车险信息平台上线，加大数据共享，整体财产保险行业秩序得到显著改善。自 2009 年起，财产保险行业全面盈利，各主体公司从盲目争夺市场份额逐步向效益发展转型。

但由于车险在财险中占比过高，近年来，车险业务服务逐渐同质化、竞争逐渐白热化，为占领市场，财险公司不惜牺牲利润打"价格战"，车险行业一度深陷"费用战"。再加上 2015 年启动的商车费改的影响，截至 2018 年，行业综合成本率 100.1%，中小财险公司的综合成本率更是高达 109.0%，财险承保处于行业性亏损的状态，承保亏损达 13.59 亿元，承保利润率为-0.13%，成为行业连续 8 年承保盈利以来的第一个拐点。① 由于车险市场的过分集中饱和，未来非车险业务将会成为市场的集中争夺点。

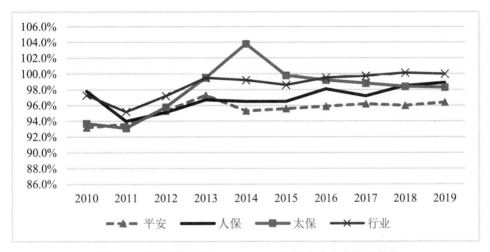

图 1-2　我国产险市场 2010—2019 年综合成本率推移变化

数据来源：行业内部经营数据及上市公司公开报表。

2017 年 1 月，中国保监会印发《财产保险公司保险产品开发指引》，对保险公司财险产品的开发作出明确的规定和指导。2018 年，中国银行业监督管理委员会和中国保险监督管理委员会的职责整合，组建中国银行保险监督管理委员会，这标志着我国对保险业的监管进入一个新阶段。

（二）现阶段我国财产保险发展中存在的问题

概括起来，我国现阶段财产保险的发展主要存在如下问题：

1. 财产保险的总体发展滞后于寿险

进入 20 世纪 90 年代以后，我国财产保险市场的发展速度放缓，在全部业务

---

① 数据来自《2019 年中国保险行业智能风控白皮书》。

中所占的比重逐年下降，自 1997 年占比开始低于寿险业（见图 1-3 和图 1-4）。

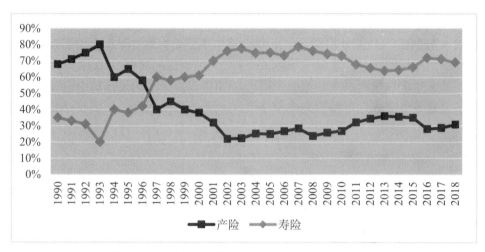

图 1-3　我国产、寿险业务比例（1990—2018 年）

数据来源：《中国保险年鉴》。

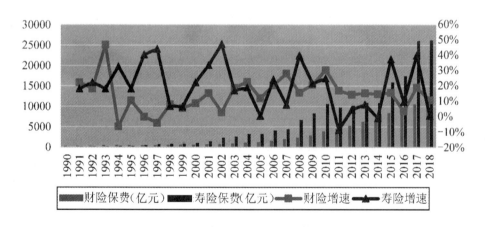

图 1-4　我国产、寿险保费变化情况（1990—2018 年）

数据来源：《中国保险年鉴》。

从图 1-3 图 1-4 以看出，自 1990 年以来我国保险市场以年均 10% 以上的速度增长，寿险业务更是接近 20%。虽然我国的财产保险保费收入自 20 世纪

90 年代以来也有较大的增长，但相对于寿险还是比较缓慢的。2000 年后财险保费收入在总保费收入中的占比始终在 30%以下。从增速来看，自 2006 年开始实施机动车交通事故责任强制保险后，财险业务保费增速开始超过人寿保险，同时在总保费中的占比也有所回升。就整体而言，近十年来，中国保险市场发展相当良好，财产保险、人寿保险均保持良好的增长态势。

2. 产品同构现象严重，结构失衡

在我国财产保险市场上，各产险公司的产品均没有形成品牌效应，没有自己独特的品牌，产品同构现象严重，许多产品十年一贯制，各保险公司提供的险种大同小异，缺乏创新，其类似率高达 90%以上；财产保险的经营虽然涉及财产损失保险、责任保险和信用保证保险三大类，险种有上百个，但形成规模的却仅有几个传统险种。产险市场目前的保费收入主要来源于机动车辆保险、企业财产保险和货物运输保险，这"三大险种"约占产险保费收入的 80%—90%。从恢复国内保险业务到 1986 年，企业财产保险一直是财产保险的头号险种，保险费收入一直位居第一；从 1987 年开始，运输工具保险保费收入跃居第一；近年来机动车辆保险的保险费收入高达产险保费收入的 60%，个别地方高达 80%甚至 90%（见图 1-5）。

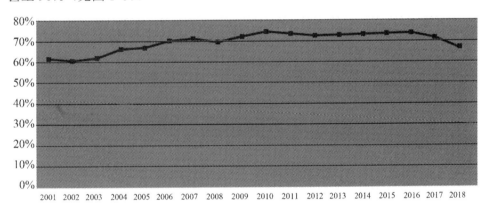

图 1-5　我国汽车保险在产险的占比推移变化（2001—2018 年）

数据来源：中国保监会官方数据。

与国际市场相比，我国的险种结构比较单一，责任保险等新兴险种的开发速度比较缓慢，结构严重失衡。责任险在我国保险市场中所占份额极低，目前仅占财产保险业务的 3%—5%，并且基本还停留在公众责任险、第三者责任险、产品责任险等有限的险种上。责任险的滞后发展也突出反映了产险险种发展不平衡的深层次矛盾。

3. 产险公司价格竞争趋势有所放缓

过去产险公司的业务拓展主要是通过价格竞争来实现的。在严格监管的环境下，由于监管部门所定的保险费率较高，给国内保险市场上的价格竞争留有较大空间。而自2003年开始我国车险市场率先实行市场化费率，整个保险市场的费率市场化已指日可待。目前经济较发达地区，如东部、沿海地区等保险市场上的价格竞争已到极限。在这一背景下要求保险公司必须开发新产品，开辟新的市场领域，创立有特色的品牌。

4. 传统财产保险市场已经基本趋于饱和，发展面临困难

目前，传统财产保险市场已经基本趋于饱和，发展面临困难，主要体现在如下几个方面。

（1）机动车辆保险成为各保险公司争夺的焦点。从80年代后期至今，机动车辆保险的保费收入在财产保险业务中占绝对比重，是财产保险公司的重要险种。由于机动车辆保险的保险费收入较集中，该险种成为保险公司争夺的焦点。

（2）企业财产保险业务萎缩。在1987年以前，企业财产保险曾是财产保险业务的头号险种，保险费收入一直位居第一。从1987年开始，机动车辆保险的保险费收入跃居第一，但企业财产保险仍然是支撑财产保险业务的主要险种，但是近几年其发展却面临重重困难，投保企业续保难、拖欠保险费的现象较严重。

（3）家庭财产保险业务徘徊不前。家庭财产保险业务的开办时间几乎与国内财产保险业务的发展同步，但近40年来的发展却一直不稳定，在财产保险业务中所占比例不高。

另外在国外大行其道的责任保险在我国还处于起步阶段，如雇主责任保险、职业责任保险、公众责任保险等。而从长远看，消费者的潜在需求相当大，只是还缺乏将其转变为现实购买力的客观条件。随着我国法律体系的健全、监管方式的革新以及公众保险意识的增强，未来责任保险应该会有较大的发展。

而拓展新的业务领域，开发新险种也是新生保险公司生存与发展的需要。近几年我国产险市场的集中度居高不下，2018年我国最大的三家产险公司（人保、平安、太保）的市场份额已达到64%。

财产保险的发展缺乏后劲，突出表现在各保险公司的竞争重点仍是争夺传统保险业务，"老三险"竞争十分激烈，而新险种开发严重滞后。由于老牌保险公司在"老三险"的展业和续保上存在比较大的规模效应和品牌优势，而且销售网络早已遍布全国各地，而新生保险公司在这些险种上没有竞争优势，生存空间受到很大限制。因此，新生保险公司若想在市场上生存，就必须开拓新的业务领域：一方面可以在传统险种上加以创新，增加新的保障项目，另一方面可以开拓新险种。

二、对我国财产保险发展状况的剖析

（一）需求方面

目前在我国，财产保险市场的需求状况发生了很大变化。

1. 需求日益多元化，市场增长潜力巨大。随着我国社会主义市场经济体制的建立，以公有制为主体、多种经济成分并存的所有制形式已经形成，在这一背景下，保险需求日趋多元化，集团性业务相对减少，分散性业务相对增加，从而对财产保险业务的发展提出了新的需求。加上中国财产保险发展相对滞后，单从保险需求上讲，增长潜力巨大。（见图1-6）

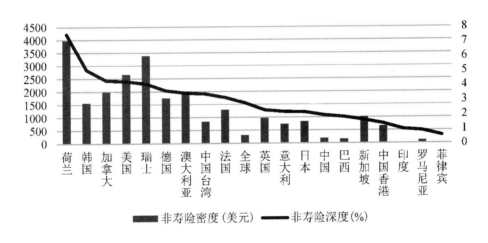

图 1-6　世界各国与地区非寿险密度和深度比较

数据来源：Sigma 报告 2019 年第 3 期。

2. 宏观经济形势的影响。市场需求较大，但开拓不足。近年来个体私营企业在国民经济中所起的作用日益重要，在 GDP 中所占比重也越来越大。个体私营企业数目众多、分布广，规模一般较小，因此对财产保险业务的需求有许多不同于国有企业的地方。而保险公司尚未开发出相应的险种满足这部分经济成分的需要。再加上这些企业内部管理不健全，风险较大，保险公司一般也不敢轻易承保，因此这部分经济成分的承保率较低。此外，宏观经济形势连续多年向好，即使是经历了 2008 年的全球经济危机，中国也成功挺过，保险需求持续增长。

3. 公众的保险意识不强。从我国的保险需求角度看，目前人们还普遍缺乏保险知识，只能被动地接受保险公司提供的险种，对具体险种需求的倾向性还不强。这使得市场经济需求对供给的促进作用被大大削弱。公众的保险意识不强主要表现在两个方面：一是对财产保险知识了解甚少，保险消费倾向较弱；二是对财产保险的特殊性理解不够全面深入，保险消费心理不够健康，导致保险业务的拓展困难。

（二）供给方面

由于保险公司的商业化进程还不够深入，对市场反应的灵敏度较差、成本效益观念淡薄，因而严重限制了其供给能力。

1. 在指导思想上，保险公司普遍存在着重眼前利益，缺乏长远发展规划的问题。长期以来形成的以扩张业务规模为主导的经营策略和以是否完成保费任务为重点的考核机制，使保险公司走入"重展业、轻理赔；重保费、轻效益；重规模、轻管理"的怪圈。尽管自 70 号文件①发布以来，在强力监管的指引下，各地行业自律、车险信息平台的应用等均在一定程度上改变了以往盲目价格竞争的格局，但整体而言，与成熟财险市场相比还比较粗放，各主体仍需进一步强化精细化效益发展的理念。

2. 竞争行为扭曲，险种开发滞后。国内保险市场呈现竞争格局后，由于市场主体增加使竞争进一步加剧，一些不规范的竞争行为出现。目前各公司之间的竞争还停留在浅层次，将竞争的着眼点集中在价格上，只是在单纯地抢市场，并没有集中精力去开发新险种、提高服务质量，因此难以适应日趋多元化的保险需求。

3. 新主体的不断进入，加剧了财险行业的竞争，但尚未改变财险市场寡头垄断的格局。近几年监管部门又开始陆续发放新的牌照，各大型企业纷纷成立

---

① 《关于印发〈中国保监会关于进一步规范财产保险市场秩序工作方案〉的通知》（保监发[2008]70 号）。

自己旗下的保险公司，如国家电网成立了英大泰和财产保险公司，广州汽车集团股份有限公司、中国第一汽车集团有限公司等汽车生产行业成立了专属的车险公司，各大银行也纷纷入股保险行业。同时，各地方区域性保险公司不断涌现，如山东的泰山保险、江苏的紫金保险等，保险市场竞争化程度在不断加剧。

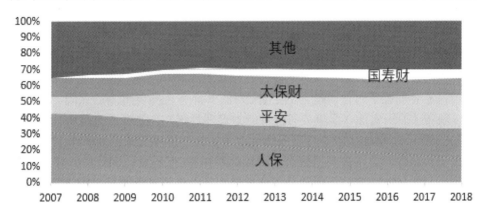

图 1-7 中国财产保险市场份额一览表

数据来源：中国保监会官方网站。

尽管中国财险市场现在有 66 家中资保险公司和 22 家外资保险公司，但市场份额仍然高度集中于几家大保险公司，排名前 4 家的保险公司占到整个市场份额的 70%（见图 1-7）。虽然市场上目前有 22 家外资财险公司，但在 2012 年前，由于大部分外资保险公司不能承保交强险而只能承保非车险业务，导致其市场份额仅为 1.1%。但自 2012 年起，交强险市场对外资保险公司开放，外资保险公司的市场份额有所提高，所占市场份额达到 2%。

从 2007 年到 2019 年，大保险公司中的平安以及一些中小保险公司的保费都有了很大的增长，相对而言，人保的市场份额却从 2007 年的 42% 下降到 2018 年的 33%。由于大保险公司展开了更强劲的竞争策略，小保险公司的业务规模从 2007 年下半年开始收缩。

（三）中介人制度方面

目前我国的中介人制度仍不够完善。一方面，代理人制度不够完善。目前财产保险的代理人主要是兼业代理，在发展中普遍存在着代理人素质较低、违规操作、特权代理等问题；专业代理人发展缓慢；个人代理人则没有发展起来，这也在一定程度上影响了如家庭财产保险这样具有分散性、单个标的保险金额不高且保险期限较短的业务的发展。另一方面，保险经纪业务的市场份额微乎其微，保险公估机构匮乏，这些都在相当程度上影响了财产保险业务的发展。

（四）保险监管方面

目前以偿付能力、公司治理和市场行为监管为三支柱的现代保险监管体系已经建立。

中国保监会于 1998 年成立，初期集中规范市场行为及打击保险经营者的不当经营行为，已颁布了多项规则及条例，以规范中国产寿险公司以及保险中介机构的市场行为，防止及处理保险市场运营中可引致的风险。自 2003 年起，中国保监会加强了对偿付能力的监管，为保单持有人提供可靠的保障。如：2008年，颁布《关于实施〈保险公司偿付能力管理规定〉有关事项的通知》（保监发〔2008〕89 号），增加了对非寿险投资性业务的最低资本要求；2008 年 12 月下发《关于实施保险公司分类监管有关事项的通知》（保监发〔2008〕120 号），根据保险公司的风险程度，将保险公司分成四大类，分类进行监管；2013 年 5 月发布《中国第二代偿付能力监管制度体系整体框架》（保监发〔2013〕42 号），从定量资本要求、定性监管要求和市场约束机制三个方面对保险公司的偿付能力进行监督和管理；2015 年 2 月发布《保险公司偿付能力监管规则（1—17 号）》，进一步加强对保险公司最低资本、偿付能力、流动性等方面的监管。

从 2006 年起，中国保监会开始重视保险公司的公司治理、风险管理、内部控制及合理体系的健全程度。2009 年《中华人民共和国保险法》（以下简称《保险法》）修订，修订后的《保险法》解除了对保险公司组织架构的限制，拓宽了保险公司的业务范围及投资渠道。同时，对保险公司的关联方交易提出了新的监管要求，并限制偿付能力不符合要求的保险公司活动。2015 年中国保险法再次修订，取消了保险销售从业人员、保险代理、保险经纪等从业人员的资格核准等行政审批事项，使保险业适应经济新常态，推进政府简政放权。

中国银保监会正对保险公司实施以风险为基础的监管制度。按公司治理、内部监控及运营风险等一系列条件，对保险公司进行评估。评定结果不理想的保险公司，将受到中国银保监会较严格的监控；而评定结果理想的保险公司，将可获得中国银保监会在监管上的支持，如新产品批核、新设分公司及保险资金部署等方面的政策优惠。

三、我国财产保险业的发展趋势

中国的非寿险（含意外险及短期健康险）市场成为全球增长最快的保险市

场之一。2000—2008 年间，非寿险业务的保费以 25.7%的年均复合增长率增长，而亚洲、欧洲和北美洲市场同期的年均复合增长率分别为 6.4%、12.2%及 6.2%（各项分类见瑞士再保险公司发表的 Sigma 报告 2001 年第 6 期及 2009 年第 3 期）。2008 年受美国次贷危机的影响，中国非寿险保费增速有所下滑，但在政策性农业险、责任险、车险及健康险的共同推动以及基础设施大规模建设的背景下，非寿险十年来强势增长，2018 年，中国占全球保险市场的份额从 1980 年的 0%上升至 11% ，中国的保费收入总额达到 2615 亿美元，成为全球第二大非寿险市场（见图 1-8）。

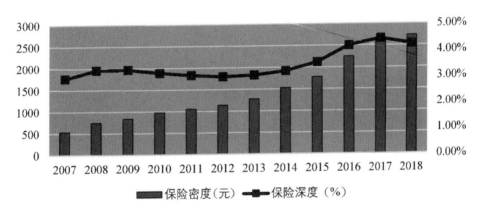

图 1-8　中国保险深度及保险密度推移变化

数据来源：根据网上数据整理得到。

相对较低的市场深度和密度，以及有利的经济发展、监管环境及人口结构转变趋势，表明中国保险市场有进一步增长的潜力。

经济全球化趋势增加了经济领域的联动风险，从而进一步增加了风险的广度与深度。近年来，随着全球贸易和投资领域管制的解除或放松，以及电子计算机远程终端及国际信息网络技术的广泛应用，经济全球化的制度环境以及技术上的保障逐渐成熟，全球经济增长的相互关联度越来越强。新兴市场经济国家在向工业化国家发展的过程中商务财产保险愈来愈显其重要。

改革开放以来，我国居民手里不仅持有更多的货币储蓄，其实物资产也有了很大的增加。对住房、汽车及一些高档消费品的消费逐渐在居民购买行为中占有较大比重。财富的增加意味着风险载体的增多，也意味着风险载体单位经济价值的增加，在这一背景下所发生的任何意外的风险事故都将导致更高的损失程度；而企业的财富变化对保险业的影响更大。尽管曾经有学者认为企业的风险态度是中立的，但现实证明，由于保险专业化管理的效率优势，企业和个人一样存在较大的保险需求。尤其是近年来，随着企业改革的深入，市场竞争态势逐渐形成，企业的素质逐渐提升，规模也有明显增长。在实施积极财政政策的背景下，大型基础设施建设工程也在大量展开。这一切对相关的团体险、工程险、责任险等业务的发展都有积极的促进作用。

国内财险公司在近年所提供的产品及服务方面越来越成熟。主要财险公司的产品开发及营销策略已从单一的产品策略逐步转为需求导向、服务导向。保险产品消费者也日趋成熟，虽然对价格的敏感度仍然很高，但已逐步转向对销售至索赔支付一体化的配套服务能力的关注。财险公司希望通过提供增值产品及综合服务脱颖而出，竞争环境越来越复杂。

分销渠道一直在不断扩大，过去财险公司主要依赖于代理、经纪渠道营销产品，近年来，各种新的销售方式不断涌现。随着移动互联网、云计算等技术在保险行业的应用，国内保险公司纷纷尝试互联网业务，专业互联网保险公司如众安保险、安心财产、泰康在线、易安在线相继成立。2015 年 7 月，中国保监会印发《互联网保险业务监管暂行办法》，规范互联网保险业务经营行为，保护保险消费者合法权益，促进互联网保险业务健康发展。截至 2019 年，共计 70 余家保险公司开展互联网财产保险业务，互联网财产保险保费收入为 838.62 亿元，同比增长 20.60%，高出财产保险市场同期增长率近 10 个百分点（见图 1-9）。

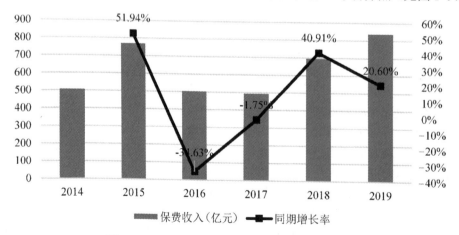

图 1-9 2014—2019 年中国互联网产险保费收入

数据来源：中国保险行业协会发布的《2014—2019 年互联网财险市场分析报告》。

第四节　国际非寿险发展的现状与发展趋势

地中海沿岸的共同海损萌发了后来的海上保险；而 1666 年的伦敦大火燃起了人们对火灾保险的需求；蒸汽时代的到来给英国带来了锅炉保险，揭开了工程保险的序幕；当汽车开始在美国公路上狂奔，机动车辆保险的发展之路也越来越宽广。伴随着经济发展和人们物质生活的需要，非寿险历经数百年的发展，推陈出新，日臻完善。

一、世界非寿险市场的发展现状

近年来，全球非寿险保费收入基本保持稳定增长。

2018 年增长率约为 3.0%[①]，其中工业化国家非寿险业务增长了 1.9%，而新兴市场非寿险业务增长了 7.1%，这种良好的增长势头将延续（见图 1-10 和表1-1）。

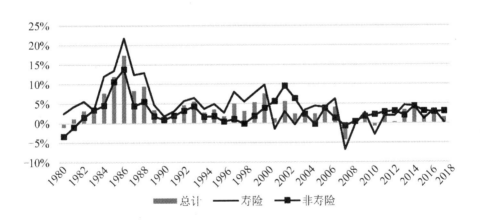

图 1-10　全球 1980 年以来的保费实际增长率

数据来源：《世界保险业：重心继续东移》，载 Sigma 2019 年第 3 期。

---

① 这里的非寿险包括财产保险、健康保险和人身意外伤害保险。此处的保费增长率是实际水平，即扣除了通胀因素，通胀是以当地消费者价格指数来衡量的。

表 1-1　2018 年全球保费实际增长

保费增长率	寿险	非寿险	总计
工业化国家	0.8%	1.9%	1.3%
新兴市场	−2.0%	7.1%	2.1%
全球	0.2%	3.0%	1.5%

数据来源：《世界保险业：重心继续东移》，载 Sigma 2019 年第 3 期。

下面我们来看几个主要非寿险市场的情况（见表 1-2）。

表 1-2　以美元计算的 2017 年非寿险保费收入

国家或地区	保费（USDmn）	市场份额（%）	非寿险深度	非寿险密度（美元）
美国	830 315	37.16	4.28	2 542
欧洲	621 171	27.80	2.68	686
亚洲	546 998	24.48	1.93	123
日本	114 818	5.14	2.34	901
非洲	21 792	0.98	0.97	16.7
世界	2 115 172	100.00	2.80	297

数据来源：《2017 年世界保险业：总体稳健，但成熟寿险市场拖累增长》，载 Sigma 2018 年第 3 期。

非寿险业务的发展在美、欧等国家和地区最发达。以 2017 年为例，美国和欧洲的非寿险保费收入总和占全球保费的比例接近 65%。同时，近几年来，亚洲非寿险市场也在迅速发展，非寿险保费收入占全球保费的比例接近 1/4。

北美非寿险市场的相对规模和成熟程度是高度发达的北美经济的反映，美国和加拿大两个非寿险市场的总保费收入占世界非寿险市场的 40.20%。

拉丁美洲和加勒比海地区、大洋洲在全球非寿险市场中所占比重非常小，分别占 4.01% 和 2.53%，巴西和墨西哥是拉丁美洲最大的两个非寿险市场，大洋洲的主要非寿险市场则是澳大利亚市场。

欧洲是全球第二大非寿险市场（见图 1-11），占全球市场份额的 27.8%。欧洲非寿险市场长期以来一直是由英国、德国和法国占据半壁江山。而这三国都是世界财产保险市场的重镇，尤其是英国，无论海上保险还是陆地保险方面，其均可称为近代保险的王国。英国 2017 年的保险密度为 3810 美元，居世界第十，保险深度为 9.58%，为世界第八。第二梯队市场包括意大利、西班牙、荷兰、瑞士、比利时，其余各市场在全球非寿险市场中所占份额均不足 1%。

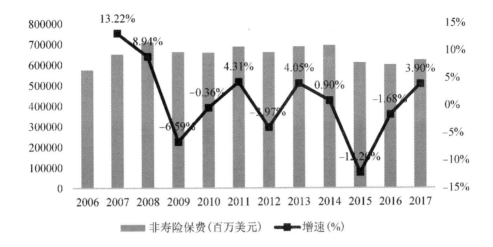

图1-11　欧洲非寿险保费情况（2006—2017年）

亚洲是当今世界上经济发展最快的地区，经济的快速增长引发非寿险市场的相应发展。中国近年来保险市场发展迅猛，成为世界第二、亚洲第一的非寿险市场，在世界保险市场中的地位举足轻重。日本是在亚洲仅次于中国的第二大非寿险市场，韩国、中国台湾等国家和地区的发展同样不容忽视。

非洲则由于无数的经济、社会、政治问题，保险发挥的作用微乎其微。

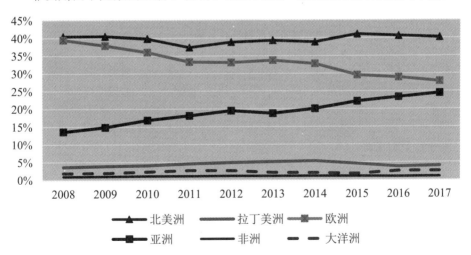

图1-12　全球各大洲非寿险保费收入占比变化（2008—2017年）

数据来源：Sigma报告。

自 2008 年金融危机之后，各大洲非寿险保费收入占比也在悄然发生着变化：北美洲始终占据着最大的份额，总体保持在 40%以上；欧洲和北美洲之间的差距在逐步扩大；亚洲非寿险保费增长迅速，与欧洲之间的差距越来越小，赶超欧洲的势头明显；拉丁美洲、大洋洲和非洲非寿险保费收入在全球占比较低。（见图 1-12）

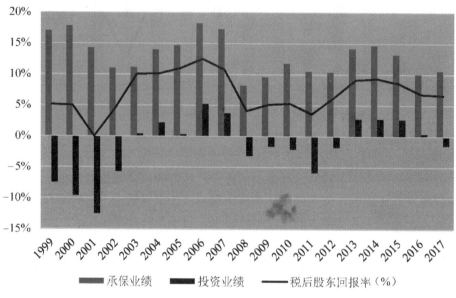

图 1-13　8 国非寿险市场的盈利水平（1999—2017 年）

数据来源：瑞士再保险 Sigma 2019 年第 3 期。

注：8 国分别是：美国、加拿大、英国、德国、法国、意大利、日本和澳大利亚。

下面我们将对美国、英国、日本这三个主要的非寿险市场作进一步的介绍。

（一）美国市场

美国非寿险市场保险公司数量很多，共有 2000 多家独立的保险公司，即"大市场，小保险人"。目前以美国国际集团（AIG）为首的最大的 10 个财产责任保险集团，占整个非寿险市场份额的 40%。

美国非寿险市场的重要性主要表现在以下几个方面：首先，它是全球最大的非寿险市场，2018 年，占全球市场份额的 36.91%；其次，美国市场的风险规模和复杂程度需要全球保险市场和再保险市场的承保能力和专业知识的参与，从而给其他国家的保险人和再保险人提供了大量的服务机会；最后，美国市场良好的竞争机制，使产品开发、销售等得到充分发展，尤其是美国的创新工具给其他非寿险市场提供了借鉴。

2018 年非寿险的全球保费增速超过了历史平均水平。其中，美国增长 2.6%。2015 年以来，美国车险定价上涨，以弥补庞大的盈利缺口，在经历 2017 年飓风带来的巨额损失后，美国的财险价格也逐渐上升，财产和责任险业务加速增长。但近几年龙卷风、对流风暴及加利福尼亚森林火灾等造成的巨大损失，对财险公司的盈利率造成了不利影响。

（二）英国市场

英国的非寿险市场历史悠久，并且在世界保险市场上扮演着极为重要的角色，其分为国内市场和伦敦市场（国际市场）两部分。

1. 国内市场

英国国内的非寿险市场由几家大型保险机构所垄断，监管体系以自由和公开性著称。其市场细分很强，专营某些特定市场和专门在某地区经营的保险公司已取得一定的市场份额，例如专线直达（Direct Line）。该公司是一家专营汽车保险的保险公司，为保户直接办理保险业务。这种成功的直销方式已经传播到欧洲其他国家，其业务也已经扩展到了北美、日本市场。

2. 伦敦市场

伦敦市场是一个国际性的非寿险和再保险中心，该市场主要业务集中在一些金额巨大、难于承保的业务或特定险种上。在这个市场上经常由一群保险人和再保险人共同承担风险，满足顾客的承保要求。伦敦市场主要由劳合社和伦敦公司市场两个板块组成。

（1）劳合社（Lloyd's）

作为英国最大的保险组织，劳合社的发展可以追溯到 1688 年，关于这个独特的保险市场组织的介绍文章已经很多，在此不过多展开论述。

（2）伦敦公司市场

在这个市场中，保险人和再保险人运营方式同劳合社的运作方式很相似，都是采取保险人认购风险的方式。其中有三类协会。

① 伦敦保险人协会（the Institute of London Underwriter，ILU）：是经营保险业的保险人的组织。

② 伦敦保险和再保险市场协会（the London Insurance and Reinsurance Market Association，LIRMA）：是一个类似于劳合社的公司市场，主要办理非水险和再保险业务。LIRMA 成员包括一些世界保险业巨头，如 AIG、慕尼黑再保险集团

（Munich Re）、安盛再保险集团（AXA Re）等。

③ 保赔协会（Protection and Indemnity clubs，P&I）：主要承保船东责任保险。41 家保赔协会全部是由船东组成的互助保险社团。

（三）日本市场

日本是亚洲第二大非寿险市场，2018 年非寿险保费收入高达 106405 亿美元，占全球市场份额的 6.18%，虽然与 20 世纪 90 年代相比是萎缩了，但其规模仍然仅次于美国、中国、德国，位居世界第四。汽车保险占据了日本非寿险市场将近 60％的份额。其非寿险产品分销主要通过代理人机制进行（见图 1-14 至图 1-16）。

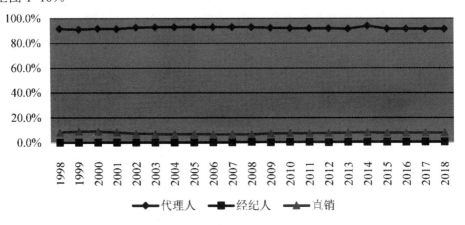

图 1-14　日本非寿险销售渠道（1998—2018 年）

数据来源：日本损害保险协会官网。

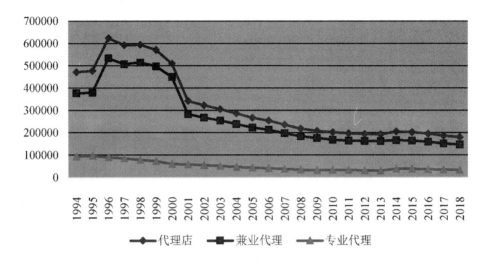

图 1-15 日本非寿险代理店构成（单位：个）（1994—2018 年）

数据来源：日本损害保险协会官网。

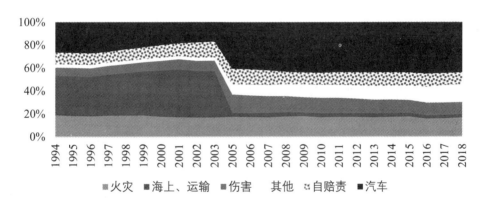

图 1-16 日本保险险种构成比例的推移变化（1994—2018 年）

数据来源：日本损害保险协会官网。

日本的非寿险市场相当集中，一方面其公司数目仅有几十家，以国际范围来看非常少，另一方面最大的五家公司其承保收入的市场占有率达 80%，即业务高度集中在排名前几位的公司中。

进入 21 世纪，由于金融危机的影响，虽然车险和意外险业务在增长，但其他财险保费收入一直在下滑，导致日本的非寿险保费收入不断下降。2011年受到日本地震、海啸等巨灾的影响，费率显著上升，在费率的影响下非寿险保费缓慢增长（见图1-17和图1-18）。

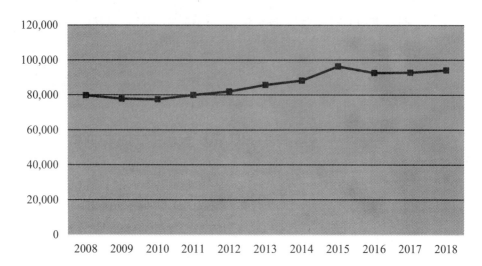

图1-17　2008—2018年日本非寿险保费收入推移变化（亿日元）

数据来源：日本损害保险协会官网。

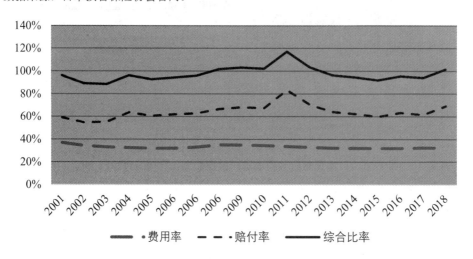

图1-18　2001—2018年日本非寿险综合比率、赔付率、费用率推移变化

数据来源：日本损害保险协会官网。

展望未来，2020 年受新型冠状肺炎以及即将在日本举办的奥运会的影响，日本保险企业的发展将迎来新的机遇，保险助力企业复工生产、保障居民健康的功能会得到更大的发挥，这些都会在未来催生巨大的非寿险需求，刺激更多新型财险产品的诞生。

二、全球非寿险的发展趋势

近几年来，世界保险业的排名因不断的大宗购并事件而经常变换，其中尤以欧洲市场最为活跃。20 世纪 90 年代，欧洲各国在稳固保险市场的进程中，主要动作就是保险公司之间的合并或是收购兼并，其交易金额急剧上升，交易规模也不断扩大。引发保险业合并风潮的动机不外乎追求更大的效益以及经营策略的改变。兼并行动可为保险公司带来巨大的竞争优势，合并后可使双方优势互补，降低经营成本。

（一）非寿险的需求趋势

非寿险的需求始终是与经济发展紧密联系在一起的。当前世界经济形势已有所改善，亚洲金融危机、伊拉克战争等的负面影响持续缓解，国际金融环境有所好转，2003 年，美、英、日等多个国家出现了经济复苏的迹象，世界经济前景总体向好。东亚、拉美、几个非洲国家及欧洲和一些欠发达国家将继续作为经济增长的热点，相应的，这些地区未来对保险的需求也是最强劲的。今后保费、投资收益与总利润预期将进一步增长，并有望加快经济改善速度。

同时，自然灾害对非寿险的经营也有着根本性影响。据最新统计，在 2018 年，全球因自然灾害与人为灾难导致的总经济损失达 1760 亿美元，其中约 1550 亿美元源于自然灾害，其余为人为灾难所致。保险承担了其中 790 亿美元的损失，行业年度赔付总额高于过去 10 年的年度均值 710 亿美元，历史排名第四。在 2018 年的保险损失中，710 亿美元源于自然灾害，其中 60% 以上的赔付用于帮助因次生灾害所影响的受灾人口（见图 1-19 和表 1-3）。

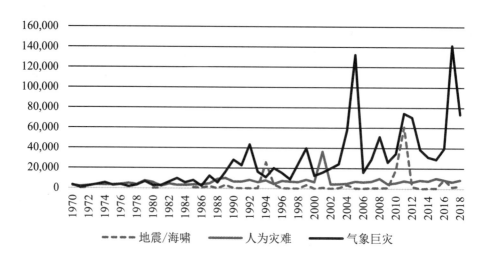

图 1-19 1970—2018 年巨灾保险损失（%）

数据来源：《2018 年的自然灾害与人为灾害：关注"次生"灾害》，载 Sigma 2019 年第 2 期。

表 1-3 全球主要地区 2018 年巨灾损失情况

地区	经济损失（十亿美元）	占 GDP 比例（%）
北美洲	80	0.36%
拉丁美洲与加勒比地区	5	0.08%
欧洲	21	0.09%
非洲	1	0.06%
发达市场	55	0.18%
大洋洲/澳大利亚	2	0.14%
航运/航空航天	1	0.00%
合计	165	0.19%

数据来源：《2018 年的自然灾害与人为灾害：关注"次生"灾害》，载 Sigma 2019 年第 2 期。

　　财产保险开办的目的就是赔偿财产所有人遭受的财产灭失和损坏。今后随着自然灾害发生频率和严重程度的不断上升，以及人们对恐怖袭击等新型巨灾风险防范意识的增强，相关保险（特别是非传统风险融资方式保险）的需求势必会增加。

　　综上所述，未来对非寿险的整体需求将是上升的。其中，大多数经济合作和发展组织国家市场上的个人非寿险的需求是稳定的。发展中国家经济日益繁荣，使得对各类非寿险的需求也相应增加。同时，由于企业越来越依赖非传统的风险融资方式，对于商业性非寿险，尤其是其传统险种的需求相对下降。这种趋势也有例外，即许多新兴的小企业对传统保险的需求是增加的。

总的保险需求预计将会持续增加，日本和大洋洲最近发生的自然灾害凸显了非寿险对于缓解巨灾事件经济影响的重要性，而新兴市场国家的巨灾投保水平依然不足。2018 年以来，世界贸易摩擦大幅升级，中美贸易摩擦不断，2020年英国正式脱欧，以及全球暴发新型冠状肺炎，这些潜在的不稳定因素都会加剧全球经济的波动，也会给非寿险的发展带来新的需求。

（二）非寿险的供给趋势

1. 产寿险相互渗透，积极拓展第三领域

欧美国家现在已经广泛地通过子公司或是持股公司进行产寿险业务的兼营，例如法国的安盛保险集团原本只经营寿险，通过接连不断的收购，产险业务的规模不断扩大。日本也于 1995 年保险业法修改后，实现了产寿险公司以子公司方式的相互渗透。这样一来，保险公司既可以以子公司方式，也可以运用自己的销售网销售自己的产寿险两方公司的产品。

所谓保险的第三领域，是相对于人寿保险（第一领域）和财产保险（第二领域），指健康险和意外险领域。而允许大型产寿险公司经营医疗、护理、意外伤害保险等处于中间状态的第三领域的产品，有很多好处。

首先，为投保人提供了便利。如投保人在投保机动车辆保险时，可顺便投保司机或车主的人身意外伤害保险和短期健康保险，从而降低投保人的投保成本。

其次，有利于降低意外伤害保险和短期健康保险的展业和承保费用，这为降低保险费率创造了条件，在保险费率既定的情况下，可以提高保险公司的盈利能力，反过来也提高了保险公司的偿付能力。

最后，有利于促进市场竞争，从而促进保险公司开发新险种、改善保险服务，为投保人选择价廉物美的保险商品提供了更为广阔的空间。

2. 保障范围个性化，服务领域不断扩大

保险"产品"可能会改变。人们购买保险产品并不是因为保险产品本身能带来满足，而是因为保险保障和便利了某种活动的需要。保险通过承诺损失补偿而给予被保险人一种安全感。保险人通常以货币形式来衡量补偿的额度，而被保险人却更加热衷于恢复其受损汽车、房屋甚至身体至原有状态，换言之，获取复原性服务。21世纪保险人因为认识到这一点，因而更加强调被保险人接受的是服务而不仅仅是等值服务。

今后，各保险公司将会不断充实产品和服务内容，迅速、及时地适应和满足不断多样化的顾客需求。

3. 保险产品界限模糊，销售渠道不断创新

21世纪保险业将获得大发展，保险与其他金融服务领域之间的界限日趋模糊。

一方面，目前，国际保险并购似乎表现出了国际保险业的保险、银行、证券混业经营的趋势，而银行保险也方兴未艾。但是，保险与银行、证券的内涵并不相同。保险毕竟不同于其他金融领域，有自己特殊的职能和作用。金融融合、"金融超市"更多地体现在保险、银行、证券三者相互利用各自的优势来更好地完成自己的使命。作为独立的法人组织，国际保险企业可以在法律许可的范围内经营以保险保障为主的、兼有投资理财等其他功能或形式的各种产品，但并不是只经营一种"混合"的产品。需要注意的是，由混业经营带来的产品界限的模糊，只是国际保险企业的一种经营模式，专业型保险公司，如果集中经营自己擅长的业务，也会得到好的发展。

另一方面，保险业在不断发掘有效的销售渠道。除了在市场上使用尽量少但又效率高的代理人外，保险人开发了多种销售方式，以减少对传统保险代理人模式的单一依赖，诸如面谈、直接邮递、电话销售、召开研讨会、相关团体销售等，并且一直致力于拓展多元化的销售渠道。而今，一些非传统的销售方式逐渐被采用，银行保险担当主力，证券保险异军突起，网络保险崭露头角。还有其他一些销售渠道在一些市场中也得到了充分发展，并开始在亚洲地区使用，如商店零售保险——通过零售店来销售保险产品和提供保险服务。根据已建立的模式将各种销售渠道完全融合在一起，保险公司能大量降低成本，从而提高销售能力。

附一　互联网消费保险

2015 年，政府工作报告提出的"'互联网＋'行动计划"，为互联网保险带来机遇。近年来，"互联网＋"的发展对经济的影响从多方面渗透，运用大数据以及云计算等互联网技术创新性地推动了金融经济等相关产业进入一个新的发展阶段。互联网与保险的加速融合，也为保险带来了转型与创新的空间。互联网保险经营主体不断扩容，业务规模迅速扩张。互联网保险的创新不仅仅是销售渠道的互联网化，更包括了产品设计以及营销模式的互联网化。传统保险行业也借助互联网技术为客户打造更加适切的保险产品，提供更加完善的保险服务。消费保险即是基于特定类目产生个性化保障范围及千人千面的定价机制、销售成本和客单价极低、高频便捷的理赔体验的保险，是基于消费过程所延伸出的保险，在解决消费矛盾中诞生。在互联网经济蓬勃发展的趋势下，消费保险已成为互联网经济的一道风险保障。如今网购消费保险已经覆盖了质量、价格、物流和商家经营保障等全链路环节。

一、退货运费保险

（一）退货运费保险概述

退货运费保险分为退货运费险（买家）和退货运费险（卖家）两个类别。

卖家方面的退货运费保险是指在买卖双方产生退货请求时，保险公司对由于退货产生的单程运费提供保险的服务。

买家方面的退货运费保险是为解决买家在退货中由于运费支出产生的纠纷，也简称"退运保险"。现阶段仅支持 7 天无理由退货的商品，买家可在购买商品时选择投保，当发生退货时，在退款完结后 72 小时内，保险公司将按约定对买家的退货运费进行赔付。

（二）退货运费保险的特点

1. 保险费用低

退货运费保险的平均支出不到 0.7 元，费用比较低。

2. 投保方便

只需在购买商品时选择即可，可和货款合并支付，操作简单，投保便捷。

3. 理赔速度快

无需报案，无需举证，退货成功后 72 小时内理赔款项直接打到买家账户。

（三）退货运费保险的责任范围

保险人负责下列原因造成的网络购物运费损失。

1. 网购拒收运费损失

网络购物行为发生后，买方或收货方因实物与网上展示不符或者投保人与保险人协商一致的其他理由而拒收货物，且卖方允许买方或收货方拒收，由此所产生的往来运费损失，保险人将依据合同约定承担保险责任。

2. 网购退货运费损失

网络购物行为发生后，因实物与网上展示不符或投保人与保险人协商一致的其他理由，买方或收货方在买卖双方约定的退货期间内退货，且卖方允许买方或收货方退货并承诺返还货款，由此所产生的往来运费损失，保险人将依据合同约定承担保险责任。

（四）退货运费险的责任免除

1. 投保人、被保险人及其代表的故意行为；

2. 战争、敌对行动、军事行为、武装冲突、罢工、骚乱、暴动、恐怖活动；

3. 核辐射、核爆炸、核污染及其他放射性污染；

4. 地震、海啸；

5. 行政行为或司法行为；

6. 大气污染、土地污染、水污染及其他各种污染；

7. 买卖双方未就退货达成一致意见发生的退货行为；

8. 因承运方的责任造成的网购物品本身的损失和损坏；

9. 如买方或买方代表已经签收网购物品，则保险人不承担网购拒收运费损失。

（五）退货运费险的保险期间

自买家或买家代表签收货物之时起七日止，或至买家在线"确认收货"时止，以较早发生者为准。

（六）退货运费险的理赔流程

1. 买家发起退款时选择需要退货，并输入退货物流单号，将购买的货物通过物流退还给卖家。

2. 卖家收到货物后确认退款。

3. 保险公司在退款完成72小时内核实买家损失，确认损失发生无误后将理赔款项支付到买家账号。系统会根据买家的收货地与卖家退货地间的距离来判断赔付额度，具体赔付标准会根据整个物流体系的调整而变化。

二、网络支付账户资金损失保险

（一）网络支付账户资金损失保险概述

当前，我国在移动支付领域已经明显处于领先地位，人们在感受移动支付简便快捷的同时，围绕第三方支付平台也发生了层出不穷的违法案件，电子货币安全成为经济社会不得不解决的重要现实问题。随着电子货币市场的不断扩大，不法分子不断翻新的欺诈手段使用户资金受损的风险逐步上升，利用移动端进行的网络诈骗增长极为迅速。

从《2017 年中国反通讯网络诈骗报告》中可以看出，网络诈骗占整体通信网络诈骗案件的比例不断攀升，从 2016 年的 61%上涨至 72%。中国人民银行先后发布了《非金融机构支付服务管理办法》《支付机构客户备付金存管办法》《非银行支付机构网络支付业务管理办法》等加强对电子货币的安全管理。美联储 2017 年发布报告《提高美国支付系统的策略：美联储下一步支付升级旅程》称："美联储会继续支持和参与开放式计划，努力解决无卡交易欺诈、电子货币安全和强大的互联网身份验证应用。"可见电子货币的安全问题已成为国内外关注的重点。

网络支付账户资金损失保险是时代发展的产物，用以保障用户账户（快捷支付、余额、余额宝、招财宝资产、理财资产、花呗、借呗等）因被他人盗用而导致的资金损失。

（二）责任范围

在保险期间内，被保险人在约定的网络支付平台开设的账户内的资金发生下列情形的损失，保险人予以负责。

1. 被保险人的账户密码、安全工具（包括 U 盾、物理口令卡、绑定手机/手机验证码、数字证书等）、生物信息（包括指纹、人脸识别等）被不法分子盗取、盗用，造成被保险人账户资金通过支付平台被盗转、盗用的损失。

2. 不法分子通过盗取被保险人身份证件、银行卡，或安全工具（包括 U 盾、物理口令卡、绑定手机、数字证书等）等方式，在约定的网络支付平台注册、开通账户，造成被保险人账户资金通过支付平台被盗转、盗用的损失。

（三）责任免除

1. 投保人、被保险人及其代表的故意行为、重大过失或违法犯罪行为；

2. 被保险人主动将资产转入他人账户或者主动向他人提供或泄露支付账户密码、安全工具（包括 U 盾、物理口令卡、绑定手机/手机验证码、数字证书等）；

3. 行政行为或司法行为；

4. 金融机构在支付平台开设的账户的任何损失（金融机构包括银行、证券公司、保险公司、基金公司以及信托公司等取得金融机构许可资质的法人）；

5. 被保险人的雇佣人员、家庭成员或共同居住人员所造成的资产损失；

6. 罚款、罚金及惩罚性赔偿；

7. 精神损害赔偿；

8. 任何间接损失；

9. 被保险人在投保之前已经知道或可以合理预见的索赔情况等。

（四）保险期间

网络支付账户资金损失保险在购买成功后即时生效，保障期限从购买日起最长不超过一年。

（五）赔偿处理

对于每次事故造成的损失，保险人根据被保险人支付账户内的实际资金损失金额，在保险金额范围内计算赔偿；在此计算的基础上，保险人在扣除每次事故免赔额或按照每次事故免赔率计算的金额后进行赔偿；在保险期间内，保险人对多次事故损失的累计赔偿金额不超过保险金额。

附二　宁波市保险创新

2016 年 6 月，宁波国家保险创新综合试验区横空出世，成为我国首个也是目前唯一一个国家级保险创新试验区。经过不断探索创新，试验区建设取得了阶段性成果，累计推出保险创新项目百余个。

一、城乡小额贷款保证保险

宁波市城乡小额贷款保证保险主要是针对初创期的小企业、城乡创业者（包含个体工商户）和农业种养大户的生产经营融资需求而开发的无抵押、无担保小额贷款信用保证产品，通过银保合作的方式开展业务，并针对不同的贷款主体设定最高承保额度。在此过程中，保险公司与银行方面风险共担。

（一）责任范围

在保险期间内，投保人连续三个月完全未履行其根据银行监督管理部门相关规定和宁波市城乡小额贷款保证保险业务规范性文件的有关规定，与商业银行签订小额借款合同（以下称《借款合同》）约定的还款义务，或《借款合同》到期后 30 日投保人仍未履行偿还贷款本金的义务，视为保险事故发生。发生保险事故的，被保险人根据《借款合同》的约定向投保人和相关担保人进行追偿后，对于不足以清偿投保人贷款本金的剩余部分，保险人按照保险合同的约定负责向被保险人赔偿。

其中，投保人（借款人）为个人的，须已在宁波大市范围内连续居住三年以上，具有固定的住所；申请贷款的城乡创业者还须拥有宁波市常住户口，并由其直系亲属提供连带担保责任。

投保人（借款人）为企业的，应具有一年以上的连续经营记录，企业法人代表（或实际控制人）须承担无限担保责任，企业不得有欠缴税费、逃废债务等违法违规行为和不良记录。

（二）责任免除

存在以下情形导致被保险人损失的，保险人不负责赔偿：投保人与被保险人订立的《借款合同》被依法认定无效或被撤销的；投保人与被保险人采用欺诈、串通等恶意手段订立《借款合同》的；被保险人违反《中华人民共和国商业银行法》、贷款通则等法律法规和宁波市城乡小额贷款保证保险业务规范性文件有关规定，未对投保人进行资信调查或未按规定程序进行贷款审批的；投保人不符合银行监督管理部门相关贷款规定和宁波市城乡小额贷款保证保险业务规范性文件有关规定的资质条件而签订《借款合同》的。

二、司法援助保险

司法援助保险承保的是涉及人身损害赔偿的刑事附带民事案件申请执行人（得不到依法赔付的受害人）在申请执行赔付后，法院穷尽执行手段，发现确无财产可供执行并裁定终结本次执行程序后，对于未执行到位的人身损害赔偿金，申请执行人可向保险公司申请理赔。

三、电梯安全综合险

电梯安全综合保险是指承保经政府有关部门同意安装、检验合格并投入运行的客用电梯、货用电梯、医用电梯、自动扶梯的电梯本身的损失以及电梯事故造成的第三方人身伤亡和财产损失赔偿责任的保险。

其中，经劳动部门指定或委派的检验部门确认属于报废或检验中发现有严重缺陷尚未改正的，以及尚未领取劳动部门颁发的安全使用许可证的电梯不在承保范围之内。

四、公共巨灾保险

公共巨灾保险保障范围包括自然灾害和公共安全事故。其中，自然灾害保险主要保障范围为因台风、暴雨等原生灾害及其引起的次生灾害造成的人身伤亡抚恤和居民家庭财产损失救助领域；公共安全事故保险主要保障范围为因突发火灾、爆炸、群体性拥挤、踩踏或重大恶性案件等事件造成的人身伤亡抚恤领域。公共巨灾保险保障对象为全体市民，涉及人身伤亡抚恤领域的，保障对象可以拓展到灾害发生时处于市行政区域内的所有人员。

现阶段，居民家庭财产损失救助赔付主要以实际居住的合法房屋进水、受损标准为依据，人身伤亡抚恤赔付主要以死亡、伤残等级为依据。

五、区域性城镇居民住房综合保险

区域性城镇居民住房综合保险责任范围主要由城镇居民住房保险和公众责任保险两部分组成。城镇居民住房保险保障范围涵盖保险房屋整体倒塌造成城镇居民的房屋损失、因房屋整体倒塌发生的临时安置费用以及保险房屋整体成为危房，经政府指定的有关部门鉴定为 C、D 级危房，或虽未进入危房鉴定流程，但是政府根据房屋实际危险状况发出强制撤离令而发生的临时安置费用；公众责任险保障范围为因保险房屋整体倒塌造成的人员伤亡。

六、研发费用损失保险

以下经保险双方及约定第三方机构认定项目失败，即属于研发项目失败：企业的研发成果未能通过后续试验、开发；未能形成新产品、新工艺、新材料；新产品、新材料形成样品后，市场已存在同类产品或样品已落后于市场需求。保险公司将依据保险合同，按约定的保险金额进行理赔，保险期限为研发周期。此外，保险公司还将帮助企业规范科研环节管理，提高科研成功率。

七、创客风险保障类保险

创客风险保障类保险"创客宝"，保障范围为在经认定的区级及以上的众创空间或创客服务中心内开展双创活动，并经市场监管部门登记注册的创客团队合伙人或股东。符合条件的创业小微团队合伙人或股东，在保险期间内因投资创业失败，经有关部门认定后，首次向高新区管委会提出生活补助请求，保险人将按照保险合同的约定履行赔付责任。对符合条件的被保险人，按申请当月宁波市区职工最低工资标准一次性给予 3 个月生活补助。

本章小结：

1. 财产保险是以财产及其相关的利益和损害赔偿责任作为保险标的，以补偿被保险人的经济损失为基本目的的保险。这里所说的财产泛指一切可以用货币衡量其价值的财产。

2. 财产保险的功能表现为分摊经济损失和实现经济补偿，它是财产保险本质的体现。财产保险的作用是财产保险在发挥其功能的过程中表现出来的具体效果。

3. 按照保险标的划分，财产保险可以分为财产损失保险（狭义的财产保险）、责任保险、信用保证保险。

4. 财产保险的特点表现在：保险标的具有可估价性、保险金额依对标的估价而确定、保险金的赔偿遵从补偿原则、保险期限较短。

关键词：

财产保险　共同海损分摊　非寿险　风险载体

思考题：

1. 什么是财产保险？
2. 财产保险的特征、功能、作用如何？
3. 财产保险有哪些分类？
4. 我国财产保险的发展现状、存在的问题及问题的成因。
5. 国际财产保险发展的现状、趋势。

参考文献：

1. 小哈罗德·斯凯博，等，著. 国际风险与保险：环境—管理分析[M]. 荆涛，高蒙，季燕梅，等译. 北京：机械工业出版社，1999.

2. 2018 年世界保险业：世界保险业：重心继续东移[J]. SwissRe, Sigma, 2019（3）.

3. 2017 年世界保险业：总体稳健，但成熟寿险市场拖累增长[J]. SwissRe, Sigma, 2018（3）.

2003 年全球保险业：保险业踏上复苏之旅[J]. Swiss Re, Sigma, 2004（3）.

4. 王绪谨. 保险第三领域放开经营者受益几何[N]. 中国证券报，2002-11-4.

5. 祝向军，王金铎. 论国际保险市场发展模式[N]. 中国证券报，2003-07-15.

6. 植村信保. 日本财产保险业的变化及对策[M]. 陈伊维，谭颖，译. 北京：机械工业出版社，2005.

7. 赵春梅，陈丽霞，江生忠. 保险学原理[M]. 大连：东北财经大学出版社，1999.

8. 郝演苏. 财产保险[M]. 成都：西南财经大学出版社，1996.

9. 兰虹，等. 财产保险[M]. 成都：西南财经大学出版社，2001.

10. 江生忠. 中国保险业发展报告[M]. 北京：中国财政经济出版社，2004.

11. 郝演苏. 财产保险学[M]. 北京：中国财政经济出版社，1998.

12. 陈伊维. 非寿险实务[M]. 北京：中国财政经济出版社，2011.

第二章　财产保险合同

学习目的：

　　掌握财产保险合同的定义、特点和分类，熟悉财产保险合同的订立、变更和终止，了解投保单、保险单、保险凭证、暂保单、预约保险合同和批单，掌握财产保险合同的主体、客体和主要内容。

第一节　财产保险合同的特征

一、财产保险合同的定义

　　合同属于法律范畴，也称契约，指当事人之间确定、变更、终止民事法律关系的协议。根据法律规定，契约一经订立，双方当事人必须受其约束，任何一方不得擅自变更或解除。保险合同又称保险契约，是指保险关系双方当事人之间订立的在法律上具有约束力的协议。根据双方当事人的约定，投保方支付保险费给保险方，保险方在保险标的发生约定的保险事故并造成损失时，承担补偿责任；或者当约定事件发生时，履行给付保险金的义务。保险合同是双方的法律行为，依法成立并具有法律约束力，非依法律规定或经当事人协议不得变更。

　　财产保险合同是保险合同的一种。我国保险法规定，财产保险合同是以财产及其有关利益作为保险标的的保险合同。财产保险不仅包括家庭财产、船舶、机动车辆等有形标的，也包括民事责任、商业信用等无形标的。投保人和保险人订立保险合同，应当遵循公平互利、协商一致、自愿订立的原则，不得损害社会公共利益。除法律、行政法规规定必须参加保险的以外，保险公司和其他单位不得强制他人订立保险合同。财产保险合同是投保人和保险人约定权利义务关系的协议，根据财产保险合同的约定，投保人有向保险人支付保险费的义务，而保险人则应在合同约定的保险事故发生后，对因其发生所造成的财产损失承担经济赔偿责任。

二、财产保险合同的特征

（一）与一般经济合同相同的特征

财产保险合同是经济合同的一种，因此，它具有经济合同的共性。作为一般经济合同，财产保险合同必须满足如下条件。

（1）财产保险合同的当事人必须具有完全的民事行为能力。

（2）财产保险合同是双方当事人意思表示一致的行为，而不是单方的法律行为，任何一方都不能把自己的意志强加给另一方，任何单位和个人对当事人的意思表示不能进行非法干预。

（3）财产保险合同必须合法，投保人对保险标的必须具有合法的利益关系。一方不能履行义务时，另一方可向国家规定的合同管理机关申请调解或仲裁，也可以直接向人民法院起诉。财产保险合同只有具备合法性，才能受到法律的保护。目前，有关财产保险的法律法规主要有《中华人民共和国民典法》《中华人民共和国保险法》（以下简称《保险法》）。

（二）财产保险合同独有的特征

1. 财产保险合同是要式合同

所谓要式合同，即指合同的成立必须要履行特定的程序或者采取特定的形式。保险合同作为一种重要的合同，大多数国家都规定必须采用书面形式。我国《保险法》第十三条也明确规定了投保人和保险人必须以书面协议形式订立保险合同。

2. 财产保险合同是双务合同

合同有双务合同和单务合同之分。单务合同是指对当事人一方发生权利，对另一方只发生义务的合同，如赠与合同、无偿保管合同、无偿借贷合同等都是单务合同。而双务合同当事人双方都享有权利并承担相应的义务，并且在保险合同中一方的权利恰好为另一方的义务。在等价交换的经济关系中，绝大多数合同都是双务合同。财产保险合同即为双务合同，投保人有按约定缴纳保险费的义务，而保险人则负有在保险事故发生时进行赔偿的义务，且双方的权利义务恰好相反。

3. 财产保险合同是最大诚信合同

任何合同的订立都以双方当事人的诚实信用为基础，而保险合同对于当事人的诚实信用程度的要求更为严格。在财产保险合同中，保险人承保的风险在很大程度上依赖于投保人或被保险人的诚实信用程度。因为保险标的在被保险人的控制之下，保险人无法控制风险，被保险人若申报不实、隐瞒或欺诈，将可能导致保险人对风险大小的判断失误，对保险费率厘定不准，甚而会影响保险公司的经营稳定。因此，最大诚信原则是签订财产保险合同时必须遵守的一项基本原则。

4. 财产保险合同是条件性合同

合同的条件性是指只有在合同规定的条件得到满足的情况下，合同的当事人才履行自己的义务；反之，则不履行其义务。财产保险合同就具有这样的特点。投保人可以不履行财产保险合同所规定的义务，但是如果投保人没有满足合同的要求，就不能强迫保险人履行其义务。比如说，财产保险合同通常规定，投保人必须在损失发生以后的某一规定的时间内向保险人报告出险情况。没有人强迫投保人必须这样做，也就是说投保人可以不在规定的时间内向保险人报告，但是如果投保人没有这样做的话，就丧失了要求保险人赔偿损失的权利。

5. 财产保险合同是附和性合同

附和性合同即由当事人的一方提出合同的主要内容，另一方只是作出取或舍的决定，一般没有商议变更的余地。财产保险合同就是附和性合同，保险人依照一定的原则，制定出财产保险合同的基本条款，投保人通常只能作出接受或拒绝的意思表示，一般没有修改的权利。如果要修改或变更保单的某项内容，往往也只能够采用保险人事先准备的附加条款或附属保单，而不能完全依照投保人的意思来进行修改。

6. 财产保险合同是射幸性合同

射幸有碰运气、碰巧的意思。因此，也可以通俗地理解为，财产保险合同具有机会性特点。射幸合同是合同的效果在订约时不能确定的合同，即合同当事人一方的履约有赖于偶然事件的发生。财产保险合同就是一种典型的射幸合同。投保人根据保险合同的规定支付保险费的义务是确定的，而保险人仅在保险事故发生时，承担赔偿责任，即保险人的义务是否履行在保险合同订立时尚不确定，而是取决于偶然的、不确定的自然灾害、意外事故是否发生，亦取决于保险事故是否发生。但是需要注意的是保险合同的射幸性是仅就单个保险合同而言的，就被保险人的全体而言，保险人所收取的保费与最终支付的赔款是相对应的。

（三）财产保险合同不同于人身保险合同的特征

财产保险合同是以财产及其有关利益作为保险标的的保险合同，其与人身保险合同相比较具有自己的特征。

1. 财产保险合同是补偿性合同

所谓补偿性合同是指保险人对投保人所承担的义务仅限于损失部分的补偿，赔偿金额不能高于损失数额。财产保险最主要的作用在于使被保险人通过补偿在经济上恢复到受损害之前的状态，而不是改善被保险人的经济状况。这样做有助于稳定整个社会的经济生活秩序。而如果不做这样的规定，被保险人将有可能通过保险而获得额外利益，这样一些被保险人就可能会故意制造保险事故，从而与财产保险的稳定社会目的背道而驰。

2. 财产保险合同是一种个人性合同

个人性合同是说保险合同所保障的是遭受损失的被保险人个人，而不是遭受损失的财产。由于个人的禀性、行为等将极大地影响到保险标的发生损失的可能性和严重性，因此，保险人在审核投保人的投保申请时，必须根据各个不同的投保人的条件以及投保财产的状况来决定是接受还是拒绝，或者是有条件有选择地接受其投保。财产保险合同的这一特性要求投保人在转让自己财产的同时，不能同时转让其保险合同，除非事先经过保险公司的同意。

三、财产保险合同的种类

对财产保险合同进行分类，无论对于理论研究还是实务中的业务管理，都有重要的意义。按照不同的标准从不同的角度，财产保险合同可以进行如下分类。

（一）单一风险合同、综合风险合同和一切险合同

按照财产保险合同保障的风险责任划分，可分为单一风险合同、综合风险合同和一切险合同。

1. 单一风险合同

单一风险合同是指只承保一种风险责任的保险合同。如农作物雹灾保险合同，只负责赔偿冰雹所造成的农作物损失。

2. 综合风险合同

综合风险合同是指承保两种以上特定风险责任的保险合同。这种保险合同必须把承保的风险责任一一列举，只要损失是由于所保风险所造成，保险人就要负责赔偿。

3. 一切险合同

一切险合同是指除了列明的除外不保风险外，保险人承担其他一切风险责

任所造成保险标的损失的保险合同。但须注意的是一切险合同并不是对一切风险事故所造成的损失都负责赔偿。

（二）特定式保险合同、总括式保险合同、流动式保险合同和预约式保险合同

按照保险合同所保障标的分类，财产保险合同可以分为特定式保险合同、总括式保险合同、流动式保险合同和预约式保险合同。

1. 特定式保险合同

特定式保险合同又叫分项式保险合同，是指保险人对所保的同一地点、同一所有人的各项财产，均逐项列明保险金额，发生损失时对各项财产在各自的保险金额限度内承担赔偿责任的保险合同。

2. 总括式保险合同

总括式保险合同是指保险人对所保的同一地点、同一所有人的各项财产，不分类别，只确定一个总的保险金额，发生损失时不分损失财产类别，只要在总保险金额的限度以内，都可以获得赔偿的保险合同。

3. 流动式保险合同

流动式保险合同又叫报告式保险合同，通常不规定保险金额而只预先确定一个保险人所承担的最高责任限额。保险人按约定的办法预收并结算保险费，投保人定期向保险人报告其财产的实际价值。只要其报告属实，发生保险责任事故损失，保险人就在约定的最高责任限额内予以赔偿。这种合同适合财产流动性较大的单位如大型的周转性仓储业投保。

4. 预约式保险合同

预约式保险合同又叫开口式保险合同，是指保险人与投保人之间就一定的业务范围签订的无限期的保险合同，并在合同中约定保险责任范围、保险财产范围、保险费结算办法及每一风险单位或每一地点的最高保额。在预约保险合同有效期间内，投保人需就每笔业务向保险人及时进行书面申报，凡属合同约定范围内的标的均自动承保。这种保险合同较多地运用于货物运输保险，可有效地减少财产经常变动办理批改手续的麻烦。

（三）定值保险合同和不定值保险合同

按照标的的价值在订立合同时是否确定进行划分，财产保险合同可分为定值保险合同和不定值保险合同。

1. 定值保险合同

定值保险合同在订立保险合同时，投保人和保险人事先约定保险标的的价值（保险价值）作为保险金额，并将二者都载明于保险合同中，在保险事故发生时，不考虑标的价值发生变化与否，保险人均以保险金额作为赔偿的依据。发生全部损失时，按保险金额赔偿；发生部分损失时，按照损失程度进行赔偿。

定值保险合同适用于价值变化较大或价值不易确定的特定标的，如字画、古玩、货运险标的。其优点是可减少理赔环节及减少纠纷的产生。

2. 不定值保险合同

不定值保险合同在订立保险合同时并不约定保险标的的价值（保险价值），只列明保险金额作为赔偿的最高限额，保险价值留待损失发生时再行确定。在不定值保险合同中，由于保险金额是在订立合同时确定的，而核定保险价值则是在保险事故发生时，因此，保险金额与出险时的实际价值相比较，可能出现三种情况：足额保险——保险金额等于保险标的的实际价值；不足额保险——保险金额小于保险标的的实际价值；超额保险——保险金额大于保险标的的实际价值。在全损的情况下，足额保险可获得十足赔偿；而不足额保险则仅能获得相当于保额部分的赔偿；超额保险，超过保额的部分无效。在不定值保险的情况下，保额不足，发生部分损失时保险赔偿金额按比例计算，即：

赔偿金额＝损失金额×（保险金额/标的实际价值）

（四）原保险合同和再保险合同

按照保险人是否转移保险责任划分，财产保险合同可分为原保险合同和再保险合同（见图 2-1）。

1. 原保险合同

原保险合同是保险人与投保人之间签订的保险合同，合同直接保障的对象是被保险人。

2. 再保险合同

再保险合同是保险人将其承保的保险责任的一部分转移给其他的保险人或再保险人而订立的保险合同，合同直接保障的对象是保险人。

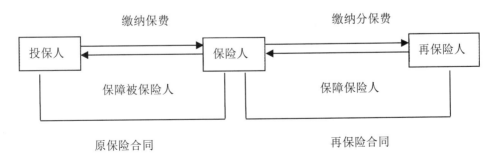

图 2-1 原保险合同与再保险合同

第二节　财产保险合同的订立、变更及终止

一、财产保险合同的订立

财产保险合同的订立，是指保险人与投保人在平等自愿的基础上就保险合同的主要条款经过协商最终达成协议的法律行为。订立保险合同应该遵循一定的原则，履行一定的程序。

（一）订立保险合同应遵循的原则

《保险法》第十一条规定："订立保险合同，应当协商一致，遵循公平原则确定各方的权利和义务。除法律、行政法规规定必须保险的外，保险合同自愿订立。"

1. 公平互利原则

公平互利原则，是指保险合同的订立，应当对合同双方当事人都有利。要求双方当事人所享有的权利和承担的义务对等，不应该存在保险合同只让一方享有权利而另一方只承担义务的现象。

2. 协商一致原则

协商一致原则，是指在保险合同订立过程中，双方当事人应该在法律地位完全平等的基础上，在法律、法规允许的范围内，充分协商，在各自意思表示真实的前提下达成协议，任何一方不得将自己的意愿强加给对方。

3. 自愿订立原则

自愿订立原则，是指双方当事人在订立保险合同时，不受他人意志的干涉或强迫。当事人有权在法律允许的范围、方式内自主决定保险合同的订立，任何在威胁、强迫、欺诈等不自愿的情况下签订的保险合同都是无效合同。

（二）订立财产保险合同的程序

财产保险合同的订立是投保人和保险人之间基于双方的意思表示一致而发生的法律行为。财产保险合同的订立必须经过要约和承诺两个阶段。

1. 要约

要约也叫订约提议，即提出保险申请，是指订立合同的一方当事人向另一方当事人（要约受领人）提出的订立合同的建议或要求及订立合同的基本条款。一个有效的要约必须具备三个条件：①要约必须明确表示订约愿望；②要约必

须具备合同的主要内容；③要约在其有效期内要对要约人具有约束力。财产保险合同是定式合同，投保单是由保险人事先拟好的。在法律上保险人将空白的投保单发放给投保人，可视作向投保人发出的要约邀请。在财产保险合同中，投保人填写投保单并递交保险人才是具法律效力的要约行为。

2. 承诺

承诺也叫接受提议，是要约受领人对要约人提出的要约表示赞同和接受。经要约受领人承诺后合同成立。在保险实践中，保险人对投保人提出的保险要约作出同意订立合同的意思表示，就是承诺，保险合同随之成立。在保险合同的订立过程中，一般情况下，是由投保人提出要约，保险人作出承诺，投保人为要约人，保险人为承诺人。这是就投保单已经由保险人事先印好的情况而言的。但是，要约方和承诺方并非一成不变，可互相易位，保险人也可以作为要约方。如保险人接到投保人提交的要约申请后，并没有作出相应的承诺，而是向投保人提出一些附加条件，这被视作保险人向投保方提出了新要约，此时要约人为保险人，投保方成为承诺人。要约人和受约人的法律地位在保险合同的订立过程中可能是反复交换的。

二、财产保险合同的成立与生效

（一）成立

按照保险合同成立的一般规定，只要投保人提出投保要求，并且填写投保单，经过保险人审核同意承保，保险人和投保人就财产保险合同的条款达成协议，财产保险合同关系即告成立。《保险法》第十三条规定："投保人提出保险要求，经保险人同意承保，保险合同成立。"

（二）生效

保险合同的成立是指投保人和保险人就保险合同条款达成协议。保险合同的成立并不一定标志着保险合同的生效。保险合同的生效是指依法成立的保险合同条款对合同当事人双方产生约束力，即合同产生法律效力。一般情况下，合同一经成立即生效，双方便开始享有权利，承担义务。但是，保险合同往往是附条件的合同，如约定保险费交纳后保险合同才开始生效，则虽然保险合同已成立，但却要等到投保人缴纳保费后，即满足合同所附生效条件后，保险合同才开始生效。保险合同成立后在尚未生效前发生保险事故的，保险人不承担保险责任；保险合同生效后发生保险事故的，保险人应该按约定承担保险责任。当然，投保人和保险人也可以在保险合同中规定，合同一经成立即发生法律效力，此时，保险合同成立即生效。《保险法》第十四条规定："保险合同成立后，投保人按照约定交付保险费，保险人按照约定的时间开始承担保险责任。"

案例投影 2-1　保单是否为保险合同成立的必要条件？

案情如下：某饲料公司以每吨 2000 元人民币的价格购买了 2500 吨豆粕，从大连港经水路运往广州黄埔港。8 月 27 日，饲料公司将货物运进大连港。因某保险公司与大连港有长期代办保险业务合同关系，饲料公司按每吨 1500 元的价格将 2500 吨豆粕投保了国内水路、陆路货物运输综合险，并交纳了保费。大连港在《水路货物承运登记单》上加盖了保险公司的保险印章。

装船过程中天降大雨，因承运船舶液压管爆裂，致使舱盖不能关闭，造成已装船货物被雨淋湿，大连港及时通知了保险公司。承运人向饲料公司出具了"货物被雨淋湿，已卸下 381 件，余货水湿不详"的货运记录。9 月 3 日，保险公司向饲料公司出具了《国内水路、陆路货物运输保险单》。

船抵广州黄埔港，因泊位紧张，9 月 30 日才靠泊卸货。根据理货证明，所卸下货物有 6932 件水湿现象，其中有 370 吨豆粕发生霉变。保险公司派人赴黄埔港查验后，要求饲料公司尽快采取各种补救措施，避免扩大损失。饲料公司即将受损严重的 370 吨豆粕以每吨 600 元人民币的价格卖出，共造成 130 万元人民币的经济损失。饲料公司根据保单向保险公司索赔。

保险公司称：货损是由承运人的责任造成的，按有关规定，在限额内应由承运人按照实际损失赔偿，超过限额部分由保险公司在保险金额范围内给予补偿。而根据本案实际情况，保险公司向饲料公司出具保险单在货损发生之后，发生货损时，保险合同还没成立。因此，饲料公司要求保险公司按保险合同赔偿损失的理由是不成立的。

法院经公开审理认为：自 28 日保险公司代办人在《货物承运登记单》上加盖保险公司印章、饲料公司按保险公司代办人要求办理货物保险时起，保险合同即告成立。保险公司应按合同约定对饲料公司的货损予以补偿。

从此案例我们可以得到以下结论。

1. 投保单是投保人对保险人的一种保险要约，一般情况下只要保险人在投保人填写的投保单上签章认可，保险合同即告成立。保险人是否签发保险单给投保人，并不影响投保人与保险人间的权利义务关系。而如果保险人没有直接在投保单上签章同意承保，而是以保险单的形式表示同意承保，那么如果保险人没有签发保险单，就不能证明保险合同已经成立。

2. 投保的货物发生保险责任范围内的损失后，投保人（被保险人）既可向有责任的承运人索赔，也可向保险人索赔。如果投保人（被保险人）向保险人索赔，保险人在赔付后取得代位求偿权可向有责任的承运人追偿，承运人应根据有关规定在限额内赔偿。

三、财产保险合同的变更与终止

（一）财产保险合同的变更

保险合同的变更，是指在保险合同的有效期内，当事人根据情况变化，按照法律规定的条件和程序，对原保险合同的某些条款进行修改或补充的法律行为。保险合同依法成立，即具有法律约束力，当事人双方都必须全面履行合同规定的义务，不得擅自变更或解除合同。但是有些保险合同在订立生效后，保险标的、风险程度等可能会发生一定的变化，在投保人向保险人提出申请批改后，保险合同可以相应的予以变更。保险合同的变更，应该经过一定的程序，依法进行。《保险法》第二十条规定："投保人和保险人可以协商变更合同内容。变更保险合同的，应当由保险人在保险单或者其他保险凭证上批注或者附贴批单，或者由投保人和保险人订立变更的书面协议。"

1. 财产保险合同主体的变更

财产保险合同主体的变更是指当事人、关系人的变更，包括保险人、投保人、被保险人和受益人的变更。财产保险合同主体的变更大多是由保险标的的所有权转移而引起的，因此合同主体的变更实质上是合同的转让。在财产保险中，保险财产的买卖、转让、继承等法律行为会引起保险标的的所有权转移，从而引起投保人或被保险人的变更；而投保人或被保险人的变更又会涉及保险单的转让。关于保险单转让的程序，一般有两种做法。

一种是允许保险单随保险标的的所有权转移而自动背书转让，因而投保人、被保险人也随保险标的的转让而自动变更，无需征得保险人的同意，保险合同继续有效。货物运输保险合同的变更一般属于这种情况。这样规定的理由在于，货物运输尤其是海洋货物运输路途遥远，流动性很大，在货物从起运地到目的地的整个运输过程中，可能会经过多次转手，可保利益也会随之转移。而通常货物在运输过程中处于承运人的控制之下，被保险人并不能对标的有所作为。因此标的所有人的变化并不会改变货物运输过程中的风险，而如果每次被保险人的变更都需事先征得保险人的同意，必然会影响商品的正常流转。也正因为此，各国保险立法一般都规定：除另有明文规定的以外，凡运输保险，其可保利益可以随意转移。

另一种是保险单的转让须事先征得保险人的同意方才有效。对大多数财产保险合同而言，由于保险单不是保险标的的附属物，保险标的的所有权转移后，保险标的所面临的风险因所有人变化也可能会有所变化。新的财产所有人是否符合保险人的承保条件，能否成为新的被保险人，需要进行考察。所以，保险单不能随保险标的所有权转移而自动转让，一般要由投保人或被保险人提出书面申请，保险人经过慎重选择，并在保险单上加批注，转让方才有效。这也就是说，非经保险人同意投保人或被保险人不得变更，否则，保险合同终止，保险人不再承担保险责任。

《保险法》第四十九条规定："保险标的转让的，保险标的的受让人承继被保险人的权利和义务。保险标的转让的，被保险人或者受让人应当及时通知保险人，但货物运输保险合同和另有约定的合同除外。因保险标的的转让导致危险程度显著增加的，保险人自收到前款规定的通知之日起三十日内，可以按照合同约定增加保险费或者解除合同。保险人解除合同的，应当将已收取的保险费，按照合同约定扣除自保险责任开始之日起至合同解除之日止应收的部分后，退还投保人。被保险人、受让人未履行本条第二款规定的通知义务的，因转让导致保险标的的危险程度显著增加而发生的保险事故，保险人不承担赔偿保险金的责任。"

在保险合同的变更中较少发生保险人的变更。保险人的变更，是指保险公司因破产、解散、合并、分立，经国家保险管理机关批准，将其所承担的全部保险合同责任转移给其他保险人或政府有关基金承担。

2. 财产保险合同内容的变更

财产保险合同内容的变更是指在主体不变的情况下，合同双方当事人享受的权利和承担的义务发生变更。财产保险合同内容的变更主要有：保险标的的数量、价值增减引起保险金额的增减；保险标的的种类、存放地点、占用性质、航程等的变更引起风险程度的变化，从而导致保险费率的调整；此外还有保险期限的变更等。《保险法》第五十二条规定："在合同有效期内，保险标的的危险程度显著增加的，被保险人应当按照合同约定及时通知保险人，保险人可以按照合同约定增加保险费或者解除合同。保险人解除合同的，应当将已收取的保险费，按照合同约定扣除自保险责任开始之日起至合同解除之日止应收的部分后，退还投保人。被保险人未履行前款规定的通知义务的，因保险标的的危险程度显著增加而发生的保险事故，保险人不承担赔偿保险金的责任。"此外，还有因为保险人方面的原因引起的变更，此时，保险人应该及时通知被保险人，告知新条款变化的内容并征得被保险人同意。保险合同内容的变更与主体变更一样，也要遵循法律、法规规定的程序。

3. 财产保险合同效力的变更

财产保险合同效力的变更主要涉及保险合同的无效和失效。

（1）合同无效

财产保险合同无效是指合同虽然已经成立，但因违反法定或约定的事项，在法律上不发生任何效力。这种合同虽然也是基于双方当事人意思表示一致订立，但是由于其或违反了法律规定，或违反了社会公共利益，在法律上不被承认和保护，因而不产生法律效力。所以说合同的成立并不意味着合同一定有效，合同成立后也有无效的可能。无效合同按照无效的范围可以分为全部无效和部分无效。全部无效指保险合同全部不发生效力。譬如保险双方当事人进行的行为是国家法律所禁止的，则该合同全部无效；部分无效，是指保险合同中有一部分无效，而其他部分仍然有效。譬如善意的超额保险合同，保险金额超过保险价值的部分无效，而其他部分仍然有效。无效合同按照无效产生的原因可以分为约定无效和法定无效。约定无效也叫相对无效，当事人在保险合同中事先注明无效的条件，一旦条件具备，则保险合同无效。法定无效也叫绝对无效，是指法律中明文规定的无效条件产生时，导致保险合同的无效。

（2）合同的失效和中止

财产保险合同失效，是指合同成立时有效，后来因为某种原因的产生导致合同失效。失效不需要当事人作意思表示，只要失效原因一出现，合同就失去效力。保险合同中止，是指保险合同成立并生效以后，由于某种原因使得保险合同无法继续履行，合同效力暂时停止的情况。保险合同中止以后，投保人可以在一定条件下提出恢复保险合同的原有效力，即复效。在复效期内经保险人同意，保险合同的效力即可恢复。目前我国暂无关于财产保险合同复效的规定。

（二）财产保险合同的终止

保险合同的终止，是指保险合同当事人之间由合同所确定的权利义务关系因法律规定的原因而不复存在。保险合同终止的主要原因如下：

1. 自然终止

自然终止，是因保险合同期限届满而终止。这是财产保险合同终止最普遍、最基本的原因。只要是保险合同订明的保险期限届满，无论在保险期限内保险标的是否发生过保险事故以及被保险人是否得到过保险赔付，保险期限届满保险合同就必须按时终止。保险合同期满后，需要继续保险的，要重新签订保险合同即续保。需要注意的是，续保并不是保险期限的延长或原保险合同的继续，而是签订一个新的保险合同。

2. 因保险人履行赔偿义务而终止

保险事故发生后，保险人按照合同约定履行赔偿义务，在赔付了全部保险金额后，保险责任即告终止。例如被保险财产被火灾焚烧，被保险人领取了全部保险赔偿金后，保险合同即告终止。

3. 因违约而终止

保险合同因被保险人的违约行为而终止。如《保险法》第五十一条规定："投保人、被保险人未按照约定履行其对保险标的安全应尽的责任的，保险人有权要求增加保险费或者解除合同。"

4. 因标的转让而终止

除货运险及合同另有约定外，如果未通知保险人并经保险人同意继续承保，则保险合同自保险标的转让时即告终止。

5. 标的因保险责任以外的原因灭失而终止

6. 因当事人解约而终止

解约终止，是指在保险合同有效期尚未届满前，合同一方当事人依据法律或约定行使解约权，提前终止保险合同效力的法律行为。保险合同的解除可以分为约定解除、法定解除和任意解除。

（1）约定解除是指合同双方当事人在订立合同之初就约定解除合同的条件，当某事项发生后，合同的一方或双方即有权解除保险合同，合同的效力也因解除而终止。约定解除又被称为协议注销，双方当事人在订立合同时达成协议，规定注销条件，在合同自然终止前，只要符合注销条件，双方都有权解除保险合同。

（2）法定解除是指当法律规定的原因出现时，保险合同当事人依照法律解除保险合同，保险合同的效力终止。在保险合同法定解除时，提出人只需对另一方作出解除合同的意思表示，不需要征得对方同意。

（3）任意解除指法律允许投保人根据自己的意愿解除保险合同。《保险法》第十五条规定："除本法另有规定或者保险合同另有约定外，保险合同成立后，投保人可以解除保险合同。"而在保险合同签订后为保护投保方、被保险人的利益，除非发生如下情况，否则不允许保险人提出解约。

①投保人故意隐瞒事实，不履行如实告知义务，或因过失未履行如实告知义务，足以影响保险人决定是否承保及费率调整的，保险人有权解除合同。投

保人故意不履行如实告知义务的，保险人对合同解除前发生的保险事故不承担责任，亦不退还保费；因过失未履行如实告知义务的，对保险事故发生有严重影响的，保险人对合同解除前发生的保险事故，不承担赔偿责任，但可以退费。

②对诈骗、骗赔及故意制造保险事故的，保险人有权解除保险合同，保险人对合同解除前发生的保险事故不承担责任，亦不退还保费。

③对于未按约定履行对标的安全应尽责任的，保险人有权要求增加保费或解除合同。

④在合同有效期内，标的危险程度增加，保险人有权要求增加保费或解除合同。

⑤标的发生部分损失，除合同另有约定外，保险人可在赔偿日后30天终止合同，但应提前15天通知投保人，并将保费按日计退。

需要注意的是，根据《保险法》规定，货物运输和运输工具的航程保险，保险责任一经开始，除非保险合同另有规定，投保方不能要求终止合同，也不能要求退还保险费。

案例投影 2-2　合同解除前的保险事故保险人应否承担责任？

2016年2月3日某单位与一保险公司签订了9份机动车辆保险合同，合同约定保险期限自2016年2月4日0时起至2017年2月3日24时止。合同签订同日，该单位向保险公司交纳了保险费。2016年4月5日至10月22日期间，上述保险合同项下保险标的物7次出险，该单位及时将出险事实通知了保险公司，保险公司对出险车辆进行了定损。其后，该单位与保险公司达成了自修协议，并依此协议对受损车辆进行了维修，并将维修费发票交付给保险公司，但保险公司未及时支付保险赔款。2016年11月10日、27日保险公司通知该单位，双方签订的9份保险单真实并在保险期限内，为有效合同，同时请求其协助核实保费去向，并提供证明。后查明保费系被保险公司的业务员挪用。2016年12月25日该单位向法院提起诉讼，要求解除合同、退还保费，并赔偿其损失。保险公司依据《保险法》第五十四条的规定，同意解除保险合同，但不同意退还全部保险费，只同意退还合同解除后至到期日止的保险费。

法院经审理认为：保险合同为有效合同。投保人按约交纳了保险费，保险合同即产生法律效力，对于已生效的合同，合同双方当事人均应严格履行合同义务。保险公司应按约定的时间承担保险责任。投保车辆发生保险事故后，投保人履行了通知、协助等应尽义务，保险公司亦对保险事故造成的损失进行了定损，并就受损车辆的修理与该单位达成自修协议，应视为部分履行了义务。保险公司在收到被保险人的索赔请求后，因内部原因未及时进行理赔，存在过错。投保人要求解除其与保险公司签订的 9 份保险合同的诉讼请求，因该解除权系法定任意解除，当事人可随时行使，法院予以支持；但其行使单方解除权应通知对方，合同自通知到达时解除。被保险人未能举证证明其曾通知保险公司解除合同，故合同解除的日期应自保险公司收到法院送达的投保人要求解除合同的诉状之日计算。保险合同作为特定的合同，已开始的保险责任不因保险人未能及时履行赔偿保险金责任、投保人解除合同而消灭。保险公司的保险责任自被保险人支付保险费后，即依合同约定时间开始，至解除通知到达时止。据此法院认定本案涉及的 9 份保险合同，保险责任已经开始。保险公司有权收取自保险责任开始之日起至合同解除之日止的保险费，剩余部分应予退还。投保人在保险公司迟延履行赔偿义务时，如对其已丧失信赖，可随时解除合同。其未能及时行使解除权，由此造成的法律后果应由其自担。在投保人未解除合同前，保险公司对保险标的发生的保险事故，仍应承担保险责任。保险人应赔付投保人在合同解除前 7 次保险事故所造成的损失，并承担延期赔付的责任。投保人要求保险公司退还 9 份保险合同项下的全部保险费及自缴纳之日起的利息的诉讼请求，法院认为缺乏事实与法律依据，不予以支持。

通过本案的审理可以看出，投保人对保险合同依法享有任意解除权，但合同解除并不能消灭已经开始的保险责任。《保险法》规定，投保人提出保险要求，经保险人同意承保，保险合同成立；依法成立的保险合同，自成立时生效；保险合同成立后，投保人按照约定交付保险费，保险人按照约定的时间开始承担保险责任；在合同解除前保险责任依然存在。本案中，保险合同成立后，投保人按照约定交付保险费，保险人按照约定的时间开始承担保险责任。合同的解除并不消灭已开始的保险责任，在合同解除前，保险合同仍然有效，保险责任依然存在。因此保险人对解除合同前的保险事故仍需承担保险责任。

四、财产保险合同的争议处理

（一）财产保险合同争议及争议产生的原因

财产保险合同争议是在保险合同成立以后，合同双方当事人在履行合同过程中，因对合同的理解不一致，意见产生分歧，而引起的争议和摩擦。

在一般情况下，财产保险合同的争议主要发生在对合同条款的理解发生分歧、在保险事故发生并造成保险标的损失的情况下，对保险责任归属产生争议。财产保险合同产生争议的主要原因在于以下几点：

1. 保险合同是一种非即时结清合同，合同履行需一个较长的过程，在保险期限内有关因素会发生较大变化；

2. 投保人或被保险人因保险知识的局限常不能准确理解条款；

3. 双方对危险事故的性质及损失程度的认定存在分歧；

4. 中介人活动的不规范，如常出于佣金的考虑对投保人作出不切实际的承诺；

5. 财产保险合同是一种不等价的有偿合同，双方都希望为自己谋得最大利益。

因此能否及时、合理地处理财产保险合同争议，对规范保险活动、保护双方当事人的合法利益，促进保险业健康发展具有十分重要的意义。处理财产保险合同纠纷，应遵循特别法优于普通法的原则，如海商法对海上保险有特别规定的即优先适用海商法的规定，保险法未作出规定的方适用其他法律。

（二）财产保险合同的解释原则

保险合同是由双方当事人意思达成一致以后共同签订的协议，根据相关法律法规，应该做到表达清晰、权责分明、内容具体，以保障双方的合法权利。但在保险实务中，尤其在索赔和理赔时，往往发生被保险人一方与保险公司就保险条款的理解发生争议的情况，这就涉及对保险条款的解释问题。保险合同的解释是当合同双方当事人对合同理解不一致时，依照法律或者惯例，对保险合同的内容和文字给予解释和说明，主要遵循的原则如下。

1. 文义解释原则

文义解释原则是按照合同条款通常情况下的含义并结合语境，不超出也不缩小通用语的含义，前后文应该一致。对保险合同进行解释时，首先按照通常理解，结合条文词句的含义、逻辑关系以及保险交易惯例等进行合理解释。当出现专业术语时，如死亡、地震、暴雨等，应引用该术语所属专业部门的标准解释。文义解释是解释财产保险合同条款最主要的方法。

2. 意图解释原则

当因保险合同文字表述不清、用词不当、意思表达不确切而造成双方当事人产生争议时，应该根据订约时双方的真实意图进行解释。即应该结合订约时的背景材料、客观环境等进行意图解释。需要注意的是，当条款文字表达清晰时，应该完全按照字面进行解释，不能有任何的揣测，即按照文义解释原则进行解释，意图解释只适用于双方对同一条款意思理解不同的情况下。

3. 有利于合同非起草方的解释原则

鉴于保险条款是由保险公司单方拟订的格式条款，为充分保护被保险人的利益和体现公平，保险条款解释的一个重要原则就是按照有利于合同非起草方的原则进行解释，即当被保险人与保险公司对保险条款的理解发生争议时，应当作有利于被保险人的解释。之所以作如此规定，是因为保险合同是附和性合同，并且有很强的专业性，保险条款由保险人设计并提前印好，投保人只能选择接受或者拒绝，一些专业性的术语也不是一般人可以理解的。因此在对保险合同条款进行解释时，就应有利于被保险人的利益，这也是国际上通常采用的做法。《保险法》第三十条规定："采用保险人提供的格式条款订立的保险合同，保险人与投保人、被保险人或者受益人对合同条款有争议的，应当按照通常理解予以解释。对合同条款有两种以上解释的，人民法院或者仲裁机构应当作出有利于被保险人和受益人的解释。"但该原则只有在合同条款确实意思表达不清，产生歧义的情况下才可以使用。

对保险合同条款的理解产生争议是导致保险合同纠纷的重要原因之一，对保险合同条款进行正确合理的解释对于维护保险人和被保险人的合法权益起着至关重要的作用。虽然我国《保险法》充分体现了对被保险人利益的保护，规定了"不利解释"原则，但是在保险合同纠纷案件的处理过程中不能过于绝对地理解与运用"不利解释"原则，而应根据具体的文字及条款拟定的本意、适用的情况等作出有利于保护合同双方当事人合法权益的公平、合理的解释。

4. 批注优于正文的原则

在保险人与投保人订立保险合同后，由于保险期限时间较长，在保险期限内有些情况难免会发生变化，从而引起保险合同的变更，这种变更通过保险公司在原保单上加批注的方式完成。如果保险合同的条款内容与批注相矛盾，则以批注为准，并且后加的批注优于先加的批注，手写的批注优于打印的批注，加贴的批注优于正文批注。总之，对合同的解释，应以对合同最新的修改为准。

（三）保险合同的争议处理

保险人和被保险人发生争议时，首先应该本着实事求是的精神尽可能地协商解决，双方都作出一定的让步，在双方都可以接受的基础上达成和解。如果协商不成，可以提交仲裁机构或法院审理。保险合同的争议处理一般有四种方法。

1. 协商解决

协商解决纠纷是指合同双方在自愿、互谅、实事求是的基础上，对出现的争议、摩擦，都作出一定的让步，在双方可以接受的基础上达成和解协议。协商解决纠纷不仅可以节约时间、费用，更重要的是可以在协商的过程中，增进彼此的了解，有利于纠纷的圆满解决。如果协商不成，可以向仲裁机关申请调解和仲裁。

2. 调解

调解是指在合同管理机关或法院的参与下，通过说服教育，使双方互相谅解，平息纠纷。调解必须是出于自愿，遵循平等原则，符合法律、法规要求。有一方当事人不同意调解的，就不能进行调解，如果调解不能或调解后又反悔，可以申请仲裁或向法院起诉。需要注意的是，调解不是仲裁的必经程序。

3. 仲裁

仲裁是争议发生前或在争议发生后双方达成协议，自愿将争议提交第三方作出裁决，双方有义务执行的一种解决争议的方法。第三方对当事人双方发生的争执、纠纷所作出的判断或裁决，也叫"公断"。这里的第三方既可以是双方共同选择、同意的人，也可是法律规定的仲裁机构。仲裁人以裁判者而不是调解员的身份对双方的争议作出裁决。以仲裁方法处理保险合同纠纷，比法院处理更具灵活性，同时还具有自由选择性和费用低廉的优点。对仲裁后能否提起上诉，各国的法律规定有所不同。目前我国涉外仲裁机构对保险合同争议的裁决是终局性的，当事人不得向人民法院起诉。而我国对一般合同的争议采用二级仲裁，如果当事人一方或双方对仲裁不服的，可以在收到仲裁书之日起15天内，向人民法院提起诉讼；在期满不起诉的，裁决具有法律效力。但需要注意的是仲裁不是处理合同纠纷的必经程序。

4. 诉讼

诉讼指合同当事人中的任何一方按照法律诉讼程序将合同的争议提交有管辖权的法院，由法院对合同争议进行审理和作出判决。当协商不成或调解失败或当事人不服仲裁时，合同纠纷可以由当事人中的任何一方向法院提起诉讼，由法院出面，在深入调查、全面了解情况的基础上作出判决。在我国，保险合同纠纷案件实行两审终审制，当事人一方对一审判决不服，可以在接到判决书15日内向上一级法院提起上诉，由上一级法院进行二审审理，二审法院所作出的判决是终审判决。

目前我国国内的保险合同纠纷多数采用诉讼方式解决。这主要是因为在我国的保险条款中没有仲裁条款或者在争议发生后没有订立仲裁协议。

第三节　财产保险合同形式

从各国的立法及实践来看，投保人提出保险申请，经保险人同意承保，保险合同即告成立，这说明保险并非必须采用特定的形式。然而，在长期的保险实践活动中，书面保险单证形式始终是保险合同的最主要形式。这是因为采用书面形式有利于规范保险合同，敦促双方当事人信守合同义务，也便于合同管理机关对保险合同的监督管理。况且，保险合同条款比较复杂，无法用口头简洁表达。此外，一些保险合同期限较长，日后恐有"空口无凭"的麻烦，故书面形式的保险合同为常用形式。《保险法》第十三条规定："投保人提出保险要求，经保险人同意承保，保险合同成立。保险人应当及时向投保人签发保险单或者其他保险凭证。保险单或者其他保险凭证应当载明当事人双方约定的合同内容。当事人也可以约定采用其他书面形式载明合同内容。依法成立的保险合同，自成立时生效。投保人和保险人可以对合同的效力约定附条件或者附期限。"

财产保险合同的书面形式主要有以下六种。

一、投保单

投保单也称要保单或投保申请书，是投保人向保险人申请订立保险合同的书面要约，也是保险人审查并决定是否接受投保人投保申请的书面文件。一经保险人承诺，即成为保险合同的组成部分。在投保方提出投保要求，填具投保单，并与保险方商定交付保险费办法，经保险方签章承保后，保险合同即告成立，保险方应及时向投保方出具保险单或者保险凭证。投保单通常由保险人根据业务种类的不同分别设计，事先按照统一的格式印刷，在投保单中列明订立保险合同所必需的项目，内容包括保险人需要了解的有关投保人申请保险的目的、内容，还包括了保险险别、保险条件和保险费率等各项直接反映保险商品构成的基本要素。投保人应按照所列项目逐一据实填写，以供保险人决定是否承保。若投保人填写不实将直接影响保险合同的有效性，一旦保险事故发生，投保人或被保险人的要求将无法得到保障。

二、暂保单

暂保单也称临时保单，是保险人在签发正式保单之前为了满足投保人的保险需求而出具的临时保险凭证。暂保单的内容非常简单，只载明基本的保险项目，如投保人和被保险人的姓名、投保险别、保险标的、保险金额、责任范围等重要事项。暂保单的法律效力和正式保单完全相同，只是其有效期限相对较短，通常以一个月为限。投保人所交付的保险费并不限于暂保单的有效期限，需按照投保单所注明的保险期限计算保险费。保险人对于保险标的在暂保单有效期内出险承担保险责任。如果暂保单有效期满，保险人没有签发正式的保险单，暂保单失效，保险人必须按照短期费率的规定退还投保人所交付的未保日期的保险费。在保险人签发正式保险单后，暂保单自动失效。在暂保单失效以后签发的保险单被视为新的保险单，与原有的暂保单没有任何法律关系。保险人之所以同意在签发正式保险单之前出具暂保单，主要是基于如下原因。

（1）保险代理人在承揽到保险业务后，在保险人还没有办妥保险手续之前，为了避免业务外流，先出具暂保单，作为投保人已参加保险的证明。

（2）保险公司的分支机构在承揽到超出自己业务审批权限的业务或危险单位比较特殊的业务后，在上级公司还没有作出承保与否的正式答复之前，为了避免业务外流可出具暂保单，作为投保人已参加保险的证明。

（3）在保险人和投保人洽谈或续订保险合同时，双方已经就主要的保险条件达成共识，但是还有一些枝节问题需要统一认识，在未完全谈妥前，保险人为了给投保人提供保障，同时避免业务外流，可以出具暂保单，作为保险的证明。

需要注意的是暂保单并不是订立保险合同的必须程序。

三、保险单

保险单简称保单，是保险人和投保人之间订立保险合同的一种正式书面文件。保险单由保险人在合同成立时签发。保险单是保险合同最主要的组成部分，是保险合同存在的重要凭证。保险单上将保险合同的全部内容详细列明，包括保险人和投保人双方的一切权利和义务。保险单的内容要力求完整，文意清楚准确。根据各类保险业务的特点，保险单的设计风格各有特色，但是作为保险合同的正式书面凭证，保险单应该包括如下重要事项：声明事项、保险事项、除外事项和条件事项。财产保险的保险单具体内容包括：保险人名称和住所；投保人、被保险人的名称和住所；保险标的；保险责任和责任免除；保险期间和保险责任开始时间；保险价值；保险金额；保险费以及支付办法；保险金赔偿办法；违约责任和争议处理；订立合同的年、月、日等。当保险标的遭受保险责任范围内的损失时，保险单是投保人索赔的主要凭证，也是保险人处理赔案的主要依据。

四、保险凭证

保险凭证又叫小保单，实际上是一种简化了的保险单，是保险人签发给投保人的证明保险合同已经订立的一种书面文件。保险凭证上所载内容少于保险单，只有有关项目，但其与保险单具有同样的法律效力，凡保险凭证上未列明的内容均以相应的保单条款为准，而当二者有抵触时以保险凭证上的内容为准。

保险凭证主要在以下几种场合使用：在一张团体保单项下，需要给每一个参加保险的人签发一张单独的凭证；当用一张保险单承保多辆汽车时，为了向沿途交通管理部门证明每辆车已经参加保险而签发的单车保险凭证；在签有货物运输预约保险合同的情况下，需要对每一笔货物签发单独的保险凭证。

五、批单

批单是保险合同双方当事人对于保险单内容进行修订或增减的证明性文件，是变更保险单内容的批改书。批单附贴在保单上。批单通常在以下两种情况下使用。一是对于已经印刷好的标准保险单所作的部分修正。这种修正并不改变保险单的基本保险条件，只是对保险责任范围进行或扩大或缩小的调整。二是在保险单已经生效后对于某些保险项目进行的调整。在保险合同订立后双方当事人都可以通过协议更改和修正保险合同的内容。若投保人需要更改保险合同的内容，须向保险人提出申请，经保险人同意后出立批单。批单一旦签发，就自动成为保险单的一个重要组成部分，当批单内容与保险合同相抵触时，以批单为准。需要注意的是，批单与投保单一样，都不是财产保险合同的正式文件，没有独立存在的法律价值，但批单与投保单都是财产保险合同的重要组成部分。

六、预约保险合同

预约保险合同是一种为简化手续而签订的长期性财产保险合同，一般都没有保险期限的规定。保险双方当事人预先约定保险财产范围、保险责任范围、每一保险地点的最高保额、保险费的结算办法等内容。只要在此范围内，所有财产全部由保险人自动承保。在预约保险合同有效期内，投保方应当将预约保险合同范围内的每一笔业务，按规定及时向保险方进行书面申报；保险方对投保方书面申报的每一笔业务，均应视作预约保险合同的一部分，承担相应的保险责任。保险方有权对申报内容进行核实，如有遗漏，投保方必须补报；投保方有权要求保险方对申报的每一笔保险业务出具单独的保险单。我国保险公司承保各外贸单位的进出口货物运输保险，大多采用这种预约保险合同的形式。这样就可以不必在每批货物装运前办理投保手续，只要使用起运通知书或定期填报起运登记表将每批进出口货物的情况申报给保险公司即可。预约保险合同一般没有保险期限的规定，但是却订有注销条款。订约的任何一方可提前发出注销通知解除合同。

> **案例投影 2-3　缴纳保费但未填具投保单，保险关系是否成立？**
>
> 　　某年 6 月 26 日，某单位拟投保企业财产保险，并向保险公司交纳了保险费，但未填具投保单，双方也未签订保险合同。同年 6 月 30 日至 7 月 12 日，降特大暴雨。7 月 5 日，该单位的财产遭受损失。当日下午，该单位向保险公司报险，并于同年 8 月 28 日，提交了《赔偿申请书》《投保财产损失清单》《抗洪抢险费用清单》。那么该单位与保险公司间的保险关系是否成立？
>
> 　　我国《保险法》第十三条、第十四条分别规定："投保人提出保险要求，经保险人同意承保，保险合同成立。保险人应当及时向投保人签发保险单或者其他保险凭证。 保险单或者其他保险凭证应当载明当事人双方约定的合同内容。当事人也可以约定采用其他书面形式载明合同内容。 依法成立的保险合同，自成立时生效。投保人和保险人可以对合同的效力约定附条件或者附期限"；"保险合同成立后，投保人按照约定交付保险费，保险人按照约定的时间开始承担保险责任"。在实践中，保险合同成立的程序是：投保人提出投保要求填具投保单，经与保险人商定交付保险费的办法，并经保险方在投保单上签单承保后，保险合同即告成立。在保险合同成立后，保险人应当根据保险合同向投保人签发暂保单或保险单。
>
> 　　本案中该单位虽然向保险公司交纳了保险费，但未填具投保单，保险公司也未签单承保，双方对保险合同必备的保险金额、保险责任、除外责任、保险期限等主要条款均无约定，故而双方不存在保险合同关系。因此该单位要求保险公司赔偿其财产损失是没有道理的，而保险公司预收保险费也无合法根据，应予退回。

第四节　财产保险合同要素

　　保险合同作为一种法律关系，包括主体、客体、内容三要素。所谓主体是指权利的所有者和义务的执行者，客体是指双方权利和义务所共同指向的对象，而内容则是指主体对于客体所拥有的权利和承担的义务。

一、财产保险合同的主体

（一）当事人

财产保险合同的当事人，是直接参与订立财产保险合同，并与财产保险合同发生直接的权利义务关系的人，换句话说，就是财产保险合同的订立双方，即保险人和投保人。

1. 保险人

保险人也叫承保人，是指经营保险业务，与投保人订立财产保险合同，享有收取保险费的权利，并对被保险人承担损失赔偿义务的一方当事人。按照财产保险合同规定，保险人收取保险费，建立保险基金，承担经济赔偿义务。保险人可以是法人，也可以是自然人。但只有少数国家，如英国允许自然人作为保险人（譬如著名的"劳合社"就是由自然人所组成的保险人组合），绝大多数国家的保险人均为法人。我国《保险法》明确规定，保险人是指保险公司，是根据保险法和公司法注册成立的经营保险业务的组织机构和经营实体。保险公司的主体资格必须经过保险监管部门即保监会的确认，未经监管部门批准，任何单位和个人不得在中华人民共和国境内经营或变相经营商业保险业务。财产保险合同成立后，投保人按照约定交付保险费；保险人按照约定的时间开始承担保险责任，在财产保险合同有效期内，保险人不得随意解除合同。

2. 投保人

投保人也称要保人，是与保险人订立财产保险合同并按照合同的规定履行交纳保险费义务的另一方当事人。投保人可以是自然人也可以是法人，应对保险标的具有保险利益，并有缴纳保费的能力。通常，投保人应该具备以下三个条件。

第一，具有完全的权利能力和行为能力。财产保险合同作为合同的一种，要求当事人具有完全的民事能力，包括权利能力和行为能力。无行为能力或限制行为能力的自然人不能成为投保人，而没有取得法人资格的组织同样也不能成为投保人。

第二，对保险标的必须具有可保利益。我国《保险法》明确规定，投保人要对保险标的具有保险利益，否则合同无效。投保人对保险标的必须具有可保利益，这样才可以充分发挥保险的保障作用，避免利用保险进行赌博，从而有效地杜绝或减少道德风险的发生。

第三，具有缴纳保费的能力。缴纳保费是为了获得保险人的保障所付出的代价，是投保人的义务，因此缴纳保费也是投保人与保险人签订保险合同所必须具有的能力。

作为保险保障要求的提出者和保险合同的签订者，投保人享有解除财产保险合同的权利（货物运输保险和运输工具航程保险除外）。在保险责任开始前，投保人若要求解除保险合同，应当向保险人支付手续费，保险人应当退还其保险费；在保险责任开始后，投保人若要求解除保险合同，保险人可以收取自保险责任开始之日起至合同解除之日止期间的保险费，剩余部分退还投保人。

（二）关系人

1. 被保险人

被保险人对于保险标的的存在与否具有财产利益，是财产保险合同中列明的接受保险合同保障，享有保险金请求权的自然人或法人。被保险人并不直接参与保险合同的订立，却是财产保险合同所保障的对象。投保人与被保险人可以是同一个主体，也可以是不同主体。当投保人为自己的利益进行投保时，投保人和被保险人是同一人，此时的被保险人也可以看作是保险合同的当事人。当投保人为他人的利益投保时，投保人与被保险人是分离的，在财产保险合同中，投保人和被保险人往往是同一人。被保险人必须是对被保险财产具有可保利益的人，可以是被保险财产的所有人、经营管理人、使用权人或者抵押权人等。

在保险事故发生后，被保险人享有赔偿金的请求权，同时被保险人也有应尽的义务。《保险法》规定：被保险人应当遵守国家有关消防、安全、生产操作、劳动保护等方面的规定，维护保险标的的安全；根据合同的约定，保险人可以对保险标的的安全状况进行检查，及时向投保人、被保险人提出消除不安全因素和隐患的书面建议；投保人、被保险人未按照约定履行其对保险标的的安全应尽的责任的，保险人有权要求增加保险费或者解除合同；保险人为维护保险标的的安全，经被保险人同意，可以采取安全预防措施；在合同有效期内，保险标的的危险程度增加的，被保险人应当按照合同约定及时通知保险人，保险人可以按照合同约定增加保险费或者解除合同；被保险人未履行规定的通知义务的，对因保险标的的危险程度增加而发生的保险事故，保险人不承担赔偿责任。

2. 受益人

受益人是由被保险人或投保人在保险合同中指定的享有保险金请求权的人，一般属于人身保险范畴的特定关系人。财产保险业务的受益人通常是在保险合同所列明的被保险人由于各种法律原因不能行使保险金请求权时，可以代表被保险人领取保险金的法人或自然人。在财产保险实践中，由于保险赔偿金的受领者多为被保险人本人，所以在合同中一般没有受益人的规定。

（三）辅助人

财产保险合同的辅助人，也称保险中介，是在保险合同的订约、履约过程中起辅助作用的人，是接受保险公司或投保人及被保险人的委托，提供展业、风险管理、理赔等专业性服务，并收取佣金、手续费、咨询费的自然人或法人机构。保险中介包括保险代理人、保险经纪人和保险公估人。保险中介的存在有利于促进保险交易活动的顺利进行，降低市场交易费用成本，维护市场公平竞争。

1. 保险代理人

保险代理人是根据保险人的委托，向保险人收取代理手续费，并在保险人授权的范围内代为办理保险业务的单位或者个人。保险人委托保险代理人代为办理保险业务，应当与保险代理人签订委托代理协议，依法约定双方的权利和义务及其他代理事项。保险代理人根据保险人的授权代为办理保险业务的行为，由保险人承担责任。保险代理人为保险人代为办理保险业务，若有超越代理权限的行为，投保人有理由相信其有代理权，对已订立保险合同的，保险人应当承担保险责任，但是保险人可以依法追究越权的保险代理人的责任。保险代理人应当具备保险监督管理机构认定的资格条件。

2. 保险经纪人

《保险法》第一百一十八条规定："保险经纪人是基于投保人的利益，为投保人与保险人订立保险合同提供中介服务，并依法收取佣金的机构。"即明确了保险经纪人是投保人或被保险人的代表，是代表投保人或被保险人同保险人洽谈保险业务的单位，其收入来源于保险公司所支付的一定比例的佣金。保险经纪人应当具备保险监督管理机构认定的资格条件，并取得保险监督管理机构颁发的经营保险经纪业务的许可证，向工商行政管理机关办理登记，领取营业执照，并缴存保证金或者投保职业责任保险。同时，还应该注意的是，保险经纪人应当有自己的经营场所，设立专门账簿记载保险经纪业务的收支情况，并接受保险监督管理机构的监督。保险经纪人佣金，只限于向具有合法资格的保险经纪人支付，不得向其他人支付。

3. 保险公估人

保险公估人又称保险公证人，是独立于保险人和被保险人之外，以第三者的身份，凭借丰富的专业知识和技术，本着客观和公正的态度，为保险合同当事人进行保险标的的查勘、鉴定、估损及理赔等工作的人。公估人也必须具备相应的资格，向政府有关部门登记，领取执照，在其业务范围内从事公证活动，其报酬由委托人支付。

二、财产保险合同的客体

客体是相对主体的一个概念，财产保险合同的客体不是保险标的本身，而是投保人对保险标的所具有的法律上认可的利益，即保险利益。

保险标的是指保险事故有可能发生的本体，在财产保险中，就是各种财产及其相关利益。保险标的必须明确记载于保险合同中，保险金额、保险费率等都是在此基础上决定的。投保人与保险人签订财产保险合同的目的是实现经济保障，这种经济保障表现为被保险人在保险标的发生保险事故遭到损失后，能够得到保险人的经济补偿。即双方签订合同是基于投保人对保险标的的经济利益，即保险利益。因而，保险合同的客体并不是保险标的本身，而是保险利益。保险标的是保险利益的有形载体，保险利益是保险标的的经济内涵，也是投保人转嫁风险的经济额度，同时又是保险人确定其承担最高责任限额的重要依据。《中华人民共和国保险法》第十二条规定"财产保险的被保险人在保险事故发生时，对保险标的应当具有保险利益"，第四十八条规定"保险事故发生时，被保险人对保险标的不具有保险利益的，不得向保险人请求赔偿保险金"。

三、财产保险合同的内容

（一）财产保险合同的主要条款

财产保险合同条款是规定保险人与被保险人之间的基本权利和义务的条文，是保险公司对所承保的保险标的履行保险责任的依据，一般由保险人事先在保险单上印就。财产保险合同主要条款类型如下。

1. 基本条款

基本条款是关于保险合同当事人和关系人权利与义务的基本事项。主要包括保险责任、责任免除、被保险人的义务及赔偿处理等内容。

2. 扩展责任条款

为满足不同的被保险人对财产的保险需要，保险人可在基本条款的基础上扩展保险责任范围。对于这种扩展或增加的责任，习惯上是用加贴条款的办法解决。

3. 限制责任条款

限制责任条款是保险人在承保一般危险责任时，针对某种保险标的的特殊情况，作出的特殊限制责任的规定。如在美国的火灾保险中，一般明确动物、草坪、树木、水下和地下桩基、户外招牌等为不保财产；再如危险大量增加或建筑物超过 60 天未被占用，保险人可终止合同或拒绝承担责任。

4. 保证条款

保证条款主要是明确被保险人保证在财产保险有效期内应予遵守的规定。如投保人投保仓储险时，附加"不准堆存特别危险品保证条款"，被保险人必须严格遵守。

5. 特别说明条款

特别说明条款是一种对特殊情况作特别说明的条款。如在承保银行的抵押品时，如被保险人要求指定某银行优先受益时，须附加特别说明条款。

（二）财产保险合同的主要内容

1. 保险人的名称和住所

保险人的名称和住所是关于保险人基本情况的条款，在保险合同中应该包括保险人的全称和地址。保险合同订立以后，保费的缴纳、风险增加的告知等都会涉及保险人的名称和地址，因此此项内容包括在保险合同中。由于保险单是保险人提前印制好的，在一般情况下，保险人的名称、住所已在保险单上载明。

2. 投保人、被保险人的名称和住所

投保人、被保险人的名称和住所是关于投保人和被保险人基本情况的条款。保险合同订立以后，包括风险发生原因的调查、保险金的给付等都会涉及投保人、被保险人的名称和住所，同时也涉及发生争议时的诉讼管辖和涉外争议的法律适用等问题。但是海上货物运输保险合同是个例外，可以不填写投保人的名称。

3. 保险标的

财产保险合同的标的是有形财产、责任、经济利益和信用等。因为保险标的是确定保险合同关系和保险责任的依据，因此保险标的必须记载于保险合同中。保险标的不同，保险种类及保险合同性质也会有所不同，只有保险标的确定了，才能判定投保人是否具有保险利益。因此，保险合同中对保险标的的状况、坐落地点等都要有详细的记载。

4. 保险责任和责任免除

保险责任，规定了保险人对被保险人承担经济保障的具体范围，是保险条款的重要构成因素。在保险责任中应明确由于什么风险的发生造成了被保险人的经济损失，保险人应该承担赔偿责任。保险责任通常包括基本责任和特约责任以及责任免除。责任免除是对风险责任的限制，是保险人不负责赔偿的范围，也是保险条款的重要构成因素。我国《保险法》第十七条明确规定："对保险合同中免除保险人责任的条款，保险人在订立合同时应当在投保单、保险单或者其他保险凭证上作出足以引起投保人注意的提示，并对该条款的内容以书面或者口头形式向投保人作出明确说明；未作提示或者明确说明的，该条款不产生效力。"在一切险保单中，规定了除"责任免除"以外，对"由于自然灾害以及任何突然和不可预料的事故造成的损失和灭失"保险人均负赔偿责任，这时，责任免除就成了保单的核心内容。

5. 保险期间和保险责任开始时间

保险期间，是指保险合同的有效期间，即保险人为被保险人提供保险保障的起止时间，也是保险合同依法存在的效力期限。保险期间是保险合同的重要内容，也是保险费计算的重要因素。在保险期间内，保险双方当事人享有权利，承担义务。保险期间有两种计算方法：一是自然时间界限，按日历的一段时间计算，财产保险的保险期间通常为一年，期满后可以续订新约；二是行为时间界限，即以一件事情的全过程作为保险期间，如货物运输保险以一个航程为限，而建筑工程保险以工期为限。

6. 保险价值

保险价值是指保险标的本身的实际经济价值，可以由投保人和保险人约定并在合同中载明，也可以按照保险事故发生时保险标的的实际市场价值来确定。是确定保险金额和损失赔偿的基础。

7. 保险金额

保险金额是保险人承担赔偿责任的最高限额，也是计算保费的依据。一般情况下，财产保险的保险金额是以保险标的的实际价值即保险价值为基础来确定的。如何确定财产的价值以及保险金额与赔偿的关系极大，投保人应根据市价对保险财产进行合理的估价，以确定保险金额，并应该将全部财产足额投保。但是若投保人只以保险标的的部分价值投保也是允许的，倘被保险人确定的财产价值过高，也不能够从中获利。如果保险金额等于保险价值，称为足额保险，发生损失时，被保险人在保险金额的限度内能获得十足的赔偿；如果保险金额低于保险价值，则为不足额保险，其不足部分被看作是被保险人自保，发生损失时，被保险人只能按保险金额与保险价值的比例获得赔偿；如果保险金额大于保险价值，则为超额保险，发生损失时，被保险人只能获得相当于保险价值部分的赔偿。

8. 保险费及支付办法

保险费是被保险人获得保险保障的代价，是保险人最主要的权利，也是保险基金的来源。交纳保险费是投保人的义务，保险合同中应明确规定保险费及支付办法。财产保险通常是一次结清保费。保险费的多少，取决于保险金额和保险费率两个因素。保险费率由两部分组成：纯费率和附加费率。财产保险的纯费率主要是保险人根据保险金额损失率计算出来的，是保险人建立保险基金、用以支付保险赔款的资金来源；附加费率是保险人根据一定时期内自身业务经营的费用支出和预期利润与保险金额之比计算出来的，用于弥补保险人经营业务的各项费用支出。

9. 投保人、被保险人的义务

在财产保险中，投保人、被保险人应履行的义务主要有：按时缴纳保费的义务，缴纳保费是被保险人获得财产保险保障的前提条件；维护保险标的安全的义务，投保人、被保险人应采取一切可能的措施维护标的安全；危险增加通知义务，在财产变更用途或危险程度增加时，投保人、被保险人应及时通知保险人；出险通知义务，在保险标的因保险事故而受损后应及时通知保险人；防止或减少损失的义务，在保险标的出险后应采取一切可以采取的措施减灾减损。

10. 保险人履行赔偿责任的条件

财产保险人履行赔偿责任的条件主要有：财产保险合同有效；保险标的遭遇了保险事故并造成了损失；事故与损失之间有因果关系。

在财产保险合同的履行过程中需要注意以下几点。

第一，保险方对因保险事故发生所造成的保险标的损失或者引起的责任，应按保险合同的规定履行赔偿责任。除另有协议者外，保险方对投保方在发生事故当时所实际遭受的损失负责赔偿，但最高以保险金额为限；如保单有分项保险金额的，则以各分项保险标的的保险金额为限。保险方在赔偿保险财产损失时，应当在保险赔偿金额中将损余物资的价值和投保方从第三者获得的赔偿扣除。

第二，投保方为了避免或者减少保险责任范围内的损失而进行施救、保护、整理以及诉讼所支出的必要的合理的费用，以及为了确定保险责任范围内的损失所支付的对受损标的检验、估价、出售的合理费用，按照保险合同的规定，由保险方负责赔偿，但最高以保险金额为限。

第三，投保方要求保险方赔偿时，应当提供损失清单和施救等费用清单以及必要的账册、单据和证明。保险方在收到投保方要求赔偿的单证后，根据保险合同的规定，核定应否赔偿；在与投保方达成有关赔偿的协议后，应在十天内偿付。保险方如果没有及时赔付，则应承担违约责任，并自确定赔偿金额之日起十日后开始按中国人民银行对企业短期贷款利率的有关规定支付违约金。

第四，保险标的发生保险责任范围内的损失，应当由第三者负责赔偿的，投保方应当向第三者要求赔偿。如果投保方向保险方提出赔偿要求时，保险方可以按照保险合同规定先予赔偿，但投保方必须将向第三者追偿的权利转让给保险方，并协助保险方向第三者追偿。

11. 违约责任和争议处理

违约责任，是指保险合同当事人因过错致使合同不能履行或完全履行，即违反保险合同规定的义务而应承担的责任。争议处理条款是解决保险合同纠纷所使用的条款。

12. 订立合同的年、月、日

订立合同的年、月、日是保险合同订立的基本信息，对于确定保险费的缴付期、保险期限都有重要意义，在特定情况下，对核实赔案的事实真相可以起到关键作用。

案例投影 2-4　被保险人未履行对标的应尽的义务，保险人应否承担责任？

某厂于 2016 年 1 月 31 日与某保险公司签订了财产保险合同，保险期限从 2016 年 2 月 1 日起至 2017 年 2 月 1 日止，并于当日交付了全部保险费。2016 年 2 月 7 日晚，这个厂的值班人员擅自离开工厂，到朋友家去吃晚饭，直到第二天下午 3 时才回厂，回厂后发现防盗门已被人撬开，厂内的保险财产被盗。经现场查勘，财产损失约 16 万元。该厂于 2016 年 5 月 11 日向保险公司提交了书面索赔报告。同年 6 月 20 日，保险公司向被保险人出示了《拒赔通知书》，称依据该保险公司的《企业财产保险条款附加盗窃险特约条款》（以下简称《特约条款》）的约定，"由于保险地址无人看守而发生的被盗窃损失，保险人不负赔偿责任"。而该厂认为应该赔偿，遂引起纠纷，被保险人向法院提起诉讼，要求保险公司赔偿其财产损失。

法院经审理认为，该厂在保险公司投保企业财产保险，并交纳了保险费，保险合同合法有效。但该厂在保险期限内发生的保险财产被盗事件是由于保险地址无人看守所导致的，保险地址无人看守这一事实已由被保险人提供的书面材料证实，该行为属于保险条款规定的除外责任。因此，最后法院驳回了该厂的诉讼请求。

本章小结：

1. 财产保险合同是以财产及其有关利益作为保险标的的保险合同。保险标的的不仅包括家庭财产、船舶、机动车辆等有形标的，也包括无形标的。根据财产保险合同的约定，投保人有向保险人支付保险费的义务，而保险人则应在合同约定的保险事故发生后，对因其发生所造成的财产损失承担经济赔偿责任。

2. 财产保险合同的特点：要式合同、双务合同、最大诚信合同、条件性合同、附和性合同、射幸性合同、补偿性合同、个人性合同。

3. 按照保障的风险责任划分，财产保险合同可分为单一风险合同、综合风险合同和一切险合同；按照标的的分合以及变动情况划分，财产保险合同可以分为特定式保险合同、总括式保险合同、流动式保险合同和预约式保险合同；按照标的的价值在订立合同时是否确定划分，财产保险合同可分为定值保险合同和不定值保险合同；按照保险人是否转移保险责任划分，财产保险合同可分为原保险合同和再保险合同。

4. 财产保险合同须经过要约和承诺的过程才能成立；财产保险合同的生效是指依法成立的保险合同条款对合同当事人双方产生约束力，即合同产生法律效力。

5. 财产保险合同的变更主要包括主体的变更、内容的变更和保险合同效力的变更。

6. 财产保险合同的主体包括当事人、关系人和辅助人。

7. 财产保险合同的解释原则主要有文义解释原则，意图解释原则，有利于合同非起草方的原则，批注优于正文、明示优于默示的原则。解决财产保险合同纠纷的途径有协商解决、调解、仲裁、诉讼。

8. 财产保险合同的主要形式是投保单、暂保单、保险单、保险凭证、批单、预约保险合同。

关键词：

财产保险　　合同　　合同形式　　合同要素

思考题：

1. 财产保险合同的定义及分类。
2. 财产保险合同成立、生效的条件。

3．为什么会产生财产保险合同的争议，通常都怎样处理争议？

4．财产保险合同有哪几种主要形式？各自的特点是什么？

5．财产保险合同的客体是什么？财产保险合同的内容有哪些？

参考文献：

1．胡援成．财产保险[M]．大连：东北财经大学出版社，1999．

2．郝演苏．财产保险[M]．北京：中国金融出版社，2002．

3．许谨良．财产保险原理和实务[M]．上海：上海财经大学出版社，2015．

4．魏华林，林宝清．保险学[M]．北京：高等教育出版社，2011．

5．赵春梅，陈丽霞，江生忠．保险学原理．[M]．大连：东北财经大学出版社，1999．

6．吴定富．《中华人民共和国保险法》释义[M]．北京：中国财政经济出版社，2009．

第三章　财产保险遵循的基本原则

学习目的：

掌握财产保险合同所遵循的一些基本原则，如最大诚信原则、保险利益原则、损失补偿原则（由之派生的代位求偿原则、分摊原则）、近因原则等。理解这些特殊原则的含义、适用条件及功能。

第一节　最大诚信原则

一、最大诚信原则的含义

诚实信用原则是我国民法的基本原则，适用于一切民事活动。诚信，就是诚实守信用。所谓诚实，是指当事人一方对另一方不得隐瞒、欺骗；所谓信用，就是要求任何一方当事人都应当善意地、全面地履行自己的义务。任何契约的签订都必须以契约当事人的诚信作基础，而财产保险作为一种特殊的民事活动，要求当事人所具有的诚信程度比其他民事活动更为严格，要达到"最大诚信"。这是因为财产保险契约是双务契约，双方的权利与义务是相对应的。当事人的一方是投保人，其对所投保标的的危险程度最清楚，而承担风险的另一方当事人——保险人常常只能根据投保人的陈述来确定能否承保以及承保的条件。因而投保人的陈述是否完整及准确，对于保险人所承担的义务关系极大。如果投保人不诚实、不守信用，必然会直接影响到合同的有效性。因此保险合同必须建立在最大诚信的基础上，任何一方如有违反，另一方有权提出合同无效。保险人在合同中向被保险人所提供的是在发生保险责任范围内的损失时进行补偿的承诺，这种承诺的履行以被保险人在投保时必须向保险人告知有关风险的重要事实为前提，即以最大诚信原则为条件。最大诚信原则是订立和履行财产保险合同的重要原则之一。《保险法》第十六条规定："订立保险合同，保险人就保险标的或者被保险人的有关情况提出询问的，投保人应当如实告知。"这些规定充分体现了最大诚信原则。

专栏 3-1　最大诚信原则的起源

最大诚信原则起源于海上保险。在早期的海上保险业务中，保险双方当事人签订保险合同时，往往远离船舶和货物所在地，保险人难以对投保标的进行实地了解和查勘，只能根据投保人对于投保标的的情况的叙述来决定是否予以承保或者以什么条件进行承保。因此，投保人的诚实和信用显得十分重要。英国 1906 年的《海上保险法》对于最大诚信原则作出了如下规定："海上保险是建立在最大诚信原则基础上的保险合同，如果任何一方不遵守这一原则，他方可以宣告合同无效。"

随着保险事业的发展，最大诚信原则成为保险业务履行过程中双方当事人必须遵守的一项最基本的原则。

一般说来，如果在订立合同之前，发现投保人有不诚实的情况或是在合同生效期间发现投保人不诚实，保险人可以即时终止合同。但更多的情况是在损失发生后进行理赔时才发现投保方的不诚实，这时只能依靠健全的法律解决问题。当然诚信是相互的，最大诚信原则同样适用于保险人。有时保险人为了开展业务会进行一些不切合实际的宣传，缺乏经验的代理人也会随意作出承诺，这些都是违反最大诚信原则的。

二、最大诚信原则的基本内容

最大诚信原则主要体现在以下三个方面：告知、保证、弃权和禁止反言。

（一）告知

1. 投保人应该向保险人告知实质性的重要事实

投保人对于自己财产的危险情况最清楚，因而若想获得保险保障，必须向保险人如实告知所保财产的危险情况，如果进行错误申报或申报不实，保险人可以解除合同或拒绝承担赔偿责任。衡量投保方是否履行了如实告知义务的关键是看投保人所告知的事实是否会影响到保险合同的签订，如果保险人了解了这一事实后拒绝与投保人签订保险合同或改变承保条件及费率，则这一事实即为实质性的重要事实，反之则不是。对于已知的重要事实，如违章建筑、危房，如果投保人未告知保险人，则无论是出于故意还是疏忽，保险人均可解除保险合同或拒绝承担赔偿责任。如 A 与 B 有私仇，A 多次扬言要纵火烧毁 B 家，B 担心自己的财产受到损失，去保险公司投保家庭财产保险，但隐瞒了 A 扬言纵火这一重要事实。倘若纵火案发生，保险公司可以拒绝赔偿 B 的损失。一般来说，告知发生在订立财产保险合同之前。

此外，在财产保险合同有效期内保险标的危险程度大量增加或者保险事故发生，投保人也需要及时告知保险人。

2. 保险人在与投保人订立财产保险合同的过程中，必须按照保险法的要求，将可能影响财产保险合同正常履行的各种重要事实真实告知

保险人与投保方的保险知识是不对等的，保险人优于投保人，在保险合同的订立过程中保险人应将有关事项特别是有关责任免除事项告知投保人，从而使投保人了解在哪些情况下保险人不承担赔偿责任，以决定是否与保险公司签订合同。

（二）保证

投保人除必须申报重要事实外，还需履行合同中的保证条款。虽然保证条款在一般合同中也可以见到，但对于财产保险合同，特别是海上保险合同意义更大。保证是指投保人对于某种事情的作为和不作为的允诺，即保证做/不做某事，或保证某事存在/不存在。如违反保证条款，保险人自被保险人违反保证之日起即有权解除合同。保证条款一旦违反就不能补救。

保证可以分为明示保证和默示保证两种，二者的法律效力相同。

1. 明示保证

明示保证一般载于合同条款中或以特约条款形式贴附于保单后，也可以以口头形式表示允诺，又可分为确认保证和承诺保证。承诺保证是指投保人或者被保险人保证某事现在如此，将来也必须如此。确认保证通常只确认保险标的目前的状况，而不考虑标的以后的变化情况。

如在投保货物储藏保险时，保险人可能会要求投保人保证保险标的存放场所为封闭院落并有专人看管，从而使保险标的的过夜安全得到保障，降低盗抢风险。这种保证就属于承诺保证。

2. 默示保证

默示保证在保险合同中没有注明，但是是若干年来从事该业务（行业）的人都应该遵守的惯例或法律规章，虽不载明在保单上，但被保险人也应该严格遵守。最典型的默示保证如在海上保险中普遍采用的三项。

（1）船舶适航。指船舶在开航前应具备的必要条件，即船体、设备、供给品、船员配备和管理人员等都要符合安全标准，具备适航能力。

（2）不变更航程。船舶要航行于经常和习惯的航道，除非因躲避暴风雨或救助他人，否则不得变更航线。不变更航程意味着航行安全、风险小。

（3）航程合法。即被保险人保证其船舶不从事非法经营或运载违禁物品等。

（三）弃权与禁止反言

弃权是指保险合同的一方当事人明确表示放弃其在保险合同中可以主张的某种权利，禁止反言则是指保险合同的一方当事人在放弃某项可以主张的权利后不得再重新主张该项权利。保险合同一经签订，弃权的一方无论有何种理由，均不得反言。需要指出的是，保险代理人的弃权行为可视为保险人的弃权行为，后果由保险人承担。如某车主将一辆作为生产用的货车向保险公司投保车辆损失保险和第三者责任保险，投保单载明了特别用途为重、中型载货汽车，但因核保时保险人疏忽，按轻、微型载货汽车收取了保费，办理了承保手续并签发了保单。日后一旦发生保险事故，保险人不得因该投保人少支付了保险费而拒绝承担赔偿责任。

三、最大诚信原则的功能

从某种意义上讲，保险是在特定情况下所进行的道德上的交易，对道德规范的要求要比一般商业交易对道德规范的要求高得多。最大诚信原则是保险赖以生存与活动的基础，其功能主要体现在如下几方面。

（一）最大诚信原则的内核是要求行为人以善意方式行使权利和履行义务

最大诚信原则所要求的不仅限于主观上的善意，而且要求事实上的善意，即知情方必须如实告知其所知道的所有重要情况，因过失未如实告知也构成对最大诚信原则的违反。因为一方面财产保险合同具有特殊性，保险标的千差万别，保险人难于确切了解应知道的信息，也不能保证通过询问了解足够的信息，因此不仅要求投保人不欺骗保险人，而且要求投保人应如实说明所有与保险有关的实质性重要事实；另一方面掌握特殊知识的保险人也有向对方披露告知的义务，特别是有关免责条款的说明。

（二）最大诚信原则可以调节当事人之间的利益关系

在财产保险合同中，双方当事人对一些事物的认知能力上存在着严重的不平衡。一方面，在财产保险合同的签订过程中，投保人完全处于弱势。财产保险合同是附和性合同，条款由保险人事先单方面拟定，投保人在缔约时处于"要么接受，要么走开"的不利地位；投保人不熟悉保险业务和知识，投保人向保险人支付保险费在相当程度上是基于信赖保险人对保险合同条款所作出的说明和解释。另一方面，在对于保险标的物的了解上，保险人又处于弱势地位。在保险实践中，保险人是否承保，以及向投保人收取保险费的数额取决于保险人对特定危险发生程度的正确估计与判断，而保险人对承保危险程度的估计与判断在很大程度上是以投保人的陈述为依据的。而最大诚信原则可以较好地调整保险活动双方当事人之间的利益失衡，从而有力地保证财产保险合同的顺利履行。

（三）运用最大诚信原则可以降低交易成本

保险标的物不像普通商业合同的标的物那样易于为双方了解和知悉，而具多样性与复杂性。如果保险人对影响保险标的风险的所有因素都加以调查的话，需要耗费大量的时间与费用。而保险人欲了解的情况又大多是投保人所知悉的，如果掌握保险标的风险状况的投保人能对保险人进行如实披露的话，可以使保险人对风险进行比较可靠的评估，从而大大降低所消耗的费用，这样也可以降低投保人所缴纳的保险费。

四、违反最大诚信原则的后果

《保险法》第十六条规定："投保人故意或者因重大过失未履行前款规定的如实告知义务，足以影响保险人决定是否同意承保或者提高保险费率的，保险人有权解除合同。前款规定的合同解除权，自保险人知道有解除事由之日起，超过三十日不行使而消灭。自合同成立之日起超过二年的，保险人不得解除合同；发生保险事故的，保险人应当承担赔偿或者给付保险金的责任。投保人故意不履行如实告知义务的，保险人对于合同解除前发生的保险事故，不承担赔偿或者给付保险金的责任，并不退还保险费。投保人因重大过失未履行如实告知义务，对保险事故的发生有严重影响的，保险人对于合同解除前发生的保险事故，不承担赔偿或者给付保险金的责任，但应当退还保险费。"

《保险法》第五十二条规定："在合同有效期内，保险标的的危险程度显著增加的，被保险人应当按照合同约定及时通知保险人，保险人可以按照合同约定增加保险费或者解除合同。保险人解除合同的，应当将已收取的保险费，按照合同约定扣除自保险责任开始之日起至合同解除之日止应收的部分后，退还投保人。被保险人未履行前款规定的通知义务的，因保险标的的危险程度显著增加而发生的保险事故，保险人不承担赔偿保险金的责任。"

案例投影 3-1　违反最大诚信原则的法律后果

【例一】

　　1984 年 2 月 23 日夜，吉林市独立路董某居住的房屋发生两次火灾，出险后董某向保险公司提出索赔，经保险公司理赔人员仔细调查和了解，发现许多疑点：董某曾用了很长时间采购木材和砖瓦，准备翻造旧房，在火灾发生前一个月才向保险公司投保家庭财产保险。另据参加救火的群众反映，董某对失火无动于衷，第一次火灾刚扑灭，他就扬长而去，不久又起了火。保险公司把案情疑点报告给了公安部门，公安部门决定立案侦查。据董某自己讲，着火原因是使用炉灶不慎。但经公安部门验证，灶内根本没有残余的新灰，烟道四周亦无裂缝，此外还排除了其他能引起火灾的因素，最后把注意力集中到纵火上。在确凿的证据面前，董某承认是自己纵火烧毁自己的房子，以达到骗取保险赔款的目的。结果董某玩火自焚，不仅没有得到保险赔款，而且被公安部门依法逮捕。

【例二】

　　1991 年 3 月 5 日，安徽怀远县第三航运公司个体船主陈某在船发动机被拆除、船体严重损失的情况下，竟然在总吨位 152 吨的船上装载石块 167 吨，用缆绳将该船系在另一船旁，从张家港拖往上海。途中，该船破裂，大量进水，沉没于江底。此后陈某与上海某保险公司营业部理赔员方某、上海港驳船运输公司安全监督科周某等人勾结，用金钱打通关系，行贿证人，偷换了气象资料，虚构了沉船原因，从而使该营业部作出了支付赔款18 万元的决定。陈某从预付赔款 6 万元中给了方某 1 万元，周某 2000 元，其余进入自己腰包。这是一起典型的保险理赔人员与保户内外勾结、骗取保险赔款的重大案件。后经上海水上公安局干警连续 5 个月的侦破，终于水落石出，主要罪犯均被逮捕法办。

第二节　保险利益原则

一、保险利益的含义

（一）可保利益

可保利益是投保人或者被保险人对其所投保的保险标的因具有法律上承

认的各种利害关系而享有的经济利益。投保人或被保险人必须对其所投保的保险标的具有可保利益，否则保险合同不能成立。

（二）保险利益

保险利益是根据保险合同被保险人对保险标的所享有的权利或利益。可保利益在保险合同成立之后便全部或部分成为保险利益。保险责任事故发生后，保险利益额度是保险人赔偿与给付的限定条件。可保利益与保险利益是密切相关的，因投保人的投保有可能是不足额的，所以保险利益可能等于或小于可保利益。

《保险法》第十二条规定："保险利益是指投保人或者被保险人对保险标的的具有法律上承认的利益"，"财产保险的被保险人在保险事故发生时，对保险标的的应当具有保险利益"。

专栏 3-2　　国际上对保险利益的界定

国际上对财产保险的保险利益一般采用定义式，即在保险立法中对保险利益概念作出定义，凡符合定义的，即认定为有保险利益。著名的英国 1906 年《海上保险法》第五条规定：①凡与海事冒险发生利益关系之人，均得依本法之规定认为有保险利益；②凡对于海事冒险或受保财产立于法律上或利害上关系地位之人，于该受保财产安全时，或按期到达时，即蒙利益，于发生损失时，或扣押时，则发生损害或赔偿，即称为利害关系之人。国际上大多数国家对财产保险都有类似的表述方式确定保险利益。

二、保险利益成立的要件

保险利益的成立需满足下述三个条件。

（一）合法利益

投保人对标的要具备法律上承认并为法律所保护的利益。非法利益不受法律保护，自然不能作为保险利益。任何人对走私品、违禁品、非法经营的财产无保险利益，对贪污、诈骗、盗窃等非法手段取得的财产也无保险利益。

（二）货币利益

投保人对标的要具有可以用货币计算和估价的利益。财产和责任保险合同都是补偿性合同，因此保险利益必须是可以用货币计算衡量的，以作为赔偿计算的依据。票据、纪念品等虽对所有人来说十分重要，但因这类标的的利益是无法用货币计算的，所以无法作为财产保险合同的保险标的。而古玩、名人字画等可以由专业人士估价，所以在特别约定的情况下，可以作为财产保险合同的标的。

（三）确定的利益

保险利益必须是经济上已经确认或可能实现的利益。已经确定的利益，是指已经存在的利益，如财产所有权或使用权等；可能实现的利益，是指将来一定可以得到的利益，如预期利润等，并且这种利益不能单凭投保人的主观臆测，必须是可以实现的。尽管有些险种的保险利益在保险合同成立时不一定具体存在，但可以合理预见，在事故发生前或发生时必须具体存在。

保险利益在签约时和损失发生时都应存在，当保单已经生效而被保险人尚无保险利益时，保险单失效。同样，当被保险人的保险利益已经终止或转让后，如果发生了损失，被保险人将不能获得任何赔偿。一般说来，如保险财产过户、转让或出售给他人，保险责任即行终止。只有事先取得保险人的同意并将保单批改后，他人才能取得保险赔偿。例如，某机动车辆的车主 A 将车辆出售给 B，如果未到保险公司办理转让手续，则发生保险事故时，因不具有保险利益，合同失效，保险人不会履行赔偿责任。

英国 1906 年《海上保险法》第六条规定："在保险合同订立时，被保险人对于标的物固无发生利益关系之必要，但在标的物发生灭失时，被保险人必须享有保险利益。"这样规定的理由是：首先，便利保险合同的订立，有助于保险业务的开展；其次，只有保险事故发生时保险利益存在，投保人或被保险人才有实际损失发生，保险人才可确定补偿的程度。如果保险利益在订立合同时存在但事故发生时不存在了，则投保人和被保险人对于保险标的已无利害关系，就没有补偿可言，故保险合同失效。但海上货物运输保险是个例外，投保人在保险合同订立时可以不具有保险利益，而只要求被保险人在事故发生时，对标的具有保险利益。并且海上货物运输保险的保险单、保险凭证可由投保人背书转让，财产的所有权可随之发生转移，而无须征得保险人的同意。

三、保险利益的主要来源

一般认为财产所有权人，占有、使用或受益权人，保管、受托人，债权人以及民事赔偿责任者都对所投保的标的具有相应的保险利益。

（一）狭义财产保险的保险利益来源

1. 财产所有权

任何人对于其所有或与他人共有的财产都具有保险利益，即使其财产并不为他所据有，如放在洗染店、修理店，但仍对其有保险利益。如：

（1）房屋所有权人可以为房屋投保家庭财产保险；

（2）企业的经营者可以将所经营的企业财产投保企业财产保险。

2. 财产据有权

据有权指对财产的保管、占有等权利，因为财产的据有者对所据有的财产的安全负有责任，因此财产的受托人、保管人、承运人对财产也具有保险利益。如：

（1）洗衣店对客户的衣物；

（2）修车行对维修的车辆；

（3）行李寄放处对寄放的行李；

（4）承运人对托运的货物；

（5）承包商对在建的工程。

3. 契约规定

根据抵押或租赁契约，受押人或承租人对抵押或所承租财产具有保险利益。

（二）相关利益的保险利益来源

1. 预期利益

企业对因保险事故造成的预期利润损失具有保险利益，房屋出租人或承租人对因保险事故造成的租金损失或租赁利益损失具有保险利益。但需注意的是，预期利益必须以现有利益为基础。

2. 信用

债权人对债务人的信用具有保险利益。

（三）责任保险的保险利益来源

因承担民事损害赔偿责任而需支付赔偿金额和其他费用的人对责任保险具有保险利益。责任保险的保险利益是基于法律上的民事损害赔偿责任而产生的，如对第三者的责任、职业责任、产品责任、公众责任、雇主责任等。

1. 过失责任

《民法典》第一千一百六十五条规定："行为人因过错侵害他人民事权益造成损害的，应当承担侵权责任。"车主、专业人员、商店等都可能会因民事损害赔偿责任的发生而赔偿受害人的损失，因此对相关责任保险具有保险利益。

2. 无过失责任

《民法典》第一千一百六十六条规定："行为人造成他人民事权益损害，不论行为人有无过错，法律规定应当承担侵权责任的，依照其规定。"炼油厂、核电站、航空公司等因自身高度危险的作业而造成他人损害的，无论是否有过错都要承担民事责任，因此也对相关的责任保险具有保险利益。

案例投影 3-2 可保利益的判断

某年 3 月 15 日，李某将其木质机动船投保，保险金额按重置价值确定为 70000 元，保险期限为一年。次年 1 月 15 日，李某驾驶该船发生触礁事故，施救和维修费用共计 5400 元。保险公司接到出险通知后，立即组织调查，发现投保时船舶属于李某一人所有，但他后邀另外两人合伙经营，船舶分为四股，李某占两股，并签订了合伙经营合同，但没有办理保险批改手续。案发后，保险公司人员对赔款有不同意见。正确的意见是，李某对该船仍具有全部可保利益，从个人经营到合伙经营，并没有引起保险标的过户，户主仍是李某，他是经营人，又是其他两人所占部分财产的保管人，故而保险公司应该赔偿其全部损失。

四、保险利益原则的作用

（一）减少道德风险

财产保险的保费与赔款相差悬殊，如果不加以限制，会诱发故意灭失财产的动机。而保险利益原则要求投保人或被保险人对保险标的必须具有保险利益，且保险人的赔付以被保险人所实际遭受的损失为限。这就可以有效地防止投保人或被保险人为谋取保险赔款而放任或促使其不具有保险利益的保险标的发生保险事故，从而减少道德危险的发生。

（二）控制补偿金额

财产保险合同是补偿性合同，保险利益是保险人所补偿损失的最高限额。被保险人在损失发生时得到的补偿金额不得超过其对财产所具有的保险利益。坚持保险利益原则，可以限制被保险人对保险标的的损失补偿的过分追求，稳定保险经营。

（三）避免赌博行为

财产保险与赌博的区别就在于财产保险要求投保人对所投保的标的具有保险利益，如果不强调保险利益原则，投保人对于保险标的不具有保险利益，则可能会出现未受损失而得到赔偿的情况，从而助长赌博行为，而这与财产保险的社会稳定器作用相悖。

第三节　损失补偿原则

一、损失补偿原则的含义

损失补偿原则是财产保险合同所特有的原则。损失补偿原则是指发生保险事故并使保险标的受损时，保险人按照保险合同的约定条件和保险标的的实际损失程度，在保额内进行赔偿。财产保险合同是补偿性合同，当约定的保险事故发生并造成保险标的损失时，保险人有义务给予充分及时的经济补偿，从而有利于被保险人恢复生产安定生活。而作为被保险人绝不能通过财产保险的赔偿而额外获利。

损失补偿原则事实上包含两层含义：一是"有损失，有赔偿"；二是"损失多少，赔偿多少"。

二、损失补偿原则的限制条件

损失补偿原则在运作过程中有如下限制条件。

（一）以实际损失为限

保险标的遭受损失后，保险人的补偿以被保险人所遭受的实际损失为限。全部损失全部赔偿，部分损失部分赔偿。所有财产保险合同都是赔偿性合同，被保险人因保险责任范围内的自然灾害或意外事故而引起的财产损失，保险人都应按保单的约定给予赔偿，从而使被保险人恰好在经济上恢复到事故发生前的经济状态，但不能大于或好于那时的状态。如果赔偿过少，不能充分补偿被保险人所受到的损失，就失去了保险的作用；而补偿过多，又与财产保险的本意相悖，易引起道德危险，即被保险人不能因保险赔偿而获得额外的收益。如一台电视机投保时市价为 1500 元，被盗窃时市价跌到 800 元，则保险公司只负责赔付 800 元。但要注意的是，以实际损失为限的规定只适用于不定值保险。

（二）以保险金额为限

保险金额是保险人确定赔偿责任的最高限额，赔偿金额只能低于或等于保险金额，而不应高于保险金额。因为保险人所收取的保费是以保险金额为基础的，如果赔偿金额超过保险金额，将使保险人所收取的保费不足以承担赔偿责任，最终会危及保险人的偿付能力。

（三）以被保险人对标的所具有的保险利益为限

被保险人在索赔时，对遭受损失的财产要具有保险利益，索赔金额以其对该项财产所具有的保险利益为限。在保险标的受损时，若该财产或其权益已经转移，则被保险人无权索赔。如在银行抵押贷款中，抵押人为借得 100 万元而将价值 150 万元的房子抵押给银行，银行以受押人的名义将抵押品投保。日后若房屋在保险期间内全损，银行最多只能获得 100 万元的保险赔款，因为其对房屋所具有的保险利益只有 100 万元；若贷款已经收回，则银行对该标的的将不再具有保险利益，所以银行无权索赔。

综合上述限制条件，在保险事故发生后，保险人的实际赔款是实际损失、保险金额和保险价值三者中最小的一个数额。并且，保险人有权选择货币支付或者恢复原状或者以置换的方式来弥补投保人的损失。

（四）被保险人不能通过补偿而额外获利

财产保险是对损失进行补偿，被保险人不能通过补偿而额外获利，对此各国都颁布了相应的法律，以避免被保险人因损毁财产而获利。为防止被保险人通过补偿而获得额外利益，通常还有以下规定。

1. 向造成损失的第三方追偿

当损害是由第三方造成的情况下，如果被保险人已从保险人处获得赔偿，则必须将其所享有的向第三方追偿的权利转移给保险人，而不能从第三方那里额外获利。

2. 对重复保险进行分摊

被保险人虽然可以将其财产向两个以上的保险人投保，但最终所获赔偿不能超过其财产的实际损失。

3. 赔款扣除残值

即保险人要从赔款中将受损后的残值扣除。

三、损失补偿的方式

财产保险有三种基本赔偿方式，以不同的赔偿方式计算费率、赔偿金额，结果各不相同。在保险条款中必须明确规定采用哪一种赔偿方式。

（一）比例赔偿方式

在比例赔偿方式下，按保险财产的保险金额与出险时的实际价值的比例来计算赔偿金额。被保险人投保财产保险的目的就是要使受损财产获得充分保障，为此被保险人应该足额投保，如果确定的保险金额低于实际价值，则为不足额保险。不足额保险，不能获得足额补偿。正因为如此，才产生了比例赔偿方式。

财产保险的基础原理是以收取保费为条件，而收取保费的费率计算是建筑在足额保险的基础之上的。不足额保险意味着投保人所付保费比足额投保要少，这样，一旦受损，就不应获得足额赔偿。当然如果保险金额高于实际价值，被保险人也不能获得超过损失金额的赔偿，尽管其所付保费要比足额保险还多。

1. 在不定值保险条件下，若为足额或超额保险，即保险金额等于或大于保险价值（出险时标的的实际价值）的情况下，赔偿金额等于损失金额；若为不足额保险，即保险金额小于保险价值时，赔偿金额为：

赔偿金额＝损失金额×（保险金额／保险价值）×100％

在重置价值保险中，上述公式中的保险价值应换作重置价值，损失金额为实际重置费用，即：

赔偿金额＝实际重置费用（或修复费用）×（保险金额／重置价值）
　　　　×100％

2. 在定值保险的条件下，由于保险金额等于保险价值，因而，若发生全损，损失金额等于保险价值，即赔偿金额等于保险金额；若发生部分损失，损失金额小于保险价值，则按损失程度计算赔偿金额，即在部分损失的情况下：

赔偿金额＝保险金额×损失程度

损失程度＝（1－损余价值／完好价值）×100%

（二）第一责任赔偿方式

第一责任赔偿方式，又称第一危险赔偿方式或第一损失赔偿方式。其特点是赔偿金额一般等于损失金额，但是以不超过保险金额为限。即损失金额低于或相当于保险金额时，保险人赔偿全部损失；损失金额高于保险金额时，保险人的赔付金额以保险金额为限。也就是说，赔付多少只决定于保险金额和损失金额。这种赔偿方式的逻辑依据是：将保险财产价值分成两部分，一部分是保险金额与实际价值相等的部分，作为足额投保，称第一危险、第一责任或第一损失，对这部分财产因危险发生后所导致的损失，保险人不作任何扣除全部赔付；第二部分是标的价值超过保险金额的部分，称为第二危险、第二责任或第二损失，对这部分损失保险人不予赔偿。

这种赔偿方式一般是对信誉较好的保户采用，在承保时，不要求被保险人以其财产的全部价值投保，而是以一次保险事故所造成的最大损失额作为保险金额。在发生损失后，不管保险金额与实际价值的比例如何，在保险金额的限度内，均按实际损失予以赔偿。这也就是说无论是否足额投保，在保险金额的限度内，赔偿都将是足额的。

在第一危险赔偿方式下，由于被保险人对保险金额的确定总是低于标的的实际价值，而保险人对保险金额内损失的赔付又总是百分之百，因此保险费率要高于比例分摊赔偿方式。这种赔偿方式较多地应用于危险分散的大企业、建筑工程等业务。因为规模庞大的商店、工厂标的种类繁杂，在一般情况下，损失不会达到百分之百，出险后如果摊算，既不经济又很费事，因此保户往往不愿将标的全部投保，而是仅投保估计可能会损失的部分。对于保险人而言，采取这种方式可以减少许多不必要的烦琐的事务性工作。因此保险双方均乐于采用此种方式。由于家庭财产种类繁细，我国也多采用此种赔偿方式承保家庭财产保险。

（三）限额责任赔偿方式

1. 固定责任赔偿方式

保险人在订立保险合同时规定保险保障的标准限额，保险人只对实际价值低于标准保障限额的差额部分给予赔偿。这种赔偿方式多用于农业保险，如农作物收获保险，保险人承保时根据经验确定保险产量，当实际收获低于保险产量时，保险人赔偿差额部分。即：

赔偿金额＝保险限额责任－实际收获量

2. 免赔限度赔偿方式

保险人事先规定一个免赔限度，只有在保险标的损失超过该限度时才予以赔偿。又分为两种方式：

（1）相对免赔：若保险标的的实际损失程度超过规定的免赔限度时，保险人不作任何扣除按全部损失予以赔偿。即：

赔偿金额＝损失金额×损失率（损失率＞免赔率）

（2）绝对免赔：当保险标的损失超过免赔限度时，保险人只赔偿超过免赔限度的那部分损失。即：

赔偿金额＝损失金额×（损失率－免赔率）（损失率＞免赔率）

第四节　代位原则

一、代位求偿原则的含义

代位求偿仅适用于财产保险。保险人在按照保险合同的规定对保险标的的全部或部分损失赔偿被保险人后，要在其赔偿金额的限度内要求被保险人转让其对造成损失的第三方进行追偿的权利，即转让求偿权。这也就是说，当被保险人因财产受损而取得保险人的赔偿后，要将其原所享有的向第三方（责任方）追偿的权利转让给保险人。这对于被保险人而言是权益转让，对于保险人则是代位求偿。一般要求被保险人签具权益转让书，表示将向第三方主张赔偿的权利依法转移给保险人。保险人取得该项权益，即可以把自己放在被保险人的地位向责任方进行追偿。如海运货物在运输途中因承运人的过失而造成灭失或损坏，本应由货主向承运人提出索赔要求，因保了险，损失又属于保险责任范围，货主一般会向保险人提出索赔，而将其原所享有的向承运人追偿的权利转让给保险人，由保险人取代货主的地位向承运人追偿。

代位求偿原则是损失补偿原则的派生原则，采用这一原则可以有效地防止被保险人因一次损失而得到双倍的赔偿，保证了保险人所支付的赔款与第三方赔偿的总和不超过保险标的的实际损失。

二、代位求偿原则的主要内容

（一）代位求偿权的适用范围

1. 保险代位求偿原则仅适用于财产保险合同，而不适用人身保险合同。因为人的价值是无法以货币来确切衡量的，因此不存在额外收益问题。在人身保险的被保险人伤残或死亡的情况下，被保险人、受益人可以同时得到保险人所给付的保险金和第三方的赔偿金额。

2. 在财产保险合同中，保险人不得对被保险人的家庭成员或者其组成人员行使代位求偿的权利，除非被保险人的家庭成员或其组成人员故意制造保险事故。因为被保险人的家庭成员或其组成人员往往与被保险人具有一致的利益，即他们的利益受损，被保险人的利益也同样遭受损失；他们的利益得到保护，实质上也就是保护了被保险人的利益。如果保险人对被保险人先行赔偿，而后向被保险人的家庭成员或其组成人员追偿损失，则无异于又向被保险人索要其赔款，被保险人的损失将得不到真正的补偿。

需要注意的是，在权益转让后被保险人对不属于保险责任范围内的损失，但应由第三方负责赔偿的部分，仍继续保留索赔权。

（二）履行代位求偿权的条件

代位求偿权是各国保险法律共同承认的一种债权转移制度。保险人行使代位求偿权需满足如下条件。

1. 保险标的所遭受的风险事故必须属于保险责任范围内。若保险标的所发生的风险事故虽为第三方的责任所致，但不属于保险责任范围内，则保险人不承担赔偿责任，自然也不具有代位求偿权。

2. 保险事故的发生必须是第三方的责任造成的，肇事方依法应对被保险人承担民事损害赔偿责任。只有保险事故的发生应由第三方承担责任，被保险人才有可能向保险人转移索赔请求权，保险人才有代位求偿的可能；反之，即使保险事故的发生是第三方的行为造成，但第三方的行为在法律上不需要承担民事赔偿责任，代位求偿权也无从产生。

3. 被保险人要求第三方赔偿。这既是保险人赔偿的条件，也是代位求偿产生的条件。如果因第三方的责任造成保险事故，但被保险人不要求第三方赔偿，则保险人向被保险人赔偿会诱发第三方的故意行为，出现道德危险；同时若被保险人放弃向第三方索赔，即是放弃债权，第三方会因此而不存在债务，保险人的代位也就失去了基础。

4. 保险人一般应在支付了赔款之后才获得代位求偿权。但也有在保单上注明，不论在赔付前后，保险人都可行使代位求偿权。从理论上讲保险人应先向被保险人履行赔偿责任，代位求偿权在保险人向被保险人赔偿保险金之后自动产生，这是保险人取得代位求偿权的时间条件。代位求偿是建立在履行赔偿义务基础之上的，只有当保险人依照保险合同和被保险人的请求，对损失履行赔偿义务之后，才有权取得代位求偿权。在保险人尚未赔偿之前，被保险人实际上拥有或保留向第三方求偿的权利。

5. 保险人在代位求偿中享有被保险人的权益，但不能超过赔付金额。保险人追偿所得的金额若小于或等于赔付金额，则全归保险人所有；若追回金额大于赔付金额，则超出部分应归还给被保险人。这是代位求偿的权限。

6. 被保险人已经从第三方取得损害赔偿金的，保险人在赔偿时，应从赔款中相应扣减被保险人已从第三方取得的赔偿金额。

小资料 3-1　　《保险法》对代位求偿权的规定

《保险法》第五十九条至六十三条对代位追偿权作了一系列的规定：

第五十九条　保险事故发生后，保险人已支付了全部保险金额，并且保险金额等于保险价值的，受损保险标的的全部权利归于保险人；保险金额低于保险价值的，保险人按照保险金额与保险价值的比例取得受损保险标的的部分权利。

第六十条　因第三者对保险标的的损害而造成保险事故的，保险人自向被保险人赔偿保险金之日起，在赔偿金额范围内代位行使被保险人对第三者请求赔偿的权利。

前款规定的保险事故发生后，被保险人已经从第三者取得损害赔偿的，保险人赔偿保险金时，可以相应扣减被保险人从第三者已取得的赔偿金额。

保险人依照本条第一款规定行使代位请求赔偿的权利，不影响被保险人就未取得赔偿的部分向第三者请求赔偿的权利。

第六十一条 保险事故发生后，保险人未赔偿保险金之前，被保险人放弃对第三者的请求赔偿的权利的，保险人不承担赔偿保险金的责任。

保险人向被保险人赔偿保险金后，被保险人未经保险人同意放弃对第三者请求赔偿的权利的，该行为无效。

被保险人故意或者因重大过失致使保险人不能行使代位请求赔偿的权利的，保险人可以扣减或者要求返还相应的保险金。

第六十二条 除被保险人的家庭成员或者其组成人员故意造成本法第六十条第一款规定的保险事故外，保险人不得对被保险人的家庭成员或者其组成人员行使代位请求赔偿的权利。

第六十三条 保险人向第三者行使代位请求赔偿的权利时，被保险人应当向保险人提供必要的文件和所知道的有关情况。

（三）保险人取得代位求偿权的方式

权益取得的方式一般有两种：一是法定方式，即权益的取得无需经任何人的确认；二是约定方式，即权益的取得必须经过当事人的磋商、确认。

根据《保险法》第六十条的规定，保险人代位求偿权的取得采用法定方式，保险人自向被保险人赔偿保险金之日起，可在赔偿金额范围内行使被保险人对第三者请求赔偿的权利，而无须经过被保险人的确认。但是，在实践中，保险人支付保险赔款后通常要求被保险人出具"权益转让书"。但从法律规定上看，"权益转让书"并非权益转移的要件，所以，被保险人是否出具"权益转让书"并不影响保险人取得代位求偿权。但这一文件能确认保险赔款的时间和赔款金额，同时也就确认了保险人取得代位求偿权的时间和向第三者追偿所能获得的最高赔偿金额。

三、委付

（一）委付的含义

委付是指保险标的发生推定全损时投保人或被保险人将保险标的物的全

部权益转交给保险人，而请求保险人按保险金额全数赔付的行为。

（二）委付必须具备的条件

1. 委付必须以保险标的的推定全损为条件

所谓推定全损，是指保险标的遭受保险事故尚未达到完全损毁或完全灭失的状态，但修复和施救费用将超过保险价值；或标的失踪达一定时间，实际全损已不可避免。当保险标的发生推定全损时，被保险人以口头或书面形式向保险人提出申请，明确表明愿将该项标的的所有权利转让给保险人而要求保险人按全损进行赔偿。

2. 委付必须就保险标的的全部提出要求

被保险人要求委付必须针对该推定全损标的的全部，而不得仅就保险标的的一部分申请委付。但同一保单载有若干保险标的，当其中一种产生委付原因时，则该种保险标的适用委付。

3. 委付是否成立取决于保险人的意志

也就是说，委付必须经保险人承诺后才生效。被保险人提出委付后，保险人可以接受也可以拒绝，保险人如拒绝委付，不影响被保险人的索赔权利；如果保险人接受委付，委付即有效成立。保险人一旦接受委付后，在法律上就不允许撤销。

4. 被保险人提出委付不得附带任何条件

例如被保险人对船舶失踪申请委付，但要求船舶有着落时返归其所有，这是为法律所禁止的。因为这样会增加保险合同双方关系的复杂性，从而引起法律纠纷。

委付时，被保险人必须向保险人发出书面的委付通知，经保险人承诺后方才有效。保险人可以先取得标的物的所有权，然后赔付全部保险金额。保险人在接受委付前，要先进行慎重调查了解，查明损失原因是否在保险责任范围以内，研究了解是否有扩大或超出赔款的可能，以及对第三者的责任等。

委付成立后，标的物自委付的原因出现之日开始转移，而不是以保险人接受或进行赔付为条件。委付成立后，保险人对标的物的全部权利及义务必须同时接受。

四、委付与代位求偿的异同

（一）相同点

委付与代位求偿都是保险人赔偿后取得被保险人所转让权益的行为，这一点二者相同。

（二）不同点

1. 保险人所获得的权利不同。在委付的过程中，被保险人所转让的是物权，因此保险人必须承担因标的物所有权转移而产生的一切权利和义务。保险人可以获得大于赔偿金额的利益，但对因标的所有权转移而产生的义务也要随之承担；而在代位追偿过程中被保险人所转让的仅是债权，因此在追偿的过程中，保险人要以被保险人的名义，保险人只能取得相当于赔付给被保险人的金额，并且不承担与财产所有权相关的义务。

2. 委付的当事人涉及两方：被保险人和保险人。代位求偿则要涉及三方当事人：被保险人、第三方和保险人，且保险事故需是由第三方引起。

第五节 分摊原则

一、重复保险

（一）重复保险

重复保险也称作双重保险，指投保人将同一保险标的、同一保险利益、同一保险事故分别与两个或两个以上的保险人订立保险合同，且其保险金额的总和超过保险价值的保险。在重复保险的情况下，一旦保险标的物因发生保险事故造成损失，被保险人可以向任何一个保险人索赔，但他所能获得的最高赔偿金额仍应是保险标的损失的实际价值。为了防止被保险人获得双份赔偿，一般需要在保险人之间进行分摊。另外为防止保险人借故不承担赔偿责任，也有必要予以控制，为此而产生了分摊原则，以督促保险人公平合理承担各自的赔偿责任，同时在总体上限制赔偿金额。

（二）重复保险必须具备的条件

1. 要求有两张或两张以上的保单；
2. 承保的是同一个被保险人（或同一家庭成员）；
3. 同一危险造成的损失；
4. 承保的是同一标的；
5. 每张保单都对损失负有赔偿责任。

这也就是说，同一个被保险人将同一保险标的投保两张以上的保单，发生了保险人对之都负有责任的同一保险事故，才具备重复保险分摊的条件。但是，如家庭成员以自己的名义投保家财险，保单和被保险人的名称虽不同，但由于保险财产属家庭成员共有，也构成重复保险。重复保险并不要求所有保险合同的内容必须全部重叠，只要保险合同的某项内容事实上存在交叉现象，便属于重复保险。

二、重复保险的分摊方式

（一）比例责任分摊方式

在比例责任分摊方式下，按照各保险人承保的保险金额占保险金额总和的比例分摊保险事故所造成的损失。即首先将各家保险公司的保险金额加总，作为共同承保的总保额，然后以每一保险公司所保的金额与总保险金额之间求出一个比例，按此比例分摊损失。其计算公式为：

各保险人承担的赔款＝损失金额×该保险人承保的保额/各保险人承保的保额总和

如某批货物保险价值 200 万元，投保人将该批货物分别向 A、B 两家保险公司投保了货物运输保险，保险金额分别为 120 万元、160 万元。保险事故发生时，

（1）若发生全部损失，损失金额 200 万元，则两家公司的赔偿金额分别为：

A 保险公司的赔偿金额＝200×120/（120＋160）＝85.71（万元）

B 保险公司的赔偿金额＝200×160/（120＋160）＝114.29（万元）

（2）若发生部分损失，损失金额 150 万元，则两家公司的赔偿金额分别为：

A 保险公司的赔偿金额＝150×120/（120＋160）＝64.29（万元）

B 保险公司的赔偿金额＝150×160/（120＋160）＝85.71（万元）

无论是全部损失还是部分损失，两家公司赔偿的总额都正好等于损失金额。

（二）限额责任分摊方式

在限额责任分摊方式下，按照各家保险公司在假设无他保的情况下单独应负的赔偿责任限额占各家保险公司的赔偿责任限额之和的比例分摊损失金额。也就是说，各家保险公司对于损失的分摊并不是以其保险金额为基础的，而是以各家保险公司在没有其他保险公司承保的情况下单独应付的限额责任作为赔偿的基础。其计算公式为：

各保险人承担的赔款＝损失金额×该保险人的赔偿限额/各保险人赔偿限额总和

在上例中，如果对于损失两家保险公司按照限额责任分摊方式进行赔偿，则两家保险公司的赔偿金额分别为：

A 保险公司的赔偿金额＝200×120/（120＋160）＝85.71（万元）

B 保险公司的赔偿金额＝200×160/（120＋160）＝114.29（万元）

若发生部分损失，损失金额 150 万元，则两家公司的赔偿金额分别为：

A 保险公司的赔偿金额＝150×120/（120＋150）＝66.67（万元）

B 保险公司的赔偿金额＝150×150/（120＋150）＝83.33（万元）

（三）顺序责任分摊方式

在顺序责任分摊方式下，各保险公司按出立保单的时间顺序依次承担赔偿责任。先出单的保险公司首先在其承保的保额限度内负责赔偿，后出单的保险公司则只在损失额超出前一家保险公司的保额时，才在自己承保的保额限度内赔偿超出的部分。

在上例中，假定两家保险公司按照顺序责任分摊方式进行赔偿，假设 A 公司先于 B 公司承保，若发生全损，则先由 A 公司赔偿 120 万元，余下的 80 万元由 B 公司赔偿；若发生部分损失，损失金额 150 万元，则由 A 公司赔偿 120 万元，B 公司赔偿 30 万元。

由于保险金额是计算保险费的依据，比例责任分摊方式是按各保险人的保险金额占总保险金额的比率来分摊损失的，即实际上每一保险公司是按其收取保费的比率来承担相应的赔偿义务的。因此，该方式能较好地体现当事人双方权利与义务对等的关系，被许多国家保险公司在理赔实务中所采用。

而顺序责任制，由于出立保险单的顺序并不意味着保险公司享受权利大小的顺序，因而按出立保单的顺序承担赔偿责任，显然会导致权利和义务不一致，从而显失公平。这一方法一般用于母公司下属子公司之间的承保。

我国《保险法》第五十六条规定："重复保险的各保险人赔偿保险金的总和不得超过保险价值。除合同另有约定外，各保险人按照其保险金额与保险金额总和的比例承担赔偿保险金的责任。"因此，在我国除合同另有约定外，重复保险依法采用比例责任方式赔偿。若重复保险的几张保单中有一张以上（含一张）写明对重复保险采用限额责任分摊方式的，则赔偿时各保单均采用限额责任方式分摊赔偿金额。

第六节　近因原则

一、近因原则的含义

近因原则是判断风险事故与保险标的损失之间的因果关系，从而确定保险赔偿责任的一项基本原则，在保险理赔中具有重要意义。我们知道造成保险财产损毁的原因是错综复杂的，既会有保险危险也会有除外责任，这些承保危险与除外责任有时会形成同时并存的交错局面，这样就会给理赔工作造成许多困难。近因原则就是在长期的理赔实践中形成的一种理论，这种理论可以指导理赔人员正确分析危险与损失之间的因果关系，从而明确赔与不赔的界限。

（一）近因

所谓近因，并非指时间上最接近损失的原因，而是指直接促成结果的原因和效果上有支配力或有效的原因。英国法庭曾于 1907 年给近因下过定义："近因是指引起一连串事件，并由此导致案件结果的能动的、起决定作用的原因。"1924 年英国上议院宣读的法官判词中对近因作了进一步的说明："近因是指处于支配地位或者起决定作用的原因，即使在时间上它并不是最近的。"

（二）认定近因的基本方法

认定近因的关键是确定风险因素与损失之间的关系，确定这种关系的基本方法有两种：

1. 从最初事件出发，按逻辑推理直到最终损失发生，则最初事件就是最后一个事件的近因；

2. 从损失开始，从后往前推，追溯到最初事件，如没有中断，则最初事件就是近因。

（三）近因原则

英国 1906 年《海上保险法》第五十五条规定："依照本法规定，除保险单另有规定外，保险人对于由所承保的近因造成的损失，负赔偿责任，但对于不是由所承保的近因造成的损失，概不负责任。"近因原则的基本含义包括：

1. 若造成保险标的受损的近因属于保险责任范围，则保险人应负赔偿责任；

2. 若造成保险标的受损的近因属于责任免除，则保险人不负赔偿责任；

3. 若造成保险标的受损的近因兼有保险责任和责任免除，则分别不同情况处理。

二、近因原则的应用

（一）损失由单一原因所致

如果保险标的遭受的损失由单一原因所致，该原因即为近因。若该原因属于保险责任事故，则保险人负赔偿责任；反之，若该原因属于责任免除范围，则保险人不负赔偿责任。

（二）损失由多种原因所致

如果保险标的遭受的损失由两个或两个以上的原因所致，则应区别分析。

1. 多种原因同时发生造成损失

如果多种原因同时作用于保险标的，发生无先后之分，对损失结果的形成都有直接、实质的影响效果，则原则上都是近因。具体处理方法如下。

（1）若同时发生导致损失的多种原因均属保险责任，则保险人应负责全部损失的赔偿。

（2）若同时发生导致损失的多种原因均属于责任免除，则保险人不负任何赔偿责任。

（3）若同时发生导致损失的多种原因既有保险责任又有责任免除，则应加以严格区分，若能区分保险责任和责任免除所造成损失的，保险人只负保险责任所致损失的赔偿责任；若不能区分保险责任和责任免除所造成损失的，则不予赔付。在保险实务中，很多情况下损害是无法加以区分的，保险人有时会与被保险人协商解决，对损失按比例进行分摊。

如船舶发生碰撞，海水涌入船舱，油罐破裂，所装载货物既遭水渍又被油污，如果被保险人只投保了水渍险，则保险人只负责水渍损失的赔偿；如果被保险人在水渍险的基础上加保了混杂沾污险或投保了一切险，则保险人对油污造成的损失也负责赔偿。

2. 多种原因连续发生造成损失

其指的是多种原因连续依次发生，持续不断，且具有前因后果的关系。若各原因之间的因果关系未中断，则最先发生并造成一连串事故的原因为近因。具体处理方法如下。

（1）若多种原因连续发生所导致损失均属保险责任，则保险人应负责全部损失的赔偿。

（2）若连续发生导致损失的多种原因均属于责任免除范围，则保险人不负赔偿责任。

（3）若连续发生的原因中含有除外风险或未保风险，这又分为两种情况：

①若前因是保险风险，后因是除外风险或未保风险，且后因是前因的必然结果，则保险人对全部损失负责赔偿。

②若前因是除外风险或未保风险，后因是承保风险，后因是前因的必然结果，则保险人对所有损失均不负责任。

英国曾有一仓库投保财产保险，但未加保战争险。在保险期间被敌机投弹击中燃烧起火，仓库受损。造成仓库受损的原因有敌机投弹击中和燃烧起火，前一个原因属于战争行为，是财产保险的责任免除；后一项是保险责任。在这两个原因中，敌机投弹击中是造成损失的近因，所以保险人不承担赔偿责任。

3. 间断发生的多种原因造成损失。在这种情况下，致损原因有多个，但互相之间没有因果关系，后来发生的灾害事故是一种新的独立的原因，后因不是前因直接的必然的结果，前因与后因之间的连续发生了中断。则新介入的独立原因是近因。具体处理方法如下。

（1）若近因属于保险责任范围，则保险人应负赔偿责任。

（2）若近因不属于保险责任范围，则保险人不负赔偿责任。

案例投影 3-3　　日本经典保险案例：交通事故后被害者自杀，保险公司是否承担责任？

A（被害者）乘坐 X1（原告，被害者的丈夫）驾驶的私家轿车去商场，坐在助手席上，当车辆在商场交通管理人员的指挥引导下，打开转向灯，准备进入商场的停车场时，突然被从前面疾驶而来的 Y1（被告，加害者）所驾驶的卡车撞击，致使乘坐在助手席上的 A 头部负外伤，颈椎和背部也不同程度地受到伤害。由于头部的外伤使视神经也受到损伤。

根据交通警察的现场勘察，认定 X1 在驾驶过程中没有任何违规行为，这起事故完全是 Y1 的过错。因此，Y1 和 Y2（被告，Y1 投保的保险公司）向 A 支付了所有的医疗费用以及精神抚慰费。

A 在遭遇交通事故受伤以后，无法忍受头部外伤所致的疼痛，而且精神上也受到了很大的打击，最终在交通事故发生 1 年后，在居所悬梁自尽。

X1 和 X2（被害者 A 的儿子）向 Y1 和 Y2（被告，Y1 投保的保险公司）请求对 A 的死亡进行损害赔偿。Y1 和 Y2 以 A 的自杀同交通事故没有因果关系为由，拒绝赔偿。

X1 和 X2 向法院提起诉讼。

法院认定 A 的自杀同交通事故有相当的因果关系。因此，判 X1 和 X2 承担 A 死亡所带来的损害赔偿责任。

　　本案争论的焦点：A 的自杀同交通事故有没有因果关系。即交通事故是否是 A 自杀的近因。

　　在对本案进行判断时，重点是放在交通事故发生以后，所遗留下来的后遗症对引发自杀这个结果，是否存在因果关系？

　　受害者为 A，从案情中可以得知，Y1 的过失是 100%，正由于 Y1 的过失导致了 A 的负伤，并在积极治疗以后，仍然留下了十分严重的后遗症。A 为病痛所折磨，并且遭受了精神上的打击，使得 A 在无法忍受肉体和精神上的痛苦之后，走上不归之路。从导致 A 自杀这一结果来看，其原因是双重的，就是肉体和精神上的痛苦，而产生这双重痛苦的直接原因为本案中所涉及的交通事故。为此，根据案情所列举的事实，可以推断出该自杀与交通事故有相当的因果关系。对此，日本地方法院的判断是正确的。

　　另外，根据日本的《自动车损害赔偿责任保障法》的规定，凡是机动车辆必须加入"自动车损害赔偿责任保险"，它是第三者责任保险，属于强制性保险。Y1 自己拥有卡车，所以也不例外，他在事故发生之前已经加入了上述保险。根据交通事故现场的勘察，Y1 驾驶该车肇事，在该交通事故中应当负全部责任。地方法院在对交通事故与 A 的自杀之间作出了有相当因果关系的判断，根据"自动车损害赔偿责任保险"条款的损害补偿原则的规定，本应由 Y1 承担的损害赔偿责任，就应当由保险公司来填补。

　　（说明：在日本判例介绍中，一般以 X 代表原告，Y 来代表被告，而诉讼外的人物则用 A，B，C……来表示。）

本章小结：

　　1. 财产保险合同遵循的原则主要有：最大诚信原则、可保利益原则、损失补偿原则、代位求偿原则、分摊原则、近因原则。

　　2. 保险双方当事人签订财产保险合同必须要建立在诚实信用基础之上，要做到如实告知、遵守保证，并受到弃权与禁止反言的约束。

　　3. 财产保险的投保人和被保险人必须对标的具有确定的、可用货币衡量的、法律上承认的保险利益，除海上货物运输保险外，这种利益要贯穿保险合同始终。

　　4. 损失补偿原则是财产保险理赔的基本原则，在保险事故发生时，被保险人从保险人处得到的赔偿应该正好补偿因保险事故造成的经济损失，而不会使其获得额外收益。

　　5. 代位求偿是损失补偿的派生原则，只适用于财产保险。委付是当保险事故造成保险标的推定全损时，将标的物的一切权利和义务转移给保险人，请求保险人赔偿全部保险金额的法律行为。

6. 分摊原则也是损失补偿原则的派生原则，当发生重复保险时，投保人的索赔只能在保险人之间分摊，且总赔偿金额不能超过损失金额。

7. 近因指的是在风险和损失之间，导致损失的最直接、最有效、起决定作用的原因。近因原则是判断风险事故与保险标的损失之间的因果关系，从而确定保险赔偿责任的一项基本原则。

关键词：

最大诚信原则　保证　告知　弃权与禁止反言　重复保险　保险利益
近因　损失补偿原则　委付　代位求偿

思考题：

1. 为什么在财产保险中必须强调最大诚信原则？
2. 保证的主要形式有哪些？
3. 如何理解弃权与禁止反言？
4. 违反最大诚信原则的法律后果如何？
5. 可保利益成立需要具备的条件有哪些？
6. 可保利益原则在财产保险中如何运用？
7. 损失补偿原则的含义是什么？
8. 损失补偿原则的限制条件有哪些？
9. 损失补偿的方式有哪几种？
10. 什么是代位求偿？什么是委付？二者有何区别？
11. 代位求偿权必须满足哪些条件？
12. 委付成立的条件是什么？
13. 重复保险分摊的方式有哪几种？
14. 近因原则如何确定？

参考文献：

1. 胡援成. 财产保险[M]. 大连：东北财经大学出版社，1999.
2. 郝演苏. 财产保险[M]. 北京：中国金融出版社，2002.
3. 许谨良. 财产保险原理和实务[M]. 上海：上海财经大学出版社，2015.

4．吴定富．《中华人民共和国保险法》释义［M］．北京：中国财政经济出版社，2009.

第四章　财产保险业务经营

学习目的：

　　掌握保险公司损益构造和费率厘定的基本原理、基本方法以及保险公司财务稳定性的主要指标，了解财产保险公司业务开展的全过程。

　　本章需要重点掌握的知识有：保险营业收益来源；保险资金运用的基本理论和形式；费率的构成与计算公式；财务稳定性指标、展业、核保、理赔的含义。

第一节　财产保险公司的损益构造

　　保险公司与一般工商企业在经济活动方面有很大的区别，保险经济活动既不直接从事物质产品的生产，也不直接经营实物产品，而是通过组织保险基金，为社会提供安全保障，并从中获利。这就决定了保险企业的利润来源与其他工商企业有着根本的区别。保险业和其他行业在商业模式上的根本区别还在于：其他行业，成本先于收入确认，收入确认则利润（亏损）也确认了；保险行业，收入先于成本确认，收入确认时，成本和利润都是不确定的。

　　保险公司的收益主要来源于营业收益和资金运用收益（投资收益）。所谓的营业收益，是指保险公司经营保险业务所获得的收益，即以尽可能少的承保成本，获得尽可能多的承保利润；而资金运用收益，是指保险公司把所收集的保险资金在资本市场上通过投资使资金升值，也就是说要以尽可能少的投资成本，获得尽可能大的投资收益。下面我们分别对营业收益和资金运用收益进行介绍。

一、财产保险公司营业收益

（一）财产保险公司营业收益组成

保险公司的营业收入包括：保费收入、追偿收入、利息收入、手续费收入、分保费收入等。具体到财产保险公司，营业收益主要来自三个方面。首先是来自纯保费部分（保费中充当保险金的部分）的收益：与预先设定的赔付率相比较，如果实际发生的赔付率低，则剩余部分就成为公司的收益，这种收益称为"危险差益"。其次，是来自附加保费部分（保费中用于补偿成本的部分）的收益：即如果实际支出的费用小于预定营业费用的话，剩余部分也成为公司的收益，这部分称为"费差益"。最后是资产运用收益：由于产险产品多是一次付费不予退费的，所以投保人交纳的保险费的运用收益完全成为财产保险公司的收益。

而产险的储蓄型保险业务是将对被保险人保证的利率（预定利率）部分的收益加上储蓄部分一并返还，因此只有在实际的运用收益率超过预定利率时才产生"利差益"。当然，如果实际运用收益率小于预定利率，就会和寿险公司一样，可能产生"利差损"，也就是说，也有陷入逆差损的可能性。

保险公司经营的依据主要是一些基本的预定因素，产险公司主要的预定因素有事故发生率（损失率）、费用率等。精算人员根据这些因素，按照收入与支出持平的基本原则，厘定客户应当缴纳的保费。然后再按照相应的精算准则，提取供未来赔付支出的准备金。

产险的营业收入与寿险相比，具有完全不同的特点。由于寿险业务通常保险期限非常长，一般长达 20 年甚至 30 年，这样在计算每年的营业利润时，就不能只看当年的收入与支出的差额，而需在一个相当长的时期内判断是盈利还是亏损；而财产保险则仅仅覆盖一至两个会计年度，因此产险的营业利润主要来自承保保费收入与赔付支出的差额。当然也会存在未到期责任准备金的提取问题。

从各保险发达国家来看，产险营业收益表现出的特点之一就是比寿险具更大的波动性，因为产险承保的标的大多是物质财产，一方面受国家宏观经济周期性波动的影响，另一方面物质财产所面临的自然风险的出现也具有一定的周期性，再加上保险公司在拓展业务时的价格调整等市场行为的影响，导致营业收益总是处在波峰、波谷的不断转换之中。

（二）提高产险公司营业收益的途径

总体来说，非寿险业务收益的多少，取决于已赚保费、已赚保费的赔付率、已赚保费的费用率以及利息率等。所谓的已赚保费，是指承保期内，满期部分的毛保费。换句话说，就是用毛保费减去各项责任准备金之后的余额。对产险业务的收益状况进行分析，通常我们要使用以下公式：

利润＝保费收入＋转回责任准备金－提存责任准备金－赔款支出－费用支出＋投资收益

　　　　　＝已赚保费－赔款支出－费用支出

也可以用如下公式表示：

$$利润 = P' - L - E = P'(1 - \frac{L}{P'} - \frac{E}{P'})$$

其中：P′表示已赚保费；

　　　　L 表示赔款支出；

　　　　E 表示费用支出。

可见，保险公司的经营收益主要取决于赔付率（$\frac{L}{P'}$）和费用率（$\frac{E}{P'}$）。

1. 降低赔付率

要提高营业收益，首先必须降低赔付率。赔付率过高，保险公司无利可图；赔付率过低，说明费率制定不合理，投保人的利益又会受到损害。所以，保险公司通常会把赔付率控制在一个比较适当的水平上。从许多保险发达国家的保险实践来看，其整体赔付率水平都比较高：如美国产险业 1988 年的保险赔付率为 105％，英国 90 年代的产险赔付率在 80％以上，日本 2004—2010 年的产险赔付率均在 60％以上。究其原因，主要是在上述地区，保险公司之间的竞争激烈，为了争夺市场份额，各保险公司不得不在降低费率的同时，扩大承保范围，这就造成赔付率居高不下的局面。但是，由于在这些地区保险市场有广阔的资金运用渠道，即便赔付率高，但通过资金运用仍可以使资金升值，从而使产险公司在总体上仍能保持一个合理的盈利水平。而我国产险公司的平均赔付率较低，尤其是非车险业务赔付率水平近几年维持在 56％左右。截至 2011 年 6 月行业综合赔付率为 61％，其中交强险赔付率 80.9％。自交强险实施后，赔付率从最初的 50％左右，至 2008 年限额调整、费率降低后上升至 80％以上①，成为各产险公司的亏损险种。从各市场主体的策略选择来看，由于车险业务占比较高，已开始在业务结构细分、车型、地区、险别选择上逐步进行精细化管理，以期通过调整业务结构、强化风险选择，达到降低整体赔付率的目的。此外，非车险产品虽盈利能力较强，但不确定性及波动性也较大，往往易受到个别重大赔案的影响。

———————————

① 数据来源：取自保监会公布的行业内部经营数据。

2. 降低费用率

产险公司的营业费用包括以人事费用、办公费用为中心的公司费用，代理店手续费，展业费（直销人员经费），再保险手续费等。这些经营费用占保费的比率就是预定的营业费用率，即保费中的附加保费部分，也是保户所缴纳保费的组成要素之一，以弥补保险公司经营所需的经费支出。

从影响产险业营业利润率的因素来看，应该说只有费用率是保险公司能够自主控制的。因为赔付率受自然灾害和意外事故的影响，而自然灾害和意外事故的发生是不以人的意志为转移的。费用率则是人力所可以控制的，因此降低费用率是可行的。在我国近几年的保险业发展过程中，保费收入一直保持着比较高的平均增长率，但是同时保险公司的营业费用也一直居高不下。从营业费用中的几项内容来看，主要的费用集中在保单的获取成本、维护费用上，而降低保单获取成本的关键在于规范市场行为，避免恶性竞争；降低维持费用关键在于提高管理效率，降低公司内部流转损耗，提高管理效率。因此规避恶性价格竞争，提高管理效率将成为未来竞争的重中之重。

3. 提高投资收益

投资收益是指保险公司通过对外投资资金所获得的利润、股利等。一般来说，非寿险公司的投资策略非常谨慎，一个稳健的投资策略对一家非寿险公司的经营来说至关重要。保险公司通过稳健的投资，不仅可以满足其支付索赔和其他费用所需要的现金流，投资收益还有助于提高保险公司的利润留存，从而提升公司的价值。

承保和投资是非寿险公司业绩的"两驾马车"，缺一不可。由于非寿险公司承保利润的变化具有周期性，不仅要有承保利润，还需要有投资收益，以为保险公司的盈利锦上添花。

二、资产运用收益

（一）保险资金运用遵循的原则

随着市场竞争的日益激烈，保险公司为了吸引客户，纷纷下调保险费率，扩大保险保障范围，导致成本增高，承保利润下滑，甚至成为负数，因而保险公司的利润比以往更多地依赖于投资收益。由于保险资金的特殊性，保险资金运用的安全与稳定成为首要问题，为了更为有效地规避资本市场的潜在风险，国外保险业一直倡导保险投资的多元化。而投资多元化的前提是投资工具的多元化。因此，保险资金的运用，不仅仅是保险业自身的发展问题，也是资本市场发展乃至整个国民经济增长的重要一环。

保险投资活动由来已久。保险公司之所以要对保险资金加以运用，是因为通过保险资金运用，可以实现资金的保值增值，保证公司的正常运营，提高保险公司的偿付能力及竞争能力；而保费收支的时间差和数量差为资金运用提供了可能。但是，在保险资金运用的过程中，必须遵循如下原则。

1. 安全性原则

安全性即保证保险投资资金能够安全返还。

由于保险经营是负债经营，因此安全性原则是资金运用的前提。

2. 收益性原则

保险企业进行投资的目的就在于获得收益。收益性原则与安全性原则呈反方向运动，而资金运用必须在两者之间找到最佳平衡点。

3. 流动性原则

流动性是指保险投资项目须具有变现能力，保险企业能够在需要的时候安全及时地收回资金，用以履行赔偿或给付责任。由于产险业务保险期限比较短，且灾害事故的发生具有很强的不可预知性，因此产险公司的资金运用对流动性的要求要高于寿险公司。

4. 风险分散原则

在投资的过程中，要避免投资过分集中，以免不幸造成失败，大量资金受损收不回，或是发生巨大赔案资金周转不灵，从而损害保险人信誉的情况。

（二）保险资金运用的主要形式

在保险投资过程中，通常面临的风险包括系统风险和非系统风险。系统风险是指不能通过投资组合消除的风险，如政治风险、国家宏观经济结构风险、全球经济危机爆发的风险等；非系统性风险是指通过投资分散可以减少或消除的风险。

总体来说，能满足保险资金运用原则的投资形式都可以采用。但为了真正保障被保险人和投保人的利益，各国政府大都对保险投资的形式、投资比例和投资方向作了详细规定，并且根据产寿险公司的不同特点规定了二者资金运用的不同形式，一般而言产险投资更强调资金的流动性。保险资金运用的主要形式有以下几种。

1. 存款

存款包括银行存款和信托存款。银行存款安全性极高，但收益低。许多国家的保险公司并不把银行存款作为一种投资形式，只是根据现金流估测存入银行一定的数额，作为日常支付所用；信托存款是指保险公司将资金存入信托银行，受托人在该银行向证券公司定购股票、债券等有价证券，由信托银行根据买卖内容对所存入的资金加以运用。一般来说，信托存款的收益率高于银行存款。

2. 有价证券

有价证券包括债券、股票和证券投资基金等。债券的发行人是政府、公用事业单位、银行以及信用比较好的公司。债券的发行需要经过一定的审批程序，有法律保障，安全性比较好，同时流动性也很强。债券的收益包括到期的本金和利息，还有资本利得。按发行人的不同，债券可以分为政府债券、金融债券和企业债券三种，它们的流动性、安全性和收益性也各不相同。股票的特点是收益高、流动性好，但是风险比较大。股票的收益来自股息收入和资本利得，股息收入完全取决于公司的经营状况，资本利得则取决于未来股票价格的走向。由于股票价格受到政治、经济、社会、公司经营状况等各方面的影响，不确定性很强。因此，为了保证保险资金运用的安全，各国对保险公司的股票投资比例都有比较严格的限制。证券投资基金是指通过发行基金证券集中投资者的资金，交给专家从事股票、债券以及其他金融工具的投资，投资者按投资比例分享收益和承担风险。与前两种投资方式相比，保险公司购买投资基金其实是一种委托投资行为。投资基金的对象并不仅仅是上市的股票和债券，还包括货币市场上的短期票据、金融期货、黄金、期权以及不动产等，有时还包括虽然未上市但具有发展潜力的公司债券和股权。

3. 不动产投资

不动产投资指保险资金用于购买土地、建筑物等。保险公司对不动产的投资，是以长期持有为原则，以出租的方式来确保收益。投资不动产需要耗费庞大的资金，且期初收益很低，但由于建筑物的生命周期很长，还是比较适合保险资金投资长期性的要求的。但不动产的安全性虽比较好，但流动性很差，因此各国对保险业投资不动产也有比较严格的比例限制。

4. 贷款

贷款可以分为信用贷款和抵押贷款两种，信用贷款的风险主要是信用风险和道德风险；抵押贷款的风险主要是抵押物贬值或流动性差的风险。贷款的收益率取决于市场利率，如果市场利率的波动剧烈，那么保险资金的风险就会增大。和过去相比，现在保险资金用于贷款的比例已经大大下降，其角色已经被有价证券所取代。

长期以来，我国对保险资金的投资方向有严格的限制，但近年来出现逐步放松的态势，2015 年修订的最新《保险法》第一百零六条规定："保险公司的资金运用必须稳健，遵循安全性原则。保险公司的资金运用限于下列形式：（一）银行存款；（二）买卖债券、股票、证券投资基金份额等有价证券；（三）投资不动产；（四）国务院规定的其他资金运用形式。保险公司资金运用的具体管理办法，由国务院保险监督管理机构依照前两款的规定制定。"

（三）投资组合理论在保险资金运用中的应用

投资者通过对市场上投资品种的分析，选择比较合理的投资资产组合，使投资的资产在期限结构、利率结构、收益率等方面相互匹配，以降低风险。该理论是美国著名经济学家哈里·马科维茨于 1952 年提出的。他在《资产组合的选择》一文中，提出了确定最小方差资产组合集合的思想和方法。从那以后，经济学家用数量化方法不断丰富和完善投资组合理论，现在该理论已经成为投资学中的主流理论。在实际应用中用得比较多的有资本资产定价模型（CAPM）、套利定价模型（APT）和期权定价模型（OPT）等。

1. 资本资产定价模型（CAPM）的运用

CAPM 的传统形式可以写成：

$$E(r_i)＝r_f＋[E(r_m)-r_f]\beta_i$$

其中：$E(r_i)$表示风险资产的期望收益；r_f表示资本市场上的无风险资产收益率，通常用 1 年期定期存款利率代替；$E(r_m)$表示市场组合（市场上所有资产组合在一起）的收益率；β_i表示资产的市场风险系数，可以把它看作该风险资产组合所承担的市场风险的程度。

从公式可以看出，风险资产的预期收益与所承担的风险 β 之间存在线形关系，我们

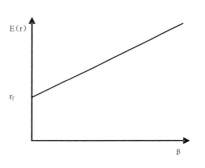

图 4-1　证券市场线

把这一线形关系体现在坐标平面上，就是一条以 r_f 为起点的射线，称为证券市场线（SML）。（见图 4-1）

当 β 为零的时候，说明该资产的市场风险最低，收益率就是市场无风险资产的收益率；当 $\beta＝1$ 的时候，风险最大，此时的收益率是包含所有风险资产在内的市场组合风险，但收益率也最大。

在实际应用中，CAPM 主要适用于资产评估和资源配置。在资产评估中，根据公式计算出来的资产预期收益，可以认为是市场达到均衡时的均衡收益，

可以用它来和实际收益进行比较，从而发现资产是高估还是低估，进而指导投资行为。

在资源配置中，消极的资产组合通常是投资者根据模型计算的结果，并结合自身的风险偏好，选择一种或几种无风险资产和一个风险资产的投资组合进行资源配置，只要投资偏好不变，资产组合就可以不变。积极的投资活动者通常喜欢追踪价格波动，他们可以在预测市场价格走势和计算 β 值上下功夫。如，当预测整体市场价格走低时，应该减少高 β 值的资产持有量，从而减少损失；当预测市场价格将走高时，情况相反。

2. 套利定价模型（APT）的运用

该理论认为，套利行为是现代市场效率的决定因素之一。APT 的基本假设是投资者都相信证券 i 的收益率受 k 个共同的因素影响，证券 i 的收益与这些因素的关系可以用下面的模型表示：

$$E(r_i) = \lambda_0 + \beta_{i1}\lambda_1 + \beta_{i2}\lambda_2 + ... + \beta_{ik}\lambda_k$$

其中，λ_k 表示投资者承担第 k 个风险因素的补偿额。风险的大小由 β_{ik} 表示，当资产对所有的风险因素都不敏感时，这个资产就是无风险资产，收入就是 λ_0。

套利定价模型的应用与 CAPM 相似，只是决策思想和依据不同。当用于消极的投资组合管理时，投资者可以在已经确定因素的情况下，建立一个最佳风险组合的资产组合。这种资产对几种不同类型的大型资产组合比较合适，因为它充分利用了不同类型资产对不同因素敏感度不同的特点。如石油化工企业的股票对石油价格比较敏感，汽车工业的股票对钢材价格比较敏感，当资产组合很大时，各部分的特殊风险就可以被分散掉。

在积极的投资中，可以利用对因素非预期波动的挖掘，判断资产价值被高估或低估，从而选择资产、调整组合。例如，如果公认的通货膨胀率为5%，而投资者预测为2%的话，则该投资组合的意外通货膨胀率为-3%，投资者就可以据此调整资产组合，卖出价值被高估的资产。如果投资者的预测正确的话，就能获得超额利润。

第二节 财产保险业务的费率制定与财务稳定性

一、财产保险业务的费率制定

（一）财产保险的费率构成

保险费率是保险标的的单位保险价格。可以表示为：

保险费率＝保险费 / 保险金额

保险金额通常以千元或百元为计量单位，因此保险费率也通常以千分数或百分数来表示。费率的高低是保险人根据保险标的的风险状况和经营费用等因素综合考虑确定的。费率的计算具有超前性，保险公司只能根据过去的有关损失资料及统计特性计算现在的费率，而过去发生的损失和未来发生的损失之间总会存在一定的差异，因此费率是一个近似值。

财产保险费率由纯费率和附加费率两部分构成。

1. 纯费率

纯费率又称基础费率或净费率，是根据损失或然率计算出来的费率。纯费率是保险费率的基础，反映每一保险单位的平均赔款支付水平。

2. 附加费率

附加费率是保险人经营保险业务的各项费用和合理利润与纯保费的比率。反映保险公司的业务支出水平。按照附加费率计收的保费称为附加保费，具体包括员工工资、业务费、管理费、代理手续费、税金、利润、意外准备金等。

（二）财产保险费率的计算方法

1. 纯费率

纯费率根据保额损失率和稳定系数来确定。保额损失率是指一定时期内保险赔付总额与总保险金额之比，取决于四个因素——事故发生频率、损毁率、损毁程度、受损标的的平均保险金额与全部保险标的的总保险金额之比。四项指标相乘的结果即为损失率。保险公司通过历年的统计资料，计算出一段时期内的平均保额损失率，以此来估算未来保险标的的索赔额和纯费率水平。

保额损失率：$\bar{p} = \sum p / n$

$\bar{p}$：若干年平均保额损失率

$\sum p$：多年相加的保额损失率

n：计算平均保额损失率的年数

保额损失率是确定纯费率的基础，也是概率论和数理统计在计算财产保险费率方面的具体应用。但是，由于保额损失率是建立在历史资料基础上的估算结果，未必完全吻合以后发生的损失率，用来对未来进行预测必然会存有偏差。因此，必须在平均保额损失率的基础上进行修正，而修正是通过在平均保额损失率的基础上附加一定的安全系数来实现的。

确定安全系数的方法有两种，一是均方差法，即在平均保额损失率的基础上加一次、二次或三次均方差数值，以此作为危险附加；二是经验法，即根据经验估计，在实际工作中进行系数附加。

（1）均方差法

纯费率＝保额损失率 ＋ 均方差

我们知道在统计学上，测定某种指标波动率的正确方法，就是计算它的均方差。计算保险金额损失率的波动幅度，也就是均方差在计算保险费率时的实际应用，用来表示保额损失率偏差的平均数。计算公式为：

$$\sigma = \sqrt{\frac{\sum(P-\overline{P})^2}{n}}$$

$\overline{p}$：若干年平均保额损失率

n：计算平均保额损失率的年数

$\sum$：总和号

均方差 σ：代表保额损失率偏差的平均数

例：某公司过去 7 年的保额损失率（‰）统计资料如表 4-1，均方差计算表见表 4-2：

表 4-1 某地区以往年度某项业务的保额损失率

单位：‰

年度	2010	2011	2012	2013	2014	2015	2016	N 年平均值
保额损失率	4	3.5	4.6	4.3	3.6	3.8	4.2	4

表 4-2　均方差计算表

单位：‰

年份	保额损失率	偏差	偏差的平方
2010	4	4－4＝0	0
2011	3.5	3.5－4＝-0.5	0.25
2012	4.6	4.6－4＝0.6	0.36
2013	4.3	4.3－4＝0.3	0.09
2014	3.6	3.6－4＝-0.4	0.16
2015	3.8	3.8－4＝-0.2	0.04
2016	4.2	4.2－4＝0.2	0.04

$$\sigma = \sqrt{\frac{\sum (P - \overline{P})^2}{n}} = 0.3665‰$$

在实际工作中，既有风调雨顺的好年景，也会出现灾年，因此应在保额损失率的基础上，加上一个修正率，从而保证保险经营的顺利进行，并能在正常年景积累保险基金，以弥补今后突发性灾年中的高损失。

而附加的均方差倍数越大，则说明实际损失超过预计损失的概率越低（假设损失服从正态分布，则附加 1 倍的均方差，赔款超过纯保费的概率为 0.15866，附加 4 倍的均方差，概率为 0.00003）。但是，附加的均方差越大，也意味着投保人需要缴纳的保费越高，当保费水平超出投保人的心理承受能力，其可能会选择放弃投保。因此，保险人在保证自己安全的同时也要兼顾投保人的利益，在一般情况下，根据业务的不同情况最多可在保额损失率的基础上附加 2—3 倍的均方差。

在均方差测定之后，还需要测算偏差系数，以最终确定所计算的均方差可否作为计算纯费率的依据。偏差系数反映实际的保额损失率偏离算术平均数的程度。用公式表示为：

$k = \sigma / \overline{P}$

该系数越大，说明平均保额损失率的偏差越大，则数列的稳定性就越差。一般偏差系数为 10%—20% 是比较适当的。具体到上面的例子，

$k = \sigma / \overline{P} = 0.3665‰ / 4‰ = 9.2\%$

该计算结果小于 10%，说明该业务的经营稳定性较好。故该业务的纯费率可确定为：

4‰＋2×0.3665‰＝4.73‰

（2）经验法

在实际工作中，如计算的均方差不是太大，根据资料的齐全程度与均匀程度，一般可根据经验估计在平均保额损失率的基础上，直接加上 10%—20%的安全系数。即：

纯费率＝保额平均损失率×（1＋安全系数）

还是上面的例子，

纯费率＝4‰×（1＋20%）＝4.8‰

2. 附加费率

附加费率指一定时期内保险机构经营业务所需要的各项费用开支与保费收入总额的百分比。

附加费率＝保费×按保费提取附加费用的百分比／保额

　　　　　＝费率×按保费提取附加费用的百分比

　　　　　＝附加费用／保额

纯费率与附加费率之和就是毛费率，可用公式表示如下：

毛费率＝纯费率＋附加费率＝平均保额损失率（1＋安全系数）＋附加费率

（三）厘定费率的一般原则

现代保险既不是冒险也不是投机赌博，保费是按照费率收取的。费率厘定的合理与否直接关系到被保险人及保险人双方的利益，甚至可以左右保险公司的兴衰荣盛。在费率的厘定过程中，不仅要求有科学的计算作基础，也要求以一定的原则作指导。

1. 公平合理

公平合理即保险人在制定费率的过程中，要按投保人的保险标的风险大小、过去的损失统计和费率记录数据等具体情况，运用大数法则对费率加以平衡。使保险人所收取的保费与保险标的的危险状况相适应，体现投保人之间的公平；合理调整附加费率在保费中的比例，正确处理好费率与建立保险赔偿基金的关系，核算出保险人与被保险人都乐于接受的费率。

2. 充分保障

保险的基本职能就是进行经济补偿。保险人通过保费收取所建立的保险赔偿基金必须足以保证保险人履行赔偿责任。保费厘定过高，会影响保户的投保积极性；而厘定过低，保险人又可能入不敷出，影响偿付能力。

3. 相对稳定

保险费率在一定时期内应该是相对稳定的。因为不稳定的费率在费率降低时，容易引起被保险人中途解除旧约，签订新约；而在费率上升时又会增加长期契约的数量。这种购买保单上的投机心理与保险本意不符，对保险人的经营不利；并且不断波动的费率会使被保险人预算保费发生困难，从而增加被保险人的反感，影响保险人与被保险人之间的关系，导致营业量减少。为谋求费率稳定，需依据过去数年的损失、费用经验，预算出未来数年的发展趋势，但此种固定费率又不能期限太长，否则又会使被保险人在时间上遭受不公平待遇。

4. 促进防损

近代保险业都非常注重防灾防损，因为防灾防损不仅可以减少整个社会物质财富的损失，而且有助于保险公司降低赔付率，提高自身的经济效益。因此对防灾防损设施好的企业和单位，保险人可以在费率上给予一定的优待。

二、财产保险业务的准备金

保险人根据政府有关法令的规定或自身的特定需要，从保费收入中按期提存一定的资金称为准备金。准备金来源于保费收入，但准备金并不是保险公司的资产，而是保险公司的负债，在这负债的背后需要等值的资产作后盾。保险公司所收取的纯保费，并不是保险公司的利润，其中大部分会因为保险事故的发生而作为保险金赔付给被保险人。因此为履行赔偿责任，保险人必须提存各项准备金。《保险法》第九十八条规定："保险公司应当根据保障被保险人利益、保证偿付能力的原则，提取各项责任准备金。保险公司提取和结转责任准备金的具体办法，由国务院保险监督管理机构制定。"现阶段，我国暂不计提总准备金，故本书仅重点说明未到期及未决赔款两大类准备金。（见图4-2）

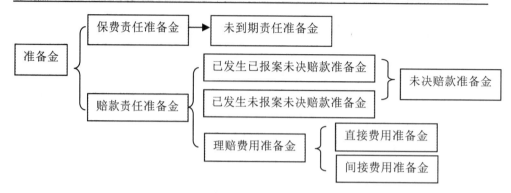

图 4-2　非寿险责任准备金分类示意图

（一）未到期责任准备金

未到期责任准备金是一种对未满期保单所提存的资金准备，也就是在当年承保业务的保单中下一年度仍然有效部分的保险费。一般产险保单的责任期限是一年，在会计年度结算时，有相当一部分保单要到下一个年度才到期，对于这部分未到期的保单，来年还有需承担的责任，必须提存一定数量的准备金。这个准备金的数额通常等于未满期保费中所未赚取的部分。

未到期责任准备金通常是在某一财务年度结算时就全部计算出来的，依照业务的具体情况，有以下几种提取方法。

1. 年均估算法

假定保单在一年中是以大致相同的速度开出，数量、保额大致均匀，则未到期责任准备金为当年保费收入总额的 50%。

2. 季均估算法

假定保单在一个季度中是以大致相同的速度开出，数量、保额大致均匀，则可以进一步假定每一季度的保单都是在季中开出，故未到期责任准备金为：第一季保费收入的 1/8，第二季保费收入的 3/8，第三季保费收入的 5/8，第四季保费收入的 7/8。

3. 月均估算法

假定每个月的保单都是在月中开出，则第一个月的未到期责任准备金为1/24，第二个月的未到期责任准备金为 3/24，以此类推。这种方法适用于每月内保单开出的数量与保额大致相同，而月与月之间相差较大的情况。

《保险公司非寿险业务准备金管理办法(试行)》(保监会令[2004]第 13 号)第十一条规定："未到期责任准备金的提取，应当采用下列方法之一：（一）二十四分之一法（以月为基础计提）；（二）三百六十五分之一法（以天为基础计提）；（三）对于某些特殊险种，根据其风险分布状况可以采用其他更为谨慎、合理的方法。未到期责任准备金的提取方法一经确定，不得随意更改。"

需要特别说明的是，上述方法可以理解为按照法定准则下评估的未到期责任准备金。随着新会计准则的实施，根据财政部发布的关于印发《保险合同相关会计处理规定》的通知（财会[2009]15 号），对未到期责任准备金的有关计算方法发生了一定的改变，包括预测未来净现金流出等，可以预见，未来将存在法定准则及会计准则下的两套准备金制度。

（二）未决赔款准备金

未决赔款准备金是保险人在会计年度核算时，为上一会计年度已发生保险事故应付而未付的赔款所提存的资金准备。包括已发生已报案未决赔款准备金和已发生未报案未决赔款准备金。前者是指为保险事故已经发生并已向保险公司提出索赔，保险公司尚未结案的赔案而提取的准备金；后者是指为保险事故已经发生，但尚未向保险公司提出索赔的赔案而提取的准备金。提存未决赔款准备金是为了支付已发生保险事故但尚未理赔的准备资金。

1. 已发生已报案未决赔案的估计方法

《保险公司非寿险业务准备金管理办法（试行）》第十三条对已发生未报案未决赔款准备金的提取方法要求是："对已发生已报案未决赔款准备金，应当采用逐案估计法、案均赔款法以及中国保监会认可的其他方法谨慎提取。"

（1）逐案估计法。由理赔人员逐一估计每起索赔案件的索赔额，然后记入理赔档案，到一定时间把这些估计的数字汇总，并进行修正，据此提存准备金。这种方法比较简单但工作量大，适用于索赔金额确定，或者索赔数额大小相差悬殊而难以估算平均赔付额的非寿险业务，如信用保险、责任保险等。

（2）案均估计法。先根据保险公司的以往损失数据计算出平均值，然后再根据对将来赔付金额变动趋势的预测加以修正，把这一平均值乘以已报告索赔数目就得出未决赔款额。这一方法适用于索赔案多而索赔金额并不大的业务，如汽车保险。

2. 已发生未报案未决赔款准备金的评估

已发生未报案未决赔款准备金的评估比较复杂，一般以过去的经验数据为基础，然后根据各种因素的变化进行修正，如出险单位的索赔次数、金额、理赔费用的增减、索赔程序的变更等。已发生未报案未决赔款准备金的估计一般需要非常熟悉和精通业务的精算师判断。《保险公司非寿险业务准备金管理办法（试行）》第十四条对已发生未报案未决赔款准备金的提取方法要求是："应当根据险种的风险性质、分布、经验数据等因素采用至少下列两种方法进行谨慎评估提取：（一）链梯法[①]；（二）案均赔款法；（三）准备金进展法；（四）B-F法[②]等其他合适的方法。"

（三）理赔费用准备金

理赔费用准备金是指为尚未结案的赔案可能发生的费用而提取的准备金。其中为直接发生于具体赔案的专家费、律师费、损失检验费等而提取的是直接理赔费用准备金；为非直接发生于具体赔案的费用而提取的是间接理赔费用准备金。理赔费用准备金是与未决赔款准备金相伴相生的。由于未决赔款本身具有不确定性，其相应的理赔费用也具有不确定性，如果对这笔费用不计提准备金，就会增大财务核算结果的波动性，从而不利于保险公司的稳健经营。理赔费用准备金根据是否能分配到具体的赔案上而分成直接理赔费用准备金和间接理赔费用准备金。《保险公司非寿险业务准备金管理办法（试行）》第十五条规定："对直接理赔费用准备金，应当采取逐案预估法提取；对间接理赔费用准备金，采用比较合理的比率分摊法提取。"

三、财产保险业务的财务稳定性

（一）财产保险业务的财务稳定性

财产保险公司的财务稳定性是指在业务经营过程中保险人对被保险人所承担补偿义务能力的可靠程度。

财产保险公司经营保险业务必须使自己所承担的风险与其赔付能力相适应，这就要测定保险业务的财务稳定性。通过测定可以得出两种结论。

1. 稳定性良好

稳定性良好表现在所积累的保险基金足够履行可能发生的赔偿责任。通过计算可以得出一个足够支付全部赔款的数额，这样积累到超过这个数额时就可以将超过部分投入建设中去。

2. 不够稳定

不够稳定表现在所积累的保险基金不够履行可能发生的赔偿责任。如果发生巨额赔款将会导致经营失败或影响其财务收支计划的平衡，这就需要调整不

---

① 链梯法是指按照流量三角形中各列的比例关系来预测未来赔款数据的一种未决赔款准备金评估方法。
② B-F法是根据已发生索赔的实际进展情况和期望进展情况来修正IBNR准备金的一种未决赔款准备金评估方法。

稳定的业务和进行再保险，从而使经营结果趋于稳定。

财务稳定性要求保险公司科学合理的厘定费率，保证资金的运用安全可靠，避免价格的恶性竞争和高风险投资。

（二）财务稳定性的测定

财务稳定性要求实际发生的赔款不超过预计的保险赔偿基金，超过的可能性越大，财务稳定性越差，超过的可能性越小，财务稳定性越好。所谓保险赔偿基金就是根据损失概率预计出每年平均要付出的赔款数字，而实际付出的赔款可能小于也可能大于这个数字。相差幅度越大越不稳定，越接近则越稳定。

财务稳定性指标是衡量财产保险业务经营稳定程度的一项重要技术，在保险实务中应用十分广泛。通常用保险赔偿基金均方差（保险实际赔偿额与期望赔偿额的偏差范围值，是一个绝对数）与保险赔偿基金的比率指标 K 表示。K 值越小表明实际赔偿额与期望赔偿额的偏差越小，财务稳定性越好。对于 K 值有几种不同的处理方法。

1. 基本系数

$K = \sigma / p$

其中：$\sigma = a\sqrt{nq(1-q)}$

$p = anq$

σ：保险赔偿基金均方差，代表实际付出的赔款与赔偿基金之间差数的平均数

p：保险赔偿基金，表示根据损失概率预计出每年平均要付出的赔款数字

a：每一标的平均损失额

n：标的数量

q：期望损失率或期望净费率

即稳定性指标：$K = \dfrac{\sigma}{p} = \dfrac{a\sqrt{nq(1-q)}}{anq} = \sqrt{\dfrac{1-q}{nq}} = \sqrt{1/n(1/q-1)}$

例：某保险公司承保了 1 万个企业，设每个企业为一个危险单位，每一企业的保额为 100 万，年费率为 2.5‰，其中纯费率按损失概率计算为 2‰，则保险赔偿基金

$p = 100 \text{万} \times 1 \text{万} \times 2‰ = 2000（万）$

$\sigma = a\sqrt{nq(1-q)} = 446.8（万）$

$K = \sqrt{1/n(1/q-1)} = 446.8/2000 = 0.2234$

该例表明：

（1）该公司虽承保了 100 亿的保险责任，但只提存了 2000 万的保险赔偿基金，通过测算我们知道实际发生的赔款偏离保险赔偿基金的幅度是|446.8 万|，也就是说是年度保险赔偿金在 1553.2 万—2446.8 万之间的可能性最大，为保证保险机构的偿付能力，一般要在保险赔偿基金的基础上再加上 3 个均方差作为保险基金，以确保偿付能力。

（2）稳定性系数 K＝0.2234 表明实际发生赔款大于或小于赔偿基金的概率为 0.1117。即大约每 9 年会有一年出现保险赔偿基金不足的情况。

（3）一般认为稳定性系数应不超过 10%。该例的稳定性系数是 0.2234，要使之降到 10%，就要扩大业务量或提高纯费率。而保险人通常会采取扩大业务量的途径，这比提高纯费率可行。如上例，稳定性系数若降至 10%，则业务量应为：

$$n = \frac{1-q}{qK^2} = 49900$$

这里需要注意的是，上述计算是假定每一企业的保额均匀的情况下，而在保额不均时，应分档计算。在发生巨灾的情况下，均方差会发生显著变化，还是上例，假定将每一城市作为一个危险单位，假定每一城市有 10 个企业，则：

$$\sigma = a\sqrt{nq(1-q)} = 1414.8（万）$$

$$K = \sqrt{1/n(1/q-1)} = 0.7064$$

使用基本系数的前提条件是，标的同类型、同风险等级、同风险类别、保险金额的上下限有合理的区间。如小型汽车的车身险，不同等级的汽车保险金额可以分为 20 万、50 万、100 万、150 万等，由于不同等级的汽车损失概率不同，因此就要分组分别计算稳定性系数。

2. 险种系数

险种系数是把同一险种不同组别的财务稳定性系数加以综合，计算出该险种的综合财务稳定性系数。如前面提到的车身险。公式为：

$$K_A = \frac{\sigma_A}{p_A} = \frac{\sqrt{\sigma_1^2 + \sigma_2^2 + ... + \sigma_n^2}}{p_1 + p_2 + ... + p_n}$$

与基本系数相比，险种系数能更好地反映某一险种的财务稳定性。因为在同一险种的不同组别中，可能发生不同的偏差结果，可能是正偏差，也可能是负偏差，正负相抵消从而使该险种的经营趋于稳定。

3. 综合系数

顾名思义，就是把不同险种的财务稳定性系数加以综合，计算出保险公司全部业务的财务稳定性系数，这是一个更加宏观的指标，可以衡量该公司总体业务的稳定性。公式为：

$$K_T = \frac{\sigma_T}{p_T} = \frac{\sqrt{\sigma_A^2 + \sigma_B^2 + ... + \sigma_X^2}}{p_A + p_B + ... + p_X}$$

综合系数是在更高层次上对基本系数的整合，与险种系数的效果一样，综合系数也使因不同险种发生不同的偏差而相互抵消，从而使公司的整体财务趋于稳定状态。

（三）影响财产保险业务财务稳定性的因素

从以上的分析中，我们可以发现对于财务稳定性指标 K 来说，其影响因素主要是 n 和 q，我们假定其中的一个值为定值，分析另外一个值的变化对 K 的影响。

1. n 不变

当 n 不变时，q 值大，K 值小，说明经营稳定；反之 q 值小，则 K 值大，经营不稳定。之所以出现这样的结果，是因为 q 表示的是期望损失率，q 值越大则积蓄的净保费总额也就越大，因而保险公司的赔偿能力也就越强。但是，在实际业务中实际损失率可能超过期望损失率，则积蓄的净保费就不足以满足赔偿需要，结果必然是期望的 K 值大于实际所要求的 K 值，财务稳定性趋于弱化。通常出现实际损失率大于期望损失率的原因主要有：

（1）承保质量差，出险概率高于平均值；

（2）逆选择和道德风险的存在；

（3）发生意料之外的巨额索赔或巨灾赔偿；

（4）分保不合理，自留额过大超出自身承保能力。

另外，在市场竞争中为了抢夺市场份额而采取的价格竞争，也会影响 K 值。由于在竞争中压低价格，导致实际净保费总额小于期望净保费总额，结果使 K 值上升。

2. q 值不变

当净费率不变时，K 值的大小取决于保险标的的数量，标的越多，则出险的概率越稳定，K 值也越小；否则相反。但承保数量的增加同样也有一个限度，即要以公司的承保能力为上限，如果超过公司的承保能力也会导致物极必反。

四、再保险安排

为了保证保险公司的偿付能力，我国《保险法》第一百零三条规定："保险公司对每一危险单位，即对一次保险事故可能造成的最大损失范围所承担的责任，不得超过其实有资本金加公积金总和的百分之十；超过的部分应当办理再保险。保险公司对危险单位的划分应当符合国务院保险监督管理机构的规定。"另外，《保险法》第一百零二条规定："经营财产保险业务的保险公司当年自留保险费，不得超过其实有资本金加公积金总和的四倍。"这就要求保险公司对超过自身承保能力的风险必须合理正确地进行再保险安排。

（一）再保险的基本概念和种类

1. 基本概念

根据我国《保险法》二十八条的规定："保险人将其承担的保险业务，以分保形式部分转移给其他保险人的，为再保险。"

在再保险合同中，将保险业务分出的一方称为原保险人或分出公司，接受保险业务的一方称为再保险人或分入公司。分出公司自留的那一部分保险业务称为自留额或自负责任。分入公司接受的那一部分保险业务称为分保额或分保责任。

2. 基本种类

再保险按分类标准的不同，可以划分为不同的类别。

按照责任限制来划分，可以分为比例再保险和非比例再保险。比例再保险以保险金额为基础来确定分出公司自留额和分入公司的分保额。包括成数再保险、溢额再保险；非比例再保险则是以赔款金额为基础来确定分出公司自负责任和分入公司的分保责任。可细分为超额赔款再保险和超过赔付率再保险两种。

按照分保安排方式来划分，再保险可以分为临时再保险、合约再保险和预约再保险三种。临时再保险是原保险人根据自己的业务需要，将有关风险或责任临时分给再保险人，临时再保险对双方具选择性；合约再保险是分出和分入公司事先签订再保险合同，在合同中规定风险的转移方式、数量以及各种限制等，双方严格按照合同的规定执行，合约再保险对双方具强制性；预约再保险同样需要分出和分入公司预先签订合同，安排再保险的相关事宜。但是预约再保险对分出公司具选择性，可以自由决定是否将风险转移给分入公司，而对分入公司则具强制性，分入公司对分出公司所安排的业务必须接受。

（二）再保险自留额的确定

保险公司安排再保险后，自留额以内的损失由原保险人自己承担，超过自留额以上的部分由再保险人负责。因此，在再保险业务中最核心的问题是自留额的确定。自留额的确定是否适当，对保险公司的经营有着十分重要的影响：若自留额定的过低在短期内似乎对公司的经营稳定有好处，但从长期来看，由于分保费的付出较多，会减少保险公司应得的利润；而自留额定的过高，超过了自身的承保能力，从长期来看保险公司的业务经营将处于不稳定的状态。

从理论上讲，自留额的确定是通过精算模型计算出来的，但由于数学模型中的变量和参数过多，而且有许多数据是很难采集的，因而在实际业务操作中，往往是根据自身状况和经验来进行估计。在确定自留额的过程中，主要考虑以下因素。

1. 国家法律法规

自留额的确定，首先要考虑国家的法律规定。通常各国对自留额都有具体的限制性规定。

2. 市场状况

市场发展水平也是一个应考虑的因素，如果市场环境良好，自留额的确定才会比较接近真实值。

保险公司通常根据财务稳定性指标 K 和纯保费收入算出最大自留额，公式为：

$$自留额 \approx 2k^2p$$

从公式可以看出，自留额的大小和稳定性系数 K 有密切关系。但是需要注意以下几个问题。

首先，该公式适用于当前财务状况良好的企业。新承保的业务，如果保险金额在自留额以内，可以全部自留。

其次，K 值与承保数量和损失率有关，因此不能无限降低。

最后，用上述公式计算出的自留额虽然比较科学，但在实际业务中也要考虑其他因素的影响，如国家宏观经济状况、目前企业财务状况、保险标的的风险结构等综合加以考虑。

第三节　财产保险公司的展业与承保

保险展业，其实就是保险人推销保险产品，通过各种适当的方式使投保人了解保险产品、了解保险公司，并最终成为保险客户的过程，也被称为"保险招揽"。展业，是整个保险业务流程的起点，是其后各个工作环节的前提，对保险企业的经营成果具有决定性作用。展业工作是竞争的手段，只有不断扩大业务面，增加新险种，争取公众参加保险，才能积聚保险资金，增加补偿能力，更好地发挥保险的作用，提高经济效益，使保险人在激烈的竞争中立于不败之地。

一、产险公司的展业渠道

非寿险销售渠道是指保险商品从保险企业向保户转移过程中所经过的途径。按照有无中间商参与或者渠道层次的数目，可将非寿险销售渠道划分为直接销售渠道和间接销售渠道。

（一）直销渠道

直接营销渠道，亦称直销制，是指保险产品在从保险公司向保险客户销售过程中不经过任何中介人转手的分销渠道。直销渠道是非寿险最早的销售方式，也曾经是最主要的销售方式。保险公司利用支付薪金的业务人员对保险消费者直接提供各种非寿险商品的销售和服务，即由保险公司自己的员工直接向客户推销保险产品。近年来，随着电子商务的发展，电话直销和网络直销也越来越受到各保险公司的重视。

1. 传统直销

传统的直销渠道侧重开发团体业务，在产品设计上充分体现目标客户的特征，掌握客户的内在需求。由于这种产品的需求针对性强，客户一般难以在市场上再寻到其他相关的替代品；目标市场非常明确，保密性强，效率高，占有非常重要的地位。这种方式适合于实力雄厚、分支机构健全的保险公司。

2. 电话直销

电话直销使客户足不出户就可以了解保险产品，咨询与保险相关的事宜，最后购买到保险。同时，保险公司也达到了高效率、低成本销售保单的目的。一般来说，保险公司通过电话销售的主要是一些出险概率不大、赔付率低的险种，利润空间很大。这是因为：首先，在电话销售模式中，保险公司直接面对客户，而不依赖于代理渠道和代理人，保险公司直接掌握客户，容易形成大量忠诚度很高的客户；其次，电话直销由于采用高科技的网络化集中运营，大大提高了运营效率，节省了大笔的运营成本，因此，电话直销模式为保险公司带来了更大的盈利空间。

3. 网络直销

随着互联网的高速发展，目前通过网络销售保险产品已成为新的趋势。由于保险产品具有网上销售的可操作性，同时作为一种新兴的保险销售渠道，网络直销具有选择广泛、成本低、无地域时间限制和保护隐私的特点。

随着保险市场竞争主体的增多，费率的市场化加剧了保险公司竞争的白热化，保险公司经营成本日益攀升，盈利能力越来越受到考验。传统的销售方式在现有的组织架构之下，很难再有降低运营成本的空间。而网络直销作为一种新的营销方式，几乎压缩了所有的中间环节，保险公司直接面对终端消费者，可以最大程度地满足客户个性化的需求，加上网络成本的低廉，直接决定了通过网络直销将大大缩减经营和管理的成本。

（二）间接销售渠道

间接销售渠道，亦称中介制，是指保险公司通过保险代理人和保险经纪人等中介机构推销保险商品的销售方式。

1. 保险代理

（1）个人代理。个人代理又称个人营销，是指由与保险公司签订代理合同的保险代理人向保险公司的潜在客户推销产品的销售方式。

（2）专业代理。保险专业代理人是指专门从事保险代理业务的保险代理公司。我国除在《保险法》中对保险专业代理人的资质和监管作出了说明以外，在 2009 年 10 月 1 日起施行并于 2015 年进行修订的《保险专业代理机构监管规定》中对专业代理人的法律资格、责任等内容都做了详细的说明。

（3）兼业代理。兼业代理是指受保险公司的委托，在从事自身业务的同时，指定专人为保险公司代办保险业务的单位。兼业代理的基本条件是：

① 具有法人资格或经法定代表人授权；

② 具有《保险代理人资格证书》的专人从事保险代理业务。兼业代理人无需出外展业，因此不需持有《保险代理人展业证书》；

③ 有符合规定的营业场所；

④ 必须持有《经营保险代理业务许可证（兼业）》，方可从事保险代理业务。

兼业代理的业务范围主要是代理推销保险产品、代理收取保险费和其他为投保人提供便利的保险业务。兼业代理的形式主要有：金融机构兼业代理、行业兼业代理、企业兼业代理和社会团体兼业代理等。

2. 保险经纪

保险经纪人是基于投保人的利益，为投保人与保险人订立保险合同提供中介服务，并依法收取佣金的机构。保险经纪人具有以下几点法律特征。

（1）保险经纪人是投保人的代理人，必须接受投保人的委托，基于投保人的利益，按照投保人的要求进行业务活动。

（2）保险经纪人不是合同当事人，仅为促使投保人与保险人订立合同创造条件，组织成交，提供中介服务，而不能代保险人订立保险合同。

（3）保险经纪人只能以自己的名义从事中介服务活动，但有自行选择向哪家保险公司投保的权利。

（4）保险经纪人从事的是有偿活动，有权向委托人收取佣金。佣金主要有两种形式：一种是由保险人支付的，主要来自其所收保险费的提成；另一种是当投保人有必要委托经纪人向保险人请求赔付时，由投保人向经纪人支付相关报酬。

（5）保险经纪人必须是依法成立的单位而非个人，并承担其活动所产生的法律后果。投保人对保险经纪人的经纪活动并不承担责任，经纪人因其过错造成的损失由自身承担。

（三）新兴渠道

1. 交叉销售

交叉销售是保险业新兴的一个销售策略，是指在一个保险集团下，经营范围不同的保险公司利用自身的业务渠道和队伍，相互代理销售对方的产品，并提供相应服务，以实现资源共享。保险行业的交叉销售已经成为打开销售僵局、提高企业利润、占领客户资源的重要营销策略。它不但可以为客户提供更加全面的服务，增强客户忠诚度，而且可以扩大保险公司业务规模和市场占有率，可增加保险公司利润和保险营销员的佣金收入。

2. 保险电子商务

保险电子商务也称互联网保险，指保险公司或保险中介机构以互联网和电子商务技术为工具来支持保险经营管理活动的经济行为。从狭义上讲，保险电子商务是指保险公司或新型的网上保险中介机构通过互联网为客户提供有关保险产品和服务的信息，并实现网上投保、承保，直接完成保险产品的销售和服务，并由银行将保费划入保险公司账上的经营过程。从广义上讲，保险电子商务还包括保险公司内部基于互联网技术的经营管理活动，对公司员工和代理人的培训，以及保险公司之间、保险公司与公司股东、保险监管、税务、工商管理等机构之间的信息交流活动。

为促进保险业务与互联网、大数据等新技术融合创新，自 2013 年开始，中国保监会有序推进专业互联网保险公司试点。2013 年 11 月，首家专业互联网保险公司——众安保险开业。随后，安心财险、泰康在线、易安财险相继获批成立。2015 年 9 月，中国保监会公布《互联网保险业务管理暂行办法》，规范互联网保险市场，为互联网保险市场健康、可持续发展保驾护航。经过多年的探索和发展，互联网保险取得了一定的发展成绩。根据保险业协会统计，2014年，互联网财产保险市场经营主体为 33 家，2015—2017 年分别新增 16 家、11家、10 家，之后趋于平稳，截至 2019 年，共计 70 余家保险公司开展互联网财产保险业务，互联网财产保险市场进入新的一个发展阶段。

据中国银保监会统计数据，2019 年，我国财产保险保费收入 13016 亿元，其中互联网财产保险保费收入 838.62 亿元，占比 6.44%。

据麦肯锡研究显示，在美国，电销、网销的保费收入已超过总保费的 20%；在欧洲，电销和网销已实现盈利。从欧美等发达国家的经验来看，电销、网销等新型渠道终将与传统渠道平分天下。

专栏 4-1　"互联网＋"背景下保险营销的特点

1. 成本低

无论是财产保险公司建立自有网站，还是通过第三方网络平台进行保险产品销售，相较于传统直销渠道，网络销售可以节省时间、空间成本，相较于代理渠道，网络销售可以节省人力成本。在网络销售模式下，财险公司的经营成本低廉，可以提升财险公司的利润。

2. 效率高

互联网的普及，让信息的传递更加迅速。传统保险营销模式下，无论是直销还是代理渠道，保险销售一般局限于一个地区和固定工作时间内。但是互联网突破了时间和空间的限制，可以实现保险公司和客户的跨地区实时交流，并且很多财险产品可以完成在线投保，大大提高了保险公司的交易效率。

3. 服务佳

依托互联网的海量用户数据，财险公司可以提供满足特定人群差异化保障需求的保险产品。在大数据技术的支持下，财险公司可以通过对客户历史购买记录、咨询记录深入分析其保险需求，从而向客户推荐更加符合其需求的保险产品，让客户在保险销售的过程中拥有更加良好的服务体验。

二、产险展业方法

在产险实务中，展业人员采用的展业方法主要有以下几种。

（一）为投保人设计合适的投保方案

投保人的情况千差万别，因此需要展业人员能够根据投保人的具体状况，设计出最佳的保险方案。如，一家地处内陆平原地区的企业和一家位于沿海的同类型企业相比，发生海啸和泥石流的概率要小得多，因此在选择投保的险种上，两家企业必然有不同的需求。展业人员为客户所设计的保险方案要既能为客户提供充分保障，又不损害保险公司自身的利益。

（二）为客户提供优质、周到的服务

保险业本身属于服务性的第三产业，只有提供良好的服务才能在市场竞争中获胜。保险服务从大的方面来看，包括两方面的内容：一是自身的业务服务，即承保、理赔、防灾防损等；二是延伸服务，即在保险自身业务的基础上为客户提供更广泛的服务，如家庭财产保险的投保人还可以享受到家政服务、开门修锁和疏通管道等服务。而保险人在为客户提供各种服务的同时，也为公众展示了企业自身的良好形象，对提高保险企业在消费者心中的地位具有重要作用，有利于业务的进一步拓展。

三、产险承保的过程

承保的过程一般可以分为要约、核保和签单三个连续的环节（见图4-3）。

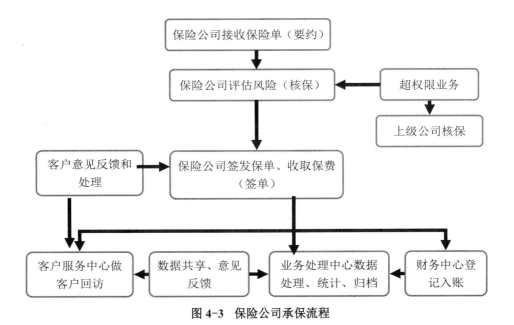

图 4-3　保险公司承保流程

（一）要约

要约即投保人提出投保要求的行为，我国《民法典》第四百七十一条规定："当事人订立合同，可以采取要约、承诺方式或者其他方式。"同样，保险合同的订立也采取要约与承诺的方式。

（二）核保

非寿险核保是指保险人对投保单和投保标的加以全面评价，对风险进行研究，以决定是否承保的过程，以及在接受投保申请的条件下，确定以何种费率承保的行为。

核保是非寿险经营的一个重要环节，核保的必要性在于：有利于保险人合理分散风险；是达成公正费率的有效手段；有利于促进被保险人防灾防损，减少实质性损失。

核保的主要内容包括：审核投保人资格，看其是否具有保险利益；保险标的风险状况是否可保；保险金额是否可以接受；适用费率是否正确、合理等。

核保人员主要包括保险公司核保人，代理人及其他与核保有关的服务机构。

（三）签单

当核保程序完成后，就进入了签单程序，签单是保险人同意接受投保人的保险请求后，双方签署保险合同的过程，对保险单证有如下具体要求。第一，单证齐全。第二，保险合同三要素明确。保险合同三要素是指保险合同的主体、客体和保险合同的内容。第三，数字要准确，即确定的保险金额准确、适用费率准确和保证数字计算准确。第四，保险合同的字迹清楚。保险人签发的保险单是保险合同权利义务关系宣告成立的依据，保险单证也是保险合同的重要组成部分。

四、产险公司的核保

（一）核保的作用

在财产保险的承保工作中，核保的重要性是不言而喻的，它直接关系到承保业务的质量，关系到公司的财务稳定性。核保也称为风险选择，是对投保人所投保的保险标的或被保险人的风险程度进行评估与分类，并作出承保与否、适用哪一种费率等决定。可以说，核保是承保业务的关键，核保若通不过也就不会有随后的签单、出单等工作。没有良好的核保工作，保险公司就不能保证承保质量，公司利润的实现也就无从谈起。

1. 良好的核保工作有利于增强保险公司在竞争中的地位

同一险种不同投保人所面临的风险并不是完全一样的，如同样投保火灾保险，由于建筑结构、用途不同，所面临的危险相应有所不同。而如果保险人对于投保人及所投保的标的不加选择，就会出现按相同的条件承保不同危险的情况，而这对于保险经营是不利的，并且会损害部分被保险人的利益。

2. 加强核保工作，有利于制定合理的费率并使之有效运用

保险市场上的竞争是十分激烈的，任何一家保险公司都会根据已有的损失经验，制订出一套有差别的费率。而费率制订得再细致，如果核保工作跟不上，仍可能会使风险较大的投保人支付较少的保费得到较大的保障，而这会增加道德危险同时也不利于保险人的经营。因此说，加强核保工作是建立公平费率并使之有效运用的保证。

3. 良好的核保工作有利于分散危险

选择投保人并不是不要危险，如果真的没有了危险，保险公司也就失去了存在的意义。保险的目的是分散风险，保险人所选择的是不要发生超过一定费率所预期发生的危险。

（二）产险核保的主要内容

1. 业务的选择

保险公司作为一个特殊的企业，为了更好地进行经营，要对通过展业所争

取到的业务进行选择。业务的选择包括两方面，一是对人的选择，二是对物的选择。

（1）对人的选择。即对投保人的选择，这又涉及两个方面，事先选择和事后选择。

① 事先选择，即如何选择新的投保人，以决定是否接受或拒绝新的投保。事先选择是一个涉及面较为广泛的问题。虽然财产保险是以财产为标的，但是人的因素也很重要。投保人的行为、品格会直接影响到保险事故发生的可能性和损害的程度，因此对投保人的法人资格、资信、品格、经营作风都要进行认真的调查了解。

② 事后选择，即剔除不良的投保人。采用的方法一般是拒绝投保人的续保。这种方法主要是对付那些已经承了保，但是保险人又发现投保人有问题的业务。通常保险公司有两种做法：一是让保单自动满期，不再接受续保；二是即时终止合同。有时情况不允许保险人等到合同满期，而有即时终止合同的必要。如保险人承保后得知投保人以往曾有过纵火记录，而投保人对此进行了隐瞒，在此种情况下，保险人可以宣布合同即时终止。

如果一个投保人在购买保单之后，连续数次发生损失，则不管出于什么原因，保险人都会视这个投保人为不良的投保人，在条件允许的情况下，保险人必定会取消契约，而且无论如何不会接受其续保。

（2）对保险标的的选择。损失的发生是由危险事件引起，危险事件又是由危险因素引致，而保险标的本身就包含了危险因素。保险标的的性质、状态、环境与风险大小直接相关，如化工厂就比机械厂发生爆炸的可能性大。这就要求保险人在核保时注意保险标的本身所包含的危险因素大小，还要注意避免危险过于集中，采取适当的措施分散危险。

总体来看，保险人对于业务的选择主要在于对人的选择，而对人的选择又着重于事先选择，其次才是事后选择。保险人对业务进行选择的目的不在于避开危险，而在于使自身处于有利的地位承保业务。即通过认真的选择，在同样数量业务的情况下，由于质量的提高，在保险费率上可以从廉，从而提高自身的竞争能力。

2. 对投保单的审核

无论是财产保险还是人身保险，核保的第一步都是对投保单进行审核。核保人员对投保单的内容要进行详细、认真的核查，将风险阻挡在承保的第一个环节。审核的内容主要包括：保险标的与实际情况是否相符、保险日期和保险期限是否填写清楚、应附的明细表是否齐全、所附单证、表册是否符合要求、被保险人的各项内容是否如实填写等等。此外，还要对保险责任、保险期限、保险金额以及适用的费率水平等项目进行审核。

3. 财产保险业务的核保内容

财产保险的核保需要核查的项目很多，从业务流程来看包括对投保人的审核、对投保人投保财产状况的审核、对投保人信誉的审核、对投保标的风险性质的审核、对投保金额以及费率的审核等。这里我们主要介绍一些主要的审核内容。

（1）投保财产的状况。投保财产的状况与财产风险关系密切，是保险公司承保时主要考虑的因素。如保险财产是否属于易燃、易爆危险品，对外界环境的敏感度如何，建筑结构状况等等。这些因素在承保时都要考虑到，并针对不同的保险标的，采用不同的防损措施并适用不同的费率。

（2）投保财产的用途。同一类型的承保标的如果用途不同，面临的风险也不同，适用的费率自然有所不同。如同一品牌的汽车，个人用车和营业用车，因风险水平不同，费率就不一样。

（3）投保财产所处的位置和环境。外界环境对保险标的同样有十分重要的影响。如，处于化工厂附近的房屋如果投保火灾保险，保险公司就必须考虑诸如发生火灾的可能性、有无被延烧的可能、救火通道是否畅通等因素。

（4）投保财产是否处于危险状态。对于正处于危险状态下的必然会发生损失的财产，保险公司绝对不能承保。

（5）投保财产的关键部位及防护措施。保险公司要重点检查投保财产的关键部位，如飞机、轮船的发动机是否运转良好，车辆的刹车系统是否正常，建筑物的自动喷水灭火系统是否处于良好状态等。

（6）投保人对保险财产的各项安全管理制度的制定和执行情况。核保人员在正式承保之前，必须对被保险财产的各项安全管理制度以及执行情况做详细的了解，对于发现的问题要及时提出整改意见，对投保人未予整改或整改无效的，保险人可以提高保费、增加限制条款甚至拒保。

五、承保的控制

承保控制是指保险人对投保风险进行核保之后，对承保标的的具体风险状况，运用保险技术手段控制自身责任和风险，以合适的承保条件予以承保的过程。承保控制的对象分为两类：一类是风险较大但保险人还是予以承保的保险标的，为防止自己承担较大的风险，保险人必须控制自己的保险责任；另一类是随着保险合同的成立而产生的新的风险——道德风险因素和心理风险因素。对于前一种，保险人可以通过各种技术手段加以化解，对于后一种风险，控制难度要大得多。我们这里要讨论的承保控制主要针对后一种风险。

道德风险因素，是指被保险人或受益人故意促使风险事故的发生，以至于引起财产和人身的损失，如欺诈、纵火、投毒等。道德风险的构成有两个要件：一是被保险人或投保人丧失道德观念；二是投保人或被保险人有欺诈欲望。其中，欺诈欲望是产生道德风险因素的关键。在保险实务中，无论是财产保险还是人身保险，都不同程度地存在道德风险。而道德风险的存在，直接影响到保险人的利益，所以是保险人承保控制的重点所在。

心理风险因素是指投保人或被保险人在参加保险后所产生的松懈心理，即不再小心防范所面临的风险。如，投保火灾保险后，对可能的火灾隐患不闻不问，对消防器材不认真保养等。道德风险因素是一种犯罪行为，但心理风险因素并不触及法律，属于一种未恪尽职责的疏忽大意行为，因此更容易发生，也是保险人所面临的最严重的危险。

（一）对道德风险因素的控制

1. 控制保险金额，防止被保险人额外获利

在财产保险中，保险人通过控制保险金额，使被保险人不能从保险赔付中获得额外收益，可以避免或减少道德风险发生的可能。

2. 控制赔付金额

根据财产保险的补偿原则，保险人对被保险人的赔付以恢复到损失发生前的水平为限，被保险人不能因赔付而从中获利。通常保险人的处理手段有：对于定值保险，发生全损，以约定的保额赔付；部分损失按损失程度赔付。对于不定值保险，损失赔偿不能超过保险金额。此外，对于不足额保险，要按照保险金额与保险标的的保险价值之间的比例进行赔偿；对于超额保险，超过部分不予赔偿。

（二）对心理风险因素的控制

1. 规定免赔额

免赔额特别是绝对免赔额的规定，其实是保险人要求与被保险人一起共担风险的措施。通过规定免赔额的方法可以使被保险人重视风险事故的发生，

积极进行防灾防损的工作。

2. 规定共同保险

共同保险是保险人和被保险人按照规定的比例，共同承担保险责任。对于那些容易产生心理风险因素或损失发生的概率比较高的险种，保险人通常把共保条款写入保险合同中。由于被保险人要承担一定比例的损失，因此抑制了被保险人产生心理风险因素的可能，而且也减少了保险人的赔偿责任。

3. 规定保证条款

保证条款，是指在保险合同中规定投保人或被保险人在保险期限内，对于某些规定的事项作为或不作为，保险人才承担保险责任。如，投保人在投保大型建筑物时，被要求安装烟雾感应器和自动喷水灭火装置；在汽车保险中，被保险人要妥善维护汽车，使其处于适宜驾驶的状态。保证条款的规定，不但有助于限制保险人所承担的赔偿责任，而且对被保险人产生心理风险因素也有抑制作用。

4. 无赔款优待

对于没有保险事故发生的保户，在续保时可以给予一定的优惠。如，在我国的机动车辆保险中，对于上一年度没有发生赔款的被保险人，在续保时可以给予一定的费率优惠。

5. 其他措施

对于积极配合保险人做好防灾防损工作，各种管理制度健全且执行良好的单位，在投保时也可以给予一定的费率优惠。

第四节　财产保险理赔

一、理赔概述

财产保险理赔是指在保险标的发生保险事故而使被保险人的财产受到损失或人身生命受到损害时，或保单约定的其他保险事故出现时，保险公司根据合同规定，履行赔偿或给付责任的行为，是直接体现保险职能和履行保险责任的工作。《保险法》第二十一、二十二和二十三条规定，保险事故发生后，按照保险合同请求保险人赔偿或者给付保险金时，投保人、被保险人或者受益人应当向保险人提供其所能提供的与确认保险事故的性质、原因、损失程度等有关的证明和资料。保险人收到被保险人或者受益人的赔偿或者给付保险金的请求后，应当及时作出核定；对属于保险责任的，在与被保险人或者受益人达成有关赔偿或者给付保险金额的协议后十日内，履行赔偿或者给付保险金义务。

小资料 4-1　《保险法》中有关赔偿问题的规定

第二十三条　保险人收到被保险人或者受益人的赔偿或者给付保险金的请求后，应当及时作出核定；情形复杂的，应当在三十日内作出核定，但合同另有约定的除外。保险人应当将核定结果通知被保险人或者受益人；对属于保险责任的，在与被保险人或者受益人达成赔偿或者给付保险金的协议后十日内，履行赔偿或者给付保险金义务。保险合同对赔偿或者给付保险金的期限有约定的，保险人应当按照约定履行赔偿或者给付保险金义务。

保险人未及时履行前款规定义务的，除支付保险金外，应当赔偿被保险人或者受益人因此受到的损失。

任何单位和个人不得非法干预保险人履行赔偿或者给付保险金的义务，也不得限制被保险人或者受益人取得保险金的权利。

二、理赔原则

财产保险理赔要在"重合同、守信用"的前提下贯彻"主动、迅速"，理赔案件要办得快，抓紧查勘，及时赔付，使遭受损失的被保险人迅速得到经济补偿，恢复生产经营。同时，理赔工作还要求"准确、合理"，就是要重合同，守信用，实事求是地妥善处理赔付，该赔的一定要赔，不该赔的坚决不赔。

（一）重合同，守信用

"重合同、守信用"是财产保险理赔的总原则，财产保险合同所规定的权利和义务关系，受法律保护，因此，保险公司必须重合同、守信用，正确维护被保险人的权益。

由于在财产保险活动中，保险人先收取保费，在保险事故发生后才赔付被保险人的损失，所以，在签订保险合同时，投保人所获得的只是保险人的商业信用。保险人的信用状况直接影响其未来的发展，因此，维护自身的信用是任何一个保险公司的工作重心。而理赔是保险公司履行合同规定义务的时刻，保险人理赔工作的质量将直接影响被保险人对其信誉的评价，所以，如果保险人理赔工作做得不好，会给自身的社会形象带来不利的影响，损害其在社会公众中的形象，进而影响未来的业务发展。因此，保险人在理赔时一定要以"重合同，守信用"作为首要原则，尽力提高社会公众对保险公司的评价，为保险公司的长远发展创造条件。

（二）尊重事实，实事求是

由于保险风险具有多样性和复杂性，所以，保险事故也是多种多样、极其复杂的，即使对同一保险标的发生的同一风险事故，由于所处的立场不同，也容易出现不同的理解；同时，保险双方也会经常在对保险条款的理解上发生分歧，被保险人索赔时可能夸大或者忽视了自己的权益，保险公司作为处理风险事件的专家，对损失原因的确定以及保险条款的理解都非常专业，因此，要求保险公司理赔人员在分析案情、处理赔付案件时，要本着"尊重事实、实事求是"的原则，一切从事实和证据出发，实事求是地进行赔案处理，判断保险事故的原因和性质，而不得主观臆断。要根据具体情况，正确确定保险责任、赔付标准和金额，对情况复杂的赔案采取合情合理的处理原则。经过调查与审核，一旦确认发生了保险责任范围内的事故，就应依照合同从实理赔。

（三）主动、迅速、准确、合理

"主动、迅速、准确、合理"是对财产保险公司理赔工作的基本要求，也是按保险合同的规定处理各种赔款的准则，其目的是要让被保险人感觉到保得放心，赔得心服，这一点在保险法中也做了明确的规定。这里的主动、迅速是指保险公司接到被保险人的出险报告后要主动了解受灾受损情况，理赔工作人员及时赶赴现场查勘定损并迅速赔偿损失，热情为被保险人提供服务；准确、合理是指理赔人员在理赔时要分清责任，准确定损，赔款合情合理。这就要求理赔工作人员保险专业知识丰富，对各类保险标的相当熟悉，并掌握查明损失原因和估算损失的方法。

三、理赔程序

各家保险公司由于管理经验的不同，都有自己的一套理赔程序，总的来说，非寿险公司的理赔程序一般如下。（见图4-4）

（一）损失立案

出险后，客户向保险公司理赔部门报案，保险公司在接到出险通知后，先编号立案，然后派人员对现场进行查勘，并作原始记录，包括财产遭受损失的实际情况以及施救整理情况等。

（二）查勘定损

查勘定损是指当保险事故发生后，保险公司的估损师通过科学、系统的专业化检查、测试、勘测手段并结合自身的理赔经验，对保险标的受损价值与事故现场进行综合分析，运用保险标的的历史资料与维修数据，对保险标的的修复或重置进行科学系统的估损定价。

（三）审核保险责任

第一，检查保单情况，确定保险单是否有效，有无已经解除或失效的情况；第二，检查保险人或受益人提供的索赔单证是否齐全、真实；第三，审核保险权益。具体来说，就是审查被保险人或受益人是否具有保险权益；第四，审核投保人或被保险人有无违反告知义务或通知义务的行为；第五，审核出险时间是否在保险有效期内；第六，对于保险合同约定了承保地区的情况，还要审核出险地点是否处于所约定承保的地区之内；第七，审核出险事故是否属于保险单承保的保险事故，以及保险标的的损失是否由其造成；第八，审核被保险人是否违反了保险合同约定的保证条款；第九，审核赔案中是否存在第三者应当承担的赔偿责任，索赔的被保险人是否向第三人行使了索赔权或向第三人实施了索赔手续，是否从第三人处获取了赔偿。

如果经上述审核后，认定要赔付的，继续理赔工作；反之，则向被保险人或受益人告知拒赔，说清拒赔的理由，并记入拒赔案件登记簿。

（四）疑难赔案调查

对于疑难赔案，保险公司将在损失检验和审核各项单证的基础上，赴现场实地调查和函电了解，或向专家、化验部门复证。

（五）核算损失程度/赔款理算

在财产保险中，须根据被保险人所提供的索赔文件或证物核算损失的数额，以决定赔偿的数额。

（六）核赔

在核赔这一环节，保险公司的相关人员将根据被保险人提出赔付保险金的请求，以法律规定和保险合同为依据，审核认定保险责任并决定是否赔付保险金以及赔付的金额。

（七）结案

主要是进行损余物资的作价和处理，这关系到赔款额度的大小，也关系到对残余物资的再利用。

（八）支付赔款

被保险人同意保险公司的理算结果后，即可领款。

（九）行使代位求偿权

如果损失原因属第三者责任时，保险人在赔偿后，可取得被保险人向第三者请求赔偿的权利，代位（代被保险人）向第三者追偿。

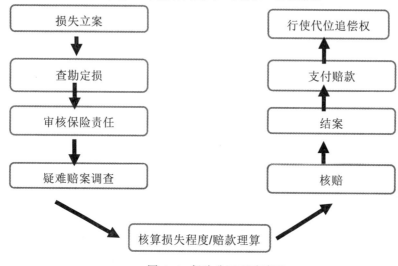

图4-4　保险公司理赔流程

本章小结：

1. 财产保险公司的收益主要来源于营业收益和资金运用收益（投资收益）。

2. 财产保险的费率由纯费率和附加费率构成，纯费率以保额损失率为基础，为稳定经营需再加上一定的安全系数。

3. 财产保险的责任准备金包括未到期责任准备金、赔款准备金和总准备金。未到期责任准备金及赔款准备金是在当年的保费收入中提存，总准备金则是从业务盈余中提存，用作巨灾巨损的责任准备。

4. 财产保险的财务稳定性是指在业务经营过程中保险人对被保险人所承担补偿义务能力的可靠程度。财产保险的财务稳定性事关保险人的经营安全。影响财务稳定性的因素主要有：保险人所承保标的的数量、损失概率的大小、保险金额的均等程度、危险的集中程度等。为稳定保险人的经营需根据所承保业务的情况安排适当的再保险。

5. 保险公司的经营包括展业、承保、理赔等环节。展业是保险活动的起点，是保险人能否生存的关键，展业的渠道主要有保险公司直销、代理人销售、经纪人销售；核保是对投保人和投保标的的风险程度进行评估与分类，并决定是否承保及以什么样的条件承保；而为了防范道德危险和心理危险，保险人要对承保加以控制。

6. 理赔是保险职能作用的具体体现。理赔要遵循重合同、守信用，尊重事实、实事求是，主动、迅速、准确、合理等原则，主要内容包括损失立案、查勘定损、审核保险责任、疑难赔案调查、核算损失程度/赔款理算、核赔、结案、支付赔款、行使代位追偿权。

关键词：

营业收益　投资收益　纯费率　附加费率　展业　核保　道德风险
心理风险　理赔

思考题：

1. 财产保险公司的收入由哪几部分构成？
2. 财产保险的费率由哪些因素构成？
3. 财产保险展业的渠道有哪些？
4. 核保主要包括哪些内容？
5. 理赔工作的主要原则是什么？

参考文献：

1. 张洪涛. 财产保险 [M]. 北京：中国人民大学出版社，2003.

2. 江生忠，祝向军. 保险经营管理学 [M]. 北京：中国金融出版社，2017.

3. 刘红，赵忠良. 降低保险公司营业费用的途径选择 [J]. 中央财经大学学报，2002（10）.

4. 李谦. 保险公司的利润探析 [J]. 上海保险，1998（1）.

5. 陈伊维. 非寿险实务 [M]. 北京：中国财政经济出版社，2011.

6. 中国保险行业协会. 2014—2019 年互联网财险市场分析报告 [EB/OL]. http://iachina.cn/art/2020/3/16/art_22_104412.html.

第五章　火灾保险

学习目的:

　　了解火灾保险的基本内容、责任范围，熟悉各国火灾保险的基本做法，掌握企业财产保险、家庭财产保险、利润损失保险的主要内容及各险种的主要险别。

第一节　火灾保险概述

　　火灾是财产保险面临的最基本和最主要的风险，早期的财产保险主要承保火灾对于各种财产所造成的损失。随着保险经营技术的改进，财产保险人开始将火灾保险单承保的责任扩展到各种自然灾害和意外事故对于财产所造成的损失。但是，国际保险市场仍习惯将对于各种不动产和动产的保险称之为火灾保险。

一、火灾保险责任范围

　　普通火灾保险的责任范围包括基本责任和扩展的承保责任、特约责任，以及施救、整理费用。

（一）普通火灾保险的基本责任

　　普通火灾保险的基本责任具有以下特点：均与火灾联系密切；具有普遍性、常发性、多发性的特点；是任何保险人的承保技术都可以控制的，可作为可保风险等。而其他灾害事故的发生则具有地域性、周期性、季节性的特点。普通火灾保险的基本责任包括以下几点。

　　1. 火灾

　　火灾责任是指在时间和空间上失去控制的燃烧行为对于保险标的所造成

的损毁。构成保险责任的火灾必须同时具备如下三个条件：①燃烧现象的存在，即同时有热量的散发、光的形成和火焰的存在；②在偶然和意外的情况下产生的燃烧现象；③失去控制并有蔓延扩大的趋势。有意识或有目的的行为所产生的燃烧现象不属于火灾责任的范围；由于烘、烤、烙、烫造成财产的焦糊变质，也不属于火灾保险责任的范围。

火灾保险责任具体对以下五种原因所引起的火灾损失负责：①意外失火；②物资自燃；③他人纵火，包括被保险人法人单位的员工纵火，精神病人纵火；④因救火所致保险财产的损失，包括因救火而使保险财产被水渍、损毁或灭失；⑤邻处火灾波及保险财产。

2. 爆炸

爆炸责任是指物质在物理原因和化学原因的作用下，物质结构的温度和压力急剧升高所形成的能量释放现象对于保险标的所造成的破坏。爆炸分为两种情况。①物理性爆炸：是指由于液体变为蒸气或气体膨胀，压力急剧增加大大超过容器所能承受的极限而产生的爆炸，如锅炉、气体压缩机、液化气罐爆炸等。②化学性爆炸：是指由于物体在瞬间的高速燃烧引起分解反应，以很大的压力向周围扩散的现象，如火药、粉尘、各种化学物品的爆炸等。

对于爆炸现象必须分析其产生的具体原因，由于产品质量不合格、使用损耗或物体本身的瑕疵及由于容器内部承受"负压"（内压比外压小）造成的损失不属于爆炸责任的范围。

3. 雷电

雷电责任是指由于雷击现象对于保险标的所造成的破坏。雷击为积雨云层所产生的放电现象。这种放电现象分为两种情况：①直接雷击，是指由于雷电在放电过程中直接击中保险财产所造成的破坏；②感应雷击，是指由于雷电在放电过程中所形成的静电感应或电磁感应使屋内对电绝缘金属物体产生高电位放出火花引起的火灾损失，或对于使用过程中的电气设备所造成的破坏。由于雷电是自然界产生的破坏现象，所引起的危险属于纯粹危险的范畴，所以保险人通常承保雷电对于保险财产所造成的损失。

（二）普通火灾保险的扩展承保责任

1. 飓风、台风、龙卷风

飓风责任是指夏秋之交所出现的风力等级超过 9 级并伴有暴雨对于保险标的所造成的损失；台风责任是指夏秋之际由于热带气旋的作用发生在北太平洋西部地区直径 200—1000 公里的空气漩涡所形成的风力等级超过 8 级的风暴对

于保险标的所造成的损失；龙卷风责任则是指平均最大风速为 79—100 米/秒，极端最大风速超过 100 米/秒以上的范围小、时间短的猛烈旋风对于保险标的所造成的损失。

2. 风暴、暴雨、洪水

风暴责任是指风速在 17.2 米/秒以上，风力等级超过 8 级的大风对于保险标的所造成的破坏；暴雨责任是指每小时降雨量超过 16 毫米，或者连续 12 小时总降雨量超过 30 毫米，或者连续 24 小时总降雨量超过 50 毫米的雨水对于保险标的所造成的损失；洪水责任是指由于江河泛滥、山洪暴发、潮水上岸及横泄对保险标的所造成的泡损、淹没、冲散、冲毁的损失。对于有规律性的涨潮、自动喷淋设施漏水、常年平均水位线以下的渗水、水管漏水所造成的保险标的损失不属于洪水责任。同样，对于堆放在露天、简易篷布下的保险标的所遭受的洪水损失，除非保险合同双方当事人另有约定，否则也不属于洪水责任的范围。

3. 冰雹

冰雹责任是指由于冰雹降落对于保险标的所造成的损失。

4. 地崩、山崩、雪崩

地崩责任是指由于地表结构的塌陷所形成的地层裂痕对于地面上的保险标的所造成的损失；山崩责任是指陡坡上的大块岩石在重力作用下突然崩落对于保险标的所造成的损失；雪崩责任是指山地大量积雪突然崩落对于保险标的所造成的损失。

5. 地面下陷下沉

地面下陷下沉责任是指地壳由于自然变异，或者地层收缩形成的突然塌陷现象对于保险标的所造成的损失。这项责任还扩展到由于海潮、河流、大雨侵蚀或因地下孔穴、矿穴所出现的地面突然塌陷对于保险标的所造成的损失。但是，对于地基基础不牢固或未按照建筑施工要求施工所导致的建筑物地基下沉、裂缝、倒塌等损失和由于打桩、地下作业及挖掘作业引起的地面下陷下沉对于保险标的所造成的破坏均不属于该项责任。

（三）特约承保责任

1. 水箱、水管爆裂

水箱、水管爆裂责任是指由于内部压力增加发生的水箱和水管的爆裂对于保险标的所造成的损失。凡是属于被保险人自有的供水系统中的水箱和水管的爆裂，以及由于锈蚀引起的水箱和水管的爆裂均不属于保险责任。

2. 破坏性地震

破坏性地震责任是指由于经地震监控部门认定的震级和烈度的地震的发生对于保险标的所造成的损失。

3. 盗窃

盗窃责任是指由于抢劫、偷盗或使用暴力侵入保险财产的存放处而对于保险标的所造成的损失和破坏。

（四）意外事故承保责任

1. 空中运行物体坠落

空中运行物体坠落责任是指在空中飞行或运行过程中的飞机、飞机部件或飞行物体突然发生的坠落现象对于陆地上的保险标的所造成的损失。如飞机坠毁、飞机部件坠落、陨石坠落、飞行物体下落及吊车、行车在运动中发生的物体坠落对于保险标的造成的损失都属于此项保险责任的范围。

2. 被保险人自有的供水、供电、供气设备由于遭受保险事故而导致的"三停"所造成的保险财产的直接损失

上述"三停"所致保险标的损失，必须同时具备下列条件：①必须是被保险人拥有财产所有权并自己使用的供电、供水、供气设备，包括本单位拥有所有权和使用权的专用设备及与其他单位共有的设备（如发电机、变压器、配电间、水塔、线路、管道等）；②仅限于因保险事故造成的"三停"损失；③仅限于被保险人的机器设备、在产品和储藏物品等保险标的的损坏或报废。

（五）施救、整理费用

在发生保险事故时，为抢救保险标的或防止灾害蔓延，采取合理的必要的措施而造成保险标的的损失及在保险事故发生后，被保险人为防止或者减少保险标的的损失所支付的必要的、合理的费用，由保险人承担。

二、火灾保险责任免除

（一）绝对责任免除

1. 敌对行为，军事行动，武装冲突，罢工，暴动。

2. 核辐射和污染。

这两类危险事件的发生所造成的损失往往旷日持久，延续不断扩大，无法确定其范围和程度，损失巨大，保险人一般无力承担。

3. 被保险人的故意行为。该类危险的发生是由于被保险人违反法律和道德规范，如果保险人予以赔偿，无疑会支持违法和不道德行为。

4. 保险财产本身缺陷，保管不善导致的损失、变质、霉烂、受潮、虫咬以及自然磨损与按制度规定的正常损耗。由于该项损失属于保险财产必然会遭遇的危险，所以保险人不会承保。

（二）相对责任免除

1. 堆放在露天、罩棚下的保险财产，以及用芦席、布、草、油毛毡、塑料布等做的罩棚由于暴雨、暴风所造成的损失。

但上述财产被洪水浸泡、冲毁、冲散的损失不是该类财产必然会遭遇的风险，保险人可以承保。

2. 因保险责任范围内的灾害事故造成的停工、停产等一切间接损失。此项责任可在投保人申请、保险人同意并加费的情况下成为保险责任。

第二节　英美国家的火灾保险

一、1943 年的纽约标准火灾保险单（SFP: Standard Fire Policy）

以标准火灾保险单为基本保单，加上一种或数种附属保单和批单，是美国财产保险的基本形式。尽管有些保险公司的保险单的格式和标准火灾保险单有些出入，但万变不离其宗，其内容还是以标准火灾保险单为依据进行设计的。

（一）保单标准化的过程

美国火灾保险经营的早期，各保险公司各自设计自己的火险保单，合同期限长且限制性条款多，并不统一。限制性条款有利于保险人拒赔，而法院作出的不利于保险人的判决则使得保险人在保单上加上更多的限制性条款，再加上各家公司所开具的保单各不相同，不仅不利于政府部门监管，也不利于投保人对各保险公司的险种进行比较及选择。鉴于保单条款的使用和解释缺乏统一性所带来的诸多不便，各保险公司越来越迫切地希望制定一张"标准"保单。美国的全国火灾保险人委员会（The National Board of Fire Underwriters）于 1867年和 1868 年开始了制定标准保单的工作。

1879 年，美国的马萨诸塞州以州立法形式规定该州的保险公司从下一年，即从 1880 年开始，必须使用标准保单。1886 年，美国的纽约州立法也规定了该州的保险公司从下一年，即从 1887 年开始使用标准保单。而美国的全国保险监督官会议（The National Convention of Insurance Commissioners）即现在的全国保险监督官协会，（The National Association of Insurance Commissioners）颁布了 1887 年保单的修订版——1918 年纽约标准火灾保单。随后，全国保险监督官协会在 1936 年任命了一个起草委员会来制定新的标准火灾保单，并于 1943 年 7 月 1 日开始实施——这就是著名的 1943 年的纽约标准火灾保单。

（二）标准火灾保险单的特点

1. 符合国际保险市场的业务惯例和经营需要，可以被大多数的保险人所采用，并且被大多数的被保险人所接受。

2. 规定的保险财产的范围、保险责任的范围和责任免除的范围适用于多数地理位置和自然环境下的物质标的风险转嫁的要求，具有良好的通用性和适应性。

3. 由于标准火灾保险单设计的规范化，使不同司法管辖制度下的国家和地区对于标准火灾保险单中的法律意义和专业术语的理解或解释基本上趋于认同。

（三）标准火灾保险单的内容

1. 声明事项

声明事项的内容包括被保险人的姓名或名称及地址、对保险财产的说明（建筑结构、占用性质、城市消防级别等）。保险财产坐落场所、保险责任范围、共同保险比例、保险金额、免赔额、费率、保险费、附属保单的编号以及抵押条款的说明（说明受押人对抵押财产的保险利益）等。

2. 保险协议

（1）对价。合同双方的对价或酬报是一个有效合同的必备条件。保险人的对价是承诺赔偿属于保险责任范围内的损失；被保险人的对价是交付第一次保险费和接受保险条款的规定。

（2）保险期限。标准保险单的保险期限可以为一年、两年、三年，最长的为五年，也可以短于一年。大多数州的保险的起始时间是保险财产所在地的标准时间的下午 12 点 01 分。

（3）对赔偿的限制。包括以下几方面的内容。

① 保单金额方面的限制。以保险金额作为赔偿的最高限额，在保险期间内，如果发生多次损失，保险金额不因损失赔偿而减少。

② 实际现金价值方面的限制。损失发生时受损财产的实际现金价值，一般为"重置成本减去折旧"。

③ 修理或置换财产方面的限制。保险人有权选择修理或置换受损财产的

赔偿方式，保险人不承担由建筑法令造成的修理或重置费用增加的赔偿责任。

④ 其他的限制。保险人只负责赔偿财产的直接损失（不负责由于营业或生产中断造成的损失）；被保险人不能获得多于保险利益的赔偿。如果保险金额高于保险利益，保险人既不会多赔，也不会退还超额部分的保费。

（4）被保险人。被保险人是指明的被保险人及其法定代理人。指明的被保险人可以是个人、公司等，其法定代理人为遗产管理人、监护人和财产的接管人。把被保险人的法定代理人也作为被保险人的目的在于：防止在被保险人死亡、精神错乱、破产等情况下保险人拒绝承担赔偿责任。

（5）保险金额。保险金额是保险人承担保险责任的货币数量的表现形式。标准火灾保险单上列明的保险金额，一方面是保险人承担保险责任的金额限度，另一方面又是投保人交付保险费的计算依据。根据标准火灾保险单的习惯做法，保险金额是由投保人根据投保标的的实际价值确定的。在实际业务中，保险人通常要求投保人申报的投保金额尽量与投保标的的实际价值相等。

（6）保险费率。保险费率反映了保险商品的价格，必须体现公平负担的原则。标准火灾保险单的保险费率由纯费率和附加费率构成。纯费率为火灾保险的净成本，体现的是保险费与保险金额之间的平衡；附加费率为火灾保险的营业成本，体现的是保险人经营过程中的营业开支及其利润。

（7）保险赔付。各国的保险法都规定保险金额超过保险价值的部分无效，并且保险人不退还这部分无效保险金额所对应的保险费。而对于保险金额小于保险价值的情况，保险人在计算赔偿金额时，通常采取比例赔偿的方式。

3. 保险责任以及除外事项

（1）保险责任

标准保险单只承保三种原因的损失：火灾、雷电和搬迁财产的损失。搬迁财产的损失是指发生火灾后为了避免财产进一步遭受损失搬迁财产至安全地带所造成的损失。但是，对搬迁财产的损失有时间上的限制。

（2）标准保险单的除外事项

① 隐瞒和欺骗，即投保人违反了最大诚信原则。

② 除外或不保的财产，如账册、票据、货币、契约、债据和证券。

③ 规定上述责任为除外责任，可以减少道德危险和欺诈性索赔，并减少损失理算上的困难。

④ 战争、军事行动、被保险人的故意行为。不保战争或类似战争行为是因为保险人不愿承担巨灾风险。

⑤ 被保险人没有采取合理的施救措施造成损失扩大的部分。此项除外责任规定的目的在于尽可能地减少损失规模。而这里所提到的合理的施救措施是指一个谨慎的未参加保险的人会采取的手段。

4. 保单的中止和限制

标准保险单的中止和限制的条件有以下三种情况。

（1）危险大量增加。但增加的危险消除后，保险可自动复效。

（2）建筑物无人居住或占用连续超过 60 天以上所发生的损失。这是因为空房的损失概率较高，容易发生纵火案。当恢复居住或占用后，保单也可自动复效。

（3）对骚乱和爆炸造成的损失不赔，但赔偿由此引起的火灾损失；对火灾引起的骚乱和爆炸，保险人负责赔偿，因为火灾是损失的近因。

5. 解约

标准保险单规定保险双方都能解除保险合同。在被保险人要求解约的情形下，保险人按短期费率表的规定退还保险费；在保险人要求解约的情况下，必须提前书面通知被保险人，并按日费率表的规定退还保险费。

6. 受押人的利益及义务

受押人通常是储蓄和放款协会、商业银行和其他放款机构，这些金融机构向抵押人发放购买房地产的贷款，而房地产作为抵押贷款的担保品，抵押品一旦遭受损失，受押人有可能得不到贷款偿还。

为了保护受押人的利益，防止他们得不到贷款偿还，标准保险单规定了受押人有以下权利：无论被保险人（抵押人）是否违反了保险条款，受押人都有权从保险人处获得赔偿；受押人收到保险人解约通知到解约生效的间隔期要比被保险人长；尽管受押人不交付保险费，但也有根据保险单对保险人的诉讼权利。

作为上述权利的交换条件，受押人需要承担下列义务：通知保险人有关财产所有权，居住情况的变化以及危险增加情况；如果被保险人没有交付保险费，受押人应代交；如果被保险人没有提供损失证明，受押人应该代办；当保险人拒绝向被保险人赔偿时，仍要向受押人赔偿，但要求受押人向保险人移交求偿权，由保险人向抵押人追偿。

7. 保险单的转让

未经保险人书面认可，标准火灾保险单不能转让给其他人，此项条款有利于保险人选择被保险人，以减少道德风险因素。

8. 弃权条款

该条款规定，除非保险单附有书面证明，否则保险人不能放弃任何保险条款。保险代理人和理赔人在口头上放弃保险条款是无效的。

9. 其他损失原因、保险标的和附加条款

这些条款允许其他损失原因、保险标的和附加条款加入标准火灾保险单中，具体可通过使用附属保单和批单来实现。

10. 按比例分摊赔偿责任条款

在重复保险的情况下，每家保险公司按各自的保险金额与总的保险金额的比例分摊赔偿责任。

11. 被保险人在发生损失情况下的义务

（1）被保险人必须立即给予保险公司损失的书面通知或电话通知。

（2）被保险人应对保险财产进行施救、以免损失加重，并把受损财产和未受损财产分开，加以整理。

（3）被保险人必须在损失发生后的 60 天内填具损失证明单，其内容包括损失发生的时间和原因、财产的权益、受损和未受损财产的清单、索赔金额等。如果需要的话，保险人可查阅被保险人的账册、账单、发票等有关记录。

12. 损失鉴定条款

当被保险人和保险人对财产的实际现金价值或损失金额有争议时，就要使用这一条款，损失鉴定类似于仲裁，由双方各选择一个合格的、无利害关系的鉴定人，然后再由选定的二位鉴定人选择一个仲裁人，如果这两个鉴定人在 15 天内仍没有确定仲裁人，法院将会任命一个仲裁人。这三个人中任何两个人达成的协议对保险双方都具有约束力。每一方向自己选择的鉴定人付费，鉴定费用和仲裁人的报酬由保险双方平均分摊。使用这一条款的目的是减少诉讼。

13. 委付

被保险人不能放弃原有财产而要求保险人赔偿，虽然保险人可以根据约定价值收取部分或全部损余财产，但被保险人无权要求保险人作出接受委付的决定。

14. 赔偿时间

保险人必须在收到损失证明单后的 60 天内赔偿损失。

15. 诉讼

关于财产实际现金价值或损失金额的诉讼，必须先经过损失鉴定程序。

16. 代位求偿权

如果损失是因第三者过失造成的，被保险人可向保险人移交求偿权，但保险人的代位求偿权以赔偿金额为限。

（四）标准化保单的利弊

保单的标准化有利于对保险公司和代理人进行监督，防止其滥用保单或利用保单进行欺诈。因此随着时间的推移，相关的法律诉讼便会渐渐减少。另外保单标准化的显著优点还在于：保单高度标准化有助于避免保险公司之间利用保险合同进行竞争，有助于被保险人理解和把握保险人的承保责任和责任限制，并有助于被保险人进行保单之间的有效比较。

但保单标准化也有缺点，保单标准化的缺点是：由于习惯使用固定格式的保单，再对它进行修订就变得非常困难。如 1887—1918 年保单的修订历经了31 年之久，1918—1943 年保单的修订历经了 25 年。同时，在标准化保单的使用中，法院的既定判决不鼓励保单的重新修订，结果是保险公司不愿意制订新的承保范围更加广泛的保单。

（五）标准化保单的使用

标准火灾保单不是完整的保险合同，它只是包括了比较广泛和一般的条款。因此保险人可以以它为基础制定承保范围更广泛的保险合同。将标准保单用于承保某种特定的财产时，必须结合一些附加的格式和批单使用，以形成一个完整的合同。

二、英美国家火灾保险的主要承保方式

（一）英国火灾保险市场的主要承保方式

1. 特别分摊

特别分摊，又称 75%分摊。特别分摊条款规定，如果保险金额大于、等于标的实际价值的 75%时，按实际损失赔偿被保险人，但以保险金额作为赔偿的最高限度；如果保险金额低于标的实际价值的 75%时，在全损时，赔偿全部保额，在部分损失时，适用比例赔偿计算方式。即：

保险赔款＝损失金额×保险金额/保险价值

例如某火险保单保额 800 英镑，财产的实际价值为 1200 英镑，损失 300 英镑，保额低于实际价值的 75%，因而适用特别分摊，赔款金额＝800/1200×300＝200（英镑）。

又如保险金额 900 英镑，财产的实际价值为 1200 英镑，损失 300 英镑，保

额等于实际价值的 75％，不按比例分摊计算赔款，而按实际损失 300 英镑赔付。

再如保险金额 1000 英镑，财产的实际价值为 1200 英镑，损失 1100 英镑，保额大于实际价值的 75％，应按实际损失赔偿，但须以保险金额为限，所以赔款应为 1000 英镑。

2. 统保保单

其特点是以一个总的保险金额承保几个地点的财物，对拥有许多财产的大企业可以将财产分项后将每一项财产以一个总保额承保。如将全部财产分为全部房屋、全部财物、全部货物三项。若在全部房屋中有 80000—97000 英镑的房屋多处，只要以一个 97000 英镑的保险金额投保，则全部房屋中的任何房屋受损都能得到赔偿。由于这种方式有利于被保险人，因此在英国往往采取统保加费或分摊条款加以限制。

3. 两种条件分摊

这一方式适用于承保公共仓库的货物，在承保的保单中，有的保单保的是指明仓库、指明货物；有的保单则是统保保单，一张保单承保的货物分别储存在几个仓库中。一旦发生保险事故造成了损失，先由承保指明仓库、指明货物的保单，按比例分摊条件赔偿，剩余部分再由统保保单分摊。

例如保单 1 承保甲仓，保额 2000 英镑，适用比例分摊的条件，保单 2 承保甲仓和乙仓，保额 2000 英镑，适用两种条件分摊。甲仓内货物的实际价值为 2000 英镑，乙仓内货物的实际价值为 3000 英镑。甲仓内货物若发生火灾，损失为 1000 英镑。因为保单 1 承保了指明仓库甲仓，所以首先由保单 1 赔付，由于保单 1 的保额与实际价值相等，故赔付 1000 英镑，而保单 2 没有赔付责任。

又如保单 1 承保甲仓，保额 2000 英镑，适用比例分摊条件，保单 2 承保甲仓和乙仓，保额 2000 英镑。适用两种条件分摊。甲仓内货物的实际价值为 2000 英镑，乙仓内货物的实际价值为 3000 英镑。乙仓内货物若发生火灾，损失为 1000 英镑。因为保单 1 没有承保乙仓，所以由保单 2 来赔付。

保险人的赔付额＝保险金额/实际净值×损失额

$$＝2000/3000×1000$$

$$＝666.7（英镑）$$

（实际净值为甲仓和乙仓内货物的实际总值 5000 英镑减去保单 1 的保额 2000 英镑）

再如保单 1 承保甲仓，保额 2000 英镑，适用比例分摊条件，保单 2 承保甲仓和乙仓，保额 6000 英镑。适用两种条件分摊。甲仓内货物的实际价值为 4000

英镑，乙仓内货物的实际价值为 8000 英镑。甲仓内货物损失 1000 英镑。保单
1 首先赔偿：

保额/实际价值×损失额＝2000/4000×1000＝500（英镑）

保单 2 由于承保了甲仓和乙仓，应对保单 1 未赔足的余额部分予以分摊：

保单 2 的赔偿额＝保险金额/实际净值×赔偿余额

$$＝6000/（4000＋8000－2000）×500$$
$$＝300（英镑）$$

4. 申报保险

英国为保险货物专设了申报保单，保额为一年中货物可能达到的最高价
值，先按 75% 收取保险费，以后由被保险人每隔一定时间对保险人发出申报单，
申报货物的价值，保险人收到申报单后即按申报价值承保，按实际价值赔偿，
被保险人根据申报单按期向保险人结算保费，多退少补。这种方式对季节性生
产或调拨物资频繁的单位十分适用。

（二）美国火灾保险市场的主要承保方式

1. 共同保险

除私人住宅外，美国的火灾保险条款通常采用共同保险条款。最常见的共
同保险条款是"80%共同保险条款"，根据这一条款，保险金额大于或等于标的
保险价值 80% 即视作足额投保，在损失发生后能获得充足赔偿；反之，若保险
金额小于标的保险价值的 80%，被保险人就须自担一部分损失。即：

赔偿金额＝实际损失×保险金额/80%标的价值

2. 统保保单

美国统保保单的特点与英国相同，但采用比例分配条款，在发生损失时，
对每处财产的保险金额依每处财产价值占全部财产价值的比例来进行分配。这
种统保方式有利于被保险人几个地点之间财物相互流动，而采用分摊、比例分
配条款可以制约投保人的低额投保，保障保险人的利益。

第三节　日本的火灾保险

现在日本的火灾保险主要包括普通火灾保险，住宅火灾保险，住宅、店铺
综合保险和长期综合保险四种。

一、普通火灾保险

普通火灾保险是日本产险市场上一个比较古老的险种，自 1888 年起一直在市场上销售。起初，普通火灾保险只保火灾所造成的保险标的损失，所承保的标的主要是住宅、商店、工厂、仓库。自 1979 年 4 月 1 日起，雷击、爆炸成为普通火灾保险的保险责任，而自 1984 年 6 月 1 日起，风灾、雹灾、雪灾（仅负责损害额超过 20 万日元以上的部分）也成为保险责任。

自 1973 年 11 月 1 日起，住宅和家庭财产作为住宅火灾保险的保险标的，被从普通火灾保险中剔除；从 1984 年 6 月 1 日起普通火灾保险条款细分成三大类，即一般财产、企业财产和仓库财产，从而使保险人所承保的责任与被保险人面临的风险更好的建立起对应关系。普通火灾保险是火灾保险的核心险种，所承保的财产最为广泛，标的包括除住宅以外的企业、仓库、商店、事业单位所拥有的建筑物及其财产。

普通火灾保险承保物质财产损失及各种相关的费用。有关费用责任范围我们以一般财产的普通火灾保险为例。

（一）临时费用

负责在损害发生后各项必要的临时支出的费用，如住宿费、交通费等。支付的额度相当于物质损害保险金的 30%，但有一次事故 500 万日元的限制。

（二）整理费用

负责在标的受损后被保险人的整理费用支出。支付的额度相当于物质损害保险金的 10%。

（三）慰问费用

因被保险财产损失波及第三者的财物使他人财产受损，被保险人予以补偿的部分，保险人可予以负责。支付的额度为每一受损家庭 20 万日元，但最高不超过保险金额的 20%。

（四）伤害费用

仅限于被保险人或其亲属或使用者（如被保险人为法人的场合，其员工即为财产的使用者）因不幸事故而受重伤、或事故直接导致其在 180 天内死亡或者因事故的发生导致其残疾的情况下。

重伤，是指住院 14 天以上或者需经医生治疗 30 天以上。

残疾包括 8 种情况：双目失明；丧失语言功能；损害神经系统或导致神经疾患，需长期护理；内脏严重受损，机能丧失，需长期护理；双上肢自肘关节以下丧失；双上肢丧失功能；双下肢自膝关节以下丧失；双下肢丧失功能。在死亡或出现上述严重残疾的情况下，每一人支付保险金额的30%；在重伤的情况下，每一人支付保险金额的2%。一次事故中每一人最多可获得1000万日元的赔偿，并且有一次事故最多5000万日元的限制。

（五）地震火灾费用

在因地震引起火灾导致保险标的损失的情况下，支付保险金额的5%。但一次事故最多赔付300万日元。

（六）修理费用

负责在火灾造成保险标的损失的情况下，所发生的对损失原因的调查费用、损害范围的调查费用、临时修理费用等保险人认可的费用，支付的额度为保险金额的30%与1000万日元两者中低的数额。

（七）施救费用

为防止损失扩大，减小损害规模而支出的费用。但该项费用与保险金合算不能超过保额。

自1990年4月1日起，当保险人的赔偿金不足80%保险金额的情况下，保险金额可自动复原。

二、住宅火灾保险

住宅火灾保险自1973年11月1日开始销售，主要承保住宅及家庭财产。所承保的灾害事故包括火灾、雷击、爆炸、风灾、雹灾、雪灾。除修理费用外，住宅火灾保险同普通火灾保险一样，也负责对各项费用的赔偿。各项费用的赔偿额度如下。

（一）临时费用

支付的额度相当于物质损害保险金的30%。但有一次事故100万日元的限制。

（二）整理费用

同普通火灾保险。

（三）慰问费用

同普通火灾保险。

（四）伤害费用

同普通火灾保险。但没有一次事故5000万日元的限制。

（五）地震火灾费用

同普通火灾保险。

（六）施救费用

施救费用与保险赔偿金的合计额可超过保险金额。

三、住宅、店铺综合保险

住宅、店铺综合保险是以住宅及家庭财产为承保对象的住宅综合保险和以商店、办公场所等的建筑物及其财产为承保对象的店铺综合保险的合称。该综合保险的责任范围比前两个险种都要宽。以住宅综合保险为例，除负责火灾、雷击、爆炸、风灾、雹灾、雪灾等风险事故外，还承保外来飞行物体的坠落所致标的损失；给排水设备发生事故及被保险人之外的他人的房屋漏水、溢水导致被保险财产被水浸的损失；与骚乱及劳动纠纷相伴的暴力行为造成的保险标的损失；盗窃事件造成保险财产丢失、保险标的物被污损、破坏等。

此外保险人还负责以下损失。

（1）在保单中明示的一个或一组金额超过 30 万日元的贵金属、美术品的盗窃损失。支付的额度为一次事故 100 万日元。

（2）现金及存折被盗窃。现金被盗，一次事故赔付 20 万日元；存折被盗，一次事故的赔付以 200 万日元或家财保险金额两者中低的为准。

（3）水灾保险金。自 1984 年 6 月起，将水灾与风灾、雹灾、雪灾分开，保险标的为住宅及家庭财产。当水灾发生造成住宅及家庭财产受损，损害程度超过 30%，保险人承担赔偿责任，支付的额度为损失的 70%（在保险金额的限度内）；保险标的被洪水浸泡，保险人支付的额度为保险金额的 5%（且有一次事故 100 万日元的限制）。自 1995 年 2 月起，对水灾造成住宅及家庭财产损失，损害程度超过 15%但低于 30%的，可赔付保险金额的 10%（但有一次事故 200 万日元的限制）。

（4）临时费用、整理费用、慰问费用、伤害费用、地震火灾费用的赔偿同住宅火灾保险。上述费用是在保险金额之外另行计算。

（5）随身携带家财物品的损害保险金。对在旅行、购物时随身携带的物品因保单列明的保险事故发生而受损的情况下，保险人在家财保险金额 20%的限度内按实际损失赔偿，但有一次事故 100 万日元的限制。对随身家财物品的损害赔偿后，将不再支付临时费用、整理费用、慰问费用、伤害费用、地震火灾费用等费用保险金。

四、长期综合保险

长期综合保险自 1968 年 4 月 1 日开始销售，其承保责任范围与住宅综合保险大体相同。长期综合保险的特点表现在以下几点。

（1）保险期限长，有 3 年、5 年及 10 年几种，被保险人可自主选择。

（2）在保险期限内，如果发生保险事故，损害程度达到保险金额的 80% 以上，保险人按全损赔偿，相应地保险终止。

（3）保险期满，被保险人可得到相当于保险金额 10% 的满期返还金，并且当储蓄部分的保费运用收益率高于预定收益率时，被保险人还可得到红利。

第四节 企业财产保险

企业财产保险是从火灾保险中派生出来的一个具体险种，承保各类企业财产及其相关的利益，主要以各种企业作为被保险人，适用于机关、团体、事业单位，即对一切独立核算的法人单位均适用。企业财产保险并不意味着企业经营过程中的财产都可作为保险标的，而是只将置于固定地点范围的财产作为可保财产，即企业财产保险的标的具有坐落地点的相对固定性和活动范围的有限性。目前我国企业财产保险主要有以下四个险别：财产保险基本险、财产保险综合险、财险和财产一切险。前两个险别多为国内企业投保。后两个是涉外险种，多为外资企业和合资企业投保。这里我们主要介绍面向国内企业开办的企业财产保险。

一、企业财产保险的承保范围

（一）可保财产

1. 按所有权关系可保财产可分为：属于被保险人所有或与其他人共有而由被保险人负责的财产；由被保险人经营管理或替他人保管的财产；其他具有法律上承认的与被保险人有经济利害关系的财产。

2. 按照财产的种类，可保财产包括：房屋、建筑物及附属装修设备；建造中的房屋、建筑物和建筑材料；机器和附属设备；交通运输工具和设备；通信设备和器材；工具、仪器和生产用具；管理用具和低值易耗品；原材料、半成品、在制品、产成品或库存商品、特种储备商品；账外财产或已摊销的财产；

代保管财产。

3. 按会计科目可保财产分为四类：固定资产；流动资产；专项资产；账外财产。

（二）特约可保财产

特约可保财产简称特保财产，是指投保人须与保险人特别约定才能投保的财产。

1. 价值不易确定或市场价格变化比较大的财产如金银、珠宝、钻石、玉器、首饰、古币、古玩、古书、古画、邮票、艺术品、稀有金属和其他珍贵财物

在承保金银、首饰、珠宝、古玩、古画、古书、邮票、艺术品、稀有金属和其他珍贵财产时，保险双方必须事先约定数量，明确单价，并有账册可查。但是，企业如果是以金银为原材料加工生产，因其数量、价值均已计入有关会计科目，属于企业资产范围，故不需特别约定承保，保险双方协商投保并就承保事宜签订正式保险合同即可。

2. 价值较高、较易遭受暴风雨、洪水、地震等风险事故的财产，如堤堰、水闸、铁路、道路、涵洞、隧道、桥梁、码头

承保堤堰、水闸、铁路、道路、涵洞、隧道、桥梁时，因这些财产价值较大，有遭受洪水、泥石流、地震等灾害侵袭的危险，故在承保前保险人对其安全状况一定要进行实地勘查，还需要求被保险人提供工程设计、工程验收时的有关技术资料，在符合工程质量要求的情况下，方可承保。承保时必须把保险金额逐项填写清楚。如果被保险人的这些财产不投保，只将其他财产全部保险也应视为足额投保。对这类特约财产，不需要另外加贴特约条款。

3. 风险比较大的财产，如矿井、矿坑内的设备和物质

承保矿井、矿坑的地下建筑物、设备和矿下物资（不是指矿井、矿坑本身），保险人除了负责企业财产保险条款已载明的保险责任以外，还对因为瓦斯爆炸、冒顶塌方、提升脱钩以及地下水穿孔等原因造成的财产损失负责。且必须在保险单上加贴"矿下财产特约条款"。保险费也要按特定费率计算，有时还会根据风险状况加收保费。

上述各项财产的保险估价难度较大，一般需通过定值保险的方式予以承保，且必须经保险双方特别约定，而不能像普通企业财产一样采取不定值保险的方式承保。

（三）不保财产

下列财产不在企业财产保险的保险标的范围以内：

1. 土地、矿藏、森林、水产资源以及未经收割和收割后尚未入库的农作物；

2. 货币、票证、有价证券、文件、账册、图表、技术资料、电脑资料、枪支弹药以及无法鉴定价值的财产；

3. 违章建筑、危险建筑、非法占用的财产；

4. 运输过程中的物资；

5. 领取执照并正常运行的机动车；

6. 牲畜、禽类和其他饲养动物。

上述财产之所以不属于保险标的的承保范围，主要原因如下。

有些财产或利益或不能用货币衡量其价值，如土地、矿藏、森林、水产资源以及文件、账册、图表、技术资料等；或不是实际的物资，如货币、票证、有价证券；或不利于贯彻执行政府有关命令或规定，如违章建筑及其他政府命令限期拆除、改建的房屋、建筑物；或不属于企业财产保险业务范围的财产，如运输过程中的物资应投保货物运输保险，未收割和收割后尚未入库的农作物应投保生长期农作物保险或者收获期农作物保险。

企业在投保时，应参照保险条款规定，结合自身情况选择投保。可保财产应全部投保，特保财产应向保险人提出详细清单，并在投保单、保险单上注明，以明确责任；不保财产一定要剔除，否则，即使付了保险费，保险人也不会承担赔偿责任。

二、保险责任和责任免除

（一）基本险

1. 保险责任

（1）火灾、爆炸、雷电；

（2）意外事故。

① 飞行物体及其他空中运行物体的坠落。包括空中飞行器、人造卫星、陨石坠落、吊车或行车在运行时发生的物体坠落。在施工过程中，因人工开凿或爆炸而导致石方、石块、土方飞射、塌下而造成保险标的的损失，可以先予赔偿，然后向负有责任的第三者追偿。建筑物倒塌、倒落、倾倒造成保险标的的损失，视同空中运行物体坠落责任负责。如果涉及第三者责任，可以先赔偿再追偿。但是，对建筑物本身的损失，不论是否属于保险标的，都不负责赔偿。

② 被保险人拥有财产所有权的自用的供电、供水、供气设备因保险事故遭受损坏，引起停电、停水、停气以致造成保险标的的直接损失。

上述"三停"所致保险标的的损失，必须同时具备下列三个条件。

① 必须是被保险人拥有财产所有权并自己使用的供电、供水、供气设备，包括本单位拥有财产所有权和使用权的专用设备以及本单位拥有所有权又与其他单位共用的设备。

② 仅限于因保险事故造成的"三停"损失。

③ 仅限于被保险人的机器设备、在产品和贮藏物品等保险标的的损坏或报废。例如印染厂因发生属本项责任范围的停电，使生产线上运转的高热烘筒停转，烘筒上的布匹被烧焦；又如药厂因同样情况停电，使冷藏库内的药品变质，属于保险责任。

（3）施救损失与费用

① 在发生上述保险事故时，为抢救保险标的或防止灾害蔓延，采取合理的必要的措施而造成保险标的的损失。如在发生火灾时，为减少损失规模进行施救，使保险标的遭受碰破、水渍等损失，以及灾后搬回原地、途中的损失；因抢救受灾物资而将保险房屋的墙壁、门窗等破坏而造成的损失；发生火灾时为隔断火势，将未着火的保险房屋拆毁造成的损失；遭受火灾后，为防止损坏的保险房屋、墙壁倒塌压坏其他保险标的而予以拆除所致的损失等等。

对于在抢救保险标的或防止灾害的蔓延时造成非保险标的的损失，保险人不予赔偿。

② 对于非保险标的的施救费，即在发生保险事故后，为了防止或减少保险标的的损失，被保险人对保险标的采取施救、保护措施而支付的必要的合理的费用，保险人不予赔偿。若在施救过程中既有保险标的又有非保险标的，保险人仅赔偿对保险标的进行施救所发生的必要的合理的费用；当施救保险标的和非保险标的发生的费用无法清晰划分时，保险人可按照被施救的保险标的占全部被施救的标的的比例来承担施救费用。

2. 责任免除

（1）战争、类似战争行为、敌对行为、军事行动、武装冲突、罢工、暴动、骚乱、政变、谋反、恐怖活动。

（2）被保险人及其代表的故意或重大过失行为或纵容。

（3）核辐射、核裂变、核聚变、核污染及其他放射性污染。

（4）大气污染、土地污染、水污染及其他非放射性污染，但因保险事故造成的非放射性污染不在此限。

（5）地震、海啸及其次生灾害。

（6）暴雨、洪水、台风、暴风、龙卷风、雪灾、雹灾、冰凌、沙尘暴、泥石流、崖崩、突发性滑坡、地面突然下陷下沉。

（7）水箱、水管爆裂。

（8）抢劫、盗窃。

（9）保险标的遭受保险事故引起的各种间接损失。这里的各种间接损失主要是指由于保险标的遭受规定的保险责任而发生损失后，可能使被保险人的生产和经营活动受到一定程度的影响，从而出现停工、停业，从而使被保险人与其他客户所签订的合同不能正常履约，由此使被保险人面临的间接损失。但这项责任可以通过投保人在投保企业财产保险的基础上附加投保营业中断保险或利润损失保险的方式予以保障。

（10）保险标的的内在或潜在缺陷、自然磨损、自然损耗，大气（气候或气温）变化、正常水位变化或其他渐变原因，物质本身变化、霉烂、受潮、鼠咬、虫蛀、鸟啄、氧化、锈蚀、渗漏、自燃、烘焙。保险人规定此项责任免除的目的是避免动态风险，强化被保险人对于保险标的的自我管理意识。

（11）由于行政行为或执法行为所致的损失。此项规定是出于维护国家政权机关和司法机关尊严的角度考虑，因为政府行为或司法行为对于保险标的所造成的损失，发生在政府机关或司法机关履行其公务职责的范围内。如果被保险人对于由此而引起的损失提出异议，可以向政府及司法部门提出申诉。

（12）广告牌、天线、霓虹灯、太阳能装置等建筑物外部附属设施，存放于露天或简易建筑物内部的保险标的以及简易建筑本身，由于雷击造成的损失。

（13）锅炉及压力容器爆炸造成其本身的损失。

（14）其他不属于保险责任范围内的损失和费用。

案例投影 5-1　保险人对所有三停所致的损失都负责吗？

　　某市佳美食品冷冻加工厂与华丽织布印染厂合资购买、共同使用的供电变压器，在一个雷雨交加的夜晚，由于雷击感应损坏，造成两厂发生突然停电事故，致使食品冷冻加工厂正在负荷运转的投料自动设备受到损坏；同时由于停电时间较长，冷库内温度升高，部分冷冻食品遭受损失；织布印染厂印染车间正运转的高热烘筒因突然停电被迫停转，烘筒上的布匹被烘焦。两厂全部财产都投保了企业财产保险，在保险财产发生事故的次晨，被保险人立即通知了保险公司，并根据《企业财产保险条款》中关于被保险人自有的供电、供水、供气设备因保单所列灾害或事故遭受损失，引起停电、停水、停气以致直接造成保险财产的损失，也负责赔偿的规定，提出了赔偿要求。

保险公司接到报案通知后，立即进行现场查勘，确认这次事故中被毁供电变压器是两厂合资购置，应属共有性质，享有平等所有权；这次事故是雷击感应引起的，属保险责任范围；受损的是机器设备、在产品和冷藏食品等保险财产。因此，在审定责任、核实损失后，及时给予了赔偿。

但是，保险人并非对所有三停所致的损失都负责，如供电部门的供电设备出了问题；或虽是被保险人自有的供电设备，但是由于保险责任范围之外的其他原因引起的三停损失等均不属保险责任。

如某生物制药厂全部财产投保了企业财产保险。有一天，由于供电输入系统发生故障而引起停电事故，造成该厂冷藏库内的生物制品由于停电而变质。由于停电是供电输入系统发生故障而引起的，不属保险责任范围，不符合保险人对三停损失赔偿必须具备的三个条件之一"必须是由于保险责任范围内的灾害或事故造成的三停损失"。因此，这次损失不构成保险责任。

案例投影 5-2   保险标的受损原因不属财产基本险责任范围,保险人应否赔偿?

2006 年 9 月，广州市华州实业有限公司通过信大经纪向某财险公司投保财产基本险，扩展台风、龙卷风、雪灾、雹灾、冰凌责任等 5 种自然灾害，保险标的为湖南省株洲市茶陵县洮水水库，保险期限为 2006 年 9 月 21 日至 2007 年 9 月 20 日。2007 年 8 月 22 日凌晨，受台风"圣帕"带来的暴雨影响，引发洪水造成毁损，报损 2000 万。

保险公司是否可以判断保险标的受损原因不属财产基本险保险责任范围，从而对被保险人提出拒赔？根据互联网上的气象信息，台风"圣帕"在 8 月 20 日时已转为低压热气流，风速为"15 米/秒"；根据茶陵县气象局出具的气象证明保险标的出险当天（8 月 22 日）风速已降至"7 米/秒"。由此信息判断，保险标的出险时的所在地根本无台风存在，引发保险标的发生事故的近因是洪水。鉴于保险责任认定明确，保险公司于 8 月 29 日向被保险人表达了保险标的此次出险原因不属于保险责任范围的意见。

（二）综合险

1. 责任范围

（1）火灾、爆炸。

（2）雷击、暴雨、洪水、台风、暴风、龙卷风、雪灾、雹灾、冰凌、泥石流、崖崩、突发性滑坡、地面突然下陷下沉。

（3）飞行物体及其他空中运行物体坠落。

（4）被保险人拥有财产所有权的自用的供电、供水、供气设备因保险事故遭受损坏，引起停电，停水、停气以致造成保险标的的直接损失。

（5）在发生保险事故时，为抢救保险标的或防止灾害蔓延，采取合理的必要的措施而造成保险标的的损失。保险事故发生后，被保险人为防止或者减少保险标的损失所支付的必要的、合理的费用，由保险人承担。

2. 责任免除

（1）战争、类似战争行为、敌对行为、军事行动、武装冲突、罢工、暴动。

（2）被保险人及其代表的故意或重大过失行为或纵容所致。

（3）核辐射、核裂变、核聚变、核污染及其他放射性污染。

（4）大气污染、土地污染、水污染及其他非放射性污染，但因保险事故造成的非放射性污染不在此限。

（5）地震、海啸及其次生灾害。

（6）水箱、水管爆裂。

（7）抢劫、盗窃。

（8）保险标的遭受保险事故引起的各种间接损失。

（9）保险标的的内在或潜在缺陷、自然磨损、自然损耗，大气（气候或气温）变化、正常水位变化或其他渐变原因，物质本身变化、霉烂、受潮、鼠咬、虫蛀、鸟啄、氧化、锈蚀、渗漏、自燃、烘焙。

（10）广告牌、天线、霓虹灯、太阳能装置等建筑物外部附属设施，存放于露天或简易建筑物内部的保险标的以及简易建筑本身，由于雷击、暴雨、洪水、暴风、龙卷风、冰雹、台风、飓风、暴雪、冰凌、沙尘暴造成的损失。

（11）由于行政行为或执法行为所致的损失。

（12）其他不属于保险责任范围内的损失和费用。

案例投影 5-3　为避险发生的费用保险人应否赔偿？

1995 年 11 月，广西柳州市一制衣厂，与某保险公司签订了一份《企业财产保险》综合险保险合同。1996 年 7 月，柳州突降暴雨，24 小时雨量平均达到 300 多毫米，7 天降雨 1689 毫米。而该企业的位置正处在柳东洪口不远处，7 月 19 日 21 时，柳州洪峰水位 92.43 米，洪峰流量 3.38 万立方米/秒，为 20 世纪以来的最大洪水，百年一遇。7 月 17 日，制衣厂所在的地县防汛指挥部曾下达了进入防汛紧急状态的通告，通告称：预计 7 月 19 日柳江水位将达到历史最高水位，经上级政府批准，实施《应急转移方案》。该方案要求所有非防汛人员转移，其财产也一律就近转移到安全地区。第二天，保险公司根据上述方案，对制衣厂发出了《隐患整改通知书》，该通知书规定了该制衣厂必须尽快转移财产，并强调如果不按整改意见办理，保险公司将依《中华人民共和国保险法》的规定解除保险合同，并对合同解除前发生的保险事故不承担赔偿责任。保险公司在将整改通知书送达制衣厂的当天，就派人对制衣厂需要转移的设备、原料及存货进行了清点、登记，制衣厂随后雇车将这些财产转运到了安全地区。后来，由于制衣公司转移及时并未遭受损失。汛期过后，制衣厂随即向保险公司索赔在其转移财产过程中所发生的费用13万元，保险公司则认为这笔财产转移费用不属于保险责任范围内的损失，所以保险公司不应该予以赔偿，双方协商未果，制衣厂向人民法院提起诉讼。

【理赔焦点】

制衣厂认为：制衣厂是在保险公司下达《整改通知书》后才转移的，而转移的财产也是在保险公司投保的保险标的，此次转移不是因为制衣厂的原因转移，是因为洪水的原因而转移的，而在保险责任中明确列明，因为洪水的原因导致保险标的受损，是在保险赔偿范围之内的，所以保险公司应对此次转移财产所发生的费用负有赔偿责任。

保险公司认为：其向制衣厂下达的《隐患整改通知书》，是贯彻执行柳州政府所下达的《应急转移方案》这一规定，这既是保险公司行使保护国家财产安全的权利，也是制衣厂尽量保护国家财产安全的义务，所以针对制衣厂在转移财产中所发生的费用，保险公司不予赔偿。

【理赔结果】

法院认为，在洪水来临的时候，柳州市政府下达了《应急转移方案》，这完全是为了保护人民生命及财产的安全所采取的必要措施，而在转移过程中所发生的费用，一切都是以不让财产受损为目的，这也是一个双方共赢的策略，所以双方都应对此次财产转移负有责任，在法院的调解下，双方达成和解，保险公司赔偿此次转移费用78000元，制衣厂承担52000元，双方均未提出上诉。

（三）附加险

企业财产保险的附加险条款有许多种，这里我们主要介绍以下几种。

1. 附加水管爆裂意外损失险

在企业财产保险中，由于水管爆裂造成保险财产的损失不属于保险责任范围，但考虑到有些地区曾经多次发生过水管爆裂事故造成水害的情况，为适应广大保户的需要，在保户投保企业财产保险的同时可附加水管爆裂意外损失险，条款约定："保险人对水管爆裂及其附属设备发生意外事故，造成保险财产的水淹损失，负经济赔偿责任，但以不超过保险金额为限。在水管及其附属设备发生意外事故时，被保险人应采取措施积极抢救，为减少保险财产损失而进行施救、保护、整理所支付的合理费用，保险人也负赔偿责任。"

2. 附加橱窗玻璃意外险

商业企业的橱窗玻璃，可在投保企业财产保险的基础上特约加保意外破碎责任，条款规定："凡承保的橱窗玻璃（包括大门玻璃、柜台玻璃、样品橱窗玻璃等）因碰撞、外来恶意行为所致的玻璃破碎，以及因玻璃破碎而引起的橱窗内陈列商品的非盗窃损失，保险人负经济赔偿责任。"在投保时，投保人应在投保单上分别列明投保玻璃的块数、每块玻璃的价值（包括安装费）。

3. 附加商业盗窃险

在企业财产保险中，盗窃损失不属保险责任范围，企业财产的盗窃险不可单独投保。商业系统的商店、工厂、工场、仓库等值班保卫制度健全的单位，可在投保企业财产保险的同时加保盗窃险，条款规定："由于发生外来的、明显的盗窃、抢劫所造成贮藏于屋内（指有屋顶、有墙、有门窗的房屋建筑）的保险财产损失，并经公安部门立案证明的，保险人负赔偿责任，被保险人应加强保险财产的安全管理，接受公安部门的建议，并积极采取措施。如属于被保险人故意纵容、串通、内部监守自盗的损失，保险人不予赔偿。"非商业企业的"三产"，如门市部、经理部、经营部等属于商业服务经营性质的单位，也可按上述规定附加"商业盗窃险"。

4. 附加露堆财产保险

堆放在露天或罩棚下的保险财产，由于暴风、暴雨造成的损失，在企业财产保险中属于除外责任。但符合仓储及有关部门的规定，并采取相应的防护安全措施的，可在投保企业财产保险的基础上附加露堆财产保险。条款规定："本保险承保的露堆财产，因暴风、暴雨所致的损失，由保险人负责赔偿，但被保险人对其露堆财产的存放，必须符合仓储及有关部门的规定，并采取相应的防护安全措施。"

三、企业财产保险的保险金额

（一）固定资产的保险金额

固定资产保险金额的确定有以下三种方法。

1. 按照固定资产的账面原值确定保险金额

账面原值是在会计簿上记载的建造或购置固定资产的原始价值或更新重置的完全价值。如果固定资产登记入账时间较短，固定资产的市场价值变化不大，该方式基本上可以比较准确地反映固定资产的实际价值。但如果固定资产登记入账时间较长且市场价值变化较大，这种方式就很难反映固定资产的实际价值。

2. 按照固定资产的账面原值加成确定保险金额

采用这种方式须在投保人和保险人事先协商一致的情况下，在固定资产账面原值的基础上附加一定的成数，使之趋近于重置重建价。这种方式主要用于固定资产市场价值变化较大的企业财务保险业务，以抵消通货膨胀对于固定资产的实际价值可能造成的贬值影响。

保险金额＝账面价值×（1＋加成比例）

3. 按照固定资产的重置重建价确定保险金额

将需要承保的固定资产在重新购置或重建情况下所需支付的全部费用，即重置重建价值作为保险金额。由于这种方式回避了固定资产目前的实际价值，使得保险金额往往大于保险财产的实际价值。

由于料、工、费的不断上涨，一般企业的账面原值与重置重建价值差距都比较大。这样如按账面原值作为保险金额，被保险人将得不到充分保障；而按重置重建价值投保则可以得到足额保障。目前普遍应用的是按账面原值加成数投保，使之趋近于重置重建价值，发生部分损失时可按实际损失计算赔偿，如保险金额高于重置重建价值，则其赔偿金额以不超过重置重建价值为限。

出险时的重置价值是固定资产的保险价值。

（二）流动资产的保险金额

流动资产的保险金额的确定有以下两种方法。

1. 按照流动资产最近十二个月的账面平均余额确定保险金额。

最近十二个月账面平均余额是指从投保月份往前推十二个月的流动资产的账面余额的平均数。据此确定流动资产的保险金额，可实现保险金额与物化流动资产价值在时间分布上的相对接近。

2. 由被保险人自行确定，如按最近十二个月任意月份的账面余额确定保险金额；也可以按最近账面余额（投保月份上月的流动资产账面余额）确定保险金额。

出险时账面余额是流动资产的保险价值。

（三）账外财产和代保管财产的保险金额

账外财产和代保管财产的保险金额可以由被保险人自行估价或按重置价值确定。

出险时的重置价值或账面余额是账外财产和代保管财产的保险价值。

四、企业财产保险的赔款计算

（一）固定资产的赔款计算

1. 全部损失

无论采用何种方式确定保险金额，当固定资产发生保险责任范围内的风险事故而遭受全部损失时，必须对保险金额和出险时的重置价值进行比较来确定赔偿金额。当受损财产的保险金额等于或高于出险时的重置价值时，赔偿金额以不超过出险时的重置价值为限；当受损财产的保险金额低于出险时重置价值时，则赔款不得超过该项财产的保险金额。

赔款＝出险时的重置价值或保险金额－残值

2. 部分损失

当固定资产发生保险责任范围内的风险事故而遭受部分损失时，赔偿金额的确定方式因保险金额确定方式的不同而不同，具体如下。

（1）按固定资产的账面原值确定保险金额的，若受损财产的保险金额等于或高于出险时的重置重建价值，按实际损失计算赔偿；若受损财产的保险金额低于出险时的重置重建价，则按下列公式计算赔偿：

$$赔款＝受损财产恢复原状的修复费用×\frac{保险金额}{重置重建价值}$$

（2）按固定资产的账面原值加成或按重置重建价确定保险金额的，保险人只按实际损失计算赔偿金额。

（二）流动资产的赔款计算

1. 全部损失

受损财产的保险金额等于或高于出险时账面余额时，赔偿金额以不超过出险时账面余额为限；受损财产的保险金额低于出险时账面余额时，赔款不得超过该项财产的保险金额。

2. 部分损失

受损保险标的的保险金额等于或高于账面余额时，按实际损失计算赔偿金额；受损财产的保险金额低于账面余额时，根据保险金额与出险时账面余额的比例计算赔偿金额。

（三）账外财产和代保管财产的赔款计算

1. 全部损失

受损财产的保险金额等于或高于出险时重置价值或账面余额的，赔款以不超过出险时的重置价值或账面余额为限；受损财产的保险金额低于出险时的重置价值或账面余额的，赔款以不超过保险金额为限。

2. 部分损失

受损财产保险金额等于或高于出险时的重置价或账面余额的，赔款按实际损失计算；受损财产保险金额低于出险时的重置价或账面余额的，赔款按保险金额与出险时重置价或账面余额的比例计算。

（四）施救、保护、整理费用的赔偿计算

保险财产发生保险责任范围内的损失时，保险人可以承担被保险人为了减少保险财产损失而支付的施救、保护、整理费用。这种费用的赔付与保险财产的损失赔偿金额分别计算。也就是说，施救、保护、整理费用不应该包括在保险财产的损失赔偿金额之内，保险人所赔付的被保险人的施救、保护、整理费用另按一个保额计算，且以保额为限。若保险标的损失部分按比例计算赔偿，则施救、保护、整理费用也按比例计算赔偿。

（五）残值处理

残值即保险财产遭受损失后的残余部分，是指财产遭受损失以后尚有可以利用的经济价值部分。保险财产遭受损失以后的残余部分，应当充分利用。如果残值经协议作价折归被保险人，保险人必须在计算赔款时予以扣除；如果保险财产的残值由保险人回收处理，则保险人就不应该在计算赔款时扣减残值。

五、企业财产保险的费率

企业财产保险业务的保险期限通常为一年，我国的企业财产保险业务的保险费率均为年费率，保险费率以千分数计算。企业财产保险费率又分为基本险和综合险两种，综合险年费率较高。因我国各地区自然灾害发生的情况不同，综合险费率又具体分为费率 1 和费率 2 两种，费率 1 适用于华东、中南、西南地区，费率 2 适用于华北、东北、西北地区。

综合险和基本险的保险费率区分为工业险、仓储险和普通险三类，每一类别按照财产的风险性质和发生的概率，分为不同的档次，共计三大类 13 个号次。

（一）工业类（1—6 号次）

从事制造、修配、加工生产的工厂，均按工业险费率计收保险费。根据工业企业使用的原材料、主要产品以及产品生产过程中的操作工艺和处理的危险程度，把工业险费率分为六个级别，一级工业危险程度最小、费率最低，六级工业危险程度最大、费率最高。

一级工业险：适用于钢铁、机器制造、耐火材料、水泥、砖石制品等工业。

二级工业险：适用于一般机械零件制造、修配行业。如自行车五金零件制造厂。

三级工业险：适用于以一般物资为主要原料的棉纺织、食品、轻工、电讯、电器、仪表、日常生活用品等工业。

四级工业险：适用于以竹、木、皮毛或以一般可燃物资为主要原料进行生产的工业；棉、棉麻、塑料及其制成品、化纤、化学、医药制造等加工工业；以油脂为原料的工业和文具、纸制品工业。

五级工业险：适用于以一般危险品及部分特别危险品为主要原料进行复合生产、制氧、挥发性试剂以及塑料、染料制造等工业；大量使用竹、木、稻草为主要原料的木器家具、工具、竹器、草编制品制造工业；油布、油纸制造工业。

六级工业险，适用于以特别危险品如赛璐珞、磷、醚及以其他爆炸品为主要原料进行复合生产的工业和染料工业。

（二）仓储类（7—10 号次）

储存大宗物资的仓库、露堆、罩棚、油槽、储气柜、地窖、趸船等，都适用仓储险费率。根据仓储商品和物资的性质以及危险程度，仓储险费率可分为四个级别：一般物资、危险品、特别危险品和金属材料、粮食专储。

（三）普通类（11—13 号次）

工业和仓储业以外的其他行业适用普通险费率。普通险费率可分为三个级别：社会团体、机关、事业单位；综合商业、饮食服务业、商贸、写字楼、展览馆、体育场所、交通运输业、牧场、农场、林场、科研院所、住宅、邮政、电信、供电高压线路、输电设备；石油化工商店、液化石油气供应站、日用杂品商店、废旧物资收购站、修理行、文化娱乐场所、加油站。

六、被保险人的义务

（一）交纳保险费的义务

保险合同成立后，投保人应按照约定交纳保费，保险人按照约定的时间承担保险责任。

（二）如实告知义务

被保险人应如实回答保险人就保险标的或者被保险人的有关情况提出的询问。

（三）安全防灾的义务

被保险人应当遵守国家有关部门制定的保险财产安全的各项规定，对安全检查过程中发现的各种灾害事故隐患，在接到防灾主管部门或保险人提出的整改通知书后，必须认真付诸实施。

（四）变更保险条件时的申请批改义务

在保险合同有效期内，如果被保险人的名称、保险财产占用性质、保险财产坐落地点变更及保险财产危险程度增加、保险财产权利转让时，被保险人应及时以书面形式向保险人申请办理批改手续。

（五）保险事故发生时的施救、通知义务

保险财产发生保险事故时，被保险人应当采取必要的施救措施，使损失减少到最低限度，同时保护好现场，并立即通知保险人，协助保险人查勘。

（六）提供证明义务

被保险人向保险人申请赔偿时，应当提供保险单、财产损失清单、技术鉴定证明、事故报告书、救护费用发票以及必要的账簿、单据和有关部门的证明，保险人在收到单证后应当迅速审定、核实。各项单据、证明必须真实、可靠，不得有任何欺诈。若因被保险人的欺诈行为给保险人造成损失，被保险人须承担赔偿责任。

第五节　利润损失保险

一、利润损失保险

（一）利润损失保险的含义

利润损失保险，又称营业中断险，在英国被称为灾后损失保险，在美国又称为营业中断保险或毛收入保险。承保被保险人因物质损失保险合同主险条款所承保的风险造成营业所使用的物质财产遭受损失（以下简称"物质保险损失"），导致被保险人营业受到干扰或中断，由此产生的赔偿期间内的毛利润损失。利润损失保险通常作为标准火灾保险单或企业财产保险单等的附加或特约保险项目，只有当企业投保足额的企业财产保险或机器损坏保险之后，保险人才负责因保险责任事故发生导致企业遭受的利润损失。

目前我国市场上的利润损失险主要包括：①以投保财险、机损险为前提条件的利润损失险；②以投保建工险为前提条件的延迟竣工险、预期利润损失险；③以投保货物运输险为前提条件的货运延迟竣工险。本节介绍第一种，即以投保财险、机损险为前提条件的利润损失险。

（二）利润损失保险的保险责任

利润损失保险的保险责任为在保险期间内，被保险人因物质损失保险合同主险条款所承保的风险造成营业所使用的物质财产遭受损失（以下简称"物质保险损失"），导致被保险人营业受到干扰或中断，由此产生的赔偿期间内的毛利润损失，保险人按照保险合同的约定负责赔偿。发生保险事故后，被保险人申请赔偿时，按照保险人的要求提供有关账表、账表审计结果或其他证据所付给被保险人聘请的注册会计师的合理的、必要的费用（以下简称"审计费用"），保险人在保险合同约定的赔偿限额内也负责赔偿。

毛利润的计算公式为：

毛利润＝营业利润＋约定的维持费用

或　　毛利润＝约定的维持费用－营业亏损×$\dfrac{约定的维持费用}{全部的维持费用}$

维持费用是指被保险人为维持正常的营业活动而发生的、不随被保险人营业收入的减少而成正比例减少的成本或费用。

但利润损失保险对因投保人、被保险人的故意或重大过失行为产生或扩大的任何损失；由于物质损失保险合同主险条款责任范围以外的原因产生或扩大的损失；由于政府对受损财产的修建或修复的限制而产生或扩大的损失；保险合同载明的免赔额或保险合同约定的免赔期内的损失不予赔偿。

（三）利润损失保险的赔偿期

利润损失保险的赔偿期是指自物质保险损失发生之日起，被保险人的营业结果因该物质保险损失而受到影响的期间，但该期间最长不得超过保险合同约定的最大赔偿期。最大赔偿期由投保人自行确定并在保险合同中载明。

利润损失保险的赔偿期与保险期限是不同的概念。利润损失保险的保险期间为一年。而由于利润损失保险是财产保险的附加险，所以以利润损失保险的赔偿期的起点必须在火灾保险单或企业财产保险单列明的保险期限之内，利润损失保险的赔偿期的终点可以超出火灾保险单或企业财产保险单列明的保险期限之外。在承保利润损失保险时，须根据标准火灾保险单或企业财产保险单列明的保险标的发生最大损失时所需要的恢复或重置时间，由保险人和投保人确定合理的赔偿期。承保时所确定的赔偿期一般不能更改，保险人只对赔偿期内的间接损失给予赔偿，对于被保险人超出赔偿期的任何损失均不承担赔偿责任。

二、利润损失保险的保险金额与保险费

（一）利润损失保险的保险金额

利润损失保险所保障的是企业在正常的生产经营情况下可以有根据的实现的收益和支出。保险金额通常由毛利润和审计师费用构成。

利润损失保险的保险金额是以企业上一个会计年度的毛利润为依据计算出来的。如果预计企业的经营状况将在上一年度的基础上进一步提高，同时考虑到通货膨胀的因素，反映企业毛利润水平的实际货币量将比上一年度增加，因此可在上一个会计年度的毛利润基础上加上一定的利润增长因素，作为保险公司承保利润损失险的保险金额。预期毛利润只是利润损失保险的保险标的可能实现的最高值，投保人可以在预期毛利润以内确定利润损失保险的保险金额。如果利润损失保险的保险金额超过预期毛利润，超过的部分为超额保险，保险公司不会负责。

利润损失保险的保险金额与赔偿期存在着密切联系。一般来说，赔偿期在十二个月或十二个月以内，可以将以上一个会计年度的损益表为依据计算出来的预期毛利润直接作为保险金额。如果赔偿期超过十二个月，保险金额就必须在此基础上增加一定的额度。

（二）利润损失保险的保险费与保险费率

由于利润损失保险大多是作为财产保险的附加或特约责任，所以利润损失保险的保险费率通常以所承保的基础保单的基本费率为基础，再根据赔偿期的长短乘以规定的百分比。因此，在确定利润损失保险的保险金额后，再根据赔偿期的不同，将保险金额乘总保险费率，便是利润损失保险的保险费率。

三、利润损失保险的赔偿处理

发生保险事故后，被保险人在物质损失保险合同主险条款项下取得赔款或其保险责任已获保险人认定，是保险人承担利润损失保险赔偿责任的前提条件。若被保险人因物质损失保险合同主险条款项下的免赔额而无法获得该合同项下的赔款，则不受上述约定的限制。

（一）赔偿期间内的毛利润损失

赔偿期间内的毛利润损失为分别按照营业收入的减少和经营费用的增加计算的损失之和，扣除在赔偿期间内被保险人因保险事故的发生而从毛利润中

减少或停止支付的费用。

1. 因营业收入减少导致的损失

因营业收入减少导致的损失为毛利润率乘赔偿期间内的实际营业收入与标准营业收入的差额，即：

营业收入减少导致的损失＝毛利润率×（标准营业收入－赔偿期间内的实际营业收入）

其中，营业收入是指被保险人在营业过程中，因销售商品、提供劳务或者让渡资产使用权等实现的收入金额；毛利润率是指发生物质保险损失之日前最近一个完整的会计年度内的毛利润与营业收入的比率；标准营业收入是指发生物质保险损失之日前十二个月中与赔偿期间对应的日历期间的营业收入。

在赔偿期间内，被保险人或他人代其在保险合同载明的营业处所以外的地点从事保险合同载明的经营业务而取得的营业收入，应计算在赔偿期间内的实际营业收入内。

例：某企业 2011 年 1 月 1 日投保火灾保险及利润损失保险，2010 年的毛利润率为 30%，该企业在 2011 年 7 月 1 日发生火灾，需 6 个月的赔偿期，2010 年 7 月 1 日至 12 月 31 日同期的标准营业收入为 50000 元，赔偿期的营业收入为 30000 元，则因营业收入减少所致的毛利润损失为：

30%×（50000－30000）＝30%×20000＝6000（元）

假定本年度利润比上年度增长 10%，则应得营业收入为 50000×110%＝55000（元）

毛利润损失应为

30%×（55000－30000）＝7500（元）

2. 经营费用增加导致的损失

经营费用增加导致的损失是指被保险人专门为避免或降低赔偿期间内营业收入的减少而额外支出的必要的、合理的经营费用或成本；如果不予支出，则赔偿期间内的营业收入就会因保险事故的发生而降低。

例：标准营业收入 50000 元，灾害发生后只能挽回 25000 元的营业收入，后临时租屋花了 1200 元，因而避免降低了 5000 元的营业收入，使赔偿期内的营业收入达到 30000 元，因 1200 元低于经济限度 5000×30%＝1500 元，故所发生的租房费用可计入赔偿。

仍举上例，假定赔偿期为六个月，临时租屋六个月，付房租 1200 元，则毛利润损失共计为

6000＋1200＝7200（元）

注意：对因营业费用增加所致毛利润损失的赔偿，以不超过毛利润率乘因花费该经营费用而避免降低的营业收入为限，这在利润损失保险中称为经济限度。

若投保人确定的维持费用仅包括营业所需的部分维持费用，则保险人对额外增加的经营费用的赔偿金额按照该经营费用乘以毛利润与毛利润加上未承保的维持费用的比例计算，即：

$$经营费用增加导致的损失＝增加的经营费用×\frac{毛利润}{毛利润＋未承保的维持费用}$$

（二）赔偿金额

（1）若最大赔偿期小于或等于十二个月，且保险金额低于毛利润率与年度营业收入的乘积，则保险人对毛利润损失的赔偿金额应按保险金额和前述乘积的比例计算确定，即：

赔偿金额＝毛利润损失×保险金额/（毛利润率×年度营业收入）

（2）若最大赔偿期大于十二个月，且保险金额低于毛利润率与年度营业收入及最大赔偿期与十二个月的比例的乘积，则保险人对毛利润损失的赔偿金额应按保险金额和前述乘积的比例计算确定，即：

$$赔偿金额＝毛利润损失×\frac{保险金额}{毛利润率×年度营业收入×最大赔偿期/12}$$

年度营业收入是指发生物质保险损失之日前十二个月内的营业收入。

（三）其他规定

1. 被保险人、保险人应根据被保险人营业趋势及情况的变化、物质保险损失发生前后营业受影响的情况，或若未发生物质保险损失原本会影响营业的其他情况对毛利润率、标准营业收入以及年度营业收入进行必要的调整，使调整后的数额尽可能合理地接近在赔偿期间内若未发生损失被保险人原本可以取得的经营成果。

2. 若保险合同约定了免赔额，保险人按毛利润损失扣除保险合同约定的免赔额计算毛利润损失赔偿金额。

若保险合同约定了免赔期，则免赔额为免赔期和赔偿期间的比例与毛利润损失的乘积。

3. 因保险事故而发生的保险责任约定的审计费用，保险人按费用实际发生数予以赔偿，但最高不超过保险合同中载明的相应赔偿限额。

4. 被保险人在请求赔偿时应当如实向保险人说明与本保险有关的其他保险合同的情况。保险事故发生时，如果存在重复保险，保险人按照本保险合同的相应保险金额与其他保险合同及本保险合同相应保险金额总和的比例承担赔偿责任。

其他保险人应承担的赔偿金额，保险人不负责垫付。若被保险人未如实告知导致保险人多支付赔偿金的，保险人有权向被保险人追回多支付的部分。

5. 发生保险责任范围内的损失，应由有关责任方负责赔偿的，保险人自向被保险人赔偿保险金之日起，在赔偿金额范围内代位行使被保险人对有关责任方请求赔偿的权利，被保险人应当向保险人提供必要的文件和所知道的有关情况。

被保险人已经从有关责任方取得赔偿的，保险人赔偿保险金时，可以相应扣减被保险人已从有关责任方取得的赔偿金额。

保险事故发生后，在保险人未赔偿保险金之前，被保险人放弃对有关责任方请求赔偿权利的，保险人不承担赔偿责任；保险人向被保险人赔偿保险金后，被保险人未经保险人同意放弃对有关责任方请求赔偿权利的，该行为无效；由于被保险人故意或者因重大过失致使保险人不能行使代位请求赔偿的权利的，保险人可以扣减或者要求返还相应的保险金。

6. 保险人履行赔偿义务后，保险合同的保险金额自物质保险损失发生之日起按保险人的赔偿金额相应减少，保险人不退还保险金额减少部分的保险费。如投保人请求恢复至原保险金额，应按原约定的保险费率另行支付恢复部分从投保人请求的恢复日期起至保险期间届满之日止按日比例计算的保险费。

（四）利润损失保险的免赔额

利润损失保险的免赔计算方式有两种：①免赔额，按货币计算和按时间计算。这是保险业务中最普遍采用的规定损失金额的方式；②按利润损失形成后的一定天数为免赔期。

免赔额或免赔期由投保人与保险人在订立保险合同时协商确定。

四、利润损失保险的特别附加条款

利润损失保险还可以根据被保险人的要求在增加保险费的基础上扩展以下责任范围：

（一）包括全部营业额条款

在赔偿期限内如果为获得营业收入，被保险人或他人代其在营业处所以外的地点，销售货物或提供服务，则有关这项销售或服务所给付或应给付的金额，在计算赔偿期限的营业额时应包括在内。

（二）未保险的维持费用条款

若保险合同未承保经营业务的维持费用（根据保险合同规定对毛利润的定义，在计算毛利润时已予减除），在计算保险合同项下，可以取得补偿的营业费用增加的赔偿金额时，只赔偿营业费用增加乘以按毛利润与毛利润加上未保的维持费用之比例所得的那一部分额外费用。

（三）通道堵塞条款

由于邻近营业处所的财产遭受（保险合同所限定的）损坏，使营业中断或受到干扰，因而导致保险合同所承保的损失而上述损坏将阻碍该财产的使用或堵塞其通道口，则不论营业处所或被保险人在营业处所内的财产是否遭受损失，这项损失均应视作由于被保险人在营业处所使用的财产遭受损坏所造成的损失。

（四）谋杀、传染病和污染条款

本条款主要承保餐饮业或宾馆的营业场所因发生谋杀、自杀、猝死等事故后，使顾客因恐惧心理而不愿意光顾或住宿造成被保险人停业所形成的利润损失。主要负责以下几种情况：

（1）由于营业处所发生传染病，顾客取消客房预订或不能接受预订；

（2）在营业处所发生谋杀或自杀事件；

（3）旅馆客人由于食用营业处所提供的变质或受病菌感染的食物或饮料而致伤害或引起疾病；

（4）由于营业处所的排水设施及其他卫生设备发生缺陷，遵照主管当局指示，关闭全部或部分营业处所。但保险人不负责事故发生后头三天的损失。而被保险人务必注意使一切物件适合其原定用途，并应恪尽职责，使营业处所避免发生上述意外事件。

（五）公众事业设备扩展条款

如未发生保险合同所承保的损失，但损失是向被保险人营业处所供电、供气或供水的发电站、煤气厂或自来水厂不能供应电、气或水，使被保险人在保险合同指定的处所经营的业务中断或受到干扰所致，而不能供应电、气或水是直接由于被保险人获得这些供应的发电站或公共供电单位分站的财产遭受的损失（保险合同的定义）所致，则这项损失应视为被保险人在营业处所使用的财产遭受损坏所造成的损失。但保险人对下列损失不负责任：

政府、市政或地方当局或供应部门不是单纯为了保护人民生命安全或保障供应系统的其任何部分的有意行为所造成的任何损失，或上述任何当局或部门不是单纯出于供应单位的发电或供应设施，遭受所保风险造成损坏的需要，而行使其停止，限量或按配额供电、供气、供水的权力，因而造成的任何损失。就上述扩展责任而言，对由于或归因于一种来源或原因所致的每项损失或一系列损失的赔偿期限如下：

自发生损失之日起，至此后不迟于六十天为止并由于发生损失而营业受到影响的一段时间。但除非每次停止供电、供气、供水持续二十四小时以上，否则保险人对由此而发生的任何损失不负责任。

保险人对上述每次停止供应的头二十四小时所遭受的任何损失也不负责任。

（六）遗失欠款账册条款

在保险合同各项保险金额的限度以内，如果因保险所承保的风险，保存在营业处所的应收未收账目的记录遗失、受毁或受损，保险人可以赔偿下列各项：

（1）顾客应付被保险人的一切数额，但以被保险人因损失账册的直接后果，而不能收取这些欠款为限；

（2）因损失账册而必须支付的超过正常收款费用部分的费用；

（3）证明本扩展责任条款项下的任何索赔时必须支付审计师的合理费用。但以被保险人能凭审计师的书面证明证实其损失的为限。保险人在本扩展责任条款项下的最高赔偿责任，不能超过保险人与投保人就本条款约定的数额。

本扩展条款只适用于保险期内发生的应收未收账目记录灭失或损毁。

（七）自动恢复保险金额条款

经双方同意，在保险公司对保险单明细表中列明的被保险财产的损失予以赔偿后，原保险金额自动恢复。但被保险人应按日比例补缴自损失发生之日起至保险单终止之日止保险金额恢复部分的保险费。

（八）每月预付赔款扩展条款

即如果被保险人要求，保险人在赔偿期间内可以每月预付赔款。

（九）调整保险费条款

被保险人如最迟在任何保险合同年度满期后六个月内声明，根据审计师（查账员）的证明，与任何保险期最接近同期的十二个月会计期间所赚得的毛利润少于所保金额，可按比例退还差额部分的保险费，但退还保费不得超过保险期内对此项保险所付保险费的三分之一。如因任何意外事故而在保险合同项下索赔，则上述保险费的退还，只限于非该意外事故所造成保额减少的那部分差额项下的保险费。

（十）保单取消条款

本条款规定保单可在任何时候由被保险人申请取消，但被保险人必须书面通知保险人，保险费将根据短期费率标准或最低保费予以调整。保险人欲取消保单时，须提前90天将书面取消通知送至被保险人最后为保险人所知之地址，保险费按照日数比例调整。

（十一）不得进入条款

本条款规定如果邻近营业处所的财产遭受损坏，阻止或妨碍对营业处所的使用或进入，使营业中断或受到干扰，引起保险合同所承保的损失，则不论营业处所或其内的被保险人财产是否遭受损坏，这项损失均应视作被保险人在营业处所使用的财产遭受损坏所引起的损失。

赔偿期限为自损坏发生二十四小时起，至此后不迟于十二个月为止，由于发生损坏营业结果受到影响的一段时间。

（十二）顾客/供应商/承包商条款

本条款承保由于被保险人的供应商、顾客、委托加工企业处所或工程承包商施工过程中发生保单责任范围内的保险事故而造成财产损毁或损失，由此造成被保险人营业中断或受到干扰应视作等同于被保险人处所财产损毁而造成被保险人营业中断或受到干扰之损失。

（十三）物质损失放弃免赔条款

本条款规定若物质损失保单项下之损失低于免赔额，同意保单不以下列条件为保险生效的先决条件：营业中断的损失赔偿须以在发生损失时，应有承保被保险人在上述处所的财产利益的物质损失的有效保险，并已在该保险项下取得赔款或已由保险人承认赔偿责任为基础。

（十四）关闭营业处所/设施条款

本条款规定由于食物变质或被污染，遵照卫生主管当局的指示关闭营业处所/设施，使营业中断或受到干扰所引起的损失，不论营业处所或其内的被保险人财产是否遭受损坏，均应视作被保险人在营业处所使用的财产遭受损坏所引起的损失。

（十五）审计师条款

本条款规定保险人为调查或核审赔案需要的被保险人账册或其他业务册或文件中的任何细节应由审计师产生，如果这对被保险人来说是定期行为，那么被保险人的报告应作为该相关报告细节的初步证据。

（十六）炸弹恐吓条款（只适用于财产利润损失险）

本条款扩展承保由于被保险人遭受炸弹恐吓，不论被保险人财产是否遭受损失，因此需要从被保险地点撤走客人，导致营业中断或受干扰而遭受的损失。

（十七）政府法令条款

本条款承保由于发生财产一切险部分所保风险，直接导致政府当局颁令禁止到达或进入保险地点，致使被保险人业务中断或受到干扰而遭受的营业损失，但保险人赔偿责任以不超过连续十星期为限。

（十八）相关性条款

本条款承保被保险人在另一被保场所内的财产损失而导致业务中断所造成的损失，条件是提及的场所处于保单清单中。

第六节　家庭财产保险

一、家庭财产保险的承保范围

（一）家庭财产保险的定义

家庭财产保险也称公民财产保险，是以城乡居民家庭财产为主要保险标的的一种保险，属于财产保险的范畴，家庭财产保险是一项涉及广大群众利益的基础性险种，它与每个家庭息息相关。凡城乡居民、单位职工、夫妻店、个体经营者、家庭手工业者等个人及其家庭成员的自有财产及代他人保管或与他人所共有的财产，都可以投保家庭财产保险，保险公司对因自然灾害或者意外事故造成上述财产的损失负责赔偿。

（二）家庭财产保险的保险财产

1. 自有财产

凡存放或坐落在保险地址内，且属于被保险人（参加家庭财产保险的城乡居民）自有的家庭财产均可作为保险财产。包括：自有房屋及其附属设备，不包括附属建筑物；室内装潢；衣服、卧具、行李、用具、器具、家用电器、家具、文化娱乐用品、存放在室内的家庭成员的非机动车类代步车辆或工具等生活资料。但汽车等交通工具通常要另外投保。

2. 代保管或与他人共有财产

被保险人代他人保管或与他人共有的上述所列财产，比如租借私房，借入的公物，须经被保险人与保险人特别约定，并在保单上注明可予以负责；个体经营的代客修补、加工的原料、物品往往须另行确定保额及每件最高赔偿额，在保单或投保单内注明后承保。

需要注意的是：投保的家庭财产必须存放或坐落在保险单写明的地址内，只有这样，当以上财产遭受保险责任范围内的自然灾害或意外事故所造成的损失以及为抢救保险财产支出的合理费用，保险公司才负赔偿责任。

3. 特约投保财产

（1）实际价值很难确定，必须由专业鉴定部门或人员才能确定价值的财产。如金银、珠宝、玉器、首饰、古玩、古书、字画等私人收藏品。这些财产大都是名贵物品，费率很难统一，风险也很大，对保险人来说，承保有难度，必须与被保险人特别约定才能予以承保。

（2）专业人员在家庭从事业余研究和发明创造所使用的专业仪器和设备，如无线电测试仪器、专业光学设备等。

（3）存放于被保险人院内、室内的非机动农机具、农用工具及存放于室内的粮食和农副产品。

（4）无人居住的房屋以及存放在里面的财产。

并非所有的保险人对于上述特约投保财产均会承担责任，有的保险人将其列入不予承保的财产范围。另外，针对某些风险，承保人还会在保单中增加"保证"条款。"保证"条款往往会限制投保人危险品的库存，或要求化学药品置放在安全的地方，或要求库存数量不宜过多等。如在家中禁止堆放爆竹、炸药等易燃物品，只有在投保人没有违背保证的情况下保险财产发生损失，保险人才会予以赔偿。

（三）家庭财产保险除外不保的财产

虽然许多财产在保险业发达的国家可以承保，但由于承保技术等原因，我国多数保险公司目前对下列财产一般是不予承保的。

1. 损失发生后无法确定具体价值的财产，如货币、票证、电脑资料、有价证券、邮票、文件、账册、图表、技术资料、家畜、花、树、鱼、鸟、盆景等；

2. 日常生活所必需的日用消费品，如食品、粮食、烟酒药品、化妆品等；

3. 法律规定不容许个人收藏、保管或拥有的财产，如枪支弹药、爆炸物品、毒品等；

4. 群鸡、池养鱼、群鸭；

5. 在运输途中的财产；

6. 处于紧急危险状态下的财产；

7. 用于从事工商业生产、经营活动的房屋及其他财产；

8. 不属于国家建筑规定的钢结构、钢筋混凝土结构、混合结构以及砖木结构的其他结构类房屋及其内存放的财产；

9. 保险人从风险管理的需要出发，声明不予承保的财产。

二、家庭财产保险的种类

家庭财产保险分为保障型家庭财产保险、储蓄型家庭财产保险和投资理财型家庭财产保险三种。

(一) 保障型家庭财产保险

保障型家庭财产保险包括家庭财产综合险（普通家庭财产保险）、家庭财产一切险、家庭财产专项保险、团体家庭财产保险以及家庭财产附加险。

1. 普通家庭财产保险

（1）保险责任

① 基本责任。包括火灾和爆炸所致的损失。

② 扩展责任。包括雷击、龙卷风、洪水、雹灾、雪灾、地面突然塌陷、崖崩、冰凌、泥石流；季节性、区域性暴雨积水倒灌；暴风或暴雨使房屋主要结构（外墙、屋顶、屋架）倒塌所致的损失。

③ 特约责任。包括盗窃险，即存放在保险地点室内，且在保险单上载明的财产，因遭受外来人员的撬门、砸窗、掘墙，有明显被盗窃痕迹的财产损失。

④ 意外事故。包括空中运行物体的坠落以及外来的建筑物和其他固定物体的倒塌所致的损失。

⑤ 施救、整理费用。即在发生以上灾害事故时，为防止灾害蔓延采取的必要措施所造成的保险财产损失，以及在施救过程中支付的合理费用。

（2）除外责任

家庭财产保险对因以下原因造成的家庭财产损失，保险人将不负责赔偿。

① 战争、敌对行为、军事行动、武装冲突、罢工、暴动；

② 核反应、核子辐射和放射性污染；

③ 电机、电器（包括电器性质的文化娱乐用品）、电气设备因使用过度、超电压、碰线、弧花、走电、自身发热等原因所造成的本身损毁；

④ 被保险人及其家庭成员、服务员、寄居人员的故意行为，或勾结纵容他人盗窃，或被外来人员顺手偷摸、窗外钩物所致的损失；

⑤ 堆放在露天及罩棚下的保险财产，以及用芦席、稻草、油毛毡、麦秆、芦苇、帆布等材料为外墙、屋顶、屋架的简陋屋棚，由于暴风、暴雨所造成的损失；

⑥ 保险财产本身缺陷、保管不善、变质、霉烂、受潮、虫咬、自然磨损等造成的损失；

⑦ 未按要求施工导致建筑物地基下陷下沉，建筑物出现裂缝、倒塌的损失；

⑧ 地震所造成的一切损失；

⑨ 被保险人的家属或雇佣人员或同住人或寄宿人盗窃或纵容他人盗窃保险财产而造成的损失，保险财产在存放处所无人居住或无人看管超过七天的情况下遭受的盗窃损失，因门窗未关致使保险财产遭受的盗窃损失；

⑩ 其他不属于保险责任范围内的损失。

2. 家庭财产一切险

家庭财产一切险比家庭财产综合险的责任范围更宽泛，除了合同中所列明的除外责任保险人不负赔偿责任外，被保险财产因自然灾害或意外事故造成的直接物质损坏或灭失保险人均负责赔偿。

如美国亚洲保险的"财产一切险"，其保险责任为：火灾、雷电、爆炸、暴风、暴风雨、台风、洪水、冰雹等，飞机坠毁、飞行器或其部件和其他飞行物体坠落、机动车、船舶及火车之撞击、罢工及暴动、恶意破坏、水箱、水管爆裂、偷盗、暴窃及抢劫。

3. 家庭财产专项保险

家庭财产专项保险指专门承保某些特定财产、特定保险事故或为某些特定人群提供的家庭财产保险。

（1）液化石油气罐（灶）爆炸、火灾专项保险

保险财产由于下列原因致使被保险人的家庭财产（自有房屋及其设备、衣物、家具、行李、器具、家用电器等）损毁及人身伤亡，保险人负责赔偿：因使用液化石油气罐（灶）不慎引起的爆炸、火灾；因意外灾害事故引起液化石油气罐爆炸和爆炸引起的火灾；因室内煤气管道破裂、阀门漏气引起的爆炸、火灾。

（2）有线电话费意外损失保险

由于下列原因造成投保电话话费损失，保险人按照本保险合同条款的规定

在保险金额范围内负责赔偿：因遭受外来的、有明显痕迹的盗打所致的超过正常话费的损失；事先经保险公司书面同意的诉讼费用或其他费用。

因下列原因造成的损失，保险人不负责赔偿：投保人、被保险人或其家庭成员、雇员以及经投保人、被保险人允许进入投保电话处所内的人实施的行为；公共场所的营业性质电话（包括但不限于有人看守的公用电话、无人看守的 IC 电话、投币电话）以及有偿电信服务台、信息台、寻呼台、单位总机所使用的电话被盗打；未经电信部门许可，私设附机；被保险人因转让、赠与房产或其他按电信部门规定应办理移机或更名过户手续等其他情形，而未事先在电信部门将附属的电话办理移机或更名过户手续。

下列各项损失或费用，保险人不负责赔偿：盗打至有偿电信服务台、信息台及其他各种收费服务电话的话费；盗打至国外及我国港、澳、台地区的话费；盗打用于网络数据通信的费用；任何话费的滞纳金、利息、罚息；直接或间接出于计算机 2000 年问题引起的损失。其他不属于本合同第三条规定的损失或费用。

（3）房屋租赁保险

房屋租赁保险承保房屋所有者和承租人在房屋租赁期间因自然灾害和意外事故造成的财产和利益损失。

该险种针对房东和租客的责任范围略有区别。如某公司的房东综合保险对房东在承保居所内的财产，由于自然灾害、意外损坏等情况造成的财产损失承担保险责任，房屋及装修累计赔偿限额为 5 万元，家居用品累计赔偿限额为 2 万元；而租客综合保险则针对租客在承保居所内的财产承担保险责任，家居用品累计赔偿限额为 3 万元。另一家公司的同类产品，其责任范围同样涉及室内及盗抢、管道破裂、水渍造成的损失，房屋及其室内附属设备，室内装潢，出租房屋租金损失。该险别给租客提供的除室内及盗抢、管道破裂、水渍造成的损失外，主要包括家用电器用电安全、居家责任等。

该险种还可附加搬家损失险，承保被保险人在搬家过程中的财产损失。

（4）个人贷款抵押房屋综合保险

个人贷款抵押房屋综合保险包括家庭财产保险和还贷保证保险两个部分，其中还贷保证保险部分属于信用保证保险范畴。投保人为以房屋作抵押向商业银行申请贷款购房的具有完全民事行为能力的借款个人。保险财产指被保险人向商业银行申请贷款购房时用以抵押的房屋、抵押房屋价值中包含的附属设施和其他室内财产。但被保险人购房后，装修、改造或其他原因购置的、附属于房屋的有关财产或其他室内财产不包括在内。

① 保险责任

家庭财产保险部分的保险责任同普通家庭财产保险。

还贷保证保险的保险责任包括被保险人在保险期间内因意外伤害事故所致死亡或伤残，以及被保险人失踪后被人民法院宣告为死亡，因而丧失全部或部分还贷能力，造成连续三个月未履行或未完全履行个人房屋抵押借款合同约定的还贷责任的，由保险人按保险合同的约定承担还贷保证保险事故发生时被保险人应承担的全部或部分还贷责任。

② 除外责任

家庭财产保险部分的除外责任同普通家庭财产保险。

还贷保证保险对由于下列原因导致被保险人死亡或伤残而丧失全部或部分还贷能力的，保险人不承担还贷保证保险责任：被保险人的疾病；被保险人的自杀、自伤、饮酒过度、滥用药物、吸食或注射毒品、殴斗等违法犯罪行为；被保险人从事探险、滑雪、试驾交通工具、赛车、赛马、登山、攀岩、潜水、蹦极、特技表演等高风险活动；被保险人酒后驾驶或驾驶时无相应的驾驶资格，或者驾驶无有效行驶证的交通工具。

此外，被保险人对个人房屋抵押借款合同项下贷款利息、罚息，及出险前被保险人未按照个人房屋抵押借款合同约定履行还贷义务而拖欠的借款金额，保险人也不负责赔偿。

4. 团体家庭财产保险

团体家庭财产保险，简称团体家财险，是为适应机关、团体、学校、企事业单位为职工统一办理家财险及附加盗窃险的需要而采用的一种承保方式。一般采用固定保险金额的方法，不考虑各个家庭的不同情况和需求。保险金额一般不大，一旦发生保险事故，被保险人能够从中得到的保障是有限的，所以在购买了团体家庭保险之后，被保险人还应该根据自己的实际情况再购买家庭财产保险。

5. 家庭财产保险附加险

（1）附加盗抢险

保险房屋及其室内附属设备、室内装潢和存放于保险单所载明地址室内的保险标的，由于遭受外来人员撬、砸门窗，翻墙掘壁，持械抢劫，并有明显现场痕迹，经公安部门确认的盗抢行为所致丢失、损毁的直接损失且三个月内未能破案的，保险人负责赔偿。

（2）附加家用电器用电安全保险

供电线路因遭受家庭财产综合保险责任范围内的自然灾害和意外事故的袭击，供电部门或施工失误，供电线路发生其他意外事故而导致电压异常且引起家用电器的直接损毁，保险人负责赔偿。

（3）附加管道破裂及水渍保险

因家中的自来水管道、下水管道和暖气管道突然破裂致使水流外溢或邻居家漏水造成的被保险人财产损失，保险人负责赔偿。

（4）附加第三者责任保险

被保险人（或其同住的家庭成员）在其所居住的住所，使用、安装或存放其所有或租借的财产时，由于过失和疏忽造成第三者的人身伤亡或财产的直接损毁，在法律上应由被保险人承担民事损害赔偿责任的，以及因上述民事损害赔偿纠纷引起合理、必要的诉讼、抗辩费用和其他事先经保险公司同意支付的费用，保险人负责赔偿。

（二）储蓄型家庭财产保险

储蓄型家庭财产保险分为家庭财产两全保险和长效还本家庭财产保险。

1. 家庭财产两全保险

家庭财产两全保险是一种长期性保险，具有遭受灾害时补偿经济损失和保险期满还本的双重保险性质。其主要特点是用被保险人所交保险储金的利息作为保险人的保费收入；在保险期内，当保险财产遭受保险责任范围内灾害或事故引起的损失，保险人按条款规定进行经济补偿；当保险期满后，保险人将原交的保险储金全部退还给被保险人，因而这种保险带有保险、储蓄双重性质。

家庭财产两全保险的财产范围、保险事故范围、被保险人的主要责任、受损财产的残存处理、保险双方争议的解决、申请赔偿后有效期限诸基本原则与家庭财产保险的各项相同。所不同的是，家庭财产两全保险是通过储金保险的形式，即在被保险人的财产在遭受自然灾害或意外事故造成损失时，既能得到及时的经济补偿，又能在保险期满时，不论损失赔偿与否，足额领回原来交付的保险储金。

家庭财产两全险的保险金额每份为 1000 元或 2000 元，投保份数依投保人家庭财产的实际价值估计。保险期限有一年、三年、五年等多种。

2. 长效还本家庭财产保险

长效还本家庭财产保险，简称长效家财险，是在家财两全险的基础上衍生的一个险种，主要特点是：一次投保，长期有效，即被保险人在投保时交付一定数额的保险储金，保险期满一年后，若被保险人不领取所交的储金，保险期限自动续转，不需要另办手续，直至被保险人退保或者死亡，保险责任才终止。长效家财险也是以储金利息抵充保险费，其经营与家财两全险相似。长效还本家庭财产保险降低了保险业务成本，为保险人提供了一种可以进行长期投资的资金来源，也避免了投保人每年续保的麻烦。长效还本家庭财产保险的主要内容如下。

（1）可保财产

房屋及其附属物；单件价值在50元以上的服装、床上用品、家具；单件价值在300元以上的乐器、家用电器（不含微型电器、电子用品）。

（2）不保财产

金银、首饰、珠宝、货币、有价证券、票证、邮票、古玩、艺术品、文件、账册、技术资料、图表、家禽、花草、树木、宠物、盆景、交通工具、照相机、音像制品及其他无法鉴定价值的财产；处于紧急危险状态下的财产；用于生产经营的财产。

（3）保险责任

火灾、爆炸；雷击、龙卷风、台风、洪水、冰雹、雪灾、冰凌、泥石流和自然灾害引起的地面下陷或下沉；暴风或暴雨致使房屋主要结构（外墙、屋顶、屋架）倒塌；空中运行物体坠落、外界物体倒塌；存放于保险地址室内的保险财产，因遭受外来的、有明显痕迹的抢劫或盗窃损失；保险事故发生后，被保险人为防止或减少保险财产的损失所支付的合理的、必要的费用，但此项费用的赔偿金额最高不超过保险金额。

（4）责任免除

地震、海啸；战争、军事行动、暴动、罢工、没收、征用；核反应、核辐射或放射性污染；保险财产本身缺陷、保管不善、变质、霉烂、受潮、虫咬、自然磨损；被保险人或其家庭成员的故意行为或重大过失；电机、电器（包括属于电器性质的乐器）和电气设备因使用过度或超电压、碰线、弧花、漏电、自身发热等原因造成的本身的损毁；被保险人的家属或雇佣人员或同住人员或寄宿人盗窃保险财产而造成的损失；堆放于阳台或露天的财产，或用芦席、稻草、油毛毡、麦秆、芦苇、竹竿、帆布等材料为外墙、棚顶的简陋罩棚下的财产及罩棚，由于暴风、暴雨、盗窃或抢劫所造成的损失；未按要求施工导致建筑物地基下沉、建筑物出现裂缝、倒塌的损失；保险财产在存放处所无人居住或无人看管超过七天的情况下遭受的盗窃损失；因门窗未关致使保险财产遭受的盗窃损失。

（5）保险金额和保险储金

采取每份固定保险金额的方式办理投保；被保险人可根据投保时家庭财产的实际价值确定投保份数。保险储金确定为保险金额的 3%—5%。无论在保险合同有效期内是否发生保险事故，在保险合同终止时，保险储金均全额退还被保险人。若保险期限不满三年，被保险人中途要求退回储金，保险人按储金的一定比例收取工本费；保险期限不满一年收 3%；满一年不满两年收 2%，满两年不满三年收 1%；三年以上免收。

（6）保险期限和赔偿处理

被保险人只要不提取保险储金，该保险在十年内（含十年）有效，十年后可以续保。被保险人索赔时，应向保险人提供保险单、损失清单、公安部门证明和其他必要的单证。保险财产发生保险责任范围内的损失时，保险人按照出险当时保险财产的实际价值计算赔偿金额，但最高以不超过保险单分项列明的保险金额为限。保险财产遭受部分损失经保险人赔偿后，保险合同继续有效，但其保险金额应当相应减少，减少金额由保险人出具批单批注。发生保险责任范围内的损失，应当由第三者负责赔偿的，被保险人可以向保险公司索赔，也可向第三者索赔。被保险人如向保险人索赔，应自收到赔款之日起，向保险人转移向第三者代位索赔的权利。保险人向第三者行使代位索赔权利时，被保险人应积极协助，向保险人提供必要的文件和所知道的有关情况。保险财产遭受损失后的残余部分，应当作价折归被保险人，并在赔款中扣除。被保险人的索赔期限，从其知道保险事故发生之日起，不得超过两年。

（三）投资理财型家庭财产保险

投资理财型家庭财产保险，简称理财型家财险，是目前个人和家庭投保的最主要险种。早在 2001 年，华泰财险就曾推出国内首款理财型家财险。到 2006 年、2007 年时，借助资本市场的红火，几乎所有的财险公司都推出理财型财险，并热销一时。然而，随着 2007 年年底股市的走低，理财型财险的热度开始下降。2008 年中国保监会提高投资型财险业务经营准入门槛，投资型财险产品纷纷停售。但 2011 年以来监管层有放开的趋势，再加上理财市场的持续火爆，财险市场上又开始出现这一类型保险。理财型家财险的特点如下。

（1）不仅有普通型家财险的保障功能，还兼顾投资理财的功能，被保险人在保险期限内不出险的情况下能获得本金和一部分收益，即使出险，在得到既定的财产保障的同时，被保险人也能在保险产品满期后得到本金和一部分收益。

（2）保险期限较长，一般是 1—10 年。

（3）属于保本保息产品，收益率与银行利息保持联动，而且期限越长，收益率越高。

如一款理财型家财险投保期限为 1—5 年，保额为保费的两倍，若期限为 1—3 年，其到期收益率高于银行同期定存利率 0.5%，而如果期限为 4—5 年，则收益水平相应比同期定存利率高出 0.6%。

（4）保费往往略高于普通家财险产品，但保障范围不宽泛，只是附带一份相应保额的家财险，相比一般家财险产品，其保障范围会出现一定程度的缩水。

此外，由于理财型家财险的收益通常都是以银行同期定存利率为基数，如果遇到降息，收益势必缩水，如提前退保，本金并不能全部收回。

三、家庭财产保险的保险金额

家庭财产保险的保险金额是由被保险人根据其财产的实际价值自行估价确定。保险金额涉及被保险人的经济利益和经济保障程度，也关系到是否发生消极因素或不良影响。因此，保险金额应基本接近可保财产的实际价值，即投保时的价格。若保额不足，得不到充分的保障；超额投保，一方面，须多付保费，另一方面，保险人将根据补偿原则，以投保财产的实际价值作为赔偿上限。

投保人在填写家庭财产保险单时，应按保险财产项目分别列明保险金额。一般来说，分项越细，保障越接近实际价值，而理赔时也就越明确。家庭财产目前一般分为房屋及其附属物、家用电器、家具及衣物、其他家庭财产及代保管财产等项目。

四、家庭财产保险的赔偿计算

保险标的遭受保险责任范围内的损失，保险人根据实际损失，按损失当天出险地的市场平均价格及损失财产的购置年限计算赔偿金额，但最高赔偿金额以保险金额为限。分项确定保险金额的，应该分项计算赔款，分项赔款不得超过分项承保保险金额。

发生全部损失时，按保险金额扣除残值部分后计算赔款；发生部分损失时，按照实际损失计算赔款或根据受损财产出险当天的实际价值乘以损失程度计算赔款，以保险金额为限。被保险人支付的施救保护费用，应与保险标的的损失赔偿金额分别计算，各以保险金额为限。

五、家庭财产保险的保险期限和保险费率

（一）保险期限

普通家庭财产保险的期限为一年，以保险公司签发保单次日零时起，到保险期满日二十四时止。投保人可以续保，但必须另办手续。

（二）保险费率

1. 保险费率的等级

家庭财产保险业务的保险费率应该按照投保财产坐落地点的实际危险程度确定，可分为城市、乡镇和农村三类危险等级，每个等级又可以根据财产的实际坐落地点的位置和周围环境划分若干档次。

2. 保险费

普通家庭财产保险的保险费根据保险金额和保险费率计算，投保人在签订保险合同时一次缴清。对保险期限不足一年或中途退保的，均按短期费率计算应收保费。

六、被保险人的义务

被保险人应按照保险合同的规定在合同生效前一次交清保险费；被保险人应当履行如实告知义务，如实回答保险人就保险标的或被保险人的有关情况提出的询问；在保险合同有效期内，如果被保险人发生保险标的地址变更、保险标的的权利转让等情况，应当事前书面通知保险人，并根据保险人的有关规定办理批改手续；在合同有效期内，保险标的的危险程度增加的，被保险人应当通知保险人，保险人可以增加保险费或者解除合同；保险标的遭受损失时，被保险人应当积极抢救，把损失降到最低，同时保护现场，并立即通知保险人及向当地公安或有关部门报告；被保险人应遵守国家及有关部门关于消防、安全等方面的规定，采取合理的预防措施，防止保险事故的发生，对保险人及有关部门提出的消除不安全因素、隐患的合理建议，应认真付诸实施。

投保人和被保险人须履行以上各项义务，否则保险人有权拒绝赔偿，或者自书面通知之日起终止保险合同。

附一　××保险公司财产综合险条款

总　则

第一条　本保险合同由保险条款、投保单、保险单或其他保险凭证以及批单组成。凡涉及本保险合同的约定，均应采用书面形式。

保险标的

第二条　本保险合同载明地址内的下列财产可作为保险标的：

（一）属于被保险人所有或与他人共有而由被保险人负责的财产；

（二）由被保险人经营管理或替他人保管的财产；

（三）其他具有法律上承认的与被保险人有经济利害关系的财产。

第三条　本保险合同载明地址内的下列财产未经保险合同双方特别约定并在保险合同中载明保险价值的，不属于本保险合同的保险标的：

（一）金银、珠宝、钻石、玉器、首饰、古币、古玩、古书、古画、邮票、字画、艺术品、稀有金属等珍贵财物；

（二）堤堰、水闸、铁路、道路、涵洞、隧道、桥梁、码头；

（三）矿井（坑）内的设备和物资；

（四）便携式通讯装置、便携式计算机设备、便携式照相摄像器材以及其他便携式装置、设备；

（五）尚未交付使用或验收的工程。

第四条　下列财产不属于本保险合同的保险标的：

（一）土地、矿藏、水资源及其他自然资源；

（二）矿井、矿坑；

（三）货币、票证、有价证券以及有现金价值的磁卡、集成电路（IC）卡等卡类；

（四）文件、账册、图表、技术资料、计算机软件、计算机数据资料等无法鉴定价值的财产；

（五）枪支弹药；

（六）违章建筑、危险建筑、非法占用的财产；

（七）领取公共行驶执照的机动车辆；

（八）动物、植物、农作物。

保险责任

第五条　在保险期间内，由于下列原因造成保险标的的损失，保险人按照本保险合同的约定负责赔偿：

（一）火灾、爆炸；

（二）雷击、暴雨、洪水、暴风、龙卷风、冰雹、台风、飓风、暴雪、冰凌、突发性滑坡、崩塌、泥石流、地面突然下陷下沉；

（三）飞行物体及其他空中运行物体坠落。

前款原因造成的保险事故发生时，为抢救保险标的或防止灾害蔓延，采取必要的、合理的措施而造成保险标的的损失，保险人按照本保险合同的约定也负责赔偿。

第六条　被保险人拥有财产所有权的自用的供电、供水、供气设备因保险事故遭受损坏，引起停电、停水、停气以致造成保险标的直接损失，保险人按照本保险合同的约定也负责赔偿。

第七条　保险事故发生后，被保险人为防止或减少保险标的的损失所支付的必要的、合理的费用，保险人按照本保险合同的约定也负责赔偿。

责任免除

第八条　下列原因造成的损失、费用，保险人不负责赔偿：

（一）投保人、被保险人及其代表的故意或重大过失行为；

（二）行政行为或司法行为；

（三）战争、类似战争行为、敌对行动、军事行动、武装冲突、罢工、骚乱、暴动、政变、谋反、恐怖活动；

（四）地震、海啸及其次生灾害；

（五）核辐射、核裂变、核聚变、核污染及其他放射性污染；

（六）大气污染、土地污染、水污染及其他非放射性污染，但因保险事故造成的非放射性污染不在此限；

（七）保险标的的内在或潜在缺陷、自然磨损、自然损耗，大气（气候或气温）变化、正常水位变化或其他渐变原因，物质本身变化、霉烂、受潮、鼠咬、虫蛀、鸟啄、氧化、锈蚀、渗漏、自燃、烘焙；

（八）水箱、水管爆裂；

（九）盗窃、抢劫。

第九条　下列损失、费用，保险人也不负责赔偿：

（一）保险标的遭受保险事故引起的各种间接损失；

（二）广告牌、天线、霓虹灯、太阳能装置等建筑物外部附属设施，存放于露天或简易建筑物内部的保险标的以及简易建筑本身，由于雷击、暴雨、洪水、暴风、龙卷风、冰雹、台风、飓风、暴雪、冰凌、沙尘暴造成的损失；

（三）锅炉及压力容器爆炸造成其本身的损失；

（四）本保险合同中载明的免赔额或按本保险合同中载明的免赔率计算的免赔额。

第十条　其他不属于本保险合同责任范围内的损失和费用，保险人不负责赔偿。

保险价值、保险金额与免赔额（率）

第十一条　保险标的的保险价值可以为出险时的重置价值、出险时的账面余额、出险时的市场价值或其他价值，由投保人与保险人协商确定，并在本保险合同中载明。

第十二条　保险金额由投保人参照保险价值自行确定，并在保险合同中载明。保险金额不得超过保险价值。超过保险价值的，超过部分无效，保险人应当退还相应的保险费。

第十三条　免赔额（率）由投保人与保险人在订立保险合同时协商确定，并在保险合同中载明。

保险期间

第十四条　除另有约定外，保险期间为一年，以保险单载明的起讫时间为准。

保险人义务

第十五条　订立保险合同时，采用保险人提供的格式条款的，保险人向投保人提供的投保单应当附格式条款，保险人应当向投保人说明保险合同的内容。对保险合同中免除保险人责任的条款，保险人在订立合同时应当在投保单、保险单或者其他保险凭证上作出足以引起投保人注意的提示，并对该条款的内容以书面或者口头形式向投保人作出明确说明；未作提示或者明确说明的，该条款不产生效力。

第十六条　本保险合同成立后，保险人应当及时向投保人签发保险单或其他保险凭证。

第十七条　保险人依据第二十一条所取得的保险合同解除权，自保险人知道有解除事由之日起，超过三十日不行使而消灭。自保险合同成立之日起超过二年的，保险人不得解除合同；发生保险事故的，保险人承担赔偿责任。

保险人在合同订立时已经知道投保人未如实告知的情况的，保险人不得解除合同；发生保险事故的，保险人应当承担赔偿责任。

第十八条　保险人按照第二十七条的约定，认为被保险人提供的有关索赔的证明和资料不完整的，应当及时一次性通知投保人、被保险人补充提供。

第十九条　保险人收到被保险人的赔偿保险金的请求后，应当及时作出是否属于保险责任的核定；情形复杂的，应当在三十日内作出核定，但保险合同另有约定的除外。

保险人应当将核定结果通知被保险人；对属于保险责任的，在与被保险人达成赔偿保险金的协议后十日内，履行赔偿保险金义务。保险合同对赔偿保险金的期限有约定的，保险人应当按照约定履行赔偿保险金的义务。保险人依照前款约定作出核定后，对不属于保险责任的，应当自作出核定之日起三日内向被保险人发出拒绝赔偿保险金通知书，并说明理由。

第二十条　保险人自收到赔偿的请求和有关证明、资料之日起六十日内，对其赔偿保险金的数额不能确定的，应当根据已有证明和资料可以确定的数额先予支付；保险人最终确定赔偿的数额后，应当支付相应的差额。

投保人、被保险人义务

第二十一条　订立保险合同，保险人就保险标的或者被保险人的有关情况提出询问的，投保人应当如实告知，并如实填写投保单。

投保人故意或者因重大过失未履行前款规定的如实告知义务，足以影响保险人决定是否同意承保或者提高保险费率的，保险人有权解除合同。

投保人故意不履行如实告知义务的，保险人对于合同解除前发生的保险事故，不承担赔偿责任，并不退还保险费。

投保人因重大过失未履行如实告知义务，对保险事故的发生有严重影响的，保险人对于合同解除前发生的保险事故，不承担赔偿责任，但应当退还保险费。

第二十二条　投保人应按约定交付保险费。

约定一次性交付保险费的，投保人在约定交费日后交付保险费的，保险人对交费之前发生的保险事故不承担保险责任。

约定分期交付保险费的，保险人按照保险事故发生前保险人实际收取保险费总额与投保人应当交付的保险费的比例承担保险责任，投保人应当交付的保险费是指截至保险事故发生时投保人按约定分期应该缴纳的保费总额。

第二十三条　被保险人应当遵守国家有关消防、安全、生产操作、劳动保护等方面的相关法律、法规及规定，加强管理，采取合理的预防措施，尽力避免或减少责任事故的发生，维护保险标的的安全。

保险人可以对被保险人遵守前款约定的情况进行检查，向投保人、被保险人提出消除不安全因素和隐患的书面建议，投保人、被保险人应该认真付诸实施。

投保人、被保险人未按照约定履行其对保险标的的安全应尽责任的，保险人有权要求增加保险费或者解除合同。

第二十四条 保险标的转让的，被保险人或者受让人应当及时通知保险人。

因保险标的转让导致危险程度显著增加的，保险人自收到前款规定的通知之日起三十日内，可以按照合同约定增加保险费或者解除合同。保险人解除合同的，应当将已收取的保险费，按照合同约定扣除自保险责任开始之日起至合同解除之日止应收的部分后，退还投保人。

被保险人、受让人未履行本条规定的通知义务的，因转让导致保险标的危险程度显著增加而发生的保险事故，保险人不承担赔偿责任。

第二十五条 在合同有效期内，如保险标的的占用与使用性质、保险标的的地址及其他可能导致保险标的的危险程度显著增加的、或其他足以影响保险人决定是否继续承保或是否增加保险费的保险合同重要事项变更，被保险人应及时书面通知保险人，保险人有权要求增加保险费或者解除合同。

被保险人未履行前款约定的通知义务的，因保险标的的危险程度显著增加而发生的保险事故，保险人不承担赔偿责任。

第二十六条 知道保险事故发生后，被保险人应该：

（一）尽力采取必要、合理的措施，防止或减少损失，否则，对因此扩大的损失，保险人不承担赔偿责任；

（二）立即通知保险人，并书面说明事故发生的原因、经过和损失情况；故意或者因重大过失未及时通知，致使保险事故的性质、原因、损失程度等难以确定的，保险人对无法确定的部分，不承担赔偿责任，但保险人通过其他途径已经及时知道或者应当及时知道保险事故发生的除外；

（三）保护事故现场，允许并且协助保险人进行事故调查；对于拒绝或者妨碍保险人进行事故调查导致无法确定事故原因或核实损失情况的，保险人对无法核实的部分不承担赔偿责任。

第二十七条 被保险人请求赔偿时，应向保险人提供下列证明和资料：

（一）保险单正本、索赔申请、财产损失清单、技术鉴定证明、事故报告书、救护费用发票、必要的账簿、单据和有关部门的证明；

（二）投保人、被保险人所能提供的与确认保险事故的性质、原因、损失程度等有关的其他证明和资料。

投保人、被保险人未履行前款约定的单证提供义务，导致保险人无法核实损失情况的，保险人对无法核实的部分不承担赔偿责任。

赔偿处理

第二十八条　保险事故发生时，被保险人对保险标的不具有保险利益的，不得向保险人请求赔偿保险金。

第二十九条　保险标的发生保险责任范围内的损失，保险人有权选择下列方式赔偿：

（一）货币赔偿：保险人以支付保险金的方式赔偿；

（二）实物赔偿：保险人以实物替换受损标的，该实物应具有保险标的的出险前同等的类型、结构、状态和性能；

（三）实际修复：保险人自行或委托他人修理修复受损标的。

对保险标的在修复或替换过程中，被保险人进行的任何变更、性能增加或改进所产生的额外费用，保险人不负责赔偿。

第三十条　保险标的遭受损失后，如果有残余价值，应由双方协商处理。如折归被保险人，由双方协商确定其价值，并在保险赔款中扣除。

第三十一条　保险标的发生保险责任范围内的损失，保险人按以下方式计算赔偿：

（一）保险金额等于或高于保险价值时，按实际损失计算赔偿，最高不超过保险价值；

（二）保险金额低于保险价值时，按保险金额与保险价值的比例乘以实际损失计算赔偿，最高不超过保险金额；

（三）若本保险合同所列标的不止一项时，应分项按照本条约定处理。

第三十二条　保险标的的保险金额大于或等于其保险价值时，被保险人为防止或减少保险标的的损失所支付的必要的、合理的费用，在保险标的损失赔偿金额之外另行计算，最高不超过被施救保险标的的保险价值。

保险标的的保险金额小于其保险价值时，上述费用按被施救保险标的的保险金额与其保险价值的比例在保险标的损失赔偿金额之外另行计算，最高不超过被施救保险标的的保险金额。

被施救的财产中，含有本保险合同未承保财产的，按被施救保险标的的保险价值与全部被施救财产价值的比例分摊施救费用。

第三十三条　每次事故保险人的赔偿金额为根据第三十一条、第三十二条约定计算的金额扣除每次事故免赔额后的金额，或者为根据第三十一条、第三十二条约定计算的金额扣除该金额与免赔率乘积后的金额。

第三十四条　保险事故发生时，如果存在重复保险，保险人按本保险合同的相应保险金额与其他保险合同及本保险合同相应保险金额总和的比例承担赔偿责任。

其他保险人应承担的赔偿金额，本保险人不负责垫付。若被保险人未如实告知导致保险人多支付赔偿金的，保险人有权向被保险人追回多支付的部分。

第三十五条 保险标的发生部分损失，保险人履行赔偿义务后，本保险合同的保险金额自损失发生之日起按保险人的赔偿金额相应减少，保险人不退还保险金额减少部分的保险费。如投保人请求恢复至原保险金额，应按原约定的保险费率另行支付恢复部分从投保人请求的恢复日期起至保险期间届满之日止按日比例计算的保险费。

第三十六条 发生保险责任范围内的损失，应由有关责任方负责赔偿的，保险人自向被保险人赔偿保险金之日起，在赔偿金额范围内代位行使被保险人对有关责任方请求赔偿的权利，被保险人应当向保险人提供必要的文件和所知道的有关情况。

被保险人已经从有关责任方取得赔偿的，保险人赔偿保险金时，可以相应扣减被保险人已从有关责任方取得的赔偿金额。

保险事故发生后，在保险人未赔偿保险金之前，被保险人放弃对有关责任方请求赔偿权利的，保险人不承担赔偿责任；保险人向被保险人赔偿保险金后，被保险人未经保险人同意放弃对有关责任方请求赔偿权利的，该行为无效；由于被保险人故意或者因重大过失致使保险人不能行使代位请求赔偿的权利的，保险人可以扣减或者要求返还相应的保险金。

第三十七条 被保险人向保险人请求赔偿保险金的诉讼时效期间为二年，自其知道或者应当知道保险事故发生之日起计算。

争议处理和法律适用

第三十八条 因履行本保险合同发生的争议，由当事人协商解决。协商不成的，提交保险单载明的仲裁机构仲裁；保险单未载明仲裁机构且争议发生后未达成仲裁协议的，依法向人民法院起诉。

第三十九条 与本保险合同有关的以及履行本保险合同产生的一切争议，适用中华人民共和国法律（不包括港澳台地区法律）。

其他事项

第四十条 保险标的发生部分损失的，自保险人赔偿之日起三十日内，投保人可以解除合同；除合同另有约定外，保险人也可以解除合同，但应当提前十五日通知投保人。

保险合同依据前款规定解除的，保险人应当将保险标的未受损部分的保险费，按照合同约定扣除自保险责任开始之日起至合同解除之日止应收的部分后，退还投保人。

第四十一条 保险责任开始前，投保人要求解除保险合同的，应当按本保险合同的约定向保险人支付退保手续费，保险人应当退还剩余部分保险费。

保险责任开始后，投保人要求解除保险合同的，自通知保险人之日起，保险合同解除，保险人按短期费率计收保险责任开始之日起至合同解除之日止期间的保险费，并退还剩余部分保险费。

保险责任开始后，保险人要求解除保险合同的，可提前十五日向投保人发出解约通知书解除本保险合同，保险人按照保险责任开始之日起至合同解除之日止期间与保险期间的日比例计收保险费，并退还剩余部分保险费。

第四十二条　保险标的发生全部损失，属于保险责任的，保险人在履行赔偿义务后，本保险合同终止；不属于保险责任的，本保险合同终止，保险人按短期费率计收自保险责任开始之日起至损失发生之日止期间的保险费，并退还剩余部分保险费。

释　义

本保险合同涉及下列术语时，适用下列释义：

（一）火灾

在时间或空间上失去控制的燃烧所造成的灾害。构成本保险的火灾责任必须同时具备以下三个条件：

1. 有燃烧现象，即有热有光有火焰；

2. 偶然、意外发生的燃烧；

3. 燃烧失去控制并有蔓延扩大的趋势。

因此，仅有燃烧现象并不等于构成本保险中的火灾责任。在生产、生活中有目的用火，如为了防疫而焚毁沾污的衣物，点火烧荒等属正常燃烧，不同于火灾责任。

因烘、烤、烫、烙造成焦糊变质等损失，既无燃烧现象，又无蔓延扩大趋势，也不属于火灾责任。电机、电器、电气设备因使用过度、超电压、碰线、孤花、漏电、自身发热所造成的本身损毁，不属于火灾责任。但如果发生了燃烧并失去控制蔓延扩大，才构成火灾责任，并对电机、电器、电气设备本身的损失负责赔偿。

（二）爆炸

爆炸分物理性爆炸和化学性爆炸。

1. 物理性爆炸：由于液体变为蒸汽或气体膨胀，压力急剧增加并大大超过容器所能承受的极限压力，因而发生爆炸。如锅炉、空气压缩机、压缩气体钢瓶、液化气罐爆炸等。关于锅炉、压力容器爆炸的定义是：锅炉或压力容器在使用中或试压时发生破裂，使压力瞬时降到等于外界大气压力的事故，称为"爆炸事故"。

2. 化学性爆炸：物体在瞬息分解或燃烧时放出大量的热和气体，并以很大的压力向四周扩散的现象。如火药爆炸、可燃性粉尘纤维爆炸、可燃气体爆炸及各种化学物品的爆炸等。

因物体本身的瑕疵，使用损耗或产品质量低劣以及由于容器内部承受"负压"（内压比外压小）造成的损失，不属于爆炸责任。

（三）雷击

雷击指由雷电造成的灾害。雷电为积雨云中、云间或云地之间产生的放电现象。雷击的破坏形式分直接雷击与感应雷击两种。

1. 直接雷击：由于雷电直接击中保险标的造成损失，属直接雷击责任。

2. 感应雷击：由于雷击产生的静电感应或电磁感应使屋内对地绝缘金属物体产生高电位放出火花引起的火灾，导致电器本身的损毁，或因雷电的高电压感应，致使电器部件的损毁，属感应雷击责任。

（四）暴雨：指每小时降雨量 16 毫米以上，或连续 12 小时降雨量达 30 毫米以上，或连续 24 小时降雨量达 50 毫米以上的降雨。

（五）洪水：指山洪暴发、江河泛滥、潮水上岸及倒灌。但规律性的涨潮、自动灭火设施漏水以及在常年水位以下或地下渗水、水管爆裂不属于洪水责任。

（六）暴风：指风力达 8 级、风速在 17.2 米/秒以上的自然风。

（七）龙卷风：指一种范围小而时间短的猛烈旋风，陆地上平均最大风速在 79 米/秒—103 米/秒，极端最大风速在 100 米/秒以上。

（八）冰雹：指从强烈对流的积雨云中降落到地面的冰块或冰球，直径大于 5 毫米，核心坚硬的固体降水。

（九）台风、飓风：台风指中心附近最大平均风力 12 级或以上，即风速在 32.6 米/秒以上的热带气旋；飓风是一种与台风性质相同、但出现的位置区域不同的热带气旋，台风出现在西北太平洋海域，而飓风出现在印度洋、大西洋海域。

（十）沙尘暴：指强风将地面大量尘沙吹起，使空气很混浊，水平能见度小于 1 公里的天气现象。

（十一）暴雪：指连续 12 小时的降雪量大于或等于 10 毫米的降雪现象。

（十二）冰凌：指春季江河解冻期时冰块飘浮遇阻，堆积成坝，堵塞江道，造成水位急剧上升，以致江水溢出江道，漫延成灾。

陆上有些地区，如山谷风口或酷寒致使雨雪在物体上结成冰块，成下垂形状，越结越厚，重量增加，由于下垂的拉力致使物体毁坏，也属冰凌责任。

（十三）突发性滑坡：斜坡上不稳的岩土体或人为堆积物在重力作用下突然整体向下滑动的现象。

（十四）崩塌：石崖、土崖、岩石受自然风化、雨蚀造成崩溃下塌，以及大量积雪在重力作用下从高处突然崩塌滚落。

（十五）泥石流：由于雨水、冰雪融化等水源激发的、含有大量泥沙石块的特殊洪流。

（十六）地面突然下陷下沉：地壳因为自然变异，地层收缩而发生突然塌陷。对于因海潮、河流、大雨侵蚀或在建筑房屋前没有掌握地层情况，地下有孔穴、矿穴，以致地面突然塌陷，也属地面突然下陷下沉。但未按建筑施工要求导致建筑地基下沉、裂缝、倒塌等，不在此列。

（十七）飞行物体及其他空中运行物体坠落：指空中飞行器、人造卫星、陨石坠落，吊车、行车在运行时发生的物体坠落，人工开凿或爆炸而致石方、石块、土方飞射、塌下，建筑物倒塌、倒落、倾倒，以及其他空中运行物体坠落。

（十八）自然灾害：指雷击、暴雨、洪水、暴风、龙卷风、冰雹、台风、飓风、沙尘暴、暴雪、冰凌、突发性滑坡、崩塌、泥石流、地面突然下陷下沉及其他人力不可抗拒的破坏力强大的自然现象。

（十九）意外事故：指不可预料的以及被保险人无法控制并造成物质损失的突发性事件，包括火灾和爆炸。

（二十）重大过失行为：指行为人不但没有遵守法律规范对其较高要求，甚至连人们都应当注意并能注意的一般标准也未达到的行为。

（二十一）恐怖活动：指任何人以某一组织的名义或参与某一组织使用武力或暴力对任何政府进行恐吓或施加影响而采取的行动。

（二十二）地震：地壳发生的震动。

（二十三）海啸：海啸是指由海底地震，火山爆发或水下滑坡、塌陷所激发的海洋巨波。

（二十四）行政行为、司法行为：指各级政府部门、执法机关或依法履行公共管理、社会管理职能的机构下令破坏、征用、罚没保险标的的行为。

（二十五）简易建筑指符合下列条件之一的建筑：（1）使用竹木、芦席、篷布、茅草、油毛毡、塑料膜、尼龙布、玻璃钢瓦等材料为顶或墙体的建筑；（2）顶部封闭，但直立面非封闭部分的面积与直立面总面积的比例超过 10%的建筑；（3）屋顶与所有墙体之间的最大距离超过一米的建筑。

（二十六）自燃：指可燃物在没有外部热源直接作用的情况下，由于其内部的物理作用（如吸附、辐射等）、化学作用（如氧化、分解、聚合等）或生物作用（如发酵、细菌腐败等）而发热，热量积聚导致升温，当可燃物达到一定温度时，未与明火直接接触而发生燃烧的现象。

（二十七）重置价值：指替换、重建受损保险标的，以使其达到全新状态而发生的费用，但不包括被保险人进行的任何变更、性能增加或改进所产生的额外费用。

（二十八）水箱、水管爆裂：包括冻裂和意外爆裂两种情况。水箱、水管爆裂一般是由水箱、水管本身瑕疵或使用耗损或严寒结冰造成的。

本章小结：

1. 火灾是财产保险面临的最基本和最主要的风险，普通火灾保险的责任范围分为基本责任和扩展的承保责任、特约责任，以及施救、整理费用。基本责任具有以下特点：均与火灾联系密切；具有普遍性、常发性、多发性的特点；是任何保险人的承保技术都可以控制的。

2. 以标准火灾保险单为基本保单，加上一种或数种附属保单和批单，是美国财产保险的基本形式。

3. 企业财产保险是火灾保险的派生险种，承保各类企业财产及其相关的利益。主要以各种企业作为被保险人，适用于机关、团体、事业单位。企业财产保险的标的具有坐落地点的固定性和活动范围的有限性。目前我国企业财产保险主要有财产保险基本险、财产保险综合险、财险和财产一切险四个险种。

4. 利润损失保险，承保被保险人因物质损失保险合同主险条款所承保的风险造成营业所使用的物质财产遭受损失，导致被保险人营业受到干扰或中断，由此产生的赔偿期间内的毛利润损失。利润损失保险通常作为附加险承保，保险人只负责因保险责任事故的发生导致企业遭受的利润损失。

5. 家庭财产保险是以城乡居民家庭财产为主要保险标的的一种保险，城乡居民、单位职工、夫妻店、个体经营者、家庭手工业者等个人及其家庭成员的自有财产及代他人保管或与他人所共有的财产，都可以投保家庭财产保险。现行的家庭财产保险主要有普通家庭财产保险、家庭财产两全保险、投资保障类家庭财产保险及各种附加保险。

关键词：

火灾保险　标准火险保单　企业财产保险　家庭财产保险　利润损失保险

思考题：

1. 英国的特别分摊和美国的共同保险。
2. 企业固定资产和流动资产保险金额的确定。
3. 日本火灾保险的主要险种。
4. 家庭财产保险的定义及其特点。
5. 企业获得利润损失保险的前提条件及赔付额度。

参考文献：

1．郝演苏．财产保险［M］．北京：中国金融出版社，2002．

2．胡援成．财产保险［M］．大连：东北财经大学出版社，1999．

3．王绪瑾．保险学（第六版）［M］．北京：高等教育出版社，2017．

4．许谨良．财产保险原理与实务（第五版）［M］．上海：上海财经大学出版社，2015．

5．小肯尼思·布莱克．财产和责任保险［M］．北京：中国人民大学出版社，2002．

6．陈伊维．非寿险实务［M］．北京：中国财经出版社，2011．

7．刘俊青,宋立温．财产保险实务［M］．北京:中国人民大学出版社，2018．

第六章 运输工具保险

学习目的:

掌握运输工具保险的定义，了解汽车保险、船舶保险和飞机保险这三种主要的运输工具保险的内容及其特点。重点掌握汽车保险，特别是车辆损失险和第三者责任险。

第一节 汽车保险

汽车已经成为人们的日常生活中必不可少的交通及运输工具。汽车的使用一方面给人们的生活带来了便利，另一方面交通意外也造成了无数生命财产的损害。为了化解交通意外所造成的损失，对受害者提供可靠的经济保障，汽车保险应运而生。1895年英国首先创办了汽车责任保险，1898年美国出现世界上第一份汽车保险单。随着汽车工业的发展和汽车保有量的不断增加，各国汽车保险业务蓬勃发展。目前，汽车保险的保险标的几乎已经扩展到了所有的机动车辆，尽管如此，世界许多国家至今仍在沿用传统的汽车保险险名，而我国则将汽车保险更名为机动车辆保险。因此，在本章中，对汽车保险和机动车辆保险不作严格区分。

一、汽车保险的特点

汽车保险承保汽车因遭受自然灾害和意外事故所造成的汽车本身的损失、合理的施救、保护费用支出，以及对第三者的人身伤害和财产损失依法应由被保险人承担的经济赔偿责任。随着经济和交通的不断发展，在各国的产险业务中，汽车保险不仅是运输工具保险的主要险种，也是整个产险业务的主要保费收入来源。我国机动车辆保险业务发展极其迅速，机动车辆的承保面高达80%

以上。自 1988 年起机动车辆保险就一直是国内财产保险业务中业务量最大的险种。

在我国机动车辆保险所承保的机动车辆包括汽车、电车、电瓶车、摩托车、拖拉机、各种专用机械车、特种车。

我国机动车辆保险具体可分商业险和机动车交通事故责任强制保险（以下简称"交强险"）。商业险又包括车辆主险（基本险）和附加险两个部分。

汽车保险是财产和责任综合保险，在理赔的过程中会涉及汽车构造和性能、交通法规和民事责任、人身伤害的医疗鉴定和汽车损失估价等许多方面的内容。与其他财产保险业务相比，汽车保险具有以下几方面的特点。

（一）标的的出险概率高

汽车是陆地上的交通工具，由于其经常处于运动状态，所以很容易发生碰撞及其他意外事故，从而造成财产损失和人身伤亡。在车辆数量迅速增加的情况下，如果交通设施及管理水平跟不上车辆的发展速度，再加上驾驶员的疏忽、过失等人为原因，交通事故就会频繁发生，汽车出险率较高。

而由于机动车辆具有高度的流动性，出险面广且分散。机动车辆的流动性决定了机动车辆保险查勘定损服务具有地点上的不确定性，服务的数量和难度高于普通的财产保险，因而无论是承保还是理赔，保险服务的投入都是比较大的。

（二）业务量大，普及率高

首先，由于汽车出险概率较高，汽车的所有者需要寻求保险方式以转嫁风险；其次，各国政府在不断改善交通设施、严格制定交通规章的同时，为了保障受害人的利益，对汽车第三者责任保险先后实施强制保险；再次，保险人为适应投保人转嫁风险的不同需要，为被保险人提供全面的保障，在开展车辆损失险和第三者责任险的基础上，推出了一系列附加险；最后，由于车辆的品种、款式多种多样，且呈进一步多样化发展的趋势，因而汽车保险的费率和种类也向着多样化发展。这种种原因都使得汽车保险成为财产保险业务中业务量较大，普及率较高的一个险种。

（三）被保险人自负责任与无赔款优待

为了有利于被保险人维护、养护汽车，使其保持安全行驶的良好状态，并督促驾驶员安全行车，以减少事故的发生，保险合同一般规定：根据驾驶员在交通事故中所负责任，车辆损失险和第三者责任险在保险人赔偿的过程中实行绝对免赔率；并且保险车辆在一年保险期限内无赔款，第二年续保时可以按保险费的一定比例享受无赔款优待。

专栏 6-1   无赔款优待

为了鼓励被保险人及其驾驶人员严格遵守交通规则，安全行车，保险公司实行无赔款优待办法。无赔款优待是指，保险期限满一年的保险车辆如果在上一年的保险期内没有赔款，而且在保险期满前在同一家保险公司办理续保，则在续保时可享受无赔款优待。一般说来，优待的金额为本年度续保险种应交保险费的一定比例，即：

续保保险费＝本年度续保险种保险费×（1－本年度的优待金额比例）

在实务操作中，当被保险人投保的车辆不止一辆时，无赔款优待分别按辆计算。但需注意以下几点：①上一年度投保的车辆损失险、第三者责任险、附加险中任何一项如果发生赔款，续保时均不能享受无赔款优待；②保险车辆发生保险事故，续保时案件未决，不能给予无赔款优待，但在事故处理后，如果保险公司不承担赔偿责任，则可以补给无赔款优待；③对于上年度无赔款的机动车辆，如果续保的险种与上年度不完全一样，无赔款优待则以险种相同的部分为计算基础；如果续保的险种与上年度相同，但保险金额不同，无赔款优待则以本年度保险金额对应的应交保险费为基础；④在一年的保险期限内，发生所有权转移的保险车辆，续保时不给予无赔款优待。

（四）扩大的保险利益原则

在机动车辆保险中，针对汽车的所有者与使用者往往不是同一人的特点，汽车保险条款一般都规定：不仅被保险人本人使用车辆时发生保险事故保险人要承担赔偿责任，而且凡是被保险人允许的合格驾驶员使用车辆时，也视为其对保险标的具有保险利益，如果发生保险单上约定的保险事故，保险人同样要承担赔偿责任。这也就是说机动车辆保险往往具有扩大的保险利益，它的规定以"从车"为主，即凡经被保险人允许的合格驾驶员驾驶被保险人的汽车发生保险事故造成损失，保险人都须对被保险人负赔偿责任。此项规定是为了对被保险人和第三者提供更充分的保障，而并非对保险利益原则的违背。

专栏 6-2   汽车保险中的"权利代位"

代位原则是财产保险合同中的一项基本原则，该原则在机动车辆保险合同中的使用有具体的规定，主要包括两方面的内容：①保险车辆发生保险责任范围内的事故造成损失，如果该损失应当由第三方负责赔偿的，被保险人应当首先向第三方索赔。如果第三方不予赔付，被保险人应提起诉讼，经法院立案后，在被保险人将向第三方追偿的权利部分或全部转让给保险人，并协助保险人向第三方追偿的情况下，保险人根据被保险人的书面请求，按照保险合同予以相应的赔偿。如果由于被保险人放弃对第三方的请求赔偿的权利，或由于被保险人的过错致使保险人无法行使代位追偿权利的，保险人不承担赔偿责任，或相应扣减保险赔偿金额；②如果保险车辆发生基本险责任范围内的事故造成损失应当由第三方负责赔偿，而又确实无法找到第三方的，保险人应予以赔偿，但在符合规定的范围内实行一定比例的免赔。

二、机动车交通事故责任强制保险（交强险）

交强险承保被保险人在使用被保险机动车过程中发生道路交通事故，致使受害人（不包括本车人员和被保险人）遭受人身伤亡或者财产损失，依法应当由被保险人承担的损害赔偿责任。交强险是我国首个由国家法律规定实行的强制保险，在中华人民共和国境内（不含港澳台地区）上路行驶的车辆必须购买机动车交通事故责任强制保险。交强险保障的是汽车交通事故中第三者的利益，对于本车、车上人员的损失不负责赔偿。费率由国家（国务院保险监督管理机构）统一颁布。

（一）责任免除

对下列损失和费用，交强险不负责赔偿和垫付：

1. 因受害人故意造成的交通事故的损失；

2. 被保险人所有的财产及被保险机动车上的财产遭受的损失；

3. 被保险机动车发生交通事故，致使受害人停业、停驶、停电、停水、停气、停产、通讯或者网络中断、数据丢失、电压变化等造成的损失以及受害人财产因市场价格变动造成的贬值、修理后因价值降低造成的损失等其他各种间接损失；

4. 因交通事故产生的仲裁或者诉讼费用以及其他相关费用。

（二）保险金额

保险人按照交强险合同的约定对每次事故在下列赔偿限额内负责赔偿。

1. 死亡伤残赔偿限额为 180000 元。

2. 医疗费用赔偿限额为 18000 元。

3. 财产损失赔偿限额为 2000 元。

4. 被保险人无责任时，无责任死亡伤残赔偿限额为 18000 元；无责任医疗费用赔偿限额为 1800 元；无责任财产损失赔偿限额为 100 元。

死亡伤残赔偿限额和无责任死亡伤残赔偿限额项下负责赔偿丧葬费、死亡补偿费、受害人亲属办理丧葬事宜支出的交通费用、残疾赔偿金、残疾辅助器具费、护理费、康复费、交通费、被抚养人生活费、住宿费、误工费，被保险人依照法院判决或者调解承担的精神损害抚慰金。

医疗费用赔偿限额和无责任医疗费用赔偿限额项下负责赔偿医药费、诊疗费、住院费、住院伙食补助费、必要的合理的后续治疗费、整容费、营养费。

（三）垫付规定

当在下述情况下发生交通事故：

1. 驾驶人未取得驾驶资格的；

2. 驾驶人醉酒的；

3. 被保险机动车被盗抢期间肇事的；

4. 被保险人故意制造交通事故的。

造成受害人受伤需要抢救的，保险人在接到公安机关交通管理部门的书面通知和医疗机构出具的抢救费用清单后，按照国务院卫生主管部门组织制定的《道路交通事故受伤人员创伤临床诊疗指南》和国家基本医疗保险标准进行核实。对于符合规定的抢救费用，保险人在医疗费用赔偿限额内垫付。被保险人在交通事故中无责任的，保险人在无责任医疗费用赔偿限额内垫付。对于其他损失和费用，保险人不负责垫付和赔偿。

对于垫付的抢救费用，保险人有权向致害人追偿。

四、赔偿计算

1. 基本计算公式

保险人在交强险各分项赔偿限额内，对受害人死亡伤残费用、医疗费用、财产损失分别计算赔偿。

（1）总赔款＝Σ各分项损失赔款＝死亡伤残费用赔款＋医疗费用赔款＋财产损失赔款。

（2）各分项损失赔款＝各分项核定损失承担金额，即：

死亡伤残费用赔款＝死亡伤残费用核定承担金额

医疗费用赔款＝医疗费用核定承担金额

财产损失赔款＝财产损失核定承担金额

（3）各分项核定损失承担金额超过交强险各分项赔偿限额的，各分项损失赔款等于交强险各分项赔偿限额。

2. 保险事故涉及多个受害人

（1）基本计算公式中的相应项目表示为：

各分项损失赔款＝Σ各受害人各分项核定损失承担金额，即

死亡伤残费用赔款＝Σ各受害人死亡伤残费用核定承担金额

医疗费用赔款＝Σ各受害人医疗费用核定承担金额

财产损失赔款＝Σ各受害人财产损失核定承担金额

（2）各受害人各分项核定损失承担金额之和超过被保险机动车交强险相应分项赔偿限额的，各分项损失赔款等于交强险各分项赔偿限额。

（3）各受害人各分项核定损失承担金额之和超过被保险机动车交强险相应分项赔偿限额的，各受害人在被保险机动车交强险分项赔偿限额内应得到的赔偿为：

被保险机动车交强险对某一受害人分项损失的赔偿金额＝交强险分项赔偿限额×[事故中某一受害人的分项核定损失承担金额/（Σ各受害人分项核定损失承担金额）]

3. 保险事故涉及多辆肇事机动车

（1）各被保险机动车的保险人分别在各自的交强险各分项赔偿限额内，对受害人的分项损失计算赔偿。

（2）各方机动车按其适用的交强险分项赔偿限额占总分项赔偿限额的比例，对受害人的各分项损失进行分摊。

某分项核定损失承担金额＝该分项损失金额×[适用的交强险该分项赔偿限额/（Σ各致害方交强险该分项赔偿限额）]

（3）肇事机动车均有责任且适用同一限额的，简化为各方机动车对受害人的各分项损失进行平均分摊：

①对于受害人的机动车、机动车上人员、机动车上财产损失：

某分项核定损失承担金额＝受害人的该分项损失金额 /（N－1）

②对于受害人的非机动车、非机动车上人员、行人、机动车外财产损失：

某分项核定损失承担金额＝受害人的该分项损失金额 /N

（4）初次计算后，如果有致害方交强险限额未赔足，同时有受害方损失没有得到充分补偿，则对受害方的损失在交强险剩余限额内再次进行分配，在交强险限额内补足。对于待分配的各项损失合计没有超过剩余赔偿限额的，按分配结果赔付各方；超过剩余赔偿限额的，则按每项分配金额占各项分配金额总和的比例乘以剩余赔偿限额分摊；直至受损各方均得到足额赔偿或应赔付方交

强险无剩余限额。

4. 受害人财产损失需要施救的，财产损失赔款与施救费累计不超过财产损失赔偿限额。

5. 主车和挂车在连接使用时发生交通事故，主车与挂车的交强险保险人分别在各自的责任限额内承担赔偿责任。

若交通管理部门未确定主车、挂车应承担的赔偿责任，主车、挂车的保险人对各受害人的各分项损失平均分摊，并在对应的分项赔偿限额内计算赔偿。

主车与挂车由不同被保险人投保的，在连接使用时发生交通事故，按互为三者的原则处理。

6. 被保险机动车投保一份以上交强险的，保险期间起期在前的保险合同承担赔偿责任，起期在后的不承担赔偿责任。

7. 对被保险人依照法院判决或者调解承担的精神损害抚慰金，原则上在其他赔偿项目足额赔偿后，在死亡伤残赔偿限额内赔偿。

8. 死亡伤残费用和医疗费用的核定标准。按照《最高人民法院〈关于审理人身损害赔偿案件适用法律若干问题的解释〉》规定的赔偿范围、项目和标准，公安部颁布的《道路交通事故受伤人员伤残评定》（GB18667-2002），以及《道路交通事故受伤人员创伤临床诊疗指南》和交通事故发生地的基本医疗标准核定人身伤亡的赔偿金额。

三、商业车险主险

主险包括机动车损失保险、机动车第三者责任保险、机动车车上人员责任保险共三个独立的险种，投保人可以选择投保全部险种，也可以选择投保其中部分险种。

（一）机动车损失保险

1. 保险责任

（1）在保险期间内，被保险人或被保险机动车驾驶人（以下简称"驾驶人"）在使用被保险机动车过程中，因自然灾害、意外事故造成被保险机动车的直接损失，且不属于免除保险人责任的范围，保险人依照保险合同的约定负责赔偿。

（2）保险期间内，被保险机动车被盗窃、抢劫、抢夺，经出险地县级以上公安刑侦部门立案证明，满六十天未查明下落的全车损失，以及因被盗窃、抢劫、抢夺受到损坏造成的直接损失，且不属于免除保险人责任的范围，保险人依照本保险合同的约定负责赔偿。

（3）发生保险事故时，被保险人或驾驶人为防止或者减少被保险机动车的损失所支付的必要的、合理的施救费用，由保险人承担；施救费用数额在被保险机动车损失赔偿金额以外另行计算，最高不超过保险金额的数额。

2. 责任免除

（1）下列情况下，不论任何原因造成被保险机动车的任何损失和费用，保险人均不负责赔偿：

① 事故发生后，被保险人或驾驶人故意破坏、伪造现场、毁灭证据。

② 驾驶人有下列情形之一者：交通肇事逃逸；饮酒、吸食或注射毒品、服用国家管制的精神药品或者麻醉药品；无驾驶证，驾驶证被依法扣留、暂扣、吊销、注销期间；驾驶与驾驶证载明的准驾车型不相符合的机动车。

③ 被保险机动车有下列情形之一者：发生保险事故时被保险机动车行驶证、号牌被注销；被扣留、收缴、没收期间；竞赛、测试期间，在营业性场所维修、保养、改装期间；被保险人或驾驶人故意或重大过失，导致被保险机动车被利用从事犯罪行为。

以上除"被保险人或驾驶人故意或重大过失，导致被保险机动车被利用从事犯罪行为"外，也是第三者责任保险与车上人员责任保险共同的责任免除项。

（2）下列原因导致的被保险机动车的损失和费用，保险人不负责赔偿：

① 战争、军事冲突、恐怖活动、暴乱、污染（含放射性污染）、核反应、核辐射；

② 违反安全装载规定；

③ 被保险机动车被转让、改装、加装或改变使用性质等，导致被保险机动车危险程度显著增加，且未及时通知保险人，因危险程度显著增加而发生保险事故的；

④ 投保人、被保险人或驾驶人故意制造保险事故。

（3）下列损失和费用，保险人不负责赔偿：

① 因市场价格变动造成的贬值、修理后因价值降低引起的减值损失；

② 自然磨损、朽蚀、腐蚀、故障、本身质量缺陷；

③ 投保人、被保险人或驾驶人知道保险事故发生后，故意或者因重大过失未及时通知，致使保险事故的性质、原因、损失程度等难以确定的，保险人对无法确定的部分，不承担赔偿责任，但保险人通过其他途径已经及时知道或者应当及时知道保险事故发生的除外；

④ 因被保险人违反"因保险事故损坏的被保险机动车，修理前被保险人应

当会同保险人检验，协商确定维修机构、修理项目、方式和费用。无法协商确定的，双方委托共同认可的有资质的第三方进行评估"约定，导致无法确定的损失；

⑤ 车轮单独损失，无明显碰撞痕迹的车身划痕，以及新增设备的损失；

⑥ 非全车盗抢、仅车上零部件或附属设备被盗窃。

3. 免赔规定

对于投保人与保险人在投保时协商确定绝对免赔额的，保险人在依据本保险合同约定计算赔款的基础上，增加每次事故绝对免赔额。

4. 保险金额

保险金额按投保时被保险机动车的实际价值确定。

投保时被保险机动车的实际价值由投保人与保险人根据投保时的新车购置价①减去折旧金额后的价格协商确定或其他市场公允价值②协商确定。

折旧金额可根据保险合同列明的参考折旧系数表确定（见表6-1）。

表 6-1　参考折旧系数表

车辆种类	月折旧系数			
	家庭自用	非营业	营业	
			出租	其他
9 座以下客车	0.60%	0.60%	1.10%	0.90%
10 座以上客车	0.90%	0.90%	1.10%	0.90%
微型载货汽车	—	0.90%	1.10%	1.10%
带拖挂的载货汽车	—	0.90%	1.10%	1.10%
低速货车和三轮汽车	—	1.10%	1.40%	1.40%
其他车辆	—	0.90%	1.10%	0.90%

5. 赔款计算

机动车损失赔款按以下方法计算：

---

① 指本保险合同签订地购置与被保险机动车同类型新车的价格，无同类型新车市场销售价格的，由投保人与保险人协商确定。

② 指熟悉市场情况的买卖双方在公平交易的条件下和自愿的情况下所确定的价格，或无关联的双方在公平交易的条件下一项资产可以被买卖或者一项负债可以被清偿的成交价格。

（1）全部损失

赔款＝保险金额－被保险人已从第三方获得的赔偿金额－绝对免赔额

（2）部分损失

被保险机动车发生部分损失，保险人按实际修复费用在保险金额内计算赔偿：

赔款＝实际修复费用－被保险人已从第三方获得的赔偿金额－绝对免赔额

（3）施救费用

施救的财产中，含有未保险的财产，应按保险财产的实际价值占总施救财产的实际价值比例分摊施救费用。

（二）机动车第三者责任险

1. 保险责任

在保险期间内，被保险人或其允许的驾驶人员在使用被保险机动车过程中发生意外事故，致使第三者遭受人身伤亡或财产的直接损毁，依法应当由对第三者承担的损害赔偿责任，且不属于免除保险人责任的范围，保险人依照保险合同的约定，对于超过机动车交通事故责任强制保险各分项赔偿限额的部分负责赔偿。

2. 责任免除

（1）除与车损险共同的责任免除外，以下情况，不论任何原因造成的人身伤亡、财产损失和费用，保险人均不负责赔偿：

① 驾驶人非被保险人允许的驾驶人；

② 被保险机动车全车被盗窃、被抢劫、被抢夺、下落不明期间。

（2）下列原因导致的人身伤亡、财产损失和费用，保险人也不负责赔偿：

① 战争、军事冲突、恐怖活动、暴乱、污染（含放射性污染）、核反应、核辐射；

② 第三者、被保险人或驾驶人故意制造保险事故、犯罪行为，第三者与被保险人或其他致害人恶意串通的行为；

③ 被保险机动车被转让、改装、加装或改变使用性质等，导致被保险机动车危险程度显著增加，且未及时通知保险人，因危险程度显著增加而发生保险事故的。

（3）下列人身伤亡、财产损失和费用，保险人不负责赔偿：

① 被保险机动车发生意外事故，致使任何单位或个人停业、停驶、停电、

停水、停气、停产、通讯或网络中断、电压变化、数据丢失造成的损失以及其他各种间接损失。

② 第三者财产因市场价格变动造成的贬值，修理后因价值降低引起的减值损失。

③ 被保险人及其家庭成员、驾驶人及其家庭成员所有、承租、使用、管理、运输或代管的财产的损失，以及本车上财产的损失。

④ 被保险人、驾驶人、本车车上人员的人身伤亡。

⑤ 停车费、保管费、扣车费、罚款、罚金或惩罚性赔款。

⑥ 超出《道路交通事故受伤人员临床诊疗指南》和国家基本医疗保险同类医疗费用标准的费用部分。

⑦ 律师费，未经保险人事先书面同意的诉讼费、仲裁费。

⑧ 投保人、被保险人或驾驶人知道保险事故发生后，故意或者因重大过失未及时通知，致使保险事故的性质、原因、损失程度等难以确定的，保险人对无法确定的部分，不承担赔偿责任，但保险人通过其他途径已经及时知道或者应当及时知道保险事故发生的除外。

⑨ 因被保险人违反"因保险事故损坏的第三者财产，修理前被保险人应当会同保险人检验，协商确定维修机构、修理项目、方式和费用。无法协商确定的，双方委托共同认可的有资质的第三方进行评估"约定，导致无法确定的损失。

⑩ 精神损害抚慰金。

⑪ 应当由机动车交通事故责任强制保险赔偿的损失和费用。

保险事故发生时，被保险机动车未投保机动车交通事故责任强制保险或机动车交通事故责任强制保险合同已经失效的，对于机动车交通事故责任强制保险责任限额以内的损失和费用，保险人不负责赔偿。

3. 责任限额

每次事故的责任限额，由投保人和保险人在签订保险合同时协商确定。

主车和挂车连接使用时视为一体，发生保险事故时，由主车保险人和挂车保险人按照保险单上载明的机动车第三者责任保险责任限额的比例，在各自的责任限额内承担赔偿责任，但赔偿金额总和以主车的责任限额为限。

4. 赔款计算

（1）当[（依合同约定核定的第三者损失金额－机动车交通事故责任强制保险的分项赔偿限额）×事故责任比例]等于或高于每次事故赔偿限额时：

赔款＝每次事故责任限额

（2）当［（依合同约定核定的第三者损失金额－机动车交通事故责任强制保险的分项赔偿限额）×事故责任比例］低于每次事故赔偿限额时：

赔款＝（依合同约定核定的第三者损失金额－机动车交通事故责任强制保险的分项赔偿限额）×事故责任比例

专栏 6-3　什么是被保险人允许的驾驶员？

被保险人允许的驾驶员，指持有驾驶证的被保险人本人、配偶及他们的直系亲属或被保险人的雇员、或驾驶员使用保险车辆在执行被保险人委派的工作期间、或被保险人与使用保险车辆的驾驶员具有营业性的租赁关系。保险车辆被人私自开走，或未经车主、保险车辆所属单位主管负责人同意，驾驶员私自允诺的人开车，均不能视为"被保险人允许的驾驶员"开车，若在上述情况发生下发生事故造成损失，保险人不予赔偿。

汽车保险中的第三方如何界定？

在保险合同中，保险人是第一方，也叫第一者；被保险人和致害者是第二方，也叫第二者；除保险人和被保险人之外的，因保险车辆的意外事故而遭受人身伤亡或财产损失的受害者是第三方，也叫第三者。

（三）机动车车上人员责任保险

1. 保险责任

保险期间内，被保险人或其允许的驾驶人在使用被保险机动车过程中发生意外事故，致使车上人员遭受人身伤亡，且不属于免除保险人责任的范围，依法应当对车上人员承担的损害赔偿责任，保险人依照保险合同的约定负责赔偿。

2. 责任免除

（1）除与车损险共同的责任免除项外，以下情况，不论任何原因造成的人身伤亡、财产损失和费用，保险人均不负责赔偿：

① 驾驶人非被保险人允许的驾驶人；

② 被保险机动车全车被盗窃、被抢劫、被抢夺、下落不明期间。

（2）对下列原因导致的人身伤亡，保险人也不负责赔偿：

① 战争、军事冲突、恐怖活动、暴乱、污染（含放射性污染）、核反应、核辐射；

② 被保险机动车被转让、改装、加装或改变使用性质等，导致被保险机动车危险程度显著增加，且未及时通知保险人，因危险程度显著增加而发生保险

事故的；

③ 投保人、被保险人或驾驶人故意制造保险事故。

（3）下列人身伤亡、损失和费用，保险人不负责赔偿：

① 被保险人及驾驶人以外的其他车上人员的故意行为造成的自身伤亡；

② 车上人员因疾病、分娩、自残、斗殴、自杀、犯罪行为造成的自身伤亡；

③ 罚款、罚金或惩罚性赔款；

④ 超出《道路交通事故受伤人员临床诊疗指南》和国家基本医疗保险同类医疗费用标准的费用部分；

⑤ 律师费，未经保险人事先书面同意的诉讼费、仲裁费；

⑥ 投保人、被保险人或驾驶人知道保险事故发生后，故意或者因重大过失未及时通知，致使保险事故的性质、原因、损失程度等难以确定的，保险人对无法确定的部分，不承担赔偿责任，但保险人通过其他途径已经及时知道或者应当及时知道保险事故发生的除外；

⑦ 精神损害抚慰金；

⑧ 应当由机动车交通事故责任强制保险赔付的损失和费用。

3. 责任限额

驾驶人每次事故责任限额和乘客每次事故每人责任限额由投保人和保险人在投保时协商确定。投保乘客座位数按照被保险机动车的核定载客数（驾驶人座位除外）确定。

4. 赔款计算

（1）对每座的受害人，当［（依合同约定核定的每座车上人员人身伤亡损失金额－应由机动车交通事故责任强制保险赔偿的金额）×事故责任比例］，高于或等于每次事故每座赔偿限额时：

赔款＝每次事故每座责任限额

（2）对每座的受害人，当［（依合同约定核定的每座车上人员人身伤亡损失金额－应由机动车交通事故责任强制保险赔偿的金额）×事故责任比例］，低于每次事故每座赔偿限额时：

赔款＝（依合同约定核定的每座车上人员人身伤亡损失金额－应由机动车交通事故责任强制保险赔偿的金额）×事故责任比例

四、附加险

机动车辆保险的附加险是在车主投保了机动车辆基本险后可以投保的保

险品种。附加险条款的法律效力优于主险条款。附加险条款未尽事宜，以主险条款为准。除附加险条款另有约定外，主险中的责任免除、双方义务同样适用于附加险。主险保险责任终止的，其相应的附加险保险责任同时终止。

目前我国的机动车辆保险的附加险主要有：绝对免赔率特约条款、车轮单独损失险、新增加设备损失险、车身划痕损失险、修理期间费用补偿险、发动机进水损坏除外特约条款、车上货物责任险、精神损害抚慰金责任险、法定节假日限额翻倍险、医保外医疗费用责任险和机动车增值服务特约条款。

（一）绝对免赔率特约条款

绝对免赔率为 5%、10%、15%、20%，由投保人和保险人在投保时协商确定，具体以保险单载明为准。

被保险机动车发生主险约定的保险事故，保险人按照主险的约定计算赔款后，扣减本特约条款约定的免赔。即：

主险实际赔款＝按主险约定计算的赔款×（1－绝对免赔率）。

（二）车轮单独损失险

投保了机动车损失保险的机动车，可投保本附加险。

1. 保险责任

在保险期间内，被保险人或被保险机动车驾驶人在使用被保险机动车过程中，因自然灾害、意外事故，导致被保险机动车未发生其他部位的损失，仅有车轮（含轮胎、轮毂、轮毂罩）单独的直接损失，且不属于免除保险人责任的范围，保险人依照本附加险合同的约定负责赔偿。

2. 责任免除

（1）车轮（含轮胎、轮毂、轮毂罩）的自然磨损、朽蚀、腐蚀、故障、本身质量缺陷；

（2）未发生全车盗抢，仅车轮单独丢失。

3. 保险金额

保险金额由投保人和保险人在投保时协商确定。

4. 责任免除

（1）发生保险事故后，保险人依据本条款约定在保险责任范围内承担赔偿责任。赔偿方式由保险人与被保险人协商确定；

（2）赔款＝实际修复费用－被保险人已从第三方获得的赔偿金额；

（3）在保险期间内，累计赔款金额达到保险金额，本附加险保险责任终止。

（三）新增加设备损失险

投保了机动车损失保险的机动车，可投保本附加险。

1. 保险责任

在保险期间内，投保了本附加险的被保险机动车因发生机动车损失保险责任范围内的事故，造成车上新增加设备的直接损毁，保险人在保险单载明的本附加险的保险金额内，按照实际损失计算赔偿。

2. 保险金额

保险金额根据新增加设备投保时的实际价值确定。新增加设备的实际价值是指新增加设备的购置价减去折旧金额后的金额。

3. 赔偿处理

发生保险事故后，保险人依据本条款约定在保险责任范围内承担赔偿责任。赔偿方式由保险人与被保险人协商确定。

赔款＝实际修复费用－被保险人已从第三方获得的赔偿金额

（四）车身划痕损失险

投保了机动车损失保险的机动车，可投保本附加险。

1. 保险责任

保险期间内，被保险机动车在被保险人或被保险机动车驾驶人使用过程中，发生无明显碰撞痕迹的车身划痕损失，保险人按照保险合同约定负责赔偿。

2. 责任免除

（1）被保险人及其家庭成员、驾驶人及其家庭成员的故意行为造成的损失；

（2）因投保人、被保险人与他人的民事、经济纠纷导致的任何损失；

（3）车身表面自然老化、损坏，腐蚀造成的任何损失。

3. 保险金额

保险金额为 2000 元、5000 元、10000 元或 20000 元，由投保人和保险人在投保时协商确定。

4. 赔偿处理

（1）发生保险事故后，保险人依据本条款约定在保险责任范围内承担赔偿责任，赔偿方式由保险人与被保险人协商确定。

赔款＝实际修复费用－被保险人已从第三方获得的赔偿金额

（2）在保险期间内，累计赔款金额达到保险金额，本附加险保险责任终止。

（五）修理期间费用补偿险

投保了机动车损失保险的机动车，可投保本附加险。

1. 保险责任

保险期间内，投保了本条款的机动车在使用过程中，发生机动车损失保险责任范围内的事故，造成车身损毁，致使被保险机动车停驶，保险人按保险合同约定，在保险金额内向被保险人补偿修理期间费用，作为代步车费用或弥补停驶损失。

2. 责任免除

下列情况下，保险人不承担修理期间费用补偿：

（1）因机动车损失保险责任范围以外的事故而致被保险机动车的损毁或修理；

（2）非在保险人认可的修理厂修理时，因车辆修理质量不合要求造成返修；

（3）被保险人或驾驶人拖延车辆送修期间。

3. 保险金额

本附加险保险金额＝补偿天数×日补偿金额。补偿天数及日补偿金额由投保人与保险人协商确定并在保险合同中载明，保险期间内约定的补偿天数最高不超过 90 天。

4. 赔偿处理

全车损失，按保险单载明的保险金额计算赔偿；部分损失，在保险金额内按约定的日补偿金额乘以从送修之日起至修复之日止的实际天数计算赔偿，实际天数超过双方约定修理天数的，以双方约定的修理天数为准。

保险期间内，累计赔款金额达到保险单载明的保险金额，本附加险保险责任终止。

（六）发动机进水损坏除外特约条款

投保了机动车损失保险的机动车，可投保本附加险。

保险期间内，投保了本附加险的被保险机动车在使用过程中，因发动机进水后导致的发动机的直接损毁，保险人不负责赔偿。

（七）车上货物责任险

投保了机动车第三者责任保险的营业货车（含挂车），可投保本附加险。

1. 保险责任

保险期间内，发生意外事故致使被保险机动车所载货物遭受直接损毁，依法应由被保险人承担的损害赔偿责任，保险人负责赔偿。

2. 责任免除

（1）偷盗、哄抢、自然损耗、本身缺陷、短少、死亡、腐烂、变质、串味、生锈，动物走失、飞失，货物自身起火燃烧或爆炸造成的货物损失；

（2）违法、违章载运造成的损失；

（3）因包装、紧固不善，装载、遮盖不当导致的任何损失；

（4）车上人员携带的私人物品的损失；

（5）保险事故导致的货物减值、运输延迟、营业损失及其他各种间接损失；

（6）法律、行政法规禁止运输的货物的损失。

3. 责任限额

责任限额由投保人和保险人在投保时协商确定。

4. 赔偿处理

（1）被保险人索赔时，应提供运单、起运地货物价格证明等相关单据。保险人在责任限额内按起运地价格计算赔偿。

（2）发生保险事故后，保险人依据本条款约定在保险责任范围内承担赔偿责任，赔偿方式由保险人与被保险人协商确定。

（八）精神损害抚慰金责任险

只有在投保了机动车第三者责任保险或机动车车上人员责任保险的基础上方可投保本附加险。

在投保人仅投保机动车第三者责任保险的基础上附加本附加险时，保险人只负责赔偿第三者的精神损害抚慰金；在投保人仅投保机动车车上人员责任保险的基础上附加本附加险时，保险人只负责赔偿车上人员的精神损害抚慰金。

1. 保险责任

保险期间内，被保险人或其允许的驾驶人在使用被保险机动车的过程中，发生投保的主险约定的保险责任内的事故，造成第三者或车上人员的人身伤亡，受害人据此提出精神损害赔偿请求，保险人依据法院判决及保险合同约定，对应由被保险人或被保险机动车驾驶人支付的精神损害抚慰金，在扣除机动车交通事故责任强制保险应当支付的赔款后，在本保险赔偿限额内负责赔偿。

2. 责任免除

（1）根据被保险人与他人的合同协议，应由他人承担的精神损害抚慰金；

（2）未发生交通事故，仅因第三者或本车人员的惊恐而引起的损害；

（3）怀孕妇女的流产发生在交通事故发生之日起 30 天以外的。

3. 赔偿限额

本保险每次事故赔偿限额由保险人和投保人在投保时协商确定。

4. 赔偿处理

本附加险赔偿金额依据生效法律文书或当事人达成且经保险人认可的赔付协议，在保险单所载明的赔偿限额内计算赔偿。

（九）法定节假日限额翻倍险

投保了机动车第三者责任保险的家庭自用汽车，可投保本附加险。

保险期间内，被保险人或其允许的驾驶人在法定节假日期间使用被保险机动车发生机动车第三者责任保险范围内的事故，并经公安部门或保险人查勘确认的，被保险机动车第三者责任保险所适用的责任限额在保险单载明的基础上增加一倍。

（十）医保外医疗费用责任险

投保了机动车第三者责任保险或机动车车上人员责任保险的机动车，可投保本附加险。

1. 保险责任

保险期间内，被保险人或其允许的驾驶人在使用被保险机动车的过程中，发生主险保险事故，对于被保险人依照中华人民共和国法律（不含港澳台地区法律）应对第三者或车上人员承担的医疗费用，保险人对超出《道路交通事故受伤人员临床诊疗指南》和国家基本医疗保险同类医疗费用标准的部分负责赔偿。

2. 责任免除

下列损失、费用，保险人不负责赔偿：

（1）在相同保障的其他保险项下可获得赔偿的部分；

（2）所诊治伤情与主险保险事故无关联的医疗、医药费用；

（3）特需医疗类费用。

3. 赔偿限额

赔偿限额由投保人和保险人在投保时协商确定，并在保险单中载明。

4. 赔偿处理

被保险人索赔时，应提供由具备医疗机构执业许可的医院或药品经营许可的药店出具的、足以证明各项费用赔偿金额的相关单据。保险人根据被保险人实际承担的责任，在保险单载明的责任限额内计算赔偿。

（十一）机动车增值服务特约条款

投保了机动车保险后，可投保本特约条款。

本特约条款包括道路救援服务特约条款、车辆安全检测特约条款、代为驾驶服务特约条款、代为送检服务特约条款共四个独立的特约条款，投保人可以选择投保全部特约条款，也可以选择投保其中部分特约条款。保险人依照保险合同的约定，按照承保特约条款分别提供增值服务。

1. 道路救援服务特约条款

（1）服务范围

保险期间内，被保险机动车在使用过程中发生故障而丧失行驶能力时，保险人或其受托人根据被保险人请求，向被保险人提供如下道路救援服务。

① 单程 50 公里以内拖车；

② 送油、送水、送防冻液、搭电；

③ 轮胎充气、更换轮胎；

④ 车辆脱离困境所需的拖拽、吊车。

（2）责任免除

① 根据所在地法律法规、行政管理部门的规定，无法开展相关服务项目的情形；

② 送油、更换轮胎等服务过程中产生的油料、防冻液、配件、辅料等材料费用；

③ 被保险人或驾驶人的故意行为。

（3）责任限额

保险期间内，保险人提供 2 次免费服务，超出 2 次的，由投保人和保险人在签订保险合同时协商确定，分为 5 次、10 次、15 次、20 次四档。

2. 车辆安全检测特约条款

（1）服务范围

保险期间内，为保障车辆安全运行，保险人或其受托人根据被保险人请求，为被保险机动车提供车辆安全检测服务，车辆安全检测项目包括：

① 发动机检测（机油、空滤、燃油、冷却等）；

② 变速器检测；

③ 转向系统检测（含车轮定位测试、轮胎动平衡测试）；

④ 底盘检测；

⑤ 轮胎检测；

⑥ 汽车玻璃检测；

⑦ 汽车电子系统检测（全车电控电器系统检测）；

⑧ 车内环境检测；

⑨ 蓄电池检测；

⑩ 车辆综合安全检测。

（2）责任免除

① 检测中发现的问题部件的更换、维修费用；

② 洗车、打蜡等常规保养费用；

③ 车辆运输费用。

（3）责任限额

保险期间内，本特约条款的检测项目及服务次数上限由投保人和保险人在签订保险合同时协商确定。

3. 代为驾驶服务特约条款

（1）服务范围

保险期间内，保险人或其受托人根据被保险人请求，在被保险人或其允许的驾驶人因饮酒、服用药物等原因无法驾驶或存在重大安全驾驶隐患时提供单程30公里以内的短途代驾服务。

（2）责任免除

根据所在地法律法规、行政管理部门的要求，无法开展相关服务项目的情形。

（3）责任限额

保险期间内，本特约条款的服务次数上限由投保人和保险人在签订保险合同时协商确定。

4. 代为送检服务特约条款

（1）服务范围

保险期间内，按照《中华人民共和国道路交通安全法实施条例》，被保险机动车需由机动车安全技术检验机构实施安全技术检验时，根据被保险人请求，由保险人或其受托人代替车辆所有人进行车辆送检。

（2）责任免除

① 根据所在地法律法规、行政管理部门的要求，无法开展相关服务项目的情形；

② 车辆检验费用及罚款；

③ 维修费用。

五、国外的汽车保险

如同汽车品牌在全球令人应接不暇一样，汽车保险在世界各国特别是在汽车产业发达的国家更是异彩纷呈，名目繁多的车险费率和车险服务在车主们身后构筑出了一道强大的安全屏障。

（一）美国的汽车保险

在美国，平均每年发生的车祸多达两千多万次，其中约有 3.5 万人丧生车祸，受伤者数以百万计，由其造成的经济损失超过 1000 亿美元，车祸的赔偿数额高如天文数字，其中包括财产损失、医疗费用、法律费用和收入损失的赔偿。在美国各州有着不同的汽车保险政策，但大多数的州法律都强制车主投保汽车责任险以及个人伤害险，并要求随车出示有效保险证件。美国保险公司提供的汽车保险种类繁多，但概括起来通常包括五大项。

1. 责任险

这是法律要求车主必须购买的险种，包括财产损害责任险和人身伤害责任险。当驾驶人因自身过失造成对方汽车损坏或身体受伤时，保险公司将代其承担赔偿责任。但这种保险并不负责肇事人自己的汽车与身体损伤。而且，如果肇事人造成对方的损失超过其投保的赔偿限额，保险公司也不会支付超出的部分。

2. 碰撞险

主要用于支付因驾驶人自身过失发生碰撞造成自己的汽车和身体上的损伤，包括与其他车辆发生碰撞、撞上栏杆或树、汽车侧翻、行驶过坑洼路面导致的汽车损坏等。许多租车、拥有新车或贵重汽车的人都会购买这项保险，以弥补因自己的过失对爱车造成的损失。

3. 意外险

主要赔偿被保险车辆由于被盗以及由于周围环境因素所造成的损失。这主要是由于在美国的许多大城市，汽车被盗或被砸的事情时有发生，因此许多居住在大城市且有新车或贵重汽车的人，愿意一年花上百美元买这种保险，以免去许多后顾之忧。但在小城镇或治安良好区域居住的人，却不一定非买不可。值得注意的是，这项保险还支付因意外事故造成汽车的损失，如汽车停在路边，因树木掉落在车上造成车的损伤等。

4. 对方无保险或保额过低险

这种保险从名称上看会觉得有点怪。在美国根据法律规定，发生保险事故时，即使被保险人无过失，但如有过失的对方身体受伤，且没有参加保险，或者保额很低，以至于无法支付全部或部分的治疗费用，则须由被保险人代其支付。因为在美国有不少穷人不买汽车保险，为此一些州制定法律，遇到这种情况就由无过失但有保险的一方支付治疗费用。此项保险在这些州是强制性的，非常不公平。好在此项保险费用很低，一般在 10—20 美元。

5. 医疗费用保险和个人伤害保险

医疗费用保险是指当意外发生时，无论责任在哪方，保险都将赔付驾驶者本人以及车上的乘客或者被保险人授权的司机的医疗费用或丧葬费用，但不包括误工费和其他因身体伤害而产生的费用。有的保险公司的这种保险甚至会赔付被保险人以及其家人走在路上、或乘坐其他人的汽车时被其他车辆所撞导致受伤的医疗费用。

个人伤害保险与医疗费用保险类似，但保障范围更加广泛，包括误工费等其他费用。

以上保险的保险费合计从六七百美元到数千美元不等。之所以保费相差悬殊，是因为车主的个人情况、汽车种类、居住地区等因素有很大差异。即使同一项保险，卖给不同的人，也会有很大差别。美国的保险公司向汽车用户提供服务和收费时，在保险标的汽车相同的条件下，保险公司在确定保险费率时更多考虑的是人的因素，而不是车的因素。一般来说，保险费的多少与投保专案多寡、保额限度、自付金额高低，以及投保人的年龄、性别、驾驶经验、违规记录、信用分数、抽烟与否、婚姻状态、居住地点、职业和汽车价值、汽车类型等都有直接的关系。在美国影响汽车保险费率高低的人为因素主要有以下几点。

（1）驾驶记录。上一年既没有发生应承担责任的交通事故，也没有由于违章驾驶而被处以交通罚款的驾驶者，在续保时，保险费率会在原来的基础上下降 10%—15%；反之，保险费率会上升，上升的幅度依事故的大小、投保人应承担责任的轻重、被罚款的多寡而定。

（2）驾驶者的年龄因素。在其他条件完全相同的情况下，保险公司对中年人收取的保险费最低，对老年人收取的保险费稍高一点，对未婚的青年人，特别是十七八岁的男青年收取的保险费最高。

（3）家庭成员因素。在美国，由于成年人几乎人人开车，所以用一个家庭成员的名字投保的汽车，其他的家庭成员不可能完全不开。因此，保险公司对家庭成员多的车主收取的保险费高，对家庭成员中有 16—25 岁未婚青年的车主收取的保险费尤其高，反之就低。还有，如果一个家庭有多辆汽车在同一个保险公司投保，第一辆之后的汽车就可以享受到保险费的优惠。这主要是因为车多，平均每辆车出行的时间会相对减少，从而发生交通事故的概率也相应降低一些。

（4）信用分数。有不少保险公司在计算保费的时候也会考虑投保人的信用分，有研究数据认为，信用分低的人申请理赔的概率更高，而且更容易会虚报高额数目甚至骗保。另外信用分低的人士可能也会被要求一次性购买半年或一年的保险，以免拖欠保费。

（5）职业。部分保险公司会将驾驶人的职业跟意外风险挂钩，比如货车司机或者记者这类经常要在外开车的职业跟飞行员空姐这类开车机会较少的职业相比，遇到意外的概率自然会更高些，相应的保险费也更高；又或者警察、医护人员、保险业人员可能会交较低的保险费，因为从事这类职业的人士会被认为行事更谨慎。

（6）地区因素。大都会地区的汽车保险费率相对较高，而在郊区和农村地区的汽车保险费率较低。另外，当地人的失业率、犯罪率、无保险司机比例等也会对保费有影响，因为高危地区的车子被偷被砸的机会也会更大。

综上所述，在美国汽车保险费率的厘定更多地关注投保人的因素，通过对投保人上述因素的综合考虑，来确定所投保汽车的保险费率高低，从这一点上来看，也充分体现了保险的公平和效率原则。

此外，美国还有一种租车保险。各州各地区的保费也不同，大约每日为10—20美元。一般而言，被保险人给自己汽车买的保险，也可用于所租用的车。如果被保险人为自己的车购买了全额保险，就可以不买租车保险。但是如果被保险人自己的车只买了责任保险的话，就必须为所租用车辆购买碰撞保险和意外保险，否则一旦出事，就须自掏腰包。

在美国，一旦投保了汽车保险，保险公司会给投保人一大堆资料和文件，其中有一张小小的保险卡，上面记录有被保险人的名字、地址、车型、车号、出厂时间，以及保险公司名称、联系电话和保险生效时间等资料。这张保险卡被保险人要随身携带，一旦发生车祸，无论谁的责任都应立即通知自己的保险公司。如是他人的过失，更要将其姓名、电话、车号、车型、发生事故的时间和地点及其保险公司记录下来，通知保险公司。如果被保险人的车辆受损，应由保险公司验车后，再送到指定的车厂估价和修理。

（二）德国的汽车保险

作为汽车王国，德国如今平均每百人中就有59人拥有汽车。因此汽车保险也是汽车管理体系中极其重要的一环。目前，德国的汽车保险主要有"赔偿责任险"和"车辆自身险"两大类。

1. 赔偿责任险

该险种对驾驶员在驾车时给他人造成的人身、财产损失承担赔偿责任。在发生交通事故后，责任方的保险公司要向对方支付用于伤员救治、汽车修理、交通补贴以及损坏物品的赔偿等费用。在德国，"责任险"是一种强制性的汽车保险，无论是新车还是二手车，或是从亲戚朋友处过户来的汽车，都必须首先到保险公司为汽车投保此类保险，否则汽车无法注册。

2. 车辆自身险

该险种是一种自愿投保的汽车险种，包括自身部分险和自身全险。车身自身部分险主要涉及暴风雨、冰雹、闪电或洪水等自然灾害，或者火灾、爆炸和失窃，或者与牛、羊、马等哺乳动物相撞，或者车辆玻璃破损等情况，保险公司为此应承担相应的赔偿和修理费用。车身自身全险除了涵盖自身部分险的范围外，还包括因他人故意破坏造成的车辆损坏，或因交通事故（包括责任方在自己）给自己车辆造成的损坏。需要注意的是，即使损失完全是投保人的过错造成，保险公司也将负责理赔。赔付包括受损车辆的修理、更换费以及伤亡人员的医疗和殡葬费。据统计，德国的绝大多数新车车主都会上自身全险，等车辆使用四五年后，再改上自身部分险。

除此之外，还有对车上的乘客因撞车事故而致伤、残、亡等进行经济赔偿的"乘客意外险"，以及为投保人在发生交通纠纷的情况下诉诸法律打官司提供经费支持的诉讼费用险等。当然，这些保险项目都是自愿投保的。

德国汽车保险费的计算与美国相似，保费多少与汽车的品牌、种类、新旧程度和注册的地区等因素有关。汽车注册地区的汽车拥有量、交通管理情况、治安情况、失窃可能性的大小、甚至修理费用的高低决定了汽车保险费的高低。柏林是德国的首都，人口众多，汽车密度高，交通管理比较复杂，汽车失窃和被破坏现象时有发生，于是同一辆汽车如果在柏林注册，其保险费就比在波恩注册整整高出一个档位。因此一些在柏林和波恩都有住所的人就会选择在波恩注册自己的汽车。

另一个与美国汽车保险的相同点是，德国的汽车保险费也实行"奖优罚次"。即如果在保险期限内被保险人没有向保险公司索赔，则第二年续保时汽车的保险费就会调低一个档位；但一旦发生事故并由保险公司进行了赔偿，则次年的保险费就会上调三个档位。并且保费的档位越高，档位之间的差额就越大。

另一与风险挂钩的政策是"如果投保人是新手，保费将是标准费率的 260%，如果在当年投保期间出现事故，第二年保费会在前一年的基础上提高约 35%。但如果未出现事故，第二年保费下降到标准费率的 140%，然后再下降到 100%，之后如果一直不出险，保费将非常缓慢地逐年下降，最低可降至标准费率的 35%"。这样的政策既鼓励了驾驶员安全驾驶，又有利于保险公司赢利。

此外，保险公司在理赔时还实行一条"责任处罚"原则，即每次理赔不论赔偿额多少，投保人自己都必须承担 325 欧元。这些做法除了提醒投保人要尽量避免事故外，也能促使投保人自己处理小的事故，从而降低保险公司的理赔成本。

近年，德国的一些车险公司联合决定要将车辆的车险保费和车主的违章超速记录挂钩，简单地说就是超速越多，车辆的车险保费也会越贵。部分车险公司已经在实施这一政策，其他车险公司虽然还没有具体要加收保险费的举措，但已经开始要求车主在投保时，必须出示自己的违规记录。

（三）日本的汽车保险

日本的汽车保险由强制保险与自愿保险两部分组成。

1. 自赔责保险

自赔责保险即第三者人身伤害保险。该险种为强制险，每一个驾驶员必须购买。该险种自 1955 年 7 月开办，只负责被保险人因交通意外所引起的对他人人身伤害的赔偿，无论在事故中被保险人是否有过失，保险人都承担赔偿责任；在该保险项下受害者可以直接向保险人请求赔偿，同时第三者人身伤害保险对在事故中受伤害的被保险人的亲属也承担赔偿责任，其最高赔付限额为死亡 3000 万日元，永久伤残 4000 万日元。未参加该保险的驾驶员驾驶汽车，将被处以十二个月的监禁或 50 万以下日元的罚金。

从 2017 年 4 月 1 日起，日本的强制性汽车保险的保费费率平均降低 6.9%。2018 年再次将费率下调 2%—3%。

2. 自愿保险

主要有自损事故保险、驾驶他车保险、无保险车伤害保险、对人赔偿保险、对物赔偿保险、搭乘者伤害保险、车辆保险等险别。

（1）自损事故保险。主要负责被保险人因自己的过失造成自身的伤亡，最高赔付限额低于自赔责保险，为 1500 万日元，该险种不负责被保险人的财产损失。

（2）驾驶他车保险。负责被保险人在使用他人车辆的过程中所造成的对第三者的人身伤害及财产损失以及自身的伤亡，其保障程度与被保险车辆等同。

（3）对人赔偿保险、对物赔偿保险。所负责的是对交通事故中受伤害的第三者的人身伤害及财产损失的赔偿，其中对人赔偿保险所保障的是自赔责保险赔偿不足的部分，但对在事故中受伤害的被保险人的亲属不承担赔偿责任。

（4）搭乘者伤害保险。对车上人员的人身伤害承担赔偿责任。

（5）车辆保险。所负责的是车辆因碰撞、火灾等原因所造成的损失。

（6）无保险车伤害保险。承保被保险人及其家人被未参加保险的车辆伤害的保险责任。这里的无保险车是指致害方未投保对人赔偿保险，或虽投保了对人赔偿保险但事故属于保险人的免责范围，或是致害人对人赔偿保险的保额过低。

自 1998 年开始，日本政府废除了各保险公司使用算定会费率的义务，保险费率进入了自由化时代。现在，日本的各家保险公司所开发的保险产品和费率存在较大差异，尤其是汽车保险产品更是呈现出多样化的态势。

比如，AIG 属下的 AMERICAN HOME 保险公司设计开发出的"风险细分型汽车保险"，根据每个驾驶员的危险度收取保费，除了考虑汽车种类、事故经历等风险因素外，还把驾驶员的年龄、性别、行驶区域、车辆使用目的等作为新的厘定费率的因素。这种做法大大降低了危险度低的驾驶人员的保险费，最大降幅为30%；SECOMU 东洋财产保险公司的成本返还型汽车保险，因其以直销方式销售，节省了代理店的手续费开支，故价格比较低廉，与过去的保险产品相比，所有投保者的保险费大约降低了20%；日本安田火灾海上保险公司则以顾客需求为中心开发出具有创新意义的保险商品——需求细分型汽车综合保险 ONE。

当然，保险自由化也引起了价格大战，无实力的中、小保险公司不断被市场淘汰。目前，汽车保险市场70%的业务集中在安田火灾、东京海上、三井住友等保险公司手中。

现在，根据保险业环境的变化和顾客需求，打破常规，为顾客度身制造保险产品已成为日本保险公司的一种时尚。例如，前述日本安田火灾保险公司开发的需求细分型汽车综合保险 ONE，该产品细化了等级费率，在原算定会确定的 16 等级费率基础上，又增加了 16-1、16-2、16-3 三个等级，避免了多年处于 16 级的人与刚刚达到 16 级的人在出现事故时降为同一等级，极大地满足了投保人对费率公平的需求。同时为了满足不同投保人的保障需求，该产品还设计了众多的附加险供客户选择，如：临时司机特约、家用摩托车特约、高尔夫特约，并为依靠消费信贷购买机动车辆者提供超过一年的长期特约保险。该产品还很重视对家庭成员利益的保障，改变了以往在驾驶员有过错死亡的情况下，保险公司按过错程度免赔部分或全部保险金的做法。在日本新闻媒体进行的保险产品市场调查中，ONE 产品被评为公众最满意的财产保险产品。

伴随资讯技术的发展，顾客也不再满足单纯由代理店提供服务的模式，为此，各保险公司相继建立了先进的电脑系统，以便为顾客提供资讯的收集、分析、管理以及保险产品的销售与售后服务，从而使应用资讯技术的新型服务在汽车保险市场上得到了迅速发展。

专栏 6-4　自动驾驶车险

近年来，智能汽车发展势头迅猛，不但多家互联网巨头纷纷试水，传统车企也不甘落后，紧盯这一发展趋势进行产业转型升级。目前，全球将近 100 家无人驾驶公司，包括谷歌、阿里、U-ber、特斯拉、通用、福特等纷纷作出了向完全自动驾驶领域进军的规划。几乎大部分的巨头和创业者都透露，2020 年前后，无人驾驶汽车将陆续投入生产。无人驾驶时代已经临近，这次革命，将对汽车链条中占有重要地位的车险业，带来巨大的挑战与机遇。

对车险业的挑战主要有以下几点：①自动驾驶汽车行驶的不稳定因素减少，与传统汽车相比，事故发生率减少，风险降低，相应的保费也会降低；②由于无人驾驶汽车存在费率厘定难、事故责任认定难等问题，汽车制造商有极大可能对车辆事故责任进行全额承担，此时，汽车制造商替代了"保险公司"事故承保的角色，车辆出厂时事故维修成本就被计算到车价之中，车主就不再需要通过汽车保险公司购买车险，传统车险不再有销售市场；③自动驾驶汽车中的"高科技配置"大大增加了车险公司查勘定损估价的难度。

为车险业带来的机遇主要依赖于自动驾驶汽车大数据和先进的高级驾驶辅助系统（ADAS 系统），可以帮助车险公司实现更加科学合理的车险定价；杜绝骗保行为，实现更加精准的保险反欺诈，大幅降低车险赔付率；提供更加优质的理赔服务，提高客户满意度。

国外多家保险公司已经在自动驾驶车险领域布局。英国保险公司 Adrian Flux 于 2016 年公布了一个关于无人车的保险政策，是英国第一条关于无人车驾驶的保险政策。此前，法国安盛集团与英国政府在无人驾驶方面展开了合作，包括利用传感器探测路况、驾驶员驾驶行为研究等。日本东京海上日动火灾保险自 2017 年 4 月起，把自动驾驶期间的交通事故纳入车险的赔付对象，在汽车保险合同签约以及续约时以特别条款的形式，将这项车险免费提供给所有保户。

专栏 6-5　UBI 车险

UBI（Usage-based insurance）是基于使用量而定保费的保险，而 UBI 车险可以理解为一种基于驾驶行为的保险，是能依据驾驶行为来调整车险的新型保费模式，可以通过车联网、智能手机和车载自动诊断系统（OBD）等联网设备，将车主的出行习惯、用车信息和生活环境等信息综合起来，根据每位车主的不同情况实现多维度定价。

对车险经营者而言，UBI 可以带来合理定价、科学产品、精准获客、减少事故发生、赔付率下降、提高运营效率、提升客户体验等益处，有助于推动险企转型升级。对车主而言，UBI 能合理反映驾驶者的保险和风险成本，体现保费公平；通过个性化的定价模式，改善驾驶员的安全驾驶行为；还可以通过对远程数据进行收集分析，提高事故处理时效，协助追踪盗窃车辆等。

2020 年 7 月 9 日，中国银保监会发布《关于实施车险综合改革的指导意见（征求意见稿）》，这是我国首次将 UBI 车险引入车险改革意见，指出"探索在新能源汽车和具备条件的传统汽车中开发机动车里程保险（UBI）等创新产品"。而业内也普遍认为，相比于费率改革，产品创新更能有效地引导车险行业走出瓶颈期。

早在 2009 年，美国、欧洲就开始陆续推广 UBI 服务，其中作为典型的是 2011 年创立的总部位于旧金山的汽车保险初创公司——Metromile。Metromile 提供的是按里程收费的汽车保险，以改变传统的固定收费模式，让开车少的人支付更多的保费，实现里程维度上的个性化定价。

（四）英国的汽车保险

英国汽车保险历史悠久，世界上第一张汽车保险单便诞生于此。发展到今天，汽车保险已经相当成熟，分食车险市场蛋糕的众多车险公司各有专长，各有侧重。

据英国承保人协会统计，1998 年在普通保险业务中，汽车保险业务首次超过传统的财产保险业务，保险费达到了 81 亿英镑，汽车保险费占每个家庭支出的 9%，足见其重要地位。英国车险保单非常细化，普遍实行"随车随人"的要素费率。在英国，车辆状况和驾驶员状况，如车型、车龄以及车主性别、年龄、婚姻状况、住址、驾驶记录、甚至学习成绩等都会影响到保险费率的高低，其中驾驶员的经历对于保费的影响最大。一般说来，对在 5 年之内有违章记录的驾驶员，比如被交通管理部门判定为"危险驾驶"的驾驶员，其保险费率要高出没有违章记录者的 20% 左右。如果连年没有违章记录，则保费会给予很大优惠。如英国康希尔保险公司（Cornhill）规定，投保人在续保时，如果在 1 年期满无事故索赔，保险费率优惠 30%，连续 2 年期满无事故索赔，保险费率优惠40%，连续 3 年期满无事故索赔，优惠 50%，连续 4 年期满无事故索赔，可优惠 60%，连续 5 年期满无事故索赔，优惠可高达 65%。许多连续多年没有违章记录的人保费可降到 200 英镑。

目前，英国的车险主要包括：第三者险、第三者险加防火防盗险及全包性保险。

1. 第三者险

这是法律要求的强制性保险，也是最基本的险种，每一位车主必须要买。在车主或其允许的合格驾驶员在使用保险车辆中发生意外交通事故，造成他人（第三者）人身伤亡或车辆等财产的直接损毁时，依法应当由车主支付的赔偿金额将转由保险公司赔付。但车主自己的损失不在保险公司的理赔之列，只有自己掏腰包解决。

2. 第三者险加防火防盗险

正如字面上所表述的，这项保险是在第三者险的基础上加保车辆的防火和防盗险。投保车辆一旦被盗或被火灾损坏，保险公司将负责理赔。

3. 全包性保险

该项保险是覆盖范围最广的车险，除了包括第三者险加防火防盗险的承保内容外，还对被保险人及其所驾车辆、车上物品在意外交通事故中的损失进行赔偿。特别重要的是，即使损失完全是因被保险人的过错所造成，保险公司也将负责理赔。赔付包括受损车辆的修理、更换费用以及伤亡人员的医疗和殡葬费用。保险业务员一般都建议车况不错的车主投保全险，这样被盗被抢都能得到补偿。

同日本一样，英国也充分利用现代先进通信技术来提高服务的效率和质量。许多保险公司都拥有自己的电话销售系统。最近几年，随着互联网的普及，车险产品网上直销正被越来越多的客户接受，电话销售和网上车险产品销售已超过总业务量的一半。现在，在英国投保车险，完全可以通过在家里点击鼠标来实现。只要进入著名的"英国网上汽车保险"网，根据上面的提示填写自己的基本情况，该网站便能从加盟的数百家从事车险业务的保险公司中挑选出最适合的公司供投保者选择。若投保者再把自己及车辆的相关资讯填写在车险公司的试算表上，便能很快得到保险公司为其量身定做的车辆保险和人身保险报价。如果客户觉得合适，可以在网上签订保险合同，再通过在线支付手段付款。而所有这一切，可能只需要短短几分钟的时间。此外，英国还有很多车险的比价网站。目前绝大部分车险公司都加入了各大车险的比价网站，同时为了吸引客户，车险公司会在比价网上给出优惠。有的车险公司甚至为了节约自己网站维护升级的成本，直接将自己的系统接到比价网上。比价网在显示各大车险价格之后，会直接引导用户返回到公司的网站，十分便捷。

（五）巴西的汽车保险

在巴西，汽车保险是保险公司提供的主要服务之一。随着巴西保险市场的不断开放，汽车保险业也越来越呈现出人性化、个性化的特点。投保人可根据自己的不同需要，选择相应的汽车保险及不同的服务。

在巴西，投保人除了享受最基本的保险服务，例如汽车丢失、损坏赔偿之外，还可以根据自己的需要选择一项或多项其他服务，例如汽车配件维修、车辆预订、投保人的个人保险等。每个保险公司都有自己的 24 小时服务电话，并在全国各地甚至周边国家设立了分支机构，以保证在最短时间内为客户提供服务。

巴西保险公司的服务细致周到，投保人因投保的险种不同而享受不同的服务。例如，投保人可以只为汽车玻璃投保，在投保后即使玻璃上出现非常细小的裂纹，只要投保人打个电话，保险公司就会马上派人修理。而如果投保人车辆被盗或者受到严重损害，保险公司的车辆预订服务会为这些暂时没有车开的人提供便利。在车辆损坏需要维修而暂时无法使用的情况下，保险公司可以向投保人提供事先预定的车辆，直到受损车辆维修结束，期限最长为 15 天；在汽车丢失或者严重破坏永久无法使用的情况下，保险公司可为投保人提供事先预定的车辆直到保险人支付了全部赔偿金为止，期限最长为 30 天。投保人在购买汽车保险之后，就可以享受到相应的人身保险保障，在全国境内任何一个地方发生车祸受伤、致残或身亡，都可以获得赔偿，这种赔偿并不局限于受保车辆的车祸。

综上，各主要发达国家汽车保险的种类和保费的具体计算方法虽不尽相同，但也有规律可循，比如许多国家都实行汽车保险的自由费率，保费厘定参考"随车""随人"及"随地"因素，而除了第三者责任险为强制保险外，其他险种多为自愿投保。这些经营之道很值得尚处在发展时期的我国汽车保险业参考借鉴。

六、我国的汽车保险改革

（一）2003 年车险费率市场化初试

1. 改革背景

机动车辆保险是我国保险市场上财产保险的主要险种，保险费收入一直位居财产保险业务的首位。2010 年全国机动车辆保险保费收入为 3004.2 亿元，占财产保险保费总收入的 70%左右。因为机动车辆保险的业务规模之大、保费收入之多、赔付占比之高，一直以来对我国财产保险的经营有着举足轻重的影响。

1998 年中国保监会成立以后，针对机动车保险市场的无序竞争局面，先后出台了一系列整顿机动车辆保险市场的规章制度，在除深圳以外的全国范围内统一机动车辆保险条款及费率，监制机动车辆保险单，打击机动车辆保险经营中的违规行为。不可否认，实行这种高度集中的保险管理体制，在保险市场不发达、保险经营主体的内控和自律能力较差、消费者保险意识不强的情况下，便于操作和管理，有利于维护被保险人的利益和良好的市场秩序。但随着保险市场的发展，其弊端也逐渐显现出来。

（1）全国统一的保险费率偏高。在 2003 年 1 月 1 日以前，根据我国机动车辆保险的制度规定，机动车辆保险条款和保险费由保监会统一制定。各保险公司在保险条款和费率上没有什么区别。如果一个家庭买一辆 10 万元左右的轿车，一年需各种费用 1.2 万元左右，其中保费就达 4000 元左右，高昂的费用让许多本来有买车意愿的家庭望而却步。

（2）费率的厘定忽略了最根本的人的因素。对投保人的驾驶记录、投保人的年龄、投保人的家庭成员结构和投保人所处的地区，以及投保人的工作性质，不作任何区分，实行"大一统"的费率征收保险费。如此一来，保险费率的厘定根本不能促进投保人谨慎驾驶，不利于减少交通事故的发生，更无从体现保险活动中的公平和效率，因而不利于整个社会提升风险防范意识。

（3）费率不能真实反映车险业务的经营成果和管理成本。我国的汽车保险保费偏高，而且从学术角度讲，肯定存在暴利。这种巨大的利润空间，在一定程度上助长了高手续费、高返还、变相退费等保险市场的恶性竞争行为。

（4）市场集中度高。中国人民保险公司、中国太平洋保险公司和中国平安保险公司三家公司就占据了 90％以上的市场份额。

2. 改革目的

2001 年 10 月，中国保监会在广东开始进行汽车保险费率改革的试点工作，保险人可以自己确定保险费率。2003 年 1 月 1 日，在全国范围内全面实施新的车险条款费率管理制度，车险条款和费率由各保险公司自主开发和厘定，原统颁条款（包括使用统颁条款费率打折的产品）即日起废止。这次推进车险费率市场化的主要目的在于以下两点。

首先，由于实行统一的市场费率致使车险费率高居不下，保险公司在高费率、高成本、高手续费、低利润的情况下经营，这既有损保险客户的利益，又不利于行业自身的健康发展。费率市场化改革有利于打破行业垄断格局，从而保护消费者利益。

其次，希望通过费率市场化促进保险公司为占据有利的市场地位，提高服务质量和公司整体运行效率，从而控制经营成本，降低车险费率，这样不仅有利于保险消费者，还能促进保险公司在竞争中提高竞争实力，并建立起车险市场的竞争机制。

3. 改革结果

在全面市场化的推行过程中遇到了诸多的问题：首先，各家公司单纯为了市场份额进行恶性竞争，导致费率下降、手续费被抬高，从而各家公司经营出现亏损，市场一度陷入混乱；其次，保险公司经营亏损，经营风险增大。由于大部分公司多年来未注重经营数据的管理，导致费率市场化以后难以进行精确定价，各公司大都随行就市，当费率不断被压低、手续费不断抬高后，保险公司陷入车险经营亏损，改革以失败告终。

（二）新一轮车险条款费率改革

2006 年，新一轮的车险条款费率改革启动，并在同一年推出了机动车交通事故责任强制保险（以下简称"交强险"）。伴随着交强险的实施，车损险和商业第三者责任险发生了重大变局。这一轮的条款费率改革主要是由保险行业协会统一制定基本险（车损险和商业第三者责任险）条款和费率，将基本险条款分为 A、B、C 三款，并厘定相应的费率，各家保险公司只能从这三款条款费率中进行选择并执行，但附加险的条款费率还是由各家保险公司自己制定。

2007 年，保险行业协会出台了 2007 版机动车商业保险行业基本条款，该条款在 2006 版车险行业基本条款基础上扩大了覆盖范围，除原有的机动车损失保险、机动车第三者责任保险外，又将机动车车上人员责任险、机动车全车盗抢险、玻璃单独破碎险、车身划痕损失险、车损免赔额险、不计免赔额率险六个险种也纳入了车险行业基本条款的范围，共计八个险种。2007 年末，交强险费率听证会在京举行，随后中国保监会对交强险的责任限额、费率水平双双进行调整，规定各家保险公司出具的车险保单最低折扣不能低于七折，从而进一步加强了费率的统一性。

2007 年 8 月，平安保险公司根据其建立了多年的电话直销平台积累的直销业务，经过中国保监会的批准率先推出了电话直销费率，费率市场化改革又向前迈进了一步。

（三）费率市场化重启

2011 年 3 月，中国保监会下发《关于开展完善机动车辆商业保险制度调研工作的通知》，成立了完善商业车险制度调研工作组，制定了《关于开展完善机动车辆商业保险制度调研的工作方案》，再次正式启动了商业车险条款费率管理制度改革工作。

2011 年 10 月底，中国保监会发布了《关于加强机动车辆商业保险条款费率管理的通知（征求意见稿）》（以下简称《通知》），费率市场化开始走上征程。

《通知》规定：经营商业车险业务 3 个完整会计年度以上；连续两年综合成本率低于 100%，且偿付能力充足率高于 150%；上年度承保车辆数达 30 万辆以上的保险公司可自行拟订条款和费率。根据分类监管的理念，《通知》对不同的保险公司规定了差别化的车险产品开发机制。与风险水平相关的纯损失率由行业统一制订，保险公司可以在一定范围内自主确定附加费用率，但原则上预定附加费用率不得超过 35%。保险公司可以根据电话、网络、门店等不同的销售渠道，拟订不同的附加费用率水平；商业车险基础费率浮动因子可根据车型、机动车辆使用性质、维修成本及地区差异等合理设置。

这次改革背景不同于以往。2010 年，我国财险首次实现全行业承保盈利，进入了承保景气周期。相对于 2003 年的环境，车险信息平台已比较完善，增强了产险公司的辨识力，为市场的理性竞争提供了可能。随着监管体系和能力的加强，为防范恶性竞争提供了一道安全屏障。

此次改革的一个重要特点是差异化，在管理模式方面，条款费率管理分为由行业协会制定的"示范条款"（《机动车辆商业保险示范条款（2012 版）》）和"参考纯损失率"，同时，从鼓励创新的角度出发，允许符合条件的保险公司独立开发条款费率，以打破单一模式，满足多样化的市场需要。

而根据分类监管原则，对不同资质的公司实行差别化的车险产品开发机制，是此次费率改革的关键之一。

（四）商业车险改革进一步深化

2015 年 2 月，中国保监会下发《关于深化商业车险条款费率管理制度改革的意见》（以下简称《意见》），立足于我国现阶段商业车险条款费率管理的实际，吸取 2010 年以来商业车险改革试点的经验，参考国际上保险业发达国家车险费率市场化改革的路径，明确商业车险条款费率管理制度改革的指导思想、基本原则和主要目标，提出建立健全商业车险条款费率形成机制的意见，强调加强和改善商业车险条款费率监管的具体举措。随后，同年 3 月印发《深化商业车险条款费率管理制度改革试点工作方案》的通知，这标志着我国进入了车险条款和费率市场化改革的新阶段，这一阶段改革简称为"商车费改"。黑龙江、山东、青岛、广西、陕西、重庆等六个地区被作为首批商业车险改革试点地区，随后逐渐扩大试点区域，最终于 2016 年 7 月在全国推广开来。

同时，中国保险行业协会也根据《意见》的要求，对 2012 年的示范条款进行了全面梳理和修订，于 2015 年 3 月发布了《中国保险行业协会机动车综合商业保险示范条款（2014 版）》。新的示范条款扩大了保险责任的范围；彻底解决了"高保低赔"与"无责不赔"的问题；完善了条款的体例结构；修正了歧义概念与表述。新版示范条款更加符合社会公众的需求。

本阶段改革增加了四个费率调整系数，分别为无赔款优待系数（NCD 系数）、交通违法系数、自主核保系数和自主渠道系数。后两个调整系数是本阶段改革最大的亮点，其赋予保险公司自主定价权。2017 年 6 月，中国保监会下发《关于商业车险费率调整及管理等有关问题的通知》，又于 2018 年 3 月下发《关于调整部分地区商业车险自主定价范围的通知》，进一步放宽四川、山西、福建、山东、河南、厦门、新疆 7 个省市自治区的商业车险自主定价范围。随后，2018 年 4 月，中国保监会发布《关于开展商业车险自主定价改革试点的通知》，通知允许广西、陕西、青海三个试点地区实行完全自主定价，即商业车险费率中的自主核保系数和自主渠道系数由原来的限定浮动区间调整为完全自行确定，第一次实施了完全意义上的自主定价，给车险市场主体带来更大的自主定价空间，也为车险市场创造了更大的创新和发展空间，保险的社会职能得到逐步提升和完善。

2018 年 7 月，中国银保监会印发了《中国银保监会办公厅关于商业车险费率监管有关要求的通知》，保险公司相继开始执行手续费"报行合一"制度，在一定程度上对市场主体的手续费竞争起到了限制作用。

自 2015 年启动的商业车险改革带来了经济效益和社会效益的双提高，保险企业逐渐注重开发多元化产品或开展差别化增值服务，创造车险市场差异化经营氛围，也为消费者提供了高质量的实惠车险价格和服务。

（五）车险综合改革阶段

虽然我国车险已经过多年的改革发展，取得了积极成效，但高定价、高手续费、经营粗放、竞争失序、数据失真等问题仍然较为突出，离高质量发展要求还有较大差距。为此，中国银保监会在 2020 年 1 月发布的《关于推动银行业和保险业高质量发展的指导意见》中提出"推动车险综合改革，完善车险条款和费率形成机制"。同年 7 月，中国银保监会下发《关于实施车险综合改革的指导意见（征求意见稿）》公开征求意见的通知，向社会公开征求改革意见，于同年 9 月正式发布《关于实施车险综合改革的指导意见》（以下简称《指导意见》），以"保护消费者权益"为主要目标，短期内将"降价、增保、提质"作为阶段性目标。《指导意见》从提升交强险保障水平、拓展和优化商车险保障服务、健全商车险条款费率市场化形成机制、改革车险产品准入和管理方式、推进配套基础建设改革、全面加强和改进车险监管、明确重点任务职责分工、强化保障落实等方面提出具体改革意见，其中前三部分的主要内容包括：提高交强险责任限额，优化道路交通事故费率浮动系数，理顺商车险主险和附加险责任，优化商车险保障服务，提升商车险责任限额，丰富商车险产品，完善行业纯风险保费测算机制，合理下调附加费用率，逐步放开自主定价系数浮动范围，优化无赔款优待系数，科学设定手续费比例上限等。

同月，中国银保监会发布《关于调整交强险责任限额和费率浮动系数的公告》，并于 2020 年 9 月 19 日正式实施。该公告分为三部分，一是明确交强险责任限额的内容，提高死亡伤残赔偿限额和医疗费用赔偿限额；二是在全国各地区费率浮动系数方案中引入五类费率浮动系数，在一定程度上缓解交强险赔付率在各地之间差异较大的问题，提高部分地区较低水平的交强险赔付率，同时扩大浮动比例的下浮比例以提高对未发生赔付消费者的费率优惠幅度；三是规定新方案实施时间，明确 2020 年 9 月 19 日零时后发生道路交通事故的，新、老交强险保单均按照新的责任限额执行。

中国保险行业协会根据《指导意见》的要求，对 2014 年的示范条款进行修订完善，于 2020 年 9 月发布包括《中国保险行业协会机动车商业保险示范条款（2020 版）》在内的五个商业车险示范条款，确保车险综合改革平稳有序推进。新的《机动车商业保险示范条款》主要有两方面的改进，一是合理删减了事故责任免赔率、无法找到第三方免赔率等免赔约定以及在实践中容易引发理赔争议的免责条款，二是将车损险主险在现有保险责任基础上，增加机动车全车盗抢、地震及其次生灾害、玻璃单独破碎、自燃、发动机涉水等保险责任，并新增车轮单独损失险、医保外用药责任险等附加险和绝对免赔率特约条款、机动车增值服务特约条款等附加条款，为消费者提供更加全面完善的车险保障服务。

针对上一改革阶段新增的四个费率调整系数，本次改革还将"自主渠道系数"和"自主核保系数"整合为"自主定价系数"，并将逐步放开自主定价系数浮动范围，充分发挥市场在车险资源配置中的决定性作用，激发市场活力。

第二节　船舶保险

船舶保险分为远洋船舶保险和沿海、内河船舶保险。

一、远洋船舶保险

远洋船舶保险又称为海洋船舶保险，是海上保险的主要险种之一。其以远洋船舶为保险标的，远洋船舶可在无限航区航行。

（一）远洋船舶保险的保障范围

1. 对财产的保障

主要负责船舶的物质损失，即船壳、机器（包括主机、副机、发电机），导航设备、燃料等。凡属于船舶本身以及附属于船上的财产，并且为船东所有的，均可承保。对财产的保障是船舶保险的主要内容。

2. 对费用的保障

负责船舶的财产损失以外的利益损失。一旦船舶发生事故，除了船只本身遭受部分或全部损失外，还会因船只停航、修理而使船东遭受各种利益损失，如营运费用、运费、贷款利息、利润、保险费损失等。这些利益及费用损失保险人均可赔偿。

3. 对责任的保障

这里的责任可进一步划分为碰撞责任、法律责任和契约责任。

（1）碰撞责任。被作为船舶保险的基本承保责任，在国际上碰撞责任只负责船舶发生碰撞事故后造成对其他船以及包括货物的船上财产损失的赔偿责任。英国的远洋船舶保险碰撞责任保险人只负责四分之三，另外四分之一的碰撞责任留给船东自己负责。而船东应承担的四分之一的碰撞责任可转嫁给船东保赔协会（全称为"船东保障与赔偿协会"，是船东相互保险组织）来承担。

（2）法律责任。船舶失事以后被保险人在法律上应承担的义务，其中包括因被保险人的侵权行为应承担的损害赔偿责任。

（3）契约责任。即船东对货主或者租船人对出租人应付的赔偿责任。

以上三项责任中保险公司可保障的是碰撞责任，法律责任和契约责任主要由船东保赔协会承担，保险公司只承担这类责任中很小的一部分。远洋船舶保险还可附加船舶战争险，以承保海上发生战争或类似战争行为所造成的船舶的损失。

（二）远洋船舶保险的主要条款

1. 碰撞责任条款

该条款对碰撞责任和碰撞分别作了定义，并明确了保险公司对碰撞责任所负的责任范围和赔偿限度。碰撞是指保险船舶发生碰撞事故后引起本身的损失。碰撞责任是指保险船舶对被碰撞船舶应负的赔偿责任。碰撞责任条款项下保险人负责保险船舶对被碰撞船舶应负的赔偿责任。

2. 姐妹船条款

姐妹船是指两条或数条船同属于一个船东，姐妹船之间的碰撞责任或救助不构成法律责任，因此不产生赔偿责任或给付救助报酬的义务。但同一船东的船舶相撞或救助总会造成一定的经济损失，而姐妹船条款的规定可以补偿被保险人的经济损失。在姐妹船条款项下，姐妹船可视为分属两个船东所有，对它们之间的碰撞，按照裁定的责任负责赔偿，对它们之间产生的救助，也按照一般救助惯例支付救助费用。

3. 疏忽条款

疏忽条款规定，保险人承保由于船长、船员过失或疏忽引起装卸货物、燃料的意外事故以及船舶和船上其他地方的爆炸、意外事故及船舶与空中或陆上的有关物体碰撞导致被保险船舶本身的损失。

4. 运河搁浅条款

保险人规定在一些特定运河和运河联结点的搁浅不做搁浅论。

5. 船舶出售条款

船舶保险单是指明保险单，不可以随保险标的转让而自动转让。该条款规定，被保险人在船舶出售以后，如果不向保险公司申请过户，保险单的效力自行消失。但对在航行过程中出售的船舶，保险公司应继续负责到船舶到达目的港为止。

二、沿海、内河船舶保险

我国江河纵横、湖泊众多、海岸线长，可适航范围广泛，并且水运成本低、运量大，因此船舶在国内运输中承担着重要的任务。

沿海、内河船舶保险以在中华人民共和国境内合法登记注册从事沿海、内河航行的船舶（包括船体、机器、设备、仪器和索具）为保险标的，保险人对发生保险责任范围内的自然灾害和意外事故，造成船舶本身损失以及由此支出的合理费用、共同海损的分摊等进行赔付。船上燃料、物料、给养、淡水等财产和渔船不属于本保险标的范围。

沿海、内河船舶保险与远洋船舶保险都可分为全损险和一切险。但沿海内河船舶保险结合国情，对有些风险责任限制得比较严格，其主要原因是沿海内河船舶老、旧居多，船员素质与船舶管理相对于远洋船舶有差距，风险发生的潜在因素较多。故沿海、内河船舶保险责任相对于远洋船舶保险责任范围要窄一些，在责任免除方面也要严格一些。

专栏 6-6　全损险与一切险

全损险是指在保险船舶发生保险责任范围内所列明的灾害和事故致使船舶全损时，保险人负责赔偿的一种保险。全损险包括实际全损和推定全损。实际全损是指发生保险事故后标的完全灭失，或者受到严重损坏完全失去原有的形体、效用，或不能再归被保险人所拥有，包括船舶失踪。推定全损是指保险船舶发生保险事故后，实际全损已经不可避免，或者为避免发生实际全损所需支付的费用将超过船舶的保险价值。

一切险在全损险的保险责任基础上，有条件地扩大保险责任范围。这种责任的扩大包括两个方面：在保险赔偿责任方面，全损险只在船舶发生全损时才赔偿，而一切险则扩大为在船舶发生全损或部分损失时均予赔偿；在承保的风险方面，则增加了保险船舶碰撞他船或触碰他物所产生的对第三者依法承担的赔偿责任和保险船舶所发生的共同海损、救助、施救等费用损失的风险。

下面我们主要介绍沿海、内河船舶保险。

（一）责任范围

1. 全损险

（1）八级以上（含八级）大风、洪水、地震、海啸、雷击、崖崩、滑坡、泥石流、冰凌

（2）火灾、爆炸

（3）碰撞、触碰

碰撞是指船舶在可航水域与其他船舶或与沉没中的船骸发生直接接触或碰击而致使船舶造成损害的事实，不包括浪损和间接碰撞；触碰是指船舶在可航水域内与船舶以外的任何固定的、浮动的物体直接接触或撞击造成保险船舶的损失。

（4）搁浅、触礁

搁浅是指船舶在航行或锚泊中遭受意外造成船舶底部与海底、河床或浅滩紧密接触，处于静止或摇摆状态，并造成船体损坏或停航十二小时以上；触礁是指船舶在航行中发生撞击礁石或搁置在礁石上致使船舶受损的意外事故。

（5）因上述灾害或事故所引起的倾覆、沉没

倾覆是指船舶本身侧倾翻倒，不能恢复正常状态；沉没是指船舶由于舱内进水，失去浮力而致使最高一层连续甲板 1/2 以上浸没在水面之下或沉入水底，丧失其原设计用途。

（6）船舶失踪

船舶在航行期间内，未抵达目的地而又无人知晓其方向，满六个月后仍没有获知其消息即为失踪。

2. 一切险

承保因上述原因所造成被保险船舶的全损和部分损失以及下列责任和费用。

（1）碰撞责任

负责保险船舶在可航水域碰撞其他船舶或触碰码头、港口设施、航标，致使上述物体发生的直接损失和费用，包括被碰撞船舶上所载货物的直接损失，依法应当由被保险人承担的赔偿责任。但保险人仅对每次碰撞、触碰责任负责赔偿金额的四分之三，并且在保险期限内一次或累计最高赔偿额以不超过船舶保险金额为限。对船舶上的货物损失，保险人不负赔偿责任。非机动船舶不负碰撞、触碰责任，但保险船舶由已投保的拖船拖带时，可视为机动船舶。

（2）共同海损、救助及施救费用

负责赔偿依照国家有关法律或规定应当由保险船舶摊负的共同海损，及保险船舶在发生保险事故时，被保险人为防止或减少损失而采取施救及救助措施所支付的必要的、合理的施救或救助费用、救助报酬。但共同海损、救助及施救三项费用之和的累计赔偿额以不超过保险金额为限。

（二）责任免除

1. 船舶不适航、不适拖。包括船舶技术状态、配员、装载等的不适航，拖船的拖带行为引起的被拖船舶的损失、责任和费用，非拖轮的拖带行为所引起的一切损失、责任和费用。

2. 船舶正常的维修、油漆，船体自然磨损、锈蚀、腐烂以及机器本身发生的故障。舵、螺旋桨、桅、锚、锚链、橹以及子船的单独损失。

3. 浪损、座浅。浪损是指由于八级以下风力或水上任何物体（包括船舶）

造成的波浪冲击致使船舶损坏或翻沉；座浅是指船舶在浅水区停泊作业时，因潮汐或装载而引起的船舶吸底现象使船座落在水底造成的损失以及船底与水底摩擦而未搁浅所造成的损失。

4. 被保险人及其代表（包括船长）的故意行为或违法犯罪行为。

5. 清理航道、污染和防止或清除污染、水产养殖及设施、捕捞设施、水下设施、桥的损失和费用。

6. 因保险事故引起船舶及第三者的间接损失和费用以及人员伤亡或由此引起的责任和费用。

7. 战争、军事行动、扣押、骚乱、罢工、哄抢和被政府征用、没收。

（三）保险期限与保险金额

1. 保险期限

国内船舶保险的保险期限最长为一年，不足一年的为短期保险。

2. 保险金额

（1）船舶保险金额的确定要考虑船舶的使用年限、新旧程度、船质结构及用途等因素。

船龄在三年（含）以内的船舶视为新船。

（2）新旧船舶的保险金额的确定。新船的保险价值是重置价值（指市场新船购置价），旧船的保险价值是实际价值（船舶市场价或出险时的市场价）。保险金额按保险价值确定，也可以由保险双方协商确定，但保险金额不得超过保险价值。

（四）保险费率和保险费

船舶保险的费率通常为年费率，在厘定船舶保险的费率时所考虑的因素包括：船质结构、船舶种类、船龄、吨位及航行水域。其中，航行水域区分为长江及其内河线和沿海线两部分。此外，还应该注意以下几方面。

1. 凡船舶航行超出某一类区域时，应以其中较高档次的费率计算。

2. 凡超过国家规定使用期限的船舶，在投保时费率按规定增加 20%。

3. 各种工程船、港务船、渡船或游船可在各类船舶费率的基础上降低20‰。

4. 各种油轮、液化燃气船、运输化学产品的专用船等均在相应费率的基础上增加 50%。

5. 凡从事拖航作业的拖船，年费率增加 20%。

6. 船舶投保航次保险，按年保费的 15% 计算。

7. 保险期限不足一年的，按短期费率计算，不满一个月的，按一个月计算。

案例投影 6-1 是搁浅还是座浅？

案情介绍：2004 年 1 月 1 日，A 进出口公司为其远洋货轮 M 号向 X 保险公司投保了船舶一切险。保险金额为 900 万元人民币，保险期限一年。8 月 1 日，M 号在某码头装载一批货物，未超过核定载重范围。8 月 3 日，当引船员开始欲将该轮引离码头时，发现 M 号已经搁浅。码头工作人员用两条拖轮将 M 号引离码头，M 号在航行 200 米后，发现船底破损进水。事故发生后，被保险人请当地一家船舶修理厂进行修理，支付修理费用 42 万人民币。被保险人就此项费用向保险人索赔。保险人认为造成船舶损失的事故不是搁浅，而是座浅，保险公司不应该承担赔偿责任，因此拒赔。被保险人在多次索赔未果的情况下，向法院提起诉讼。

原告进出口公司称，M 号货轮船底破损进水是搁浅所致，而船舶因搁浅所造成的损失在保险责任范围之内。因此保险人应对由此而产生的修理费用负赔偿责任。

被告保险公司称，搁浅是指船舶在航行中船底意外地与浅滩、礁石等接触，本次事故是被保险船舶在静止中发生的，因而属于座浅而不是搁浅。按照船舶保险条款规定，座浅不在保险责任范围之内。所以保险人对本次事故中的船舶损失不应承担赔偿责任。

分析：根据船舶保险条款，保险船舶由于搁浅所造成的全部损失和部分损失属于保险责任，保险人应负责赔偿。而保险船舶由于座浅而引起的事故损失则属于除外责任，保险人不予赔偿。因此，本案中被告保险公司对原告 A 进出口公司的轮船修理费用该不该赔，关键在于本次事故到底是属于搁浅还是座浅。

搁浅是指船舶在航行中发生意外，船身与河床、浅滩、礁面紧密接触失去继续航行能力，被迫陷于相对静止状态。座浅是指船舶在有潮汐的港口停泊时，由于落潮而造成船底与海底、河底紧密接触，暂时失去航行能力的状况。本案中 M 号货轮所遭遇的事故发生在港口停泊时，而不是发生在航行中，而且又是由于水位降低所致。从这一点上看，很像座浅，但搁浅和座浅在发生地点上的差异只是形式上的差异，而不是本质上的差异。搁浅与座浅的本质的差异在于，搁浅的发生是出乎人们意料之外的，属于意外事故，而座浅是人们事先可以预料到的，因此不属于意外事故。也正是由于搁浅属于意外事故，保险人才对因搁浅所造成的损失负赔偿责任；而因座浅在人们的意料之中，故保险人对座浅所造成的损失不负赔偿责任。

在本案中，M 号货轮之所以与海底接触，造成船底出现裂缝，经查证是船闸意外漏水致使泊位水位降低的结果。而船闸意外漏水是船东事先无法估计到的。所以本次事故不能以座浅论，而只能认为是一种特殊形式的搁浅。被告保险公司认为本次事故是座浅，不属于保险责任范围而拒赔，是没有事实根据和法律依据的。

本案结果：搁浅属于保险责任范围。由搁浅所造成的船舶损失，保险人负有赔偿责任。因此，被告保险公司应该赔偿原告被保险人由此而产生的全部修理费用。

（五）保险赔偿处理

1. 核定责任

（1）确定致损原因。保险人在接到被保险人的出险报告后，应视案情的大小，尽可能立即派人前往出险地点，并及时到出险的港口进行查勘，以确定损失原因。损失原因是保险人是否理赔的重要依据，属于保险责任范围内的损失原因，保险人有责任予以赔偿；反之，可以拒绝赔偿。当然，损失原因的确定是建立在周密、细致的查勘检验和调查核实的基础上的。

查勘的主要任务是：

① 了解出险的经过和原因，包括出险的时间、地点、当时的气候条件及周围的环境等，以掌握第一手资料；

② 组织施救和救助工作，防止损失的进一步扩大；

③ 在涉及第三者责任时，要搜集有关证据并采取必要的措施。

在现场查勘的基础上，保险人需要进行调查核实。这就要求被保险人及时提供与事故的原因、经过、责任、处理等有关的证明材料，以及损失清单、费用单据和保险单等。

（2）确定事故责任。保险人在对事故进行现场查勘、检验和调查核实之后，应作出损失原因是否应由保险人负责的最后判断。导致损失发生的原因有许多，如不可抗力和意外事故、第三方的过失、被保险人的故意行为等。而保险人只负责因保险责任所导致的损失。

2. 赔款计算和注意事项

（1）全损险

船舶发生全损应按照保险金额赔偿。但在保险金额高于保险价值时，以不超过出险当时的保险价值计算赔偿。总的赔偿原则是：被保险人不得超额投保，在任何情况下不能通过保险而获得任何的额外利益。

（2）一切险

① 对船舶本身的赔偿。当船舶发生全损时，不论是实际全损还是推定全损，均按照保险金额进行赔偿。但如果出险时船舶的实际价值或新船造价低于保险金额，则赔付船舶的实际价值或同类型新船的造价。此外，被保险船舶在航行中失踪达 6 个月以上者，也按全损赔偿。

当船舶发生部分损失时，新船按实际损失或发生的费用赔偿，但若保险金额低于保险价值时，按保险金额与保险价值的比例计算赔偿；旧船按保险金额与投保时或出险时新船的重置价的比例计算赔偿，两者以价高者为准；部分损失的赔偿金额以不超过保险金额或实际价值为限，两者以低者为准。

如果一次或多次累计的赔款等于保险金额全数时（含免赔额），保险责任即行终止。在保险船舶发生保险事故造成损失时，被保险人必须与保险人商定后方可进行修理或支付费用，否则保险人有权重新核定费用或拒绝赔偿。

② 对碰撞责任的赔偿。如果碰撞责任是因单方面的过失所致，过失船舶的保险人要在被保险船舶的保险金额限度内对无过失的船舶损失、人员伤亡及其财产损失进行补偿。如果碰撞责任中两船均有过失，双方保险人按各方应承担的责任比例赔偿对方所遭受的损失。

③ 对共同海损、救助费用的赔偿。保险船舶发生海损事故时，凡涉及船舶、货物和运费方共同安全的，对施救、救助费用、救助报酬的赔偿，保险人只负责获救船舶价值与获救的船、货、运费总价值的比例部分。

保险赔款＝施救和救助费用×获救的船舶价值／（获救的船舶价值＋获救的货物价值）

④ 免赔额的规定。保险人对每次赔款均按保险单中的约定扣除免赔额（全损、碰撞、触碰责任除外）。

⑤ 残值处理。保险船舶遭受全损或部分损失后的残余部分应协商作价折归被保险人，并在赔款中扣除。

在被保险人按保险人要求提供的各种必要单证齐全后，保险人应当迅速审核，赔款金额经保险合同双方确认后，保险人应在十天内赔偿结案。被保险人从知道或应当知道保险船舶发生保险事故的当天起，两年内不向保险人提出书面索赔的、或不按保险人的要求提供各种有关索赔单证的及自达成结案协议时起一年内不领取应得赔款的，即视为自愿放弃权益。

（六）被保险人义务

1. 缴纳保费义务

被保险人应在签订保险合同时一次缴清保险费，除合同另有书面约定外，保险合同在被保险人交付保险费后才能生效。

2. 如实告知义务

被保险人应如实填写投保单并回答保险人提出的询问。在保险期间内，被保险人应将其公司、保险船舶发生变化影响保险人利益的事件如实告知，对于保险船舶出售、光船出租、变更航行区域或保险船舶所有人、管理人、经营人、名称、技术状况和用途的改变、被征购征用，应事先书面通知保险人，经保险人同意并办理批改手续后，保险合同继续有效。否则自上述情况出现时保险合同自动解除。

3. 施救、保护受损标的义务

保险船舶发生保险事故后，被保险人应及时采取合理的施救保护措施，并须在到达第一港后四十八小时内向港航监督部门、保险人报告；被保险人对保险事故有举证的义务并要对举证的真实性负责。

4. 保证船舶适航义务

被保险人及其代表应当严格遵守港航监督部门制定的各项安全航行规则和制度，按期做好保险船舶的管理、检验和修理，确保船舶的适航性。

5. 提供必要单证义务

被保险人在索赔时，应及时按保险人的要求提供有效单证，如保险单、港监签证、航海（行）日志、轮机日志、海事报告、船舶法定检验证书、船舶入籍证书、船舶营运证书、船员证书（副本）、运输合同载货记录、事故责任调解书、裁决书、损失清单及其他有关文件。

第三节 飞机保险

飞机保险主要承保各种类型的客机、货机、客货两用机以及从事各种专业用途的飞机因遭受自然灾害或意外事故所造成飞机的损失及对第三者依法应负的赔偿责任。飞机保险是 1914—1918 年间在英美国家保险市场上首先开办起来的。最初的飞机保险责任范围较窄，只承保火灾造成的飞机损失。目前，飞机保险已经发展为一揽子保险，可适应不同投保人的需要。我国的飞机保险开始于 1974 年，最初主要承保国际航线的班机，现在已经有了很大的发展。

一、国际飞机保险

国际飞机保险人所承保的险别有许多种，主要是机身险、第三者责任险、旅客法定责任保险、货物法定责任险及战争险等。

（一）保险险种

1. 机身险

在飞机机身险中，享有保险利益的被保险人可以是法人，也可以是自然人，即任何航空公司、飞机所有人、与飞机有利害关系者以及看管和控制飞机的人都可以投保机身险。机身险的保险标的包括机壳及其设备、仪器和特别安装的附件等。保险人可以根据保险单中规定的损失原因，承保被保险人因此而遭受的直接损失。保险人的责任范围如下。

（1）在列明风险承保的条件下，保险人的责任范围包括火灾、飞机坠落、地面静止状态下的损失、风暴、偷窃。

（2）以一切险为基础签发的机身险保单，保险责任主要为：火灾、坠落、风暴、地震、洪水以及其他可能损害飞机的风险。

在一切险项下，保险人在将飞机损失分为飞行、滑行、地面及停航四个阶段的基础上，将保险责任范围分为包括地面及飞行在内的一切险和不包括飞行和滑行在内的一切险以及不包括飞行在内的一切险三种，保险人负责赔偿责任免除范围以外的任何原因所造成飞机的直接损失或损坏。一切险是目前较为普遍的一种承保方式。

国外保单中常见的一切险除外损失原因有：被保险人为了非法目的使用飞机；从事竞赛等危险项目的飞机；在规定航线以外的不合格机场降落（迫降除外）；战争、罢工、民变、劫持；被保险人及其代理人的恶意行为；飞机任何部件的自然磨损；不合格驾驶员驾驶飞机。

2. 第三者责任险

飞机保险中的第三者责任险所提供的保险保障与汽车保险中的责任范围基本相似，保险人承担被保险人因对飞机享有所有权或在占有、维修保养或使用过程中由于疏忽过失或意外事故造成公众的人身或财产损失所依法应负的赔偿责任。从理论上讲，保险人承担的该项责任应由疏忽或过失所致，多数情况也是如此。然而，在有些情况下被保险人虽然没有过失或过错，但仍需要承担法律上的赔偿责任，这种责任被称为无过错责任。例如停在停机坪上的飞机突然起火爆炸将来访者或他人炸死、炸伤，对此，保险人也可予以负责。飞机保险的第三者责任险无免赔额的规定。保险人在保险单赔偿限额内支付第三者的人身伤害和财产损失索赔。但需注意的是，这里的第三者不包括被保险人及其雇员在内。

虽然第三者责任险已经成为航空保险的一部分，但在对造成第三者人身伤亡和财产损失如何进行赔偿方面迄今为止尚没有一种适合的民用航空国际公约，因此，有关方面在处理航空第三者责任险的索赔时会面临许多棘手的问题。

3. 旅客法定责任保险

航空公司在经营过程中造成旅客人身伤亡和行李损失，依法应承担赔偿责任，这种责任叫旅客法定责任。通常，航空公司可以通过保险的方式将这种责任风险转嫁给保险公司，保险公司一旦接受承保就要在规定的责任限额内予以赔偿。旅客法定责任保险的保险责任从乘客验票后开始，至乘客离开机场之前提取了行李为止。由此可见，保险责任不仅适用于飞机上的乘客，而且还适用于上下飞机过程中的任何持有机票的乘客。

4. 货物法定责任险

航空公司对委托人托运的货物负有法定或合同责任，即已经办理托运手续的货物在运输过程中，由于承运人的责任造成损失或丢失，航空公司应按规定赔偿货主。货物法定责任保险可以为航空公司提供这方面的保险保障，一旦货物遭受损坏或丢失，保险公司将按保险单的规定赔偿航空公司。

5. 战争险

在 1968 年以色列空袭黎巴嫩贝鲁特机场以前，国际飞机保险市场上签发的保险单是承保战争险责任的，而被保险人只需增交少量保险费。然而，由于贝鲁特机场飞机的被炸，伦敦保险市场于 1969 年 11 月 12 日开始在飞机保险单中使用战争、劫持和其他损失原因不予承保的除外责任条款，即把原来飞机保险单中通过收取少量保险费可以负担的战争、罢工、民变、征用、劫持等风险剔除。从此，飞机战争险成了一个需要单独出立保险单才能承保的风险。

伦敦战争险条款负责赔偿以下原因造成的飞机损失：

（1）战争、入侵、敌对行为、内战、叛乱、革命、起义、军事行动、篡权或企图篡权；

（2）暴乱、罢工、民众骚乱、工人纠纷；

（3）一人或多人出于政治或恐怖目的而实施的任何行为；

（4）任何恶意行为或阴谋破坏活动。

在飞机保险市场上签发的机身险保险单对以下原因造成的损失不负责赔偿责任：

（1）大国之间的战争（指英、美、法、苏联、中国这五大国），不论宣战与否；

（2）利用核裂变、核聚变或其他类似的反应，核原料制造战争武器，并由此而引发的任何敌对性爆炸；

（3）征用、国有化；

（4）劫持；

（5）延误、丧失使用、间接使用等。

但上述除外损失原因中的征用和劫持可通过出立批单的形式来予以承保。如战争险保单中使用的征用批单把战争险责任扩大到由于被任何政府、公共当局或地方当局占有、没收、国有化、扣押、管束、滞留、占用、征用（不论是民用的还是军用的只要是事实上的征用）飞机所造成被保险人的损失；劫持批单则将原来战争险保单中的责任扩大到对未经被保险人同意，任何人在飞机上对飞行中的飞机或其中的机组人员的劫持、任何非法占用或施加违法控制（包括试图占有或控制）等原因引起的飞机损失或损害。

6. 其他险别

（1）机场所有人和经营人的法定责任保险。不论机场的所有人是政府还是私人企业，也不论所有人和经营人是合二为一还是两方，他们都可能因过失或疏忽造成第三者的损失及人身伤亡。而机场所有人及经营人责任保险对此责任提供保障。该险种对因下述原因引起的损害负责赔偿。

① 机场所有人或经营人所提供的服务或雇员在工作期间因疏忽而造成第三者人身伤亡或财产损失。例如，机场控制塔发出的指令有误，引起飞机碰撞事故；机场内的电梯使用操作不当、通道的设计不合理及机动车辆的故障等所导致第三者的巨额索赔。

② 由被保险人（机场的所有人或经营人）保管、控制的第三者的飞机或有关设备遭受的损失或损坏，但这种损失必须是被保险人的过失所致。

③ 因被保险人提供的服务或设备有缺陷而导致第三者的人身伤亡或财产损失，有时这种责任也被看作是产品责任。例如，提供不合格的飞机燃料、为滞留旅客提供的食物不洁等。

（2）产品法律责任保险。是一种专为飞机制造商而设计的保险，主要承担因飞机设计错误、制造不良、维修中的缺陷、零部件不合格所造成的飞机本身的损失及旅客或第三者的人身伤亡。

（3）机组人员人身意外伤害保险。飞机保险中的第三者责任保险和旅客法定责任保险对机组人员的人身意外伤害是不负责任的，因此，这些人员须投保机组人员意外伤害保险。该保单中所保的人身伤亡事件必须发生在飞行过程中。

（4）丧失使用保险。这种保险实际上是一种间接损失保险，只有在投保了机身险后才可签发丧失使用保险保单。保险公司根据约定补偿被保险人在飞机发生意外事故后所遭受的停航修理期间的营业收入损失，但正常停航维修期间的营业收入损失不在此列。此外，飞机在发生全损的情况下，被保险人也不能从本保单项下得到任何补偿。在飞机遭受部分损失需要维修时，保险人按照规定的天数或星期计算赔偿，直至到达约定的最高赔偿限额。

（5）丧失执照保险。飞行员驾驶飞机如同汽车司机驾驶机动车辆，必须持有政府颁发的合格有效的执照。同时，飞行员还必须定期接受体格检查。一旦体检不合格（如疾病或意外伤害），飞行员有可能被暂时或永久性地吊销飞行执照。而飞行员由于丧失驾驶资格，将无法获得优厚的报酬。丧失执照保险可为这部分飞行员在停飞期间所遭受的经济损失提供补偿。丧失执照保险一般采用集体投保的方式，保险金额以飞行员的工资为基准确定。

（二）保险金额的确定

由于国际市场上飞机升级换代的周期越来越短，新型飞机不断地被研制出来并投入运营，飞机的造价日益昂贵。为了保证被保险人在旧型号飞机发生损毁的情况下能用保险赔款重置飞机，飞机机身险从原来的以不定值保险方式确定保险金额改为按定值保险方式确定保险金额。这样旧飞机如果以新飞机的市价投保，则在发生全损时，可获得较为充分的赔偿。

但是，旧飞机如以新飞机的市价投保，在发生部分损失的情况下，会产生权利和义务不一致的现象。对此，国际上通常采用以下两种方式来加以调整。

1. 零部件条款

零部件条款也称为分摊条款。是用来规定当飞机的主要零部件发生损失或损坏时，保险人负责赔偿的比例。赔偿比例以全部零部件占保险金额一定百分比的形式载明于保险单中，例如，机身外壳占40％，每一机翼占10％，起落架占10％。超过规定比例的损失由被保险人自己负责。

2. 70/30 分成法

根据历年的赔付数据统计，在机身险的全部赔款中，全部损失占70％，部分损失占30％。采用 70/30 分成法，须对部分损失增收飞机新旧价格差额部分的保险费。

二、国内航线的飞机保险

我国国内航线的飞机保险以基本险和附加险方式承保。基本险主要有飞机机身保险、第三者责任险及旅客法定责任保险；附加险主要有战争险、劫持险和承运货物法定责任险。

（一）**基本险的保险责任**

1. 机身险

保险公司对因以下原因造成被保险飞机的损失和费用承担赔偿责任：

（1）被保险飞机在飞行、滑行中和在地面上因自然灾害或意外事故造成飞机及其附件的损失或损坏；

（2）因意外引起的飞机拆卸重装和运输费用；

（3）清理残骸的合理费用；

（4）保险飞机因起飞后15天得不到其行踪消息而构成的失踪损失；

（5）在被保险飞机出险后，被保险人为减少损失采用施救措施而产生的合理费用，但最高以不超过该飞机机身险保险金额的10%为限。

2. 第三者责任险

保险公司对以下原因造成的损失承担赔偿责任：

（1）从被保险飞机上坠人、坠物以及坠机所造成第三者人身伤亡或财产直接损失；

（2）依法或依有关规定应该由被保险人承担的经济赔偿责任，或由于被保险人的赔偿责任而引起的法律诉讼费用，保险人另外负责赔偿，并且不受最高赔偿金额的限制。

3. 旅客法定责任险

保险公司对因以下原因造成旅客的损失承担赔偿责任：

（1）旅客在乘坐或上下飞机时发生意外，造成旅客的人身伤亡；

（2）旅客携带和已经交运登记的行李、物件的损失；

（3）旅客的行李或物件在运输过程中因延迟而造成的损失；

（4）依据法律或契约应由被保险人负担的赔偿责任。

以上所指的旅客仅限于购买飞机票的旅客或经被保险人同意免费搭乘的旅客，为履行被保险人的任务而免费搭载的机组人员不属于该保单所指的旅客范畴。

（二）**基本险的责任免除**

1. 飞机不符合适航条件而飞行（所谓适航条件是指被保险人在飞机起飞之前要认真检查，平时则要注意维修和保养，使之经常处于良好的技术状态）；

2. 被保险人的故意行为；

3. 飞机任何部件的自然磨损、制造及机械缺陷；

4. 战争和军事行动；

5. 飞机受损后引起被保险人停航、停运等间接损失；

6. 被保险人及其工作人员和本机上的旅客或其所代管的财产；

7. 被保险人为了非法目的使用飞机；

8. 在规定航线以外的不合格机场降落（迫降除外）等。

（三）保险金额的确定

1. 机身险

对机身险我国一般采用定值方式承保。保险金额可以按照净值确定，也可以由被保险人和保险公司协商确定，新购买的飞机通常以原值确定保险金额。

2. 第三者责任险

第三者责任险的赔偿限额是根据飞机的类型确定的，每种型号的飞机都有最高赔偿限额。例如：各种类型的喷气式飞机赔偿限额为 5000 万元；各种类型的螺旋式飞机赔偿限额为 2000 万元，直升机的赔偿限额为 1000 万元。

（四）费率厘定

国内飞机保险的费率按飞机类型厘定，喷气式飞机的机身险费率 1.5%，第三者责任险的固定保险费为 50000 元，最高赔偿额为 50000000 元；螺旋式飞机的机身险费率 2.5%，第三者责任险的固定保险费为 20000 元，最高赔偿额为 20000000 元；直升机的机身险费率 5%，第三者责任险的固定保险费为 10000 元，最高赔偿金额为 10000000 元。

对于各种专业飞机投保机身险，保险费可在相应机型费率的基础上打 8.5 的折扣；滑翔机机身险的保险费按相应飞机的费率打 5.0 的折扣；第三者责任险的保险费一律不变。

（五）赔偿处理

保险飞机发生全部损失，按飞机险保险金额赔偿。

发生部分损失须进行修理时，保险人赔偿扣除免赔额后的合理的配件和修理费用，但以不超过保险金额为限。按照净值或协商价值确定保险金额的飞机，若发生部分损失，应按保险金额与损失当时被保险飞机的市场价值的比例计算赔偿。无论何种飞机损失，只要一次赔款等于机身险的保险金额时，机身险的保险责任即告终止。

（六）飞机保险的承保

飞机保险通常采用以机队为单位的形式承保，即以一家航空公司的全部飞机投保或几家航空公司的全部飞机联合起来投保，以降低承保人的风险，并可获得优惠费率。飞机保险可以以人民币投保，也可以以外币投保。

（七）附加险

1. 承运货物法定责任险

凡办理好托运手续装载在被保险飞机上的货物，如在运输过程中发生损失，根据法律、合同规定应由承运人负责的，由保险人给予补偿。

2. 战争劫持险

凡由于战争、敌对行为或武装冲突、拘留、扣留、没收、被保险飞机被劫持和被第三者破坏等原因造成的被保险飞机的损失，已经引起的被保险人对第三者或旅客应负的法律责任或费用，由保险人负责赔偿。当发生由于敌对袭击的原子弹、氢弹或其他核武器爆炸时，则战争劫持险的责任自动终止，保险公司不负责该项爆炸所引起的任何损失和费用。

案例投影 6-2　坐飞机导致全身瘫痪　保险公司最高赔付为多少？

案情介绍：

1999 年 8 月 20 日，王某乘坐某航空公司的客机，从 A 市前往 B 市联系业务。在乘机前，王某向某保险公司投保了人身意外伤害险，保险金额为人民币 20 万元。途中，飞机遭雷电袭击，机尾被折断，驾驶员将飞机紧急迫降在 C 市机场。在迫降时，由于机身剧烈震动，造成王某突发脑溢血，虽然经医院抢救脱离了生命危险，但却造成全身瘫痪。王某要求保险公司给付自己的医疗费、护理费、残疾补助费等共计 25 万元。

保险公司在受理后进行了调查，同意承担 15 万元的赔偿金，对超过部分拒绝给付。保险双方协商不成，王某诉至人民法院。

法院认定：王某的残疾系由客机在飞行过程中遭遇的意外事故所引起。王某本人对自身的损害后果没有过错，不承担责任。王某在乘机前与保险公司签订的保险合同有效，保险公司应对王某的残疾承担给付责任。在审理中，法院对双方当事人进行了调解。经调解，双方当事人达成了和解协议：保险公司一次性给付王某 20 万元人民币，诉讼费由保险公司承担。

案例分析：

1. 王某与保险公司签订了人身意外伤害保险合同，并且向保险公司缴纳了保险费，因此，该保险合同是合法有效的，是王某向保险公司索赔的重要依据。

2. 由于王某遭遇了保险责任范围内的事故（飞机因雷电袭击受损迫降），并造成了人身伤残，因此，根据保险合同的约定，保险公司应当承担向被保险人给付保险金的义务。

3. 虽然王某的伤残损害额为 25 万元，但根据航意险保险合同的约定，每份保险保险人给付的保险金数额，最高不超过 20 万元，因此，保险公司只能按照最高限额给付王某。

附一　机动车交通事故责任强制保险条例

（2006 年 3 月 21 日国务院令第 462 号发布；根据 2012 年 3 月 30 日国务院令第 618 号《国务院关于修改〈机动车交通事故责任强制保险条例〉的决定》第一次修订；根据 2012 年 12 月 17 日国务院令第 630 号《国务院关于修改〈机动车交通事故责任强制保险条例〉的决定》第二次修订；根据 2016 年 2 月 6 日国务院令 666 号《国务院关于修改部分行政法规的决定》第一次修正；根据 2019 年 3 月 2 日国务院令 709 号《国务院关于修改部分行政法规的决定》第二次修正。）

第一章　总则

第一条　为了保障机动车道路交通事故受害人依法得到赔偿，促进道路交通安全，根据《中华人民共和国道路交通安全法》、《中华人民共和国保险法》，制定本条例。

第二条　在中华人民共和国境内道路上行驶的机动车的所有人或者管理人，应当依照《中华人民共和国道路交通安全法》的规定投保机动车交通事故责任强制保险。

机动车交通事故责任强制保险的投保、赔偿和监督管理，适用本条例。

第三条　本条例所称机动车交通事故责任强制保险，是指由保险公司对被保险机动车发生道路交通事故造成本车人员、被保险人以外的受害人的人身伤亡、财产损失，在责任限额内予以赔偿的强制性责任保险。

第四条　国务院保险监督管理机构依法对保险公司的机动车交通事故责任强制保险业务实施监督管理。

公安机关交通管理部门、农业（农业机械）主管部门（以下统称机动车管理部门）应当依法对机动车参加机动车交通事故责任强制保险的情况实施监督检查。对未参加机动车交通事故责任强制保险的机动车，机动车管理部门不得予以登记，机动车安全技术检验机构不得予以检验。

公安机关交通管理部门及其交通警察在调查处理道路交通安全违法行为和道路交通事故时，应当依法检查机动车交通事故责任强制保险的保险标志。

第二章　投保

第五条　保险公司可以从事机动车交通事故责任强制保险业务。

为了保证机动车交通事故责任强制保险制度的实行，国务院保险监督管理机构有权要求保险公司从事机动车交通事故责任强制保险业务。

除保险公司外，任何单位或者个人不得从事机动车交通事故责任强制保险业务。

第六条 机动车交通事故责任强制保险实行统一的保险条款和基础保险费率。国务院保险监督管理机构按照机动车交通事故责任强制保险业务总体上不盈利不亏损的原则审批保险费率。

国务院保险监督管理机构在审批保险费率时，可以聘请有关专业机构进行评估，可以举行听证会听取公众意见。

第七条 保险公司的机动车交通事故责任强制保险业务，应当与其他保险业务分开管理，单独核算。

国务院保险监督管理机构应当每年对保险公司的机动车交通事故责任强制保险业务情况进行核查，并向社会公布；根据保险公司机动车交通事故责任强制保险业务的总体盈利或者亏损情况，可以要求或者允许保险公司相应调整保险费率。

调整保险费率的幅度较大的，国务院保险监督管理机构应当进行听证。

第八条 被保险机动车没有发生道路交通安全违法行为和道路交通事故的，保险公司应当在下一年度降低其保险费率。在此后的年度内，被保险机动车仍然没有发生道路交通安全违法行为和道路交通事故的，保险公司应当继续降低其保险费率，直至最低标准。被保险机动车发生道路交通安全违法行为或者道路交通事故的，保险公司应当在下一年度提高其保险费率。多次发生道路交通安全违法行为、道路交通事故，或者发生重大道路交通事故的，保险公司应当加大提高其保险费率的幅度。在道路交通事故中被保险人没有过错的，不提高其保险费率。降低或者提高保险费率的标准，由国务院保险监督管理机构会同国务院公安部门制定。

第九条 国务院保险监督管理机构、国务院公安部门、国务院农业主管部门以及其他有关部门应当逐步建立有关机动车交通事故责任强制保险、道路交通安全违法行为和道路交通事故的信息共享机制。

第十条 投保人在投保时应当选择具备从事机动车交通事故责任强制保险业务资格的保险公司，被选择的保险公司不得拒绝或者拖延承保。

国务院保险监督管理机构应当将具备从事机动车交通事故责任强制保险业务资格的保险公司向社会公示。

第十一条 投保人投保时，应当向保险公司如实告知重要事项。

重要事项包括机动车的种类、厂牌型号、识别代码、牌照号码、使用性质和机动车所有人或者管理人的姓名（名称）、性别、年龄、住所、身份证或者驾驶证号码（组织机构代码）、续保前该机动车发生事故的情况以及国务院保险监督管理机构规定的其他事项。

第十二条　签订机动车交通事故责任强制保险合同时，投保人应当一次支付全部保险费；保险公司应当向投保人签发保险单、保险标志。保险单、保险标志应当注明保险单号码、车牌号码、保险期限、保险公司的名称、地址和理赔电话号码。

被保险人应当在被保险机动车上放置保险标志。

保险标志式样全国统一。保险单、保险标志由国务院保险监督管理机构监制。任何单位或者个人不得伪造、变造或者使用伪造、变造的保险单、保险标志。

第十三条　签订机动车交通事故责任强制保险合同时，投保人不得在保险条款和保险费率之外，向保险公司提出附加其他条件的要求。

签订机动车交通事故责任强制保险合同时，保险公司不得强制投保人订立商业保险合同以及提出附加其他条件的要求。

第十四条　保险公司不得解除机动车交通事故责任强制保险合同；但是，投保人对重要事项未履行如实告知义务的除外。

投保人对重要事项未履行如实告知义务，保险公司解除合同前，应当书面通知投保人，投保人应当自收到通知之日起 5 日内履行如实告知义务；投保人在上述期限内履行如实告知义务的，保险公司不得解除合同。

第十五条　保险公司解除机动车交通事故责任强制保险合同的，应当收回保险单和保险标志，并书面通知机动车管理部门。

第十六条　投保人不得解除机动车交通事故责任强制保险合同，但有下列情形之一的除外：

（一）被保险机动车被依法注销登记的；

（二）被保险机动车办理停驶的；

（三）被保险机动车经公安机关证实丢失的。

第十七条　机动车交通事故责任强制保险合同解除前，保险公司应当按照合同承担保险责任。

合同解除时，保险公司可以收取自保险责任开始之日起至合同解除之日止的保险费，剩余部分的保险费退还投保人。

第十八条　被保险机动车所有权转移的，应当办理机动车交通事故责任强制保险合同变更手续。

第十九条　机动车交通事故责任强制保险合同期满，投保人应当及时续保，并提供上一年度的保险单。

第二十条　机动车交通事故责任强制保险的保险期间为 1 年，但有下列情形之一的，投保人可以投保短期机动车交通事故责任强制保险：

（一）境外机动车临时入境的；

（二）机动车临时上道路行驶的；

（三）机动车距规定的报废期限不足 1 年的；

（四）国务院保险监督管理机构规定的其他情形。

第三章　赔偿

第二十一条　被保险机动车发生道路交通事故造成本车人员、被保险人以外的受害人人身伤亡、财产损失的，由保险公司依法在机动车交通事故责任强制保险责任限额范围内予以赔偿。

道路交通事故的损失是由受害人故意造成的，保险公司不予赔偿。

第二十二条　有下列情形之一的，保险公司在机动车交通事故责任强制保险责任限额范围内垫付抢救费用，并有权向致害人追偿：

（一）驾驶人未取得驾驶资格或者醉酒的；

（二）被保险机动车被盗抢期间肇事的；

（三）被保险人故意制造道路交通事故的。

有前款所列情形之一，发生道路交通事故的，造成受害人的财产损失，保险公司不承担赔偿责任。

第二十三条　机动车交通事故责任强制保险在全国范围内实行统一的责任限额。责任限额分为死亡伤残赔偿限额、医疗费用赔偿限额、财产损失赔偿限额以及被保险人在道路交通事故中无责任的赔偿限额。

机动车交通事故责任强制保险责任限额由国务院保险监督管理机构会同国务院公安部门、国务院卫生主管部门、国务院农业主管部门规定。

第二十四条　国家设立道路交通事故社会救助基金（以下简称救助基金）。有下列情形之一时，道路交通事故中受害人人身伤亡的丧葬费用、部分或者全部抢救费用，由救助基金先行垫付，救助基金管理机构有权向道路交通事故责任人追偿：

（一）抢救费用超过机动车交通事故责任强制保险责任限额的；

（二）肇事机动车未参加机动车交通事故责任强制保险的；

（三）机动车肇事后逃逸的。

第二十五条　救助基金的来源包括：

（一）按照机动车交通事故责任强制保险的保险费的一定比例提取的资金；

（二）对未按照规定投保机动车交通事故责任强制保险的机动车的所有人、管理人的罚款；

（三）救助基金管理机构依法向道路交通事故责任人追偿的资金；

（四）救助基金孳息；

（五）其他资金。

第二十六条　救助基金的具体管理办法，由国务院财政部门会同国务院保险监督管理机构、国务院公安部门、国务院卫生主管部门、国务院农业主管部门制定试行。

第二十七条　被保险机动车发生道路交通事故，被保险人或者受害人通知保险公司的，保险公司应当立即给予答复，告知被保险人或者受害人具体的赔偿程序等有关事项。

第二十八条　被保险机动车发生道路交通事故的，由被保险人向保险公司申请赔偿保险金。保险公司应当自收到赔偿申请之日起 1 日内，书面告知被保险人需要向保险公司提供的与赔偿有关的证明和资料。

第二十九条　保险公司应当自收到被保险人提供的证明和资料之日起 5 日内，对是否属于保险责任作出核定，并将结果通知被保险人；对不属于保险责任的，应当书面说明理由；对属于保险责任的，在与被保险人达成赔偿保险金的协议后 10 日内，赔偿保险金。

第三十条　被保险人与保险公司对赔偿有争议的，可以依法申请仲裁或者向人民法院提起诉讼。

第三十一条　保险公司可以向被保险人赔偿保险金，也可以直接向受害人赔偿保险金。但是，因抢救受伤人员需要保险公司支付或者垫付抢救费用的，保险公司在接到公安机关交通管理部门通知后，经核对应当及时向医疗机构支付或者垫付抢救费用。

因抢救受伤人员需要救助基金管理机构垫付抢救费用的，救助基金管理机构在接到公安机关交通管理部门通知后，经核对应当及时向医疗机构垫付抢救费用。

第三十二条　医疗机构应当参照国务院卫生主管部门组织制定的有关临床诊疗指南，抢救、治疗道路交通事故中的受伤人员。

第三十三条　保险公司赔偿保险金或者垫付抢救费用，救助基金管理机构垫付抢救费用，需要向有关部门、医疗机构核实有关情况的，有关部门、医疗机构应当予以配合。

第三十四条　保险公司、救助基金管理机构的工作人员对当事人的个人隐私应当保密。

第三十五条　道路交通事故损害赔偿项目和标准依照有关法律的规定执行。

第四章　罚则

第三十六条　保险公司以外的单位或者个人，非法从事机动车交通事故责任强制保险业务的，由国务院保险监督管理机构予以取缔；构成犯罪的，依法追究刑事责任；尚不构成犯罪的，由国务院保险监督管理机构没收违法所得，违法所得 20 万元以上的，并处违法所得 1 倍以上 5 倍以下罚款；没有违法所得或者违法所得不足 20 万元的，处 20 万元以上 100

万元以下罚款。

第三十七条 保险公司违反本条例规定，有下列行为之一的，由国务院保险监督管理机构责令改正，处 5 万元以上 30 万元以下罚款；情节严重的，可以限制业务范围、责令停止接受新业务或者吊销经营保险业务许可证：

（一）拒绝或者拖延承保机动车交通事故责任强制保险的；

（二）未按照统一的保险条款和基础保险费率从事机动车交通事故责任强制保险业务的；

（三）未将机动车交通事故责任强制保险业务和其他保险业务分开管理，单独核算的；

（四）强制投保人订立商业保险合同的；

（五）违反规定解除机动车交通事故责任强制保险合同的；

（六）拒不履行约定的赔偿保险金义务的；

（七）未按照规定及时支付或者垫付抢救费用的。

第三十八条 机动车所有人、管理人未按照规定投保机动车交通事故责任强制保险的，由公安机关交通管理部门扣留机动车，通知机动车所有人、管理人依照规定投保，处依照规定投保最低责任限额应缴纳的保险费的 2 倍罚款。

机动车所有人、管理人依照规定补办机动车交通事故责任强制保险的，应当及时退还机动车。

第三十九条 上道路行驶的机动车未放置保险标志的，公安机关交通管理部门应当扣留机动车，通知当事人提供保险标志或者补办相应手续，可以处警告或者 20 元以上 200 元以下罚款。

当事人提供保险标志或者补办相应手续的，应当及时退还机动车。

第四十条 伪造、变造或者使用伪造、变造的保险标志，或者使用其他机动车的保险标志，由公安机关交通管理部门予以收缴，扣留该机动车，处 200 元以上 2000 元以下罚款；构成犯罪的，依法追究刑事责任。

当事人提供相应的合法证明或者补办相应手续的，应当及时退还机动车。

第五章　附则

第四十一条 本条例下列用语的含义：

（一）投保人，是指与保险公司订立机动车交通事故责任强制保险合同，并按照合同负有支付保险费义务的机动车的所有人、管理人。

（二）被保险人，是指投保人及其允许的合法驾驶人。

（三）抢救费用，是指机动车发生道路交通事故导致人员受伤时，医疗机构参照国务院卫生主管部门组织制定的有关临床诊疗指南，对生命体征不平稳和虽然生命体征平稳但如果不采取处理措施会产生生命危险，或者导致残疾、器官功能障碍，或者导致病程明显延长的受伤人员，采取必要的处理措施所发生的医疗费用。

第四十二条　挂车不投保机动车交通事故责任强制保险。发生道路交通事故造成人身伤亡、财产损失的，由牵引车投保的保险公司在机动车交通事故责任强制保险责任限额范围内予以赔偿；不足的部分，由牵引车方和挂车方依照法律规定承担赔偿责任。

第四十三条　机动车在道路以外的地方通行时发生事故，造成人身伤亡、财产损失的赔偿，比照适用本条例。

第四十四条　中国人民解放军和中国人民武装警察部队在编机动车参加机动车交通事故责任强制保险的办法，由中国人民解放军和中国人民武装警察部队另行规定。

第四十五条　机动车所有人、管理人自本条例施行之日起 3 个月内投保机动车交通事故责任强制保险；本条例施行前已经投保商业性机动车第三者责任保险的，保险期满，应当投保机动车交通事故责任强制保险。

第四十六条　本条例自 2006 年 7 月 1 日起施行。

附二　中国保险行业协会机动车辆商业保险
示范条款（2020 版）

总则

第一条　本保险条款分为主险、附加险。

主险包括机动车损失保险、机动车第三者责任保险、机动车车上人员责任保险共三个独立的险种，投保人可以选择投保全部险种，也可以选择投保其中部分险种。保险人依照本保险合同的约定，按照承保险种分别承担保险责任。

附加险不能独立投保。附加险条款与主险条款相抵触的，以附加险条款为准，附加险条款未尽之处，以主险条款为准。

第二条　本保险合同中的被保险机动车是指在中华人民共和国境内（不含港、澳、台地区）行驶，以动力装置驱动或者牵引，上道路行驶的供人员乘用或者用于运送物品以及进行专项作业的轮式车辆（含挂车）、履带式车辆和其他运载工具，但不包括摩托车、拖拉机、特种车。

第三条 本保险合同中的第三者是指因被保险机动车发生意外事故遭受人身伤亡或者财产损失的人，但不包括被保险机动车本车车上人员、被保险人。

第四条 本保险合同中的车上人员是指发生意外事故的瞬间，在被保险机动车车体内或车体上的人员，包括正在上下车的人员。

第五条 本保险合同中的各方权利和义务，由保险人、投保人遵循公平原则协商确定。保险人、投保人自愿订立本保险合同。

除本保险合同另有约定外，投保人应在保险合同成立时一次交清保险费。保险费未交清前，本保险合同不生效。

第一章 机动车损失保险

保险责任

第六条 保险期间内，被保险人或被保险机动车驾驶人（以下简称"驾驶人"）在使用被保险机动车过程中，因自然灾害、意外事故造成被保险机动车直接损失，且不属于免除保险人责任的范围，保险人依照本保险合同的约定负责赔偿。

第七条 保险期间内，被保险机动车被盗窃、抢劫、抢夺，经出险地县级以上公安刑侦部门立案证明，满60天未查明下落的全车损失，以及因被盗窃、抢劫、抢夺受到损坏造成的直接损失，且不属于免除保险人责任的范围，保险人依照本保险合同的约定负责赔偿。

第八条 发生保险事故时，被保险人或驾驶人为防止或者减少被保险机动车的损失所支付的必要的、合理的施救费用，由保险人承担；施救费用数额在被保险机动车损失赔偿金额以外另行计算，最高不超过保险金额。

责任免除

第九条 在上述保险责任范围内，下列情况下，不论任何原因造成被保险机动车的任何损失和费用，保险人均不负责赔偿：

（一）事故发生后，被保险人或驾驶人故意破坏、伪造现场，毁灭证据；

（二）驾驶人有下列情形之一者：

1. 交通肇事逃逸；

2. 饮酒、吸食或注射毒品、服用国家管制的精神药品或者麻醉药品；

3. 无驾驶证，驾驶证被依法扣留、暂扣、吊销、注销期间；

4. 驾驶与驾驶证载明的准驾车型不相符合的机动车。

（三）被保险机动车有下列情形之一者：

1. 发生保险事故时被保险机动车行驶证、号牌被注销；

2. 被扣留、收缴、没收期间；

3. 竞赛、测试期间，在营业性场所维修、保养、改装期间；

4. 被保险人或驾驶人故意或重大过失，导致被保险机动车被利用从事犯罪行为。

第十条　下列原因导致的被保险机动车的损失和费用，保险人不负责赔偿：

（一）战争、军事冲突、恐怖活动、暴乱、污染（含放射性污染）、核反应、核辐射；

（二）违反安全装载规定；

（三）被保险机动车被转让、改装、加装或改变使用性质等，导致被保险机动车危险程度显著增加，且未及时通知保险人，因危险程度显著增加而发生保险事故的；

（四）投保人、被保险人或驾驶人故意制造保险事故。

第十一条　下列损失和费用，保险人不负责赔偿：

（一）因市场价格变动造成的贬值、修理后因价值降低引起的减值损失；

（二）自然磨损、朽蚀、腐蚀、故障、本身质量缺陷；

（三）投保人、被保险人或驾驶人知道保险事故发生后，故意或者因重大过失未及时通知，致使保险事故的性质、原因、损失程度等难以确定的，保险人对无法确定的部分，不承担赔偿责任，但保险人通过其他途径已经知道或者应当及时知道保险事故发生的除外；

（四）因被保险人违反本条款第十五条约定，导致无法确定的损失；

（五）车轮单独损失，无明显碰撞痕迹的车身划痕，以及新增加设备的损失；

（六）非全车盗抢、仅车上零部件或附属设备被盗窃。

免赔额

第十二条　对于投保人与保险人在投保时协商确定绝对免赔额的，保险人在依据本保险合同约定计算赔款的基础上，增加每次事故绝对免赔额。

保险金额

第十三条　保险金额按投保时被保险机动车的实际价值确定。

投保时被保险机动车的实际价值由投保人与保险人根据投保时的新车购置价减去折旧金额后的价格协商确定或其他市场公允价值协商确定。

折旧金额可根据本保险合同列明的参考折旧系数表确定。

赔偿处理

第十四条 发生保险事故后，保险人依据本条款约定在保险责任范围内承担赔偿责任。赔偿方式由保险人与被保险人协商确定。

第十五条 因保险事故损坏的被保险机动车，修理前被保险人应当会同保险人检验，协商确定维修机构、修理项目、方式和费用。无法协商确定的，双方委托共同认可的有资质的第三方进行评估。

第十六条 被保险机动车遭受损失后的残余部分由保险人、被保险人协商处理。如折归被保险人的，由双方协商确定其价值并在赔款中扣除。

第十七条 因第三方对被保险机动车的损害而造成保险事故，被保险人向第三方索赔的，保险人应积极协助；被保险人也可以直接向本保险人索赔，保险人在保险金额内先行赔付被保险人，并在赔偿金额内代位行使被保险人对第三方请求赔偿的权利。

被保险人已经从第三方取得损害赔偿的，保险人进行赔偿时，相应扣减被保险人从第三方已取得的赔偿金额。

保险人未赔偿之前，被保险人放弃对第三方请求赔偿的权利的，保险人不承担赔偿责任。

被保险人故意或者因重大过失致使保险人不能行使代位请求赔偿的权利的，保险人可以扣减或者要求返还相应的赔款。

保险人向被保险人先行赔付的，保险人向第三方行使代位请求赔偿的权利时，被保险人应当向保险人提供必要的文件和所知道的有关情况。

第十八条 机动车损失赔款按以下方法计算：

（一）全部损失

赔款＝保险金额－被保险人已从第三方获得的赔偿金额－绝对免赔额

（二）部分损失

被保险机动车发生部分损失，保险人按实际修复费用在保险金额内计算赔偿：

赔款＝实际修复费用－被保险人已从第三方获得的赔偿金额－绝对免赔额

（三）施救费

施救的财产中，含有本保险合同之外的财产，应按本保险合同保险财产的实际价值占总施救财产的实际价值比例分摊施救费用。

第十九条 被保险机动车发生本保险事故，导致全部损失，或一次赔款金额与免赔金额之和（不含施救费）达到保险金额，保险人按本保险合同约定支付赔款后，本保险责任终止，保险人不退还机动车损失保险及其附加险的保险费。

第二章 机动车第三者责任保险

保险责任

第二十条 保险期间内，被保险人或其允许的驾驶人在使用被保险机动车过程中发生意外事故，致使第三者遭受人身伤亡或财产直接损毁，依法应当对第三者承担的损害赔偿责任，且不属于免除保险人责任的范围，保险人依照本保险合同的约定，对于超过机动车交通事故责任强制保险各分项赔偿限额的部分负责赔偿。

第二十一条 保险人依据被保险机动车一方在事故中所负的事故责任比例，承担相应的赔偿责任。

被保险人或被保险机动车一方根据有关法律法规选择自行协商或由公安机关交通管理部门处理事故，但未确定事故责任比例的，按照下列规定确定事故责任比例：

被保险机动车一方负主要事故责任的，事故责任比例为70%；

被保险机动车一方负同等事故责任的，事故责任比例为50%；

被保险机动车一方负次要事故责任的，事故责任比例为30%。

涉及司法或仲裁程序的，以法院或仲裁机构最终生效的法律文书为准。

责任免除

第二十二条 在上述保险责任范围内，下列情况下，不论任何原因造成的人身伤亡、财产损失和费用，保险人均不负责赔偿：

（一）事故发生后，被保险人或驾驶人故意破坏、伪造现场，毁灭证据；

（二）驾驶人有下列情形之一者：

1. 交通肇事逃逸；

2. 饮酒、吸食或注射毒品、服用国家管制的精神药品或者麻醉药品；

3. 无驾驶证，驾驶证被依法扣留、暂扣、吊销、注销期间；

4. 驾驶与驾驶证载明的准驾车型不相符合的机动车；

5. 非被保险人允许的驾驶人。

（三）被保险机动车有下列情形之一者：

1. 发生保险事故时被保险机动车行驶证、号牌被注销的；

2. 被扣留、收缴、没收期间；

3. 竞赛、测试期间，在营业性场所维修、保养、改装期间；

4. 全车被盗窃、被抢劫、被抢夺、下落不明期间。

第二十三条　下列原因导致的人身伤亡、财产损失和费用，保险人不负责赔偿：

（一）战争、军事冲突、恐怖活动、暴乱、污染（含放射性污染）、核反应、核辐射；

（二）第三者、被保险人或驾驶人故意制造保险事故、犯罪行为，第三者与被保险人或其他致害人恶意串通的行为；

（三）被保险机动车被转让、改装、加装或改变使用性质等，导致被保险机动车危险程度显著增加，且未及时通知保险人，因危险程度显著增加而发生保险事故的。

第二十四条　下列人身伤亡、财产损失和费用，保险人不负责赔偿：

（一）被保险机动车发生意外事故，致使任何单位或个人停业、停驶、停电、停水、停气、停产、通讯或网络中断、电压变化、数据丢失造成的损失以及其他各种间接损失；

（二）第三者财产因市场价格变动造成的贬值，修理后因价值降低引起的减值损失；

（三）被保险人及其家庭成员、驾驶人及其家庭成员所有、承租、使用、管理、运输或代管的财产的损失，以及本车上财产的损失；

（四）被保险人、驾驶人、本车车上人员的人身伤亡；

（五）停车费、保管费、扣车费、罚款、罚金或惩罚性赔款；

（六）超出《道路交通事故受伤人员临床诊疗指南》和国家基本医疗保险同类医疗费用标准的费用部分；

（七）律师费，未经保险人事先书面同意的诉讼费、仲裁费；

（八）投保人、被保险人或驾驶人知道保险事故发生后，故意或者因重大过失未及时通知，致使保险事故的性质、原因、损失程度等难以确定的，保险人对无法确定的部分，不承担赔偿责任，但保险人通过其他途径已经知道或者应当及时知道保险事故发生的除外；

（九）因被保险人违反本条款第二十八条约定，导致无法确定的损失；

（十）精神损害抚慰金；

（十一）应当由机动车交通事故责任强制保险赔偿的损失和费用；

保险事故发生时，被保险机动车未投保机动车交通事故责任强制保险或机动车交通事故责任强制保险合同已经失效的，对于机动车交通事故责任强制保险责任限额以内的损失和费用，保险人不负责赔偿。

责任限额

第二十五条　每次事故的责任限额，由投保人和保险人在签订本保险合同时协商确定。

第二十六条　主车和挂车连接使用时视为一体，发生保险事故时，由主车保险人和挂车保险人按照保险单上载明的机动车第三者责任保险责任限额的比例，在各自的责任限额内承担赔偿责任。

赔偿处理

第二十七条　保险人对被保险人或其允许的驾驶人给第三者造成的损害，可以直接向该第三者赔偿。

被保险人或其允许的驾驶人给第三者造成损害，对第三者应负的赔偿责任确定的，根据被保险人的请求，保险人应当直接向该第三者赔偿。被保险人怠于请求的，第三者就其应获赔偿部分直接向保险人请求赔偿的，保险人可以直接向该第三者赔偿。

被保险人或其允许的驾驶人给第三者造成损害，未向该第三者赔偿的，保险人不得向被保险人赔偿。

第二十八条　发生保险事故后，保险人依据本条款约定在保险责任范围内承担赔偿责任。赔偿方式由保险人与被保险人协商确定。

因保险事故损坏的第三者财产，修理前被保险人应当会同保险人检验，协商确定维修机构、修理项目、方式和费用。无法协商确定的，双方委托共同认可的有资质的第三方进行评估。

第二十九条　赔款计算

（一）当（依合同约定核定的第三者损失金额－机动车交通事故责任强制保险的分项赔偿限额）×事故责任比例等于或高于每次事故责任限额时：

赔款＝每次事故责任限额

（二）当（依合同约定核定的第三者损失金额－机动车交通事故责任强制保险的分项赔偿限额）×事故责任比例低于每次事故责任限额时：

赔款＝（依合同约定核定的第三者损失金额－机动车交通事故责任强制保险的分项赔偿限额）×事故责任比例

第三十条　保险人按照《道路交通事故受伤人员临床诊疗指南》和国家基本医疗保险的同类医疗费用标准核定医疗费用的赔偿金额。

未经保险人书面同意，被保险人自行承诺或支付的赔偿金额，保险人有权重新核定。不属于保险人赔偿范围或超出保险人应赔偿金额的，保险人不承担赔偿责任。

第三章　机动车车上人员责任保险

保险责任

第三十一条　保险期间内，被保险人或其允许的驾驶人在使用被保险机动车过程中发生意外事故，致使车上人员遭受人身伤亡，且不属于免除保险人责任的范围，依法应当对车上人员承担的损害赔偿责任，保险人依照本保险合同的约定负责赔偿。

第三十二条 保险人依据被保险机动车一方在事故中所负的事故责任比例，承担相应的赔偿责任。

被保险人或被保险机动车一方根据有关法律法规选择自行协商或由公安机关交通管理部门处理事故，但未确定事故责任比例的，按照下列规定确定事故责任比例：

被保险机动车一方负主要事故责任的，事故责任比例为70%；

被保险机动车一方负同等事故责任的，事故责任比例为50%；

被保险机动车一方负次要事故责任的，事故责任比例为30%。

涉及司法或仲裁程序的，以法院或仲裁机构最终生效的法律文书为准。

<h2 style="text-align:center">责任免除</h2>

第三十三条 在上述保险责任范围内，下列情况下，不论任何原因造成的人身伤亡，保险人均不负责赔偿：

（一）事故发生后，被保险人或驾驶人故意破坏、伪造现场，毁灭证据；

（二）驾驶人有下列情形之一者：

1. 交通肇事逃逸；

2. 饮酒、吸食或注射毒品、服用国家管制的精神药品或者麻醉药品；

3. 无驾驶证，驾驶证被依法扣留、暂扣、吊销、注销期间；

4. 驾驶与驾驶证载明的准驾车型不相符合的机动车；

5. 非被保险人允许的驾驶人。

（三）被保险机动车有下列情形之一者：

1. 发生保险事故时被保险机动车行驶证、号牌被注销的；

2. 被扣留、收缴、没收期间；

3. 竞赛、测试期间，在营业性场所维修、保养、改装期间；

4. 全车被盗窃、被抢劫、被抢夺、下落不明期间。

第三十四条 下列原因导致的人身伤亡，保险人不负责赔偿：

（一）战争、军事冲突、恐怖活动、暴乱、污染（含放射性污染）、核反应、核辐射；

（二）被保险机动车被转让、改装、加装或改变使用性质等，导致被保险机动车危险程度显著增加，且未及时通知保险人，因危险程度显著增加而发生保险事故的；

（三）投保人、被保险人或驾驶人故意制造保险事故。

第三十五条 下列人身伤亡、损失和费用，保险人不负责赔偿：

（一）被保险人及驾驶人以外的其他车上人员的故意行为造成的自身伤亡；

（二）车上人员因疾病、分娩、自残、斗殴、自杀、犯罪行为造成的自身伤亡；

（三）罚款、罚金或惩罚性赔款；

（四）超出《道路交通事故受伤人员临床诊疗指南》和国家基本医疗保险同类医疗费用标准的费用部分；

（五）律师费，未经保险人事先书面同意的诉讼费、仲裁费；

（六）投保人、被保险人或驾驶人知道保险事故发生后，故意或者因重大过失未及时通知，致使保险事故的性质、原因、损失程度等难以确定的，保险人对无法确定的部分，不承担赔偿责任，但保险人通过其他途径已经知道或者应当及时知道保险事故发生的除外；

（七）精神损害抚慰金；

（八）应当由机动车交通事故责任强制保险赔付的损失和费用。

责任限额

第三十六条　驾驶人每次事故责任限额和乘客每次事故每人责任限额由投保人和保险人在投保时协商确定。投保乘客座位数按照被保险机动车的核定载客数（驾驶人座位除外）确定。

赔偿处理

第三十七条　赔款计算

（一）对每座的受害人，当（依合同约定核定的每座车上人员人身伤亡损失金额－应由机动车交通事故责任强制保险赔偿的金额）×事故责任比例高于或等于每次事故每座责任限额时：

赔款＝每次事故每座责任限额

（二）对每座的受害人，当（依合同约定核定的每座车上人员人身伤亡损失金额－应由机动车交通事故责任强制保险赔偿的金额）×事故责任比例低于每次事故每座责任限额时：

赔款＝（依合同约定核定的每座车上人员人身伤亡损失金额－应由机动车交通事故责任强制保险赔偿的金额）×事故责任比例

第三十八条　保险人按照《道路交通事故受伤人员临床诊疗指南》和国家基本医疗保险的同类医疗费用标准核定医疗费用的赔偿金额。

未经保险人书面同意，被保险人自行承诺或支付的赔偿金额，保险人有权重新核定。不属于保险人赔偿范围或超出保险人应赔偿金额的，保险人不承担赔偿责任。

第四章 通用条款

保险期间

第三十九条 除另有约定外，保险期间为一年，以保险单载明的起讫时间为准。

其他事项

第四十条 发生保险事故时，被保险人或驾驶人应当及时采取合理的、必要的施救和保护措施，防止或者减少损失，并在保险事故发生后48小时内通知保险人。

被保险机动车全车被盗抢的，被保险人知道保险事故发生后，应在24小时内向出险当地公安刑侦部门报案，并通知保险人。

被保险人索赔时，应当向保险人提供与确认保险事故的性质、原因、损失程度等有关的证明和资料。

被保险人应当提供保险单、损失清单、有关费用单据、被保险机动车行驶证和发生事故时驾驶人的驾驶证。

属于道路交通事故的，被保险人应当提供公安机关交通管理部门或法院等机构出具的事故证明、有关的法律文书（判决书、调解书、裁定书、裁决书等）及其他证明。被保险人或其允许的驾驶人根据有关法律法规规定选择自行协商方式处理交通事故的，被保险人应当提供依照《道路交通事故处理程序规定》签订记录交通事故情况的协议书。

被保险机动车被盗抢的，被保险人索赔时，须提供保险单、损失清单、有关费用单据、《机动车登记证书》、机动车来历凭证以及出险当地县级以上公安刑侦部门出具的盗抢立案证明。

第四十一条 保险人按照本保险合同的约定，认为被保险人索赔提供的有关证明和资料不完整的，应当及时一次性通知被保险人补充提供。

第四十二条 保险人收到被保险人的赔偿请求后，应当及时作出核定；情形复杂的，应当在三十日内作出核定。保险人应当将核定结果通知被保险人；对属于保险责任的，在与被保险人达成赔偿协议后十日内，履行赔偿义务。保险合同对赔偿期限另有约定的，保险人应当按照约定履行赔偿义务。

保险人未及时履行前款约定义务的，除支付赔款外，应当赔偿被保险人因此受到的损失。

第四十三条 保险人依照本条款第四十二条的约定作出核定后，对不属于保险责任的，应当自作出核定之日起三日内向被保险人发出拒绝赔偿通知书，并说明理由。

第四十四条 保险人自收到赔偿请求和有关证明、资料之日起六十日内，对其赔偿数额不能确定的，应当根据已有证明和资料可以确定的数额先予支付；保险人最终确定赔偿数额后，应当支付相应的差额。

第四十五条 保险人受理报案、现场查勘、核定损失、参与诉讼、进行抗辩、要求被保险人提供证明和资料、向被保险人提供专业建议等行为，均不构成保险人对赔偿责任的承诺。

第四十六条 在保险期间内，被保险机动车转让他人的，受让人承继被保险人的权利和义务。被保险人或者受让人应当及时通知保险人，并及时办理保险合同变更手续。

因被保险机动车转让导致被保险机动车危险程度发生显著变化的,保险人自收到前款约定的通知之日起三十日内，可以相应调整保险费或者解除本保险合同。

第四十七条 保险责任开始前，投保人要求解除本保险合同的，应当向保险人支付应交保险费金额3%的退保手续费，保险人应当退还保险费。

保险责任开始后，投保人要求解除本保险合同的，自通知保险人之日起，本保险合同解除。保险人按日收取自保险责任开始之日起至合同解除之日止期间的保险费，并退还剩余部分保险费。

第四十八条 因履行本保险合同发生的争议，由当事人协商解决，协商不成的，由当事人从下列两种合同争议解决方式中选择一种，并在本保险合同中载明：

（一）提交保险单载明的仲裁委员会仲裁；

（二）依法向人民法院起诉。

本保险合同适用中华人民共和国法律（不含港、澳、台地区法律）。

附加险

附加险条款的法律效力优于主险条款。附加险条款未尽事宜，以主险条款为准。除附加险条款另有约定外，主险中的责任免除、双方义务同样适用于附加险。主险保险责任终止的，其相应的附加险保险责任同时终止。

1. 附加绝对免赔率特约条款

2. 附加车轮单独损失险

3. 附加新增加设备损失险

4. 附加车身划痕损失险

5. 附加修理期间费用补偿险

6. 附加发动机进水损坏除外特约条款

7. 附加车上货物责任险

8. 附加精神损害抚慰金责任险

9. 附加法定节假日限额翻倍险

10. 附加医保外医疗费用责任险

11. 附加机动车增值服务特约条款

附加绝对免赔率特约条款

绝对免赔率为 5%、10%、15%、20%，由投保人和保险人在投保时协商确定，具体以保险单载明为准。

被保险机动车发生主险约定的保险事故，保险人按照主险的约定计算赔款后，扣减本特约条款约定的免赔。即：

主险实际赔款＝按主险约定计算的赔款×（1－绝对免赔率）

附加车轮单独损失险

投保了机动车损失保险的机动车，可投保本附加险。

第一条 保险责任

保险期间内，被保险人或被保险机动车驾驶人在使用被保险机动车过程中，因自然灾害、意外事故，导致被保险机动车未发生其他部位的损失，仅有车轮（含轮胎、轮毂、轮毂罩）单独的直接损失，且不属于免除保险人责任的范围，保险人依照本附加险合同的约定负责赔偿。

第二条 责任免除

（一）车轮（含轮胎、轮毂、轮毂罩）的自然磨损、朽蚀、腐蚀、故障、本身质量缺陷；

（二）未发生全车盗抢，仅车轮单独丢失。

第三条 保险金额

保险金额由投保人和保险人在投保时协商确定。

第四条 赔偿处理

（一）发生保险事故后，保险人依据本条款约定在保险责任范围内承担赔偿责任。赔偿方式由保险人与被保险人协商确定；

（二）赔款＝实际修复费用－被保险人已从第三方获得的赔偿金额；

（三）在保险期间内，累计赔款金额达到保险金额，本附加险保险责任终止。

附加新增加设备损失险

投保了机动车损失保险的机动车，可投保本附加险。

第一条 保险责任

保险期间内，投保了本附加险的被保险机动车因发生机动车损失保险责任范围内的事故，造成车上新增加设备的直接损毁，保险人在保险单载明的本附加险的保险金额内，按照实际损失计算赔偿。

第二条 保险金额

保险金额根据新增加设备投保时的实际价值确定。新增加设备的实际价值是指新增加设备的购置价减去折旧金额后的金额。

第三条 赔偿处理

发生保险事故后，保险人依据本条款约定在保险责任范围内承担赔偿责任。赔偿方式由保险人与被保险人协商确定。

赔款＝实际修复费用－被保险人已从第三方获得的赔偿金额

附加车身划痕损失险

投保了机动车损失保险的机动车，可投保本附加险。

第一条 保险责任

保险期间内，被保险机动车在被保险人或被保险机动车驾驶人使用过程中，发生无明显碰撞痕迹的车身划痕损失，保险人按照保险合同约定负责赔偿。

第二条 责任免除

（一）被保险人及其家庭成员、驾驶人及其家庭成员的故意行为造成的损失；

（二）因投保人、被保险人与他人的民事、经济纠纷导致的任何损失；

（三）车身表面自然老化、损坏，腐蚀造成的任何损失。

第三条 保险金额

保险金额为 2000 元、5000 元、10000 元或 20000 元，由投保人和保险人在投保时协商确定。

第四条 赔偿处理

（一）发生保险事故后，保险人依据本条款约定在保险责任范围内承担赔偿责任，赔偿方式由保险人与被保险人协商确定。

赔款＝实际修复费用－被保险人已从第三方获得的赔偿金额

（二）在保险期间内，累计赔款金额达到保险金额，本附加险保险责任终止。

附加修理期间费用补偿险

投保了机动车损失保险的机动车，可投保本附加险。

第一条 保险责任

保险期间内，投保了本条款的机动车在使用过程中，发生机动车损失保险责任范围内的事故，造成车身损毁，致使被保险机动车停驶，保险人按保险合同约定，在保险金额内向被保险人补偿修理期间费用，作为代步车费用或弥补停驶损失。

第二条 责任免除

下列情况下，保险人不承担修理期间费用补偿：

（一）因机动车损失保险责任范围以外的事故而致被保险机动车的损毁或修理；

（二）非在保险人认可的修理厂修理时，因车辆修理质量不合要求造成返修；

（三）被保险人或驾驶人拖延车辆送修期间。

第三条 保险金额

本附加险保险金额＝补偿天数×日补偿金额。补偿天数及日补偿金额由投保人与保险人协商确定并在保险合同中载明，保险期间内约定的补偿天数最高不超过 90 天。

第四条 赔偿处理

全车损失，按保险单载明的保险金额计算赔偿；部分损失，在保险金额内按约定的日补偿金额乘以从送修之日起至修复之日止的实际天数计算赔偿，实际天数超过双方约定修理天数的，以双方约定的修理天数为准。

保险期间内，累计赔款金额达到保险单载明的保险金额，本附加险保险责任终止。

附加发动机进水损坏除外特约条款

投保了机动车损失保险的机动车，可投保本附加险。

保险期间内，投保了本附加险的被保险机动车在使用过程中，因发动机进水后导致的发动机的直接损毁，保险人不负责赔偿。

附加车上货物责任险

投保了机动车第三者责任保险的营业货车（含挂车），可投保本附加险。

第一条 保险责任

保险期间内，发生意外事故致使被保险机动车所载货物遭受直接损毁，依法应由被保险人承担的损害赔偿责任，保险人负责赔偿。

第二条 责任免除

（一）偷盗、哄抢、自然损耗、本身缺陷、短少、死亡、腐烂、变质、串味、生锈，动物走失、飞失、货物自身起火燃烧或爆炸造成的货物损失；

（二）违法、违章载运造成的损失；

（三）因包装、紧固不善，装载、遮盖不当导致的任何损失；

（四）车上人员携带的私人物品的损失；

（五）保险事故导致的货物减值、运输延迟、营业损失及其他各种间接损失；

（六）法律、行政法规禁止运输的货物的损失。

第三条 责任限额

责任限额由投保人和保险人在投保时协商确定。

第四条 赔偿处理

（一）被保险人索赔时，应提供运单、起运地货物价格证明等相关单据。保险人在责任限额内按起运地价格计算赔偿；

（二）发生保险事故后，保险人依据本条款约定在保险责任范围内承担赔偿责任，赔偿方式由保险人与被保险人协商确定。

附加精神损害抚慰金责任险

投保了机动车第三者责任保险或机动车车上人员责任保险的机动车，可投保本附加险。

在投保人仅投保机动车第三者责任保险的基础上附加本附加险时，保险人只负责赔偿第三者的精神损害抚慰金；在投保人仅投保机动车车上人员责任保险的基础上附加本附加险时，保险人只负责赔偿车上人员的精神损害抚慰金。

第一条 保险责任

保险期间内，被保险人或其允许的驾驶人在使用被保险机动车的过程中，发生投保的主险约定的保险责任内的事故，造成第三者或车上人员的人身伤亡，受害人据此提出精神损害赔偿请求，保险人依据法院判决及保险合同约定，对应由被保险人或被保险机动车驾驶人支付的精神损害抚慰金，在扣除机动车交通事故责任强制保险应当支付的赔款后，在本保险赔偿限额内负责赔偿。

第二条 责任免除

（一）根据被保险人与他人的合同协议，应由他人承担的精神损害抚慰金；

（二）未发生交通事故，仅因第三者或本车人员的惊恐而引起的损害；

（三）怀孕妇女的流产发生在交通事故发生之日起 30 天以外的。

第三条 赔偿限额

本保险每次事故赔偿限额由保险人和投保人在投保时协商确定。

第四条 赔偿处理

本附加险赔偿金额依据生效法律文书或当事人达成且经保险人认可的赔付协议，在保险单所载明的赔偿限额内计算赔偿。

附加法定节假日限额翻倍险

投保了机动车第三者责任保险的家庭自用汽车，可投保本附加险。

保险期间内，被保险人或其允许的驾驶人在法定节假日期间使用被保险机动车发生机动车第三者责任保险范围内的事故，并经公安部门或保险人查勘确认的，被保险机动车第三者责任保险所适用的责任限额在保险单载明的基础上增加一倍。

附加医保外医疗费用责任险

投保了机动车第三者责任保险或机动车车上人员责任保险的机动车，可投保本附加险。

第一条 保险责任

保险期间内，被保险人或其允许的驾驶人在使用被保险机动车的过程中，发生主险保险事故，对于被保险人依照中华人民共和国法律（不含港澳台地区法律）应对第三者或车上人员承担的医疗费用，保险人对超出《道路交通事故受伤人员临床诊疗指南》和国家基本医疗保险同类医疗费用标准的部分负责赔偿。

第二条 责任免除

下列损失、费用，保险人不负责赔偿：

（一）在相同保障的其他保险项下可获得赔偿的部分；

（二）所诊治伤情与主险保险事故无关联的医疗、医药费用；

（三）特需医疗类费用。

第三条 赔偿限额

赔偿限额由投保人和保险人在投保时协商确定，并在保险单中载明。

第四条 赔偿处理

被保险人索赔时，应提供由具备医疗机构执业许可的医院或药品经营许可的药店出具的、足以证明各项费用赔偿金额的相关单据。保险人根据被保险人实际承担的责任，在保险单载明的责任限额内计算赔偿。

附加机动车增值服务特约条款

第一条 投保了机动车保险后，可投保本特约条款。

第二条 本特约条款包括道路救援服务特约条款、车辆安全检测特约条款、代为驾驶服务特约条款、代为送检服务特约条款共四个独立的特约条款，投保人可以选择投保全部特约条款，也可以选择投保其中部分特约条款。保险人依照保险合同的约定，按照承保特约条款分别提供增值服务。

第一章　道路救援服务特约条款

第三条　服务范围

保险期间内，被保险机动车在使用过程中发生故障而丧失行驶能力时，保险人或其受托人根据被保险人请求，向被保险人提供如下道路救援服务。

（一）单程 50 公里以内拖车；

（二）送油、送水、送防冻液、搭电；

（三）轮胎充气、更换轮胎；

（四）车辆脱离困境所需的拖拽、吊车。

第四条　责任免除

（一）根据所在地法律法规、行政管理部门的规定，无法开展相关服务项目的情形；

（二）送油、更换轮胎等服务过程中产生的油料、防冻液、配件、辅料等材料费用；

（三）被保险人或驾驶人的故意行为。

第五条　责任限额

保险期间内，保险人提供 2 次免费服务，超出 2 次的，由投保人和保险人在签订保险合同时协商确定，分为 5 次、10 次、15 次、20 次四档。

第二章　车辆安全检测特约条款

第六条　服务范围

保险期间内，为保障车辆安全运行，保险人或其受托人根据被保险人请求，为被保险机动车提供车辆安全.检测服务，车辆安全检测项目包括：

（一）发动机检测（机油、空滤、燃油、冷却等）；

（二）变速器检测；

（三）转向系统检测（含车轮定位测试、轮胎动平衡测试）；

（四）底盘检测；

（五）轮胎检测；

（六）汽车玻璃检测；

（七）汽车电子系统检测（全车电控电器系统检测）；

（八）车内环境检测；

（九）蓄电池检测；

（十）车辆综合安全检测。

第七条　责任免除

（一）检测中发现的问题部件的更换、维修费用；

（二）洗车、打蜡等常规保养费用；

（三）车辆运输费用。

第八条 责任限额

保险期间内，本特约条款的检测项目及服务次数上限由投保人和保险人在签订保险合同时协商确定。

第三章 代为驾驶服务特约条款

第九条 服务范围

保险期间内，保险人或其受托人根据被保险人请求，在被保险人或其允许的驾驶人因饮酒、服用药物等原因无法驾驶或存在重大安全驾驶隐患时提供单程 30 公里以内的短途代驾服务。

第十条 责任免除

根据所在地法律法规、行政管理部门的要求，无法开展相关服务项目的情形。

第十一条 责任限额

保险期间内，本特约条款的服务次数上限由投保人和保险人在签订保险合同时协商确定。

第四章 代为送检服务特约条款

第十二条 服务范围

保险期间内，按照《中华人民共和国道路交通安全法实施条例》，被保险机动车需由机动车安全技术检验机构实施安全技术检验时，根据被保险人请求，由保险人或其受托人代替车辆所有人进行车辆送检。

第十三条 责任免除

（一）根据所在地法律法规、行政管理部门的要求，无法开展相关服务项目的情形；

（二）车辆检验费用及罚款；

（三）维修费用。

释义

【使用被保险机动车过程】指被保险机动车作为一种工具被使用的整个过程，包括行驶、停放及作业，但不包括在营业场所被维修养护期间、被营业单位拖带或被吊装等施救期间。

【自然灾害】指对人类以及人类赖以生存的环境造成破坏性影响的自然现象，包括雷击、暴风、暴雨、洪水、龙卷风、冰雹、台风、热带风暴、地陷、崖崩、滑坡、泥石流、雪崩、冰陷、暴雪、冰凌、沙尘暴、地震及其次生灾害等。

【意外事故】指被保险人不可预料、无法控制的突发性事件，但不包括战争、军事冲突、恐怖活动、暴乱、污染（含放射性污染）、核反应、核辐射等。

【交通肇事逃逸】是指发生道路交通事故后，当事人为逃避法律责任，驾驶或者遗弃车辆逃离道路交通事故现场以及潜逃藏匿的行为。

【车轮单独损失】指未发生被保险机动车其他部位的损失，因自然灾害、意外事故，仅发生轮胎、轮毂、轮毂罩的分别单独损失，或上述三者之中任意二者的共同损失，或三者的共同损失。

【车身划痕】仅发生被保险机动车车身表面油漆的损坏，且无明显碰撞痕迹。

【新增加设备】指被保险机动车出厂时原有设备以外的，另外加装的设备和设施。

【新车购置价】指本保险合同签订地购置与被保险机动车同类型新车的价格，无同类型新车市场销售价格的，由投保人与保险人协商确定。

【全部损失】指被保险机动车发生事故后灭失，或者受到严重损坏完全失去原有形体、效用，或者不能再归被保险人所拥有的，为实际全损；或被保险机动车发生事故后，认为实际全损已经不可避免，或者为避免发生实际全损所需支付的费用超过实际价值的，为推定全损。

【家庭成员】指配偶、父母、子女和其他共同生活的近亲属。

【市场公允价值】指熟悉市场情况的买卖双方在公平交易的条件下和自愿的情况下所确定的价格，或无关联的双方在公平交易的条件下一项资产可以被买卖或者一项负债可以被清偿的成交价格。

【参考折旧系数表】

车辆种类	月折旧系数			
	家庭自用	非营业	营业	
			出租	其他
9 座以下客车	0.60%	0.60%	1.10%	0.90%
10 座以上客车	0.90%	0.90%	1.10%	0.90%
微型载货汽车	/	0.90%	1.10%	1.10%
带拖挂的载货汽车		0.90%	1.10%	1.10%
低速货车和三轮汽车	/	1.10%	1.40%	1.40%
其他车辆	/	0.90%	1.10%	0.90%

折旧按月计算，不足一个月的部分，不计折旧。最高折旧金额不超过投保时被保险机动

车新车购置价的 80%。

折旧金额＝新车购置价×被保险机动车已使用月数×月折旧系数

【饮酒】指驾驶人饮用含有酒精的饮料，驾驶机动车时血液中的酒精含量大于等于 20mg/100mL 的。

【法定节假日】法定节假日包括：中华人民共和国国务院规定的元旦、春节、清明节、劳动节、端午节、中秋节和国庆节放假调休日期，及星期六、星期日，具体以国务院公布的文件为准。

法定节假日不包括：1. 因国务院安排调休形成的工作日；2. 国务院规定的一次性全国假日；3. 地方性假日。

【污染（含放射性污染）】指被保险机动车正常使用过程中或发生事故时，由于油料、尾气、货物或其他污染物的泄漏、飞溅、排放、散落等造成的被保险机动车和第三方财产的污损、状况恶化或人身伤亡。

【特需医疗类费用】指医院的特需医疗部门/中心/病房，包括但不限于特需医疗部、外宾医疗部、VIP 部、国际医疗中心、联合医院、联合病房、干部病房、A 级病房、家庭病房、套房等不属于社会基本医疗保险范畴的高等级病房产生的费用，以及名医门诊、指定专家团队门诊、特需门诊、国际门诊等产生的费用。

附三　中华人民共和国海商法（节选）

（一九九二年十一月七日第七届全国人民代表大会常务委员会第二十八次会议通过）

第八章　船舶碰撞

第一百六十五条　船舶碰撞，是指船舶在海上或者与海相通的可航水域发生接触造成损害的事故。

前款所称船舶，包括与本法第三条所指船舶碰撞的任何其他非用于军事的或者政府公务的船艇。

第一百六十六条　船舶发生碰撞，当事船舶的船长在不严重危及本船和船上人员安全的情况下，对于相碰的船舶和船上人员必须尽力施救。

碰撞船舶的船长应当尽可能将其船舶名称、船籍港、出发港和目的港通知对方。

第一百六十七条　船舶发生碰撞，是由于不可抗力或者其他不能归责于任何一方的原因或者无法查明的原因造成的，碰撞各方互相不负赔偿责任。

第一百六十八条　船舶发生碰撞，是由于一船的过失造成的，由有过失的船舶负赔偿责任。

第一百六十九条　船舶发生碰撞，碰撞的船舶互有过失的，各船按照过失程度的比例负赔偿责任；过失程度相当或者过失程度的比例无法判定的，平均负赔偿责任。

互有过失的船舶，对碰撞造成的船舶以及船上货物和其他财产的损失，依照前款规定的比例负赔偿责任。碰撞造成第三人财产损失的，各船的赔偿责任均不超过其应当承担的比例。

互有过失的船舶，对造成的第三人的人身伤亡，负连带赔偿责任。一船连带支付的赔偿超过本条第一款规定的比例的，有权向其他有过失的船舶追偿。

第一百七十条　船舶因操纵不当或者不遵守航行规章，虽然实际上没有同其他船舶发生碰撞，但是使其他船舶以及船上的人员、货物或者其他财产遭受损失的，适用本章的规定。

第九章　海难救助

第一百七十一条　本章规定适用于在海上或者与海相通的可航水域，对遇险的船舶和其他财产进行的救助。

第一百七十二条　本章下列用语的含义：

（一）"船舶"，是指本法第三条所称的船舶和与其发生救助关系的任何其他非用于军事的或者政府公务的船艇。

（二）"财产"，是指非永久地和非有意地依附于岸线的任何财产，包括有风险的运费。

（三）"救助款项"，是指依照本章规定，被救助方应当向救助方支付的任何救助报酬、酬金或者补偿。

第一百七十三条　本章规定，不适用于海上已经就位的从事海底矿物资源的勘探、开发或者生产的固定式、浮动式平台和移动式近海钻井装置。

第一百七十四条　船长在不严重危及本船和船上人员安全的情况下，有义务尽力救助海上人命。

第一百七十五条　救助方与被救助方就海难救助达成协议，救助合同成立。

遇险船舶的船长有权代表船舶所有人订立救助合同。遇险船舶的船长或者船舶所有人有权代表船上财产所有人订立救助合同。

第一百七十六条　有下列情形之一，经一方当事人起诉或者双方当事人协议仲裁的，受理争议的法院或者仲裁机构可以判决或者裁决变更救助合同：

（一）合同在不正当的或者危险情况的影响下订立，合同条款显失公平的；

（二）根据合同支付的救助款项明显过高或者过低于实际提供的救助服务的。

第一百七十七条　在救助作业过程中，救助方对被救助方负有下列义务：

（一）以应有的谨慎进行救助；

（二）以应有的谨慎防止或者减少环境污染损害；

（三）在合理需要的情况下，寻求其他救助方援助；

（四）当被救助方合理地要求其他救助方参与救助作业时，接受此种要求，但是要求不合理的，原救助方的救助报酬金额不受影响。

第一百七十八条　在救助作业过程中，被救助方对救助方负有下列义务：

（一）与救助方通力合作；

（二）以应有的谨慎防止或者减少环境污染损害；

（三）当获救的船舶或者其他财产已经被送至安全地点时，及时接受救助方提出的合理的移交要求。

第一百七十九条　救助方对遇险的船舶和其他财产的救助，取得效果的，有权获得救助报酬；救助未取得效果的，除本法第一百八十二条或者其他法律另有规定或者合同另有约定外，无权获得救助款项。

第一百八十条　确定救助报酬，应当体现对救助作业的鼓励，并综合考虑下列各项因素：

（一）船舶和其他财产的获救的价值；

（二）救助方在防止或者减少环境污染损害方面的技能和努力；

（三）救助方的救助成效；

（四）危险的性质和程度；

（五）救助方在救助船舶、其他财产和人命方面的技能和努力；

（六）救助方所用的时间、支出的费用和遭受的损失；

（七）救助方或者救助设备所冒的责任风险和其他风险；

（八）救助方提供救助服务的及时性；

（九）用于救助作业的船舶和其他设备的可用性和使用情况；

（十）救助设备的备用状况、效能和设备的价值。

救助报酬不得超过船舶和其他财产的获救价值。

第一百八十一条　船舶和其他财产的获救价值，是指船舶和其他财产获救后的估计价值或者实际出卖的收入，扣除有关税款和海关、检疫、检验费用以及进行卸载、保管、估价、出卖而产生的费用后的价值。

前款规定的价值不包括船员的获救的私人物品和旅客的获救的自带行李的价值。

第一百八十二条　对构成环境污染损害危险的船舶或者船上货物进行的救助，救助方依照本法第一百八十条规定获得的救助报酬，少于依照本条规定可以得到的特别补偿的，救助方有权依照本条规定，从船舶所有人处获得相当于救助费用的特别补偿。

　　救助人进行前款规定的救助作业，取得防止或者减少环境污染损害效果的，船舶所有人依照前款规定应当向救助方支付的特别补偿可以另行增加，增加的数额可以达到救助费用的百分之三十。受理争议法院或者仲裁机构认为适当，并且考虑到本法第一百八十条第一款的规定，可以判决或者裁决进一步增加特别补偿数额；但是，在任何情况下，增加部分不得超过救助费用的百分之一百。

　　本条所称救助费用，是指救助方在救助作业中直接支付的合理费用以及实际适用救助设备、投入救助人员的合理费用。确定救助费用应当考虑本法第一百八十条第一款第（八）、（九）、（十）项的规定。

　　在任何情况下，本条规定的全部特别补偿，只有在超过救助方依照本法第一百八十条规定能够获得的救助报酬时，方可支付，支付金为特别补偿超过救助报酬的差额部分。

　　由于救助方的过失未能防止或者减少坏境污染损害的，可以全部或者部分地剥夺救助方获得特别补偿的权利。

　　本条规定不影响船舶所有人对其他被救助方的追偿权。

　　第一百八十三条　救助报酬的金额，应当由获救的船舶和其他财产的各所有人，按照船舶和其他各项财产各自的获救价值占全部获救价值的比例承担。

　　第一百八十四条　参加同一救助作业的各救助方的救助报酬，应当根据本法第一百八十条规定的标准，由各方协商确定；协商不成的，可以提请受理争议的法院判决或者经各方协议提请仲裁机构裁决。

　　第一百八十五条　在救助作业中救助人命的救助方，对获救人员不得请求酬金，但是有权从救助船舶或者其他财产、防止或者减少环境污染损害的救助方获得的救助款项中，获得合理份额。

　　第一百八十六条　下列救助行为无权获得救助款项：

　　（一）正常履行拖航合同或者其他服务合同的义务进行救助的，但是提供不属于履行上述义务的特殊劳务除外；

　　（二）不顾遇险的船舶的船长、船舶所有人或者其他财产所有人明确的和合理的拒绝，仍然进行救助的。

　　第一百八十七条　由于救助方的过失致使救助作业成为必需或者更加困难的，或者救助方有欺诈或者其他不诚实行为的，应当取消或者减少向救助方支付的救助款项。

　　第一百八十八条　被救助方在救助作业结束后，应当根据救助方的要求，对救助款项提供满意的担保。

　　在不影响前款规定的情况下获救船舶的船舶所有人应当在获救的货物交还前，尽力使货物的所有人对其应当承担的救助款项提供满意的担保。

在未根据救助人的要求对获救的船舶或者其他财产提供满意的担保以前，未经救助方同意，不得将获救的船舶和其他财产从救助作业完成后最初到达的港口或者地点移走。

第一百八十九条 受理救助款项请求的法院或者仲裁机构，根据具体情况，在合理的条件下，可以裁定或者裁决被救助方向救助方先行支付适当的金额。

被救助方根据前款规定先行支付金额后，其根据本法第一百八十八条规定提供的担保金额应当相应扣减。

第一百九十条 对于获救满九十日的船舶和其他财产，如果被救助方不支付救助款项也不提供满意的担保，救助方可以申请法院裁定强制拍卖；对于无法保管、不易保管或者保管费用可能超过其价值的获救的船舶和其他财产，可以申请提前拍卖。

拍卖所得价款，在扣除保管和拍卖过程中的一切费用后，依照本法规定支付救助款项；剩余的金额，退还被救助方；无法退还、自拍卖之日起满一年又无人认领的，上缴国库；不足的金额，救助方有权向被救助方追偿。

第一百九十一条 同一船舶所有人的船舶之间进行的救助，救助方获得救助款项的权利适用本章规定。

第一百九十二条 国家有关主管机关从事或者控制的救助作业，救助方有权享受本章规定的关于救助作业的权利和补偿。

第十章 共同海损

第一百九十三条 共同海损，是指在同一海上航程中，船舶、货物和其他财产遭遇共同危险，为了共同安全，有意地合理地采取措施所直接造成的特殊牺牲、支付的特殊费用。

无论在航程中或者在航程结束后发生的船舶或者货物因迟延所造成的损失，包括船期损失和行市损失以及其他间接损失，均不得列入共同海损。

第一百九十四条 船舶因发生意外、牺牲或者其他特殊情况而损坏时，为了安全完成本航程，驶入避难港口、避难地点或者驶回装货港口、装货地点进行必要的修理，在该港口或者地点额外停留期间所支付的港口费，船员工资、给养，船舶所消耗的燃料、物料，为修理而卸载、贮存、重装或者搬移船上货物、燃料、物料以及其他财产所造成的损失、支付的费用，应当列入共同海损。

第一百九十五条 为代替可以列为共同海损的特殊费用而支付的额外费用，可以作为代替费用列入共同海损；但是，列入共同海损的代替费用的金额，不得超过被代替的共同海损的特殊费用。

第一百九十六条 提出共同海损分摊请求的一方应当负举证责任，证明其损失应当列入共同海损。

第一百九十七条　引起共同海损特殊牺牲、特殊费用的事故，可能是由航程中一方的过失造成的，不影响该方要求分摊共同海损的权利；但是，非过失方或者过失方可以就此项过失提出赔偿请求或者进行抗辩。

第一百九十八条　船舶、货物和运费的共同海损牺牲的金额，依照下列规定确定：

（一）船舶共同海损牺牲的金额，按照实际支付的修理费，减除合理的以新换旧的扣减额计算。船舶尚未修理的，按照牺牲造成的合理贬值计算，但是不得超过估计的修理费。船舶发生实际全损或者修理费用超过修复后的船舶价值的，共同海损牺牲金额按照该船舶在完好状态下的估计价值，减除不属于共同海损损坏的估计的修理费和该船舶受损后的价值余额计算。

（二）货物共同海损牺牲的金额，货物灭失的，按照货物在装船时的价值加保险费加运费，减除由于牺牲无需支付的运费计算。货物损坏，在就损坏程度达成协议前售出的，按照货物在装船时的价值加保险费加运费，与出售货物净得的差额计算。

（三）运费共同海损牺牲的金额，按照货物遭受牺牲造成的运费的损失金额，减除为取得这笔运费本应支付，但是由于牺牲无需支付的营运费用计算。

第一百九十九条　共同海损应当由受益方按照各自的分摊价值的比例分摊。

船舶、货物和运费的共同海损分摊价值，分别依照下列规定确定：

（一）船舶共同海损分摊价值，按照船舶在航程终止时的完好价值，减除不属于共同海损的损失金额计算，或者按照船舶在航程终止时的实际价值，加上共同海损牺牲的金额计算。

（二）货物共同海损分摊价值，按照货物在装船时的价值加保险费加运费，减除不属于共同海损的损失金额和承运人承担风险的运费计算。　货物在抵达目的港以前售出的，按照出售净得金额，加上共同海损牺牲的金额计算。

旅客的行李和私人物品，不分摊共同海损。

（三）运费分摊价值，按照承运人承担风险并于航程终止时有权收取的运费，减除为取得该项运费而在共同海损事故发生后，为完成本航程所支付的营运费用，加上共同海损牺牲的金额计算。

第二百条　未申报的货物或者谎报的货物，应当参加共同海损分摊；其遭受的特殊牺牲，不得列入共同海损。

不正当地以低于货物实际价值作为申报价值的，按照实际价值分摊共同海损；在发生共同海损牺牲时，按照申报价值计算牺牲金额。

第二百零一条　对共同海损特殊牺牲和垫付的共同海损特殊费用，应当计算利息。对垫付的共同海损特殊费用，除船员工资、给养和船舶消耗的燃料、物料外，应当计算手续费。

第二百零二条 经利益关系人要求，各分摊方应当提供共同海损担保。以提供保证金方式进行共同海损担保的，保证金应当交由海损理算师以保管人名义存入银行。保证金的提供、使用或者退还，不影响各方最终的分摊责任。

第二百零三条 共同海损理算，适用合同约定的理算规则；合同未约定的，适用本章的规定。

本章小结：

1. 汽车保险由基本险和附加险组成。其中基本险包括机动车损失保险、机动车第三者责任保险和机动车车上人员责任保险；附加险包括绝对免赔率特约条款、车轮单独损失险、新增加设备损失险、车身划痕损失险、修理期间费用补偿险、发动机进水损坏除外特约条款、车上货物责任险、精神损害抚慰金责任险、法定节假日限额翻倍险、医保外医疗费用责任险、机动车增值服务特约条款等。

2. 机动车辆保险的保险金额按投保时被保险机动车的实际价值确定。

3. 船舶保险的保障范围包括对财产的保障、对费用的保障、对责任的保障三部分。

4. 沿海、内河船舶保险与远洋船舶保险都可分为全损险和一切险。

5. 飞机保险主要包括机身险、第三者责任险、旅客法定责任保险、货物法定责任险、战争险。

关键词：

汽车保险   车辆损失险   汽车第三者责任险   船舶保险   全损险   一切险共同海损   救助   施救   飞机保险   飞机第三者责任险   旅客法定责任保险机身险

思考题：

1. 汽车保险的特点及主要险种。

2. 简述汽车保险中的车辆损失险和第三者责任险以及责任免除。

3. 如何理解汽车第三者责任保险的"第三者"？

4. 车险费率自由化对我国车险发展会带来哪些影响？

5. 船舶保险的全损险和一切险的保险责任有什么不同？

6. 飞机保险有哪些险种？

参考文献：

1. 孙祁祥. 保险学（第六版）[M]. 北京：北京大学出版社，2017.

2. 胡援成. 财产保险[M]. 大连：东北财经大学出版社，1999.

3. 乔林，王绪瑾. 财产保险（第二版）[M]. 北京：中国人民大学出版社，2008.

4. 兰虹，等. 财产保险[M]. 成都：西南财经大学出版社，2001.

5. 赵兴凯. 保险理赔[M]. 北京：中国经济出版社，1999.

6. 袁宗蔚. 保险学[M]. 北京：首都经济贸易大学出版社，2000.

7. 郝演苏. 财产保险[M]. 北京：中国金融出版社，2002.

8. 王绪瑾. 保险学（第六版）[M]. 北京：经济管理出版社，2017.

9. 许谨良. 财产保险原理与实务（第五版）[M]. 上海：上海财经大学出版社，2015.

10. 陈伊维. 非寿险实务[M]. 北京：中国财政经济出版社，2011.

第七章　国内货物运输保险

学习目的：

掌握国内货物运输保险的基本特征及分类方法，了解国内货物运输保险的责任范围、保险期限、保险金额、保险费率、赔偿处理等内容。

第一节　货物运输保险的基本特征

国内货物运输保险，简称货运险，是以国内运输过程中的货物为保险标的，承保其在运输过程中因自然灾害或意外事故而遭受的损失，是财产保险的主要险种之一。

在现代社会化大生产方式下的商品贸易中，各生产厂家、各企业、事业单位，无论是从外地购进产品或者原材料，还是向外地发运产品或原材料，都要通过运输工具来运输商品，而货物在运输过程中遭受自然灾害或意外事故总是无法预料、不可避免的。鉴于承运部门所承担的保障责任非常有限，为了使运输过程中的货物得到较为全面的保障，保证贸易和运输的正常进行，货物运输保险得以产生并不断发展。开展货物运输保险业务意义重大，它不仅使保险货物在运输过程中遭受保险责任范围内的损失能够及时得到经济补偿，有利于生产发展和经营的稳定，有利于商品的生产和流通以及物流行业的健康发展；同时加强了货物运输的安全防损工作，可促进货物的安全运输，减少灾害事故的损失。

中国人民保险公司于 1951 年 3 月同时推出了八个货物运输保险条款，包括轮船、木船、火车、汽车、驿运、空运等，1958 年停办。"文革"结束后，国务院决定恢复国内保险业，1979 年 12 月中国人民保险公司将原先的八个条款合并修订为一个条款，推出了《国内货物运输保险》，后又将公路、航空运输分离开来，形成《国内水路、铁路货物运输保险》和《国内航空货物运输保险》两个单独的条款。改革开放以后，我国的商品经济与贸易进入迅猛发展阶段，市场经济体制逐步确立，国内货物运输保险业务的发展获得了有利的机遇和经济环境，市场规模逐步扩大。在 1980 年恢复保险业务时国内货物运输保险在财产保险业务中所占的比重还不到 1%，但之后却一直保持着较高的增长率，曾经是我国财产保险业务中继机动车辆及第三者责任保险和企业财产保险之后的第三大险种，但近年来随着信用保险、保证保险、农业保险、意外及健康保险的快速发展，保费规模迅速增加，货物运输保险业务的占比逐渐下降。

一、国内货物运输保险的种类

国内货物运输保险有两种较为普遍的分类方法：一种是按照运输方式的不同可分为直运货物运输保险、联运货物运输保险和集装箱货物运输保险；另一种是按照运输工具的不同可分为水运、陆运和空运三大类。后一种分类方法最为常见。

（一）按照运输方式分类

1. 直运货物运输保险

直运是指货物从起运至运抵目的地只使用一种运输工具的运输方式，即使中途货物需要转运，转运所用的运输工具也需与前段所用的属于同一种类。直运货物运输保险负责货物在直运过程中因保险责任事故遭受的损失。

2. 联运货物运输保险

联运，即联合运输，是指使用同一张运输单据，使用两种或两种以上不同的主要运输工具运送货物的运输方式，一般有水陆联运、江海联运、陆空联运等。联运货物运输保险负责货物在联运过程中因保险责任事故遭受的损失。联运货物运输保险的费率高于直运货物运输保险的费率。

3. 集装箱货物运输保险

集装箱运输也称货柜运输，是 20 世纪 50 年代在美国首先出现的一种运输方式。美国国内公路运输和铁路运输最先采用了这种运输方式。基于集装箱运输的多种优点，其在六七十年代得到了迅速的发展。集装箱货物运输保险负责货物在以集装箱方式运输过程中因保险责任事故所遭受的损失。集装箱货物运输保险的费率低于其他方式的货物运输保险的费率。

（二）按照运输工具分类

1. 水上货物运输保险

承保利用水上运输工具（如轮船、驳船、机帆船、木船、水泥船等）运送货物过程中因保险责任事故的发生造成的货物损失。货物的损失通常与运输工具在水上航行所发生的各种意外事故有关，如碰撞、搁浅、倾覆、沉没等。

2. 陆上货物运输保险

承保除水上运输工具和飞机以外的所有其他运输工具或手段运送货物的运输保险，如火车、汽车、驿运等。

3. 航空货物运输保险

承保以飞机作为运输工具运送货物的运输保险。货物的损失通常与飞机的各种意外事故有关，如碰撞、坠毁、爆炸、失踪、空中抛弃等。

二、国内货物运输保险的特点

国内货物运输保险属于财产保险的范畴，但其与一般的财产保险相比，又具有独特之处。

（一）保险标的的流动性

普通财产保险（如企业财产保险和家庭财产保险）的保险标的通常处于相对静止的状态，如机器、设备、家具、家用电器等，一般都被固定在某个位置；而货物运输保险的保险标的则被从一地运往另一地，经常处于流动或运动状态之中，不受一个固定地点的限制，具有较大的流动性。

（二）保险责任起讫时间的灵活性

普通财产保险一般是按照固定时间确定保险期限，保险责任起讫时间通常为一年。而货物运输保险的保险责任起讫时间是以约定的运输途程为标准，从被保险货物运离发货人的仓库或贮存场所开始，直至运抵目的地收货人的仓库或贮存场所为止，具有一定的灵活性。

（三）保险责任范围的广泛性

保险标的因保险责任范围内的自然灾害或意外事故遭受损失时，普通的财产保险仅负责被保险财产的直接损失以及为避免损失扩大采取施救、保护等措施而产生的合理费用。货物运输保险的保险责任范围比普通的财产保险广泛得多，除了负责上述损失和费用外，还要承担货物在运输过程中因破碎、渗漏、雨淋、腐烂、变质、包装破裂、遭受盗窃以及整件货物提货不着而导致的损失。此外，按照一般惯例应分摊的共同海损和救助费用，也被作为赔偿责任。

（四）保险标的的分离性

普通财产保险中的保险标的即被保险财产多数情况下都是处于被保险人的直接看管和控制之下，如企业财产保险、机动车辆保险、家庭财产保险。而货物运输保险则不同，其货物一般是交由承运人运送，货物一经起运，保险责任即开始，此时的被保险财产处于与被保险人相互分离的状态，被保险人无法看管或控制其财产。因此，被保险财产一旦在运输过程中发生损失，被保险人既不能立即获悉，也不能采取有效措施进行施救或保护。

（五）保险利益的特殊性

货物运输的特殊性决定货运险通常采用"不论灭失与否条款"，即若被保险人与保险人对船舶或货物是否灭失均不知情的情况下签订保险合同，按照最大诚信原则，即使保险标的在承保那天已经出事沉没，保险人仍应负责。

此外，国内货物运输保险还具有一些其他的特点。例如，由于承保的运输货物在保险期限内可能会经过多次转卖，因此货物运输保险的被保险人具有多变性；也正因为如此，货物运输保险合同一经开始，就不能中止。我国《保险法》第五十条明确规定，对于货物运输保险合同，保险责任开始后，合同当事人不得解除合同，可见其具有合同解除的严格性。

第二节　货物运输保险的内容

一、保险标的范围

1. 凡在国内经水路、陆路、航空运输的货物均可作为货物运输保险的保险标的。

2. 下列货物非经投保人与保险人特别约定，并在保险单（凭证）上载明，不在保险标的范围以内：金银、珠宝、钻石、玉器、首饰、古币、古玩、古书、古画、邮票、艺术品、稀有金属等珍贵财物。

3. 下列货物不在保险标的范围以内：蔬菜、水果、活牲畜、禽鱼类和其他动物。

但实务中为了适应市场需要，已经出现了瓜菜运输保险。2000年初，中国人民保险公司海南分公司向海南生态实业有限公司提供了万吨香蕉的运输保险。新近推出的瓜菜运输保险，主要保障运输途中由于各种原因造成的损失，包括暴风雨、洪水、冰雹等自然灾害；运输工具发生意外交通事故；途中的冻损或腐烂，被盗被抢等。有关人士认为，瓜菜运输保险有很大的市场潜力。

二、保险责任范围

（一）国内水路、陆路货物运输保险的保险责任范围

国内水路、陆路货物运输保险的保险责任分为基本险和综合险两种。

1. 基本险的保险责任

对被保险货物在运输过程中因下列原因而遭受的损失，保险人负有赔偿责任。

（1）因火灾、爆炸、雷电、冰雹、暴风、暴雨、洪水、地震、海啸、地陷、崖崩、滑坡、泥石流所造成的保险货物的损失。

对上述自然灾害需要说明的是：

保险人负责的火灾包括意外失火（如押运人用火不慎等）、货物自燃成灾、他人纵火、因救火所致保险标的的损失（如货物遭到水渍损毁等）、毗邻火灾波及被保险货物所造成的损失。

对未直接遭受洪水浸泡，但因受潮而变质的被保险货物，保险人不予赔偿。但对有些特殊的货物，如棉花等，底层被水淹没，上层货物虽未受水浸泡，但货物因此受潮变质的情况，应区别对待。

（2）因运输工具发生碰撞、倾覆、搁浅、触礁、沉没、出轨或隧道、码头坍塌所造成的损失，以及因运输工具在危险中不得不卸载所造成的合理的费用。

对以上灾害事故需要说明的是：

运输工具所载货物的装载面积若越出运输工具，在不违反交通运输或航行规定并符合装载惯例的条件下，可按碰撞责任负责。但运输工具本身与所载货物的碰撞，运输工具所载货物与外界物体的碰撞及货物之间的碰撞，均不属于该项规定的责任。

搁浅是指船舶搁置在浅滩上造成停航 12 小时以上或受损从而造成保险货物的损失。

船舶碰撞岸壁、码头、航标、桥墩、站台等固定物或沉船等水下障碍物造成的损失可参照触礁责任。

未构成船身沉没，但大大超过规定吃水标准，使应浮于水面的部分浸入水中无法继续航行而造成的保险货物的损失也属于沉没责任。

明洞、桥梁坍塌可参照隧道坍塌责任，塘坝、岸坍塌可以参照码头坍塌

责任。

（3）在装货、卸货或转载时，因遭受不属于包装质量不善或装卸人员违反操作规程等原因所造成的损失。

（4）按照国家规定或一般惯例应分摊的共同海损的费用。

（5）在发生上述灾害事故时，因纷乱而造成的货物散失以及因施救或保护货物所支付的直接而合理的费用。

施救费用是指为了减少或避免被保险货物的损失所进行的抢救、救助等行为所支付的费用，如沉船后打捞被保险货物的打捞费等。保护费用是指为了减轻保险货物的损失程度或为了防止损失继续扩大和趋于严重，或为了恢复其价值所进行的整理、加工、复制、翻晒、烘干等所支付的诸如运杂费、加工费、包装费、保管费等各项费用。

案例投影 7-1　因采取紧急避险施救措施，使船舶发生倾侧所致货损保险人应否赔偿？

江西某公司将 184 吨价值 100 万余元的棉浆粕于某年 1 月 1 日向某保险公司投保了水路货物运输综合保险，运输工具为"赣南昌货 0236"轮，航线注明为上海至南昌，交付保险费 1177.6 元。同年 1 月 13 日 18 时 30 分，满载货物的"赣南昌货 0236"轮航行至黄浦江 106 灯浮附近，为避免与他船碰撞，驾驶员采取倒行、右满舵等紧急避让措施，致使船舶打横，绑扎货物的绳索绷断，引起装载于舱面的 54.7 吨棉浆粕掉入江中漂失。漂失的棉浆粕价值人民币 350080 元。事故发生后，货主向保险公司报案并递交了出险通知书，并将 54.7 吨上述货物损失按保险金额每吨 6400 元计 350080 元向保险公司索赔，但保险公司以不属于保险责任为由，发出拒赔通知书。

双方争议的焦点是：保险公司认为，货主所述的事故不构成保险责任，因为从货物起装地上海星火开发区港务储运站的调查笔录中，证明了这 54.7 吨货物装载在舱面上，被保险人未履行告知义务。从事故发生的过程来看，涉案船舶的驾驶员为避免碰撞，防止发生不应发生的事故所采取的驾船紧急措施并非施救行为。气象资料也证明，事故发生时当地的气象情况良好，所以原告的货损不属于保险责任范围。被保险人对索赔之货物不具有保险利益。

被保险人则辩称，其将 184 吨棉浆粕向保险公司投了保，并支付了保险费，在运输过程中，装载货物的船舶为避免碰撞，不得已采取紧急避险施救措施，致使船舶发生倾侧，装载在舱面的棉浆粕掉入江中漂失，但避免了更大的事故，并且其并不知道承运人将货物装在舱面，不存在未履行告知义务的问题，完全符合保险责任范围内的施救行为，保险公司理应赔偿损失。

这里的问题在于：

首先被保险人是否未履行告知义务？答案是肯定的。因为在水路货物运输合同中，承运人装载甲板货需经托运人同意，而装载舱面货与甲板货具有同等风险，故承运人装载舱面货亦需征得托运人同意。在货物运输保险合同中，投保人对涉及保险人是否同意承保，或是否应该提高保险费率的重大事项，应向保险人履行告知义务。投保人有保证货物正常装载的义务，若投保的货物非正常装载，且诸如装载舱面货属于应告知保险人的重大事项，不论投保人是否明知，投保人均不能以此为由不履行告知义务。所以因被保险人未履行部分标的装载在舱面的告知义务，保险公司不承担赔偿责任，既合乎情理，又具有法律依据。

其次，驾驶员拨正航向属于施救行为吗？保险条款中关于倾覆险的解释是指"运输工具在行驶或航行中，车身、船体翻倒或倾侧，失去正常状态，非经施救不能继续行驶或航行"。涉案承运船舶在航行条件正常的情况下，避让他船，虽大幅度倾斜，但驾驶员迅速拨正航向后，该船即脱险恢复常态。由于驾驶员拨止航向的行为系驾驶船舶的连续行为，而非专门的施救，故从另一方面证实这起事故不属倾覆险的保险责任范围，保险公司同样可以拒赔。

当然从此案例中保险公司也应有所借鉴，认真加强验险及承保工作，并及时向保户详尽宣传、解释相关条款，明确各自的责任和义务，以减少保险纠纷。

2. 综合险的保险责任

在投保综合险的情况下，保险人除了要承担上述基本险责任之外，还要负责赔偿下列损失。

（1）因受震动、碰撞、挤压而造成破碎、弯曲、凹瘪、折断、开裂或包装破裂致使货物散失的损失。

本项责任中的碰撞不同于基本责任中的碰撞，这里是指运输工具中所载货物或存放在车站、码头上的货物与其他物体碰撞造成的损失，如货物与运输工具、货物与货物之间的碰撞。包装破裂致使货物散失的损失是指按照国家有关规定包装的货物，在运输过程中因包装破裂而散失所造成的损失。需要对包装进行修补或调换支出的费用可记作施救费用。

（2）液体货物因受震动、碰撞、挤压致使所使用容器（包括封口）损坏或渗漏的损失，或用液体保藏的货物因液体渗漏而造成保藏货物腐烂变质的损失。

案例投影 7-2　保险双方达成赔偿协议后，被保险人可否再主张增加赔偿金额？

1996 年 12 月 26 日和 1997 年 1 月 6 日，个体工商户朱某两次在四川蓬安县收购红橘 3600 件，共 120 吨。起运时，他委托业务代理人在某保险公司，投保了铁路运输综合险，交保费 800 元，运输期限均为 9 天。两批红橘先后从三汇火车站起运，于 1997 年 1 月 4 日和 1 月 15 日运抵河北廊坊火车站。朱某到站提货时发现红橘腐烂。廊坊火车站货运记录载明，第一批红橘腐烂 80%—90%，第二批腐烂 85%。他将货损情况报告保险公司后，该公司及时委托廊坊分公司代查。廊坊分公司作出代查勘报告确认：两批货物实际价值 7.776 万元，损失总额 6.1668 万元，并提出由某保险公司核赔的处理意见。这是该保险公司承办的首件铁路货运险赔案，为核准损失，及时赔付，公司派人前往廊坊核赔，以免赔损失的 20% 与货主达成协议，于 1997 年 5 月 21 日交付朱某赔偿金 4.48 万元。

其后不久，朱某以该保险公司只赔偿了部分损失为由向蓬安县人民法院提起诉讼，请求除赔偿直接经济损失 4.48 万元外，还要赔偿杂项开支及资金利息 1.5 万元。蓬安县人民法院在受理此案时认为，保险公司在与货主签订保险合同时未向其明确说明责任的免除条款，单方扣减免赔率 20%，引起纠纷，应承担主要责任。而保险公司在应诉中指出，《国内水路、陆路货物运输保险条款》规定，红橘腐烂系除外责任，即提请反诉，未获支持。蓬安县法院判决保险公司全额赔偿保险金 6.1668 万元，扣除已赔的 4.48 万元，还应赔偿朱某 1.6868 万元，并以 1997 年 5 月 21 日起到赔偿之日起，按每日万分之五支付违约金。

该保险公司不服判决向南充市中级人民法院提起上诉，理由是：中国人民银行 1995 年颁发的《国内水路、陆路货物运输保险条款》规定，对腐烂变质损失的保险责任范围只限于"液体货物"和"用液体保藏的货物"的损失，因此在运输过程中（保险期限内）鲜货腐烂、变质的损失不属于保险责任，而属于除外责任；且两批红橘均在约定的运到期限 9 天内到达，比托运人容许的运到期限 15 天提前了 6 天。因此，原赔偿朱某的 4.48 万元保险金属于错赔。

南充市中级人民法院终审判决认为，该保险公司与货主朱某双方自愿协商后，已向朱某赔偿 4.48 万，到此，双方当事人的保险法律关系终结，判决撤销蓬安人民法院的民事判决，驳回朱某补赔的诉讼请求。

（3）遭受盗窃或承运人责任造成的整件提货不着的损失。

本款所涉及的"盗窃"，不限于整件货物的被盗，只要有明显痕迹能够证明货物的一部分或整件被盗（包括抢劫），保险人即予以负责。但"提货不着"强调必须是整件，所谓"整件"指按照运输部门的货物运输有关规定进行包装的、完整的一件货物，也即货物运输单上所列明的一个完整的包装件（集装箱除外）。

（4）符合安全运输规定而遭受雨淋所致的损失。

这是指货物在包装、堆放、苫盖等符合安全运输有关规定的情况下，遭受雨水（包括人工降雨、雪融等）而导致的湿损。在实务处理中，只要被保险货物有雨水浸损的痕迹，并有承运部门的货运记录证明或其他相关单位的证明，即可按照雨淋责任赔偿。

案例投影 7-3　承运人无单放货造成的提货不着，保险公司应否承担赔偿责任？

该案例虽系海上货物运输保险合同纠纷，但"提货不着"责任的结论与国内货物运输保险合同具有一致性。

案情简介：某贸易公司与某保险公司于 8 月 3 日签订了海上货物运输保险合同，约定：被保险人为某贸易公司，保险标的物为布料，保险金额为 48.1 万美元，险别为一切险和战争险，航程为青岛至莫斯科。该批货物于 8 月 12 日装船，承运人为贸易公司签发了青岛至莫斯科的全程提单。提单载明：托运人为贸易公司，收货人为与贸易公司签订贸易合同的买方达卡公司。货物由青岛船运至俄罗斯东方港，再由东方港改为铁路运输，10 月初运抵目的地。尔后，买方持铁路运单要求提货。因买方是单证上的收货人，承运人便在未收回全程正本提单的情况下放货，买方办理完相关手续后将货物提走。贸易公司见买方迟迟没有支付货款，于是派人持正本提单至莫斯科提货，并在提不着货物后向保险公司索赔。保险公司则认为：本案货物已经运抵目的地并被收货人提走，去向是明确的，不存在"提货不着"的问题。因此，保险公司不负保险赔偿责任。

海事法院经审理认为：双方签订的海上货物运输保险合同中约定的"提货不着"，不仅包括因承运人"交货不能"所致的"提货不着"，还包括其他原因所致的"提货不着"。由于提单是物权凭证，贸易公司作为本案中货物海运正本全程提单的持有人、海上货物运输保险合同的被保险人，持有提单却提货不着。根据有利于被保险人和受益人的解释原则，应当认为，只要被保险的货物"整件提货不着"，保险公司就要承担责任。据此，海事法院判决：被告保险公司向原告贸易公司赔偿损失 39.2 万美元及其利息。保险公司不服一审判决，提起上诉。

二审法院经过调查后认为：虽然本案的海上货物运输保险合同中约定承保"提货不着"，但对承运人无单放货造成的提货不着，保险公司可不承担赔偿责任。一审判决从字义上对"提货不着"作出的解释，不符合保险合同只对外来原因造成的风险给予赔偿的本意，不适当地扩大了保险人的义务。保险公司上诉理由成立，予以采纳。于是判决撤销一审判决，对贸易公司的诉讼请求不予支持。

　　本案的争论焦点之一就是如何理解保险合同中的"提货不着"。提货不着虽然是本案保险合同中约定的一种风险，但并不是说所有的提货不着都应当由保险公司承担保险责任。海上货物运输保险合同中的风险，一般是指货物在运输过程中因外来原因造成的风险，既包括自然因素造成的风险，也包括人为因素造成的风险。但是，保险合同所指的风险，都应当具备不可预见性的特征。本案是因承运人无单放货造成持有正本提单的贸易公司提货不着的。但这种提货不着是可预见的不具有海上货物运输保险的风险特征，故不属于保险合同约定承保的风险。

　　实际上，当承运人故意违约无单放货时，贸易公司应当根据海洋货物运输合同的约定，向这个确定的责任人追究违约责任。贸易公司不去追究承运人的违约责任，却以"提货不着是约定的风险"为由，起诉请求保险公司赔偿，可以说是告错了对象。贸易公司的诉讼请求，混淆了海上货物运输合同与海上货物运输保险合同之间的法律关系与责任界定，不符合公平、正义的法律原则。因此，二审法院正确地解释了"提货不着"，其判决是正确的。

　　3. 责任免除

　　对因下列原因造成的被保险货物的损失，保险人均不负赔偿责任。

　　（1）战争或军事行动。

　　（2）核事件或核爆炸。

　　核事件是指核设施内的核燃烧、放射性产物、废料或运入运出核设施的核材料所发生的放射性、毒性、爆炸性或其他危害性事故。

　　（3）被保险货物本身的缺陷或自然损耗、市价跌落、运输延迟以及由于包装不善或属于托运人不遵守货物运输规则等原因所造成的损失或费用。

　　"货物本身的缺陷"指货物内在原有的缺陷，如发霉、生锈、腐蚀、变味、褪色、冷爆及玻璃或陶瓷制品的瑕疵、裂纹等；"自然损耗"指货物在运输过程中发生的一种非事故性的必然损耗，如自然蒸发、液体贴附容器及衡量公差等造成的损失；"包装不善"是指货物包装不符合国家有关规定，在运输过程中其包装不能对货物起到有效的保护作用。

　　（4）在保险责任开始前，保险货物已存在的品质不良或数量短差所造成的损失。

　　（5）被保险人的故意行为或过失造成的损失。

　　（6）货物发生的损失，根据法律或有关规定应由承运人或第三者负责赔偿的部分。

（7）其他不属于保险责任范围内的损失。

案例投影 7-4　船舶触碰海图上未标明的暗礁致船沉货损，责任应由谁来承担？

该案例是一起船舶触碰海图上未标明的暗礁，致使船沉货损的案件。保险人根据保险合同的约定承担赔偿责任。在代位求偿时，承运人认为事故原因是不可抗力，承运人可以免责。保险人则认为事故属于意外事故，承运人应承担货物损害赔偿责任。

2002 年 8 月 24 日吴某将其价值 206.4 万元的瓷砖委托武汉某航运公司由晋江市东石港运往营口港，双方办理货物交接，航运公司签发了"水路货物运单"和"货物交接清单"。吴某随后向某保险公司办理国内水路货物运输保险，并按保险合同约定交纳保险费。2002 年 8 月 25 日 18 时货轮航行到福建省福清附近海域时，大副发觉船体有明显的上下跳动，并听到从船底传来触碰声，随后发现船舱已经大量进水，第一货舱也开始进水，有明显的下沉，船体向右倾。经全力排水和福建海事局的抢救并没有阻止进水，致使船舶最终沉没。事故发生后，经福州港务监督核查，认为该轮是由于触碰到海图上未标明的暗礁而沉没。10 月 31 日，福州海事局在触礁沉没事故调查报告中将事故原因分析为："海图信息不全，船舶触碰海图上未标明的暗礁是造成该轮沉没事故的直接原因。"吴某向航运公司提出对其货物损失的赔偿要求。航运公司认为，该次事故不是船方的故意和过错，是不可抗力的事故，船方可以免责，故拒绝赔偿。因此，吴某向保险公司提出索赔。保险公司受理此案，并按国内水路货物运输保险合同的约定理赔。同时，12 月 3 日吴某对航运公司海上货物运输合同拒赔一事，向厦门海事法院提起诉讼，并提出财产保全申请，法院给予裁定并立即执行。

所谓不可抗力，是指人力所不可抗拒的力量，是独立于人的行为之外，且不受当事人的意志所支配的客观现象。我国《民法典》规定："因不可抗力不能履行民事义务的，不承担民事责任。法律另有规定的，依照其规定。不可抗力是不能预见、不能避免且不能克服的客观情况。"不可抗力主要有下述几种情况。第一，自然灾害。对于自然灾害作为不可抗力的问题，各国法律规定不尽相同。如根据法国法，自然灾害不属于不可抗力；而英美法则承认其为不可抗力。我国法律认为自然灾害是典型的不可抗力。第二，政府行为。这是指当事人在订立合同以后，政府当局颁发新的政策、法律和行政措施而导致合同不能履行。如订立合同以后，由于政府颁布禁运的法律，使合同不能履行。第三，社会异常事件。这主要是指一些偶然发生的事件阻碍合同的履行，如罢工、骚乱等。这些行为既不是自然事件，也不是政府行为，而是社会中人为的行为，但对于合同当事人来说，在订约时是不可预见的，因此也可以成为不可抗力的事件。

所谓意外事故，亦称"意外事件""偶然事件"。它是指非因当事人的故意或过失而不能预见的偶然发生的事故。也就是行为人不能预见的引起损害结果发生的偶然事故。由于意外事故也具有不可预见性，而且都表明当事人是无过错的，所以在实践中，很容易与不可抗力产生混淆。

意外事故作为免责事由，应具备三个条件。第一，意外事件是不可预见的。确定意外事件的不可预见性，适用主观标准，即当事人是否在当时的环境下，通过合理的注意能够预见。第二，意外事件是归因于行为人自身以外的原因，行为人已经尽到了他在当时应当尽到和能够尽到的注意，或者行为人虽采取合理措施仍不能避免事故的发生，从而表明损害是由意外事故而不是当事人的行为所致。第三，意外事件是偶然发生的事件，不包括第三人的行为。

在本案中，吴某将其货物委托航运公司由晋江市东石港运往营口港系属我国国内港口之间的运输。船舶触碰海图上未标明的暗礁造成船沉货损事故是不可预见的、行为人自身以外的原因，是偶然的事件，因此属于意外事故。保险公司应根据国内水路货物运输保险合同的约定给予赔偿。然后，该保险公司依据我国《保险法》的规定："因第三者对保险标的的损害而造成保险事故的，保险人自向被保险人赔偿保险金之日起，在赔偿金额范围内代位行使被保险人对第三者请求赔偿的权利。"以及我国《海事诉讼特别程序法》的规定："保险人行使代位请求赔偿权利时，被保险人已经向造成保险事故的第三人提起诉讼的，保险人可以向受理该案的法院提出变更当事人的请求，代位行使被保险人对第三人请求赔偿的权利。"也就是说，保险公司在赔偿吴某的保险金后，取得代位求偿权，根据我国《民法典》以及《国内水路货物运输规定》，可以向应负该事故责任的航运公司进行追偿。

（二）国内航空货物运输保险的保险责任范围

1. 保险责任

被保险货物在保险期限内无论是在运输或存放过程中，由于下列原因造成的损失，保险人均负赔偿责任：

（1）由于飞机遭受碰撞、倾覆、坠落、失踪（在三个月以上）、在危难中发生卸载以及遭受恶劣气候或其他危难事故，发生抛弃行为所造成的损失；

（2）被保险货物本身因遭受火灾、爆炸、雷电、冰雹、暴风、暴雨、洪水、海啸、地震、地陷、崖崩所造成的损失；

（3）被保险货物因受震动、碰撞或压力而造成的破碎、弯曲、凹瘪、折断、开裂等损伤以及由此引起包装破裂而造成的损失；

（4）凡属液体或者需要用液体保藏的被保险货物，在运输过程中受震动、碰撞或压力致使包装容器（包括封口）损坏发生渗漏而造成的损失，或用液体保藏的货物因液体渗漏而致使保藏货物腐烂的损失；

（5）被保险货物因遭受偷盗或者提货不着而导致的损失；

（6）在装货、卸货时和地面运输过程中，因遭受属不可抗力的意外事故及雨淋所造成的被保险货物的损失；

（7）对于在发生保险责任范围内的灾害事故时，为防止损失的扩大采取施救或保护措施而支付的合理费用，保险人也承担赔偿责任，但以保险金额为限。

需要说明的是，上述第一条中的"失踪在三个月以上"，是指飞机起飞后与地面失去联系，并经民航局鉴定确属下落不明者，但该机是否遭受保险责任范围内的灾害事故仍无法确定，这时便构成失踪。对此，保险人按照推定全损赔付；而抛弃行为所造成的损失，则是指飞机在航行中遭受恶劣气候和其他危难事故，在机身严重失去平衡的状态下，为了使飞机尽快恢复正常航行状态继续飞行，不得已抛弃一部分货物的行为。这种在紧急情况下为了保障安全飞行而抛弃货物的做法，虽然在性质上与海上保险中的共同海损十分相似，但在航空货物运输保险中仍作为单独的货损来处理，不予以分摊。

2. 责任免除

被保险货物在保险期限内不论是否在运输或存放过程中，凡由于下列原因造成的损失，保险人均不负赔偿责任：

（1）战争或军事行动；

（2）核事件或核爆炸；

（3）由于被保险货物本身的缺陷或自然损耗、市价跌落、运输延迟以及由于包装不善或属于托运人不遵守货物运输规则所造成的损失；

（4）在保险责任开始前，保险货物已存在的品质不良或数量短差所造成的损失；

（5）托运人或被保险人的违法行为、故意行为或过失；

（6）由于行政行为或执法行为所致的损失；

（7）其他不属于保险责任范围的损失。

三、国内货物运输保险的保险期限

（一）国内水路、陆路货物运输保险的保险期限

保险期限是保单中的一项重要内容。货物运输保险的保险责任期限与货物运输所需途程相联系，即指自签发保险凭证和保险货物运离起运地发货人的最后一个仓库或是储存处所时开始，至运抵该保险凭证上注明的目的地收货人在当地的第一个仓库或储存处所时终止。但被保险货物运抵目的地后，如果收货人未及时提货，则保险责任的终止期最多可以延长至收货人接到到货通知单后的 15 天为限（以邮戳日期为准）。

1. 保险责任的开始

保险责任开始的标志是：保险人或其代理人签发保险凭证以及被保险货物运离起运地发货人的最后一个仓库或储存处所，这两个要件必须同时具备，否则保险责任不能生效。

"运离"的含义是指被保险货物从起运地发货人的最后一个仓库或储存处所，被装载于主要运输工具或辅助运输工具的过程。因此，当一件货物被装运上运输工具，这件货物即可视为"运离"，货物虽未被装运上运输工具，但已经开始被搬动，也应视为"运离"，保险人同样应承担责任。"运离"一件负责一件，"运离"一批负责一批。所以，在货物运输保险中，保险人承担的风险是逐渐增大的，直至货物全部"运离"时风险最大。

所谓"起运地发货人的最后一个仓库或储存处所"是指被保险人或其发货人将保险货物于起运地用运输工具（包括辅助性运输工具）外运前，或交付水路或陆路运输机构前，存放被保险货物的任何一个被保险人或其发货人所有、占有或租用的仓库或储存处所。

2. 中转

中转是指自保险责任开始后，被保险货物从一地运往另一地的过程，属于正常的中途转运，保险人对此仍予以负责，被保险货物在中转地承运部门的车站、码头以及代办托运部门的仓库或储存处所停留候运期间发生的保险责任范围内的损失都可以得到赔偿，停留时间的长短不受限制。但对于非无法控制的情况引起的不合理的绕道及改道，以及由此导致的货物中转停留期间所遭受的损失，保险人不予负责。

3. 责任终止

保险责任于被保险货物运抵合同载明的目的地、卸离运输工具、经过搬运

存放于目的地收货人在当地的第一个仓库或储存处所时即告终止。

通常，在实务中会出现下列几种情况：

（1）被保险货物运抵目的地后，收货人未及时提货，这时保险责任最多可延长至从收货人接到到货通知单后起算的第15天（以邮戳为准）。

（2）被保险货物运抵目的地后，被保险人或其收货人提取部分货物，对此，保险人对其余未提货物也只承担15天的责任。

（3）被保险货物运抵目的地后的15天内，被保险人或其收货人不是将货物提出放入自己的仓库或储存处所，而是就地直接发运给其他单位或再转运其他单位，此时保险责任终止。

（二）国内航空货物运输保险的保险期限

保险责任自被保险货物经承运人收讫并签发航空货物运输单注明保险时起，至空运抵目的地收货人在当地的仓库或储存处所时终止。但如果被保险货物空运抵目的地后，收货人未及时提货，则保险责任的终止期限最多以承运人向收货人发出到货通知以后的15天为限（以邮戳日期为准）。

飞机在飞行途中，因机件损坏或发生其他故障而被迫降落，以及由于货物严重积压，被保险货物需改用其他运输工具运往原目的地时，保险人对被保险货物所负的责任不发生改变，但被保险人应向保险人办理批改手续。如果被保险人货物在飞机被迫降的地点出售或分配，保险责任的终止期以承运人向收货人发出通知以后的15天为限。

四、国内货物运输保险的保险金额

财产保险一般都是不定值保险，即以出险时的实际价值作为保险价值来核定损失，而国内货物运输保险由于保险标的的流动性、出险地点的不确定性以及货物在运输途中的不同地点价格的差异性，决定了其保险金额应采用定值的方法加以确定，并载明于保单中，以此作为保险人对保险标的遭受损失时给予补偿的最高限额。

保险金额按双方约定的保险价值来确定，一般先由被保险人提出并填入投保单，经保险人或其代理人同意即可作为正式的保险金额，一旦发生损失，根据其约定的保险价值按损失程度计赔，而与货物的价格变动无关。根据相关保险条款的规定，国内水路、陆路货物运输保险的保险金额按保险标的的货价或货价加运杂费计算确定，国内航空货物运输保险的保险金额也按此方法确定。

五、国内货物运输保险费率的确定

（一）影响国内水路、陆路货物运输保险费率的因素

财产保险的纯费率主要取决于赔付率，即保单期间内受损的保险财产占全部投保财产的比率，货物运输保险亦不例外。但是，由于货物运输保险与普通的财产保险相比有其特殊性，因此，就国内水路、陆路货物运输保险而言，费率的制订还需要考虑以下几个因素。

1. 运输方式

如前所述，按货物的运输方式可分为直运、联运和集装箱运输三种。运输方式不同，货物在运输过程中所面临的风险自然不同，相应的保险费率也应有所差别。

（1）直运所使用的运输工具只有一种，即使中途需要转运，转运所用的运输工具与前段所用的仍保持不变，故费率较低。

（2）联运方式由于在中途要变更运输工具，因而增加了卸载、重载等中间环节，必然使运输过程中的风险程度增加，所以一般要另加一定比例的保费。在实际操作中，对联运的费率是以第一种主要运输工具确定保险费率并另加0.5‰来确定的。

（3）采用集装箱运输方式可减少货物的残损短少，风险相对较小，因此，保险费率通常按费率表规定的费率减收50%来确定。

2. 运输工具

由于运输工具不同，在运输过程中货物所面临的风险也不相同，因此费率自然也有差异，如火车出现事故的概率要小于汽车。即便是同一种运输工具，由于载重量的不同，费率也有所不同，如吨位小的船舶费率要高于吨位大的。对于水运工具的费率来说，除因船舶种类不同而有所区分外，还因航行区域的不同，而区分为江河和沿海两种航行区域费率。

3. 货物的性质

货物的性质不同，其受损的程度和机会也会有所不同。例如，承保易燃、易爆、易腐、易碎物品的风险很大，这些货物发生损失的可能性显然大于一般货物，因而保险费率自然要高些。我国国内水路、陆路货物运输保险费率规章就根据货物的特性，将货物分为七大类，类别越高风险程度越大，费率相应也越高。

4. 运输途程

运输途程的长短关系到运输所需要时间的多少，一般来说，货物在运输途

中的时间越长受损的机会越大，其费率自然比途程较短的要高。由于运输途程不同，不仅时间上会有差别，而且地域上也有差异，这些也都会对费率产生影响。我国幅员辽阔，地形、气候多变，货物有可能被运达的地方涉及全国各地，有的运程长些，有的相对短些，有的货物途经区域地形比较复杂、地势险峻，而有的则相对平坦缓和。例如，凡在长江上游（宜昌以上）及其他水流湍急的江河运输的货物，一律按费率表的规定另加1%的费率。

5. 保险险别

根据货物的特性和被保险人的具体要求，国内水路、陆路货物运输保险设计了两种险别：一种是基本险，保险责任范围较综合险要小，主要适用于不易损坏的物资，如钢材、砂石、矿砂、圆木等；另一种是综合险，即在基本险的基础之上扩大了保险责任范围，除了上述物资之外，大多数的货物为获得充分的保障都需要投保综合险。综合险的费率要高于基本险。

（二）国内航空货物运输保险的费率

民航部门所承运的货物与水路、陆路运输机构承运的货物相比，具有批量小、单位价值高的特点，并且空运货物要比水路、陆路运输货物安全得多。因此，航空货物运输保险从被保险货物的性质出发将各种物资分为三大类：一般物资、易损物资、特别易损物资。相应规定了三个不同档次的费率，分别为1‰、4‰、8‰。

为了便于实际操作，每个档次的费率除了用文字说明其划分标准和适用范围之外，还辅以具体的物品名目，以便在必要时加以类比。但需要注意以下几点。

1. 以上所指费率只适用于除了鲜、活物品和动物以外的一切物资。

2. 对空运物资数量大的投保单位，如果其经营管理较好，注意安全运输，并同意预约投保的，保险费率可按照规定的费率在50%的幅度内予以减收。

3. 对于危险物品民航部门一般不予承运。但对国家指令特需的物资，如要投保，按其危险程度分别按费率表的不同档次来确定其费率。

六、国内货物运输保险的被保险人义务

根据国内货物运输保险的相关条款规定，被保险人除要履行告知等基本义务之外，还有以下几项义务必须履行。

1. 被保险人在保险人签发保险凭证的同时，应按照保险费率，一次缴清应付的保险费。

2. 被保险人应严格遵守国家及交通运输部门关于安全运输的各项规定，还应当接受保险人对保险货物进行的查验防损工作，货物包装必须符合国家和主管部门规定的标准。

3. 货物如果发生保险责任范围内的损失，被保险人获悉后，应立即通知当地的保险机构并应迅速采取施救和保护措施防止或减少货物损失。

4. 被保险人如果不履行上述义务，保险人有权终止保险责任或拒绝赔偿一部分或全部经济损失。

七、货物检验、赔偿与实务处理

（一）国内货物运输保险的货物检验

货物检验是指被保险货物运抵目的地后，收货人如发现货损、货差，应立即向保险人或其当地的代理人报告并提出申请检验，由保险人或其当地代理人对受损货物进行查勘检验工作。检验的目的是查明事故的原因、损失的性质、范围和程度，从而为保险人的赔偿处理提供合理有效的依据。

货物运输保险条款规定："货物运抵保险凭证所载明的目的地收货人在当地的第一仓库或储存处所时起，收货人应在 10 天内向当地保险机构申请，并会同检验受损货物，否则保险人不予受理。"至于具体的检验时间可由双方另行商定，不受上述 10 天的限制。此外，对提货不着的货物检验应从承运人宣布提货不着之日起计算申请期限。

（二）国内货物运输保险的赔偿处理

被保险人在获悉货物受损后，除了应及时申请货物检验外，可着手准备向保险人申请索赔，但被保险人必须向保险人提供以下单证：

1. 保险凭证、运单（货票）、提货单、发票；

2. 承运部门签发的货运记录、交接验收记录、货损情况鉴定书；

3. 收货人的入库记录、检验报告、损失清单及受损货物施救所支付的直接费用单据。

保险公司在接到上述单证后，应根据现场查勘情况和保险责任范围迅速审定是否应予赔偿，并及时将结果告知对方。若确属保险责任范围，赔偿金额一经确定，保险人应履行赔偿义务。

在实务操作中，被保险人可能按货价或货价加运杂费来确定保险金额，也可能按低于货价的金额投保。因此，在发生保险责任范围内的货损时，其赔偿方法也分足额和不足额两种情况。

对于足额投保，如果被保险人是按起运地货价确定保险金额的，保险人根据实际损失计算赔偿；如果被保险人是按货价加运杂费确定保险金额的，则保险人应根据实际损失按起运地货价加运杂费计算赔偿。但两种赔偿方式的最高赔偿金额均以保险金额为限。

对于不足额投保，保险人在赔偿货物损失金额和支付施救费用时，应按保险金额与货物实际价值的比例计算赔款。具体计算办法如下：

$$赔偿金额 = 损失金额 \times \frac{保险金额}{起运地货物的实际价值}$$

$$应付施救费用 = 已发生的施救费用 \times \frac{保险金额}{起运地货物的实际价值}$$

此外，在货物运输保险的赔偿处理还须注意以下几点。

1. 保险人对货物损失和施救费用的赔偿应分别计算，但两者均以不超过保险金额为限。

2. 代位求偿。当货物遭受的保险责任范围内的损失是由承运人或者第三者责任造成的，就会涉及代位求偿问题。被保险人可以向责任方提出索赔，也可以向保险人要求赔偿。但在向保险人索赔时，应在获得赔款后签发权益转让书，把向责任方要求赔偿的权利全部转让给保险人，同时还有义务协助保险人做好追偿工作。

3. 残值折归被保险人，并从赔款中扣除。

4. 被保险人的有效索赔时限为 180 天。

国内航空货物运输保险的赔偿处理规定与国内水路、陆路货物运输大体相同，这里不再详细论述。

案例投影 7-5   是否签发权益转让书并不影响保险人代位求偿权

案情如下：某年 4 月 22 日，某纸业公司就运输的货物木浆向保险公司投保，险别为一切险、战争险，保险费率为 2.5%，保险金额为货物发票金额的 110%。同年 12 月 2 日，纸业公司的货运代理人某商贸公司委托某运输实业公司将该批木浆中的 780 吨，由上海港运至某转运站。12 月 9 日下午 3 时许，运输实业公司安排承运木浆的三艘轮船在承运本案所涉货物过程中，因承运人过失造成货物损失。某保险公估公司对该批受损木浆进行了鉴定估损，共有 182.3 吨木浆受损，价值人民币 870352 元。木浆残值总值人民币 11237 元。

次年 2 月 16 日，保险公司向被保险人纸业公司赔付保险金人民币 832516 元。保险公司支付保险赔款后，遂向承运人运输实业公司进行代位求偿。诉请求法院判令运输实业公司赔偿人民币 832516 元。运输实业公司则辩称：保险公司并没有取得被保险人的权益转让书，故无权要求运输公司承担责任。一审法院认定保险公司支付保险赔款后取得代位求偿权，运输实业公司应对该批货物损失承担全部责任，判决运输实业公司赔偿保险公司人民币 812795 元。

本案争议的焦点问题是被保险人未签发权益转让书是否影响保险人代位求偿权的取得。当发生向第三人求偿的保险赔案时，保险人按合同履行了对被保险人的赔偿后，又怎样取得代位求偿权？对此，世界各国保险立法有不同主张，归纳起来不外乎两种：一种是当然代位主义。即保险代位权为保险人享有的法定权利，不论保险合同是否有所约定，保险人均可依法行使该项权利。保险人的代位权基于法律规定当然取得，随同保险合同的订立而发生，在保险事故发生时，当然归属于保险人，保险人在赔付保险金后，可以以自己的名义行使对第三人的求偿权。不论保险人和被保险人在保险合同中是否约定有保险代位权，也不论被保险人和第三人在其交易中是否约定有保险代位权，保险人均自动取得代位请求权；另一种是请求代位主义，即保险人向被保险人赔偿后，并不能取得求偿权，还须有被保险人将其享有的对第三人的损害赔偿请求权让与或转让给保险人这一行为。

我国《保险法》第六十条规定："因第三者对保险标的的损害而造成保险事故的，保险人自向被保险人赔偿保险金之日起，在赔偿金额范围内代位行使被保险人对第三者请求赔偿的权利。"从上述规定来看，我国采用的是当然代位主义，即只要保险人支付了保险赔偿金，就相应取得了向第三人请求赔偿的权利，而无须被保险人确认。但是，在我国的保险实践中，保险人在支付赔款的同时，往往要求被保险人签发赔款收据和权益转让书。尽管从法律规定上看，被保险人是否签发权益转让书不影响保险人取得代位求偿权，但事实上，权益转让书能起到确认赔偿金额和赔付时间，以及保险人取得代位求偿权的时间和保险人通过向第三人求偿所能获得的最高赔偿额的作用。本案货损发生于上海港至某转运站驳运期间，承运人某运输实业公司违规装载货物，是造成事故的原因，运输实业公司应当对货损承担赔偿责任。保险人行使代位求偿权，向承运人某运输实业公司就货损代位提出赔偿要求并无不当，被保险人领取保险金后由于种种原因没有按通常惯例向保险人出具权益转让书，并不影响保险公司代位求偿权的取得，保险公司自向被保险人支付保险金之时起已自动取得代位求偿权。

（三）国内货物运输保险的实务处理

1. 当事人、关系人

由于货物运输保险标的的流动性和保单的可转让性，决定了货物运输保险的当事人和关系人比一般的财产保险复杂得多，要涉及发货人、收货人和承运人各方。

国内货物运输保险的投保人可以是发货人，也可以是收货人；发货人和收货人可以是同一个人，也可以是不同的两个人，关键是看办理货物托运手续人的身份，如果是收货人自己办理这项手续，那么收货人既是投保人和发货人，又是被保险人。由于保单可以背书转让，所以最终的被保险人还可以改变，从而充分体现出货物运输保险当事人、关系人的多变性。

此外，大量的货物是交由承运人负责运输的，如铁路、公路、民航部门。因此，货物运输保险中保险人与承运人在工作方面的联系是相当频繁的，承运人也是货物运输保险中的重要关系人。我国实行的是保险与运输部门相结合的补偿方式，即由承运人责任所造成的损失，由承运人在限额内按照实际损失负责赔偿，超过限额的部分和不属于承运人责任的损失，由保险公司在保险金额范围内给予赔偿。

2. 承保方式

国内货物运输保险采用的承保方式有以下三种。

（1）直接业务。这是指保险人受理客户直接上门投保的业务，一般由投保人自行填写投保单，经保险人审核后签发保险单。该业务的特点是零星分散，业务量小，逐笔签单，逐笔收费。保险人在承保直接业务时需要注意以下几个环节。

① 审核投保单。审核的要点是：所填项目是否齐全、内容是否清楚。凡要求投保人必须填写的项目都要逐项填写、准确无误。例如，被保险人、保险金额、运输工具、起运日期、运输线路、投保险别、被保险货物的名称、数量、发票号码、提单号次等，每一栏及每一项内容都应仔细填写。

② 签发保险凭证。在审核投保单的基础上，如有必要和可能，保险人应实地检查被保险货物是否与投保单上的内容一致。对于符合运输规定的各项条件的，可由保险业务经办人员编制保险凭证，经复核后签发保险凭证。在收取保险费后，将收据及保险凭证正本送交被保险人，副本由保险公司业务部门归档留存。

③ 批改手续。保险凭证签发之后，如果投保人要求更改合同内容，如运输

工具、运输路线、保险金额或货物数量等，必须向保险人提出申请并填写申请书，经保险人审核签章之后生效为保险批单，附在原保险凭证上的批单与保险凭证都是保险合同的一部分。原保险凭证上所载明的内容要受批单的制约，若批单内容与保险凭证有相抵触的地方，应以批单内容为准。如保险凭证经过批改可能需要增减保险金额或调整保险费率，最终涉及增缴或退还一部分保险费的批改事项，此时，应在批单上列明具体的保险金额和增费、退费计算公式，并出具增费、退费收据，连同批单交由投保人作为增缴或退还保费的凭证。

（2）代理业务。代理业务是指保险人通过与运输企业、工商企业、供销批发单位签订合同的形式，由这些部门代理保险人对客户委托承运和代办托运的货物办理运输保险业务。该业务的特点是保险期限短、业务范围广、承保业务多。委托人和代理人双方签订代理合同即标志着代理关系的确立。在代理合同中具体规定了当事人双方的权利和义务，例如，承保范围、理赔权限、保费结算手续、手续费标准、合同时效等。与保险人订有代理合同的单位依据保险人提供的保险单签发保险凭证。

（3）预约业务。预约业务是指保险人与投保人事先签订"预约保险合同"所承保的货物运输保险业务。预约承保的条件是投保人的货物量大、业务稳定。经过协商同意承保的可签订预约合同。预约保险合同的主要内容包括：承保货物范围、保险责任、保险费率、保险金额、保险费结算、保险手续、理赔手续、其他事项等。

预约保险合同订立后，保险双方需共同遵守执行，具体应做好以下各项工作。

① 及时报送起运通知书、起运清单、投保清单等有关单证，以便保险人能随时掌握第一手资料，逐项核对业务。

② 按时结算保费。至少每个月结算一次，对漏保、错保的业务应该在保费结算后办理补、退保费手续，对少数运输路线复杂、业务量多的投保单位，可根据其运输物资账面发生额和规定费率结算保费。

③ 支付代理手续费。按照规定保险人应向签订预约合同的单位支付约定的代理保险手续费，但如果保费是由发货人承担的，则不能享受代理手续费，而只能给予费率优惠。

3. 代查勘、代理赔制度

由于货物运输保险的保险标的流动性强，业务承保和保险理赔常分别在两个不同的地区进行，这就决定了国内货物运输保险需要实行全国各地保险公司之间的代查勘、代理赔制度。这不仅方便投保人可以就地报告，保险人尽快查勘现场，而且节省了保险公司的人力、物力，大大提高了保险理赔的效率。

被保险人在获悉其货物受损后，应立即向当地保险公司报案，并填写"出险通知书"。出险地的保险公司或其代理公司在接到"出险通知书"后，须立案登记，同时迅速派业务人员赴实地对受损货物进行检验。若确属于代查勘、代理赔的案件，还应填写"代理赔案件登记簿"，以备日后查考。

现场查勘工作关系到能否为确定事故原因、损失程度提供依据的问题，因此必须做好以下几个方面的工作。

① 做好现场取证工作，如对受损物资进行拍照、录像等。

② 查明出险的时间、地点以及原因。

③ 检查受损物资与被保险货物是否一致，确定损失是否属于保险责任范围。

④ 清点受损货物，确定损失范围、数量、程度，做好损失记录，编写检查报告，必要时聘请专业技术人员协助进行损失鉴定。

现场查勘工作完毕后，应要求被保险人提供有关索赔单证，对于5000元以下的案件待一切手续完备之后，代理公司有权就地代为处理并垫付赔款，对于5000元以上的案件应通知承保公司来人处理。如果承保公司不派遣人员而要求代为处理，必须向代理公司发出全权委托书或电报告知。代理公司结案后，除将出险通知书、检查报告、赔款计算书复制一份留存外，其余全部资料整理装档，定期或不定期寄往承保公司结算垫付款项。承保公司接到档案阅卷，发现对方处理不当时，可以提出质疑或申明自己的意见，但不得拒付代理公司已垫付的赔款。代理公司出人、出车、拍照、录像等查勘费用自理，待结算时由承保公司按约定标准给予补偿。

附一　国内水路、陆路货物运输保险条款（2009版）

第一章　总则

第一条　为使保险货物在水路、铁路、公路和联合运输中，因遭受保险责任范围内的自然灾害或意外事故，所造成的损失能够得到经济补偿，并加强货物运输的安全防损工作，以利商品生产和商品流通，特举办本保险。

第二章　保险责任

第二条　本保险分为基本险和综合险两种。保险货物遭受损失时，保险人按承保险别的责任范围负赔偿责任。

（一）基本险

1. 因火灾、爆炸、雷电、冰雹、暴风、暴雨、洪水、地震、海啸、地陷、崖崩、滑坡、泥石流所造成的损失；

2. 由于运输工具发生碰撞、搁浅、触礁、倾覆、沉没、出轨或隧道、码头坍塌所造成的损失；

3. 在装货、卸货或转载时，因遭受不属于包装质量不善或装卸人员违反操作规程所造成的损失；

4. 按国家规定或一般惯例应分摊的共同海损的费用；

5. 在发生上述灾害、事故时，因纷乱而造成货物的散失及因施救或保护货物所支付的直接、合理的费用。

（二）综合险

本保险除包括基本险责任外，保险人还负责赔偿：

1. 因受震动、碰撞、挤压而造成破碎、弯曲、凹瘪、折断、开裂或包装破裂致使货物散失的损失；

2. 液体货物因受震动、碰撞或挤压致使所用容器（包括封口）损坏而渗漏的损失，或用液体保藏的货物因液体渗漏而造成保藏货物腐烂变质的损失；

3. 遭受盗窃或整件提货不着的损失；

4. 符合安全运输规定而遭受雨淋所致的损失。

第三章　除外责任

第三条　由于下列原因造成保险货物的损失，保险人不负赔偿责任：

1. 战争或军事行动；

2. 核事件或核爆炸；

3. 保险货物本身的缺陷或自然损耗，以及由于包装不善；

4. 被保险人的故意行为或过失；

5. 全程是公路货物运输的，盗窃和整件提货不着的损失；

6. 其他不属于保险责任范围内的损失。

第四章　责任起讫

第四条　保险责任自签发保险凭证和保险货物运离起运地发货人的最后一个仓库或储运处所时起，至该保险凭证上注明的目的地的收货人在当地的第一个仓库或储存处所时终止。但保险货物运抵目的地后，如果收货人未及时提货，则保险责任的终止期最多延长至以收货人接到《收货通知单》后的十五天为限（以邮戳日期为准）。

第五章　保险金额

第五条　保险价值为货物的实际价值，按货物的实际价值或货物的实际价值加运杂费确定。保险金额由投保人参照保险价值自行确定，并在保险合同中载明。保险金额不得超过保险价值。超过保险价值的，超过部分无效，保险人应当退还相应的保险费。

第六章　投保人、被保险人的义务

第六条　投保人应履行如实告知义务，如实回答保险人就保险标的或被保险人的有关情况提出的询问。

投保人故意或者因重大过失未履行前款规定的如实告知义务，足以影响保险人决定是否同意承保或者提高保险费率的，保险人有权解除合同。保险合同自保险人的解约通知书到达投保人或被保险人时解除。

投保人故意不履行如实告知义务的，保险人对于保险合同解除前发生的保险事故，不承担赔偿责任，并不退还保险费。

投保人因重大过失未履行如实告知义务，对保险事故的发生有严重影响的，保险人对于保险合同解除前发生的保险事故，不承担赔偿责任，但应当退还保险费。

第七条　投保人在保险人签发保险凭证的同时，应按照保险费率，一次交清应付的保险费。若投保人未按照约定交付保险费，保险费交付前发生的保险事故，保险人不承担赔偿责任。

第八条　被保险人应当严格遵守国家及交通运输部门关于安全运输的各项规定。还应当接受并协助保险人对保险货物进行的查验防损工作，货物包装必须符合国家和主管部门规定的标准。对于因被保险人未遵守上述约定而导致保险事故的，保险人不负赔偿责任；对于因被保险人未遵守上述约定而导致损失扩大的，保险人对扩大的损失不负赔偿责任。

第九条　货物如果发生保险责任范围内的损失时，被保险人获悉后，应立即通知当地保险机构并应迅速采取施救或保护措施防止或减少货物损失。

故意或者因重大过失未及时通知，致使保险事故的性质、原因、损失程度等难以确定的，保险人对无法确定的部分，不承担赔偿责任，但保险人通过其他途径已经及时知道或者应当及时知道保险事故发生的除外。

第七章　赔偿处理

第十条　被保险人向保险人申请索赔时，必须提供下列有关单证：

1. 保险凭证、运单（货票）、提货单、发货票；

2. 承运部门签发的货运记录、普通记录、交接验收记录、鉴定书；

3. 收货单位的入库记录、检验报告、损失清单及救护货物所支付的直接费用的单据。

收到被保险人的赔偿请求后，应当及时就是否属于保险责任作出核定，并将核定结果通知被保险人。情形复杂的，保险人在收到被保险人的赔偿请求并提供理赔所需资料后三十日内未能核定保险责任的，保险人与被保险人根据实际情形商议合理期间，保险人在商定的期间内作出核定结果并通知被保险人。对属于保险责任的，在与被保险人达成有关赔偿金额的协议后十日内，履行赔偿义务。

第十一条　货物发生保险责任范围内的损失时，按货价确定保险金额的，保险人根据实际损失按起运地货价计算赔偿；按货价加运杂费确定保险金额的，保险人根据实际损失按起运地货价加运杂费计算。但最高赔偿金额以保险金额为限。

第十二条　如果被保险人投保不足，保险金额低于货价时，保险人对其损失金额及支付的施救保护费用按保险金额与货价的比例计算赔偿。保险人对货物损失的赔偿金额，以及因施救或保护货物所支付的直接、合理的费用，应分别计算，并各以不超过保险金额为限。

第十三条　货物发生保险责任范围内的损失，如果根据法律规定或者有关约定，应当由承运人或其他第三者负责赔偿一部分或全部的，被保险人应首先向承运人或其他第三者索赔。如被保险人提出要求，保险人也可以先予赔偿，但被保险人应签发权益转让书给保险人，并协助保险人向责任方追偿。

第十四条　经双方协商同意，保险人可将其享有的保险财产残余部分的权益作价折归被保险人，并可在保险赔偿金中直接扣除。

第十五条　被保险人与保险人发生争议时，应当实事求是，协商解决，双方不能达成协议时，可以提交仲裁机关或法院处理。

本保险合同适用中华人民共和国法律(不包括港澳台地区法律)。

本章小结：

1. 国内货物运输保险，是以国内运输过程中的货物为保险标的，承保其在运输过程中因自然灾害或意外事故而遭受的损失的保险。

2. 按照运输方式的不同国内货物运输保险可分为直运货物运输保险、联运货物运输保险和集装箱运输保险；按照运输工具的不同又可分为水运、陆运和空运三大类，而后一种分类方法最为常见。

3. 货物运输保险具有保险标的的流动性、保险责任起讫时间的灵活性、保险责任范围的广泛性、保险标的的分离性和保险利益的特殊性的特点。

4. 国内水路、陆路货物运输保险的保险责任分为基本险和综合险两种。

5. 货物运输保险的保险责任期限与货物运输所需途程相联系，即指自签发保险凭证和保险货物运离起运地发货人的最后一个仓库或是储存处所时开始，至运抵该保险凭证上注明的目的地收货人在当地的第一个仓库或储存处所时终止。

6. 货物运输保险采用定值保险方式。

7. 影响货物运输保险费率的因素有运输方式、运输工具、货物的性质、运输途程、保险险别等。

8. 货物运输保险的当事人涉及发货人、收货人和承运人各方。

关键词：

货物运输保险　运输工具　保险期限　定值保险　国内水路、陆路货物运输保险　国内航空货物运输保险

思考题：

1. 简述国内货物运输保险的基本特征。

2. 国内水路、陆路货物运输保险的基本险和综合险在保险责任范围方面的区别。

3. 国内货物运输保险的保险金额如何确定？

4. 影响国内水路、陆路货物运输保险费率的主要因素有哪些？

参考文献：

1. 胡援成. 财产保险[M]. 大连：东北财经大学出版社，1999.

2. 郝演苏. 财产保险[M]. 北京：中国金融出版社，2002.

3. 许谨良. 财产保险原理和实务（第五版）[M]. 上海：上海财经大学出版社，2015.

第八章　工程保险

学习目的：

通过本章的学习，应掌握以下内容：工程保险的特点、建筑工程险的保险责任和除外责任、建筑工程险的保险金额及费率、建筑工程险的赔偿处理、安装工程险的特点、安装工程险的保险责任与除外责任、安装工程险的保险项目和保险金额及免赔额、安装工程险的保险期限。

第一节　工程保险概述

一、工程保险简介

工程保险是一个比较新的保险险种，承保工程期间内一切意外的财产损失及被保险人对第三者的人身伤害与财产损失所应承担的赔偿责任。工程保险的风险较大，因此投资人、工程所有人、设备制造人、工程承包人等，只有通过保险才能避免相互追偿和各自获得比较全面可靠的经济保障。

（一）工程保险的起源与发展

在国外，工程保险的概念比较宽泛，包括与工程技术有关的所有险种，既包括建筑工程保险、安装工程保险，也包括机器损坏保险、锅炉保险等。而在国内，我们所说的工程保险通常只包括与工程施工、建造、安装相关的建筑工程保险和安装工程保险。工程保险是财产保险的引申和发展。建筑工程保险起源于 20 世纪 30 年代的英国，1929 年，英国对泰晤士河上兴建的拉姆贝斯大桥提供了建筑工程一切保险，开建筑工程一切险之先河。第二次世界大战以后，由于欧洲进行大规模的恢复生产、重建家园活动，工程保险业务得以迅速发展。

1950 年，国际土木工程师和承包建筑工程师组织制定的承包土木建筑的合同条款中，规定承包人需要办理保险的条文，这个内容已为全世界各国同类合同所采用。在工程保险发源地英国，皇家建筑师学会制定的承建土木工程以外的建筑合同条款也有类似的规定。这种带有国际惯例性质的规定，促进了工程保险的发展。现在，一些国际组织在援助发展中国家兴建水利、公路、桥梁以及工业与民间建筑的过程中，都要求通过工程保险提供风险保障，这在一定程度上带动了发展中国家的工程保险的发展。

工程保险中最古老的险种是锅炉保险，也起源于英国。19 世纪在英国的工厂内经常发生锅炉爆炸事故，并带来严重的人员伤亡和财产损失，为了预防此类事故的发生，有一些工程师组成的公会负责对锅炉进行定期检查。以后该公会又作出一项保证：如果锅炉发生爆炸，由公会按约定的金额来赔偿损失，公会演变成了锅炉保险公司。1858 年英国曼彻斯特就出现了这样的专门保险公司，之后美国也在哈德福特市开设了一家锅炉保险公司。现在美国的锅炉和机器保险已经把保险对象扩展到包括几乎所有种类的机器和设备。

（二）我国的工程保险

1. 发展现状

我国的工程保险起步较晚，中国人民保险公司于 1979 年起开始办理工程保险，并分别拟定了中国人民保险公司建筑工程一切险和安装工程一切险的条款。1979 年 8 月，国务院和中国人民银行、财政部、国家计委等六部委规定，国内基建单位应将引进的建设项目的保险费列入投资概算内，向中国人民保险公司投保建筑工程险或安装工程险。施工期间在建工程发生保险责任范围内的损失，由保险公司赔偿，国家不再拨款或核销。引进的国外成套设备或国外厂商在我国承建的工程，也应在我国投保。2015 年 9 月，国家发展改革委员会和中国保监会出台《关于保险业支持重大工程建设有关事项的指导意见》，强调要大力发展工程保险。鼓励保险公司为与重大工程建设相关的建筑工程、安装工程及各种机器设备提供风险保障，防范自然灾害和意外事故造成物质财产损失和第三者责任风险。

目前我国的工程保险涉外色彩较浓，凡是有外商参与或外资投入的项目一般都投保了工程保险，而国内的工程保险市场比较滞后。据有关资料显示，外资工程的投保率在 90% 以上，且很多是向国外的保险公司投保或由国内外保险公司共保,国内项目的投保率低于30%,我国企业海外工程的投保率仅为30%—40%。在投保的内资项目中,商业性建筑占80%,市政工程占15%,其他占5%。而发达国家建设工程投保率几乎接近100%。

工程保险属于财产保险,而目前中国财产保险的发展极其不均衡,汽车保险（包括第三者责任险）是财险的第一大险种,占整个财险业务60%的份额;其次是企业财产保险、货物运输保险。这三个险种可谓中国目前财险市场的“三驾马车”,占去了财产保险市场的绝大部分份额,相比之下工程保险所占份额则微乎其微。

2. 制约我国工程保险市场发展的因素

目前制约我国工程保险市场发展的因素有很多。首先,现行会计制度没有将保费支付列入投资预算当中,客观上造成建筑市场相关主体既无投保的资金来源又无投保的压力,特别是国家重点工程项目,风险损失的补偿大都通过财政拨款或追加投资方式解决,在预算中根本就不将保险费列入,从而制约了工程保险的发展。其次,在银行贷款资格、投标资格上没有对投保工程保险作出明确的要求。业主和承包商为了节省费用,能不保就不保。最后,目前我国法律体系不够完善,无论是保险方面的法律还是建筑方面的法律都没有对投保工程保险作出明确的规定。而在国外,工程保险已成为国际工程交易中必不可少的条件之一。无论是承包商,还是设计、咨询商,如果没有购买相应的保险,几乎无法在激烈的市场竞争中取得工程。而中国大型工程在投标招标、承包分包的运行上还不够透明,更谈不上通过工程保险对业主和承包商进行约束。这一切都制约了我国工程保险市场的开拓和工程保险制度的推广。

3. 工程保险发展对我国经济建设的影响

大力发展工程保险,完善市场经济条件下的工程保险制度将对我国的大型工程项目建设（如西气东输、南水北调等）乃至整个社会的经济建设都有巨大的推动作用和深远的影响。

（1）提高工程建设的风险管理水平

工程建设中的风险与其他财产保险风险相比有如下几个特点。

① 多样性。一个项目中有许多风险共存,包括自然风险、社会风险、经济风险、法律风险、合同风险等风险。

② 关联性。大型工程涉及面广,风险集中,不同风险呈现出一定的灾害链,

往往一损俱损。

③ 变化性。大型工程项目都是分阶段进行的，每个阶段面临的风险及风险的程度各不相同，整个工程风险处于动态的变化之中。

由于工程项目独特的风险特征，必须大力加强其风险管理系统的建设。在工程项目的风险管理中，防范是首先要考虑的措施，但任何防范措施都不是无懈可击的，万一发生风险损失，必须借助商业保险进行弥补。保险公司具有与风险打交道的长期经验，在工程项目的建设中引入工程保险可以大大提高工程项目的风险管理水平。

（2）改善工程建设的融资条件

工程建设一般要依赖金融投资，而金融投资商通常将项目是否参加保险作为投资的一个必要条件，以确保其投资安全。工程保险可通过增强工程建设单位的资信来支持工程投资活动，从这个意义上工程保险有助于改善工程项目的融资体系。

（3）推动工程技术创新

经济的高速发展需要专业化的提高、新技术新材料的广泛应用来支持，而任何新技术的最初应用都要冒一定的风险，如果没有适当的损失补偿体系作后盾，一项新技术很可能被扼杀在摇篮之中。例如：在磁悬浮铁路技术的商业化应用过程中，由于该项技术的不够成熟而处处充满风险，如果没有保险公司的承保，投资单位会因担心风险而望而却步。而通过工程保险及时化解新工程中遇到的新风险，可以达到鼓励投资、支持工程建设创新的作用。

二、工程保险的特征

工程保险不同于普通的财产保险，是一种财产保险与责任保险的综合险，因此有一些不同于普通财产保险的特征，我们以建筑工程保险为例。

（一）保险标的的特殊性

工程保险承保的标的大部分处于暴露状态，这样既会受到各种自然灾害的影响，同时也会受到一些人为因素包括工程承包人的施工经验、技术及管理水平、施工方式、技术设计特性、道德水平等方面的影响，加上施工阶段防灾防损设施可能还不健全，抵御风险的能力大大低于普通财产保险标的。

（二）被保险人的广泛性

工程建设项目所涉及的关系方很多，一般会涉及以下几方。

① 业主：建设单位或工程所有人。

② 承包人：负责承建工程的施工单位。

③ 分承包人：与承包人订立分承包合同，负责承建工程中部分项目的施工单位。

④ 技术顾问：业主聘请的对工程进行设计、咨询和监督的建筑师、设计师、工程师和其他专业技术顾问。

⑤ 其他关系方，如设备供应商等。

因此，为充分保障所有与工程有直接关系的各方的利益，工程保险常附有共保交叉条款，保险公司可以在一张保单上对所有参加该项工程的有关各方都给予所需的保险保障。据此条款，每一个被保险人如同各自拥有一张单独的保单，其应付的那部分责任出现问题，就可以从保险人处得到保障。而如果各被保险人之间发生相互责任事故，每一个负有责任的被保险人都可以在保单项下得到保障。

（三）承保风险的综合性

建筑工程本身是一个动态的过程，涉及的风险类型比较广泛，因此工程保险的风险保障具有综合性，既承保工程期间工程本身、施工机具或工地设备、物料所遭受的损失，也承保因施工给第三者造成的物质损失或人身伤亡的责任风险。正因为承保风险具有综合性，工程保险通常都采用一揽子保险形式。

（四）保险期限的不确定性

建筑工程保险的保险期限一般根据工期来确定，可能一年、两年，也可能几年或十几年不等。具体的保险责任期限的起止时间往往根据保单的规定和工程的具体情况确定。

以下几个概念与保险期限相关：工期，指施工合同要求的施工期限；试车期，指设备安装完成后的调试运行期，安装工程保险可加保试车期风险，但只限于新设备的安装；保证期，指工程的维护保修期，是工期结束后承包人根据承包合同的规定履行维护、保养及缺陷校正等特定义务的期限，可在建筑工程保险项下加保。

（五）保险金额的变动性

建筑工程保险的风险金额在保险期内随着工程建设的进度与工程材料以及人工的不断投入而逐渐增长，到验收移交时达到最高水平，安装工程保险的风险金额变化虽然不如建筑工程保险大，但是风险程度也是随着工程进度增加的，尤其是试车期的风险，可能达到甚至超过整个保险期风险的50%。

专栏 8-1　我国工程保险的起步

我国在改革开放以后，基于引进外资和与国际惯例接轨的需要，国务院和中国人民银行、财政部、国家计委等六部委曾于 1979 年 8 月明确规定，国内基本建设单位应将引进项目的保险费列入投资预算内，向中国人民保险公司投保建筑工程或安装工程保险，在施工期间工程发生保险责任范围内的损失，由保险公司承担赔偿责任，国家不再拨款或核销。这一规定对于我国计划经济环境下工程保险业务的发展起到了重要作用。

第二节　建筑工程保险

一、建筑工程保险的保险项目

建筑工程保险承保建筑商在承建建筑物的过程中，对建筑物及其材料可能遭受的损失和对第三者应承担的损害赔偿责任。这里所指的建筑物包括了道路、桥梁、水坝、港埠等。建筑工程保险主要包括建筑工程物质损失保险和第三者责任保险两大部分。其中，建筑工程物质损失保险主要承保以土木建筑为主体的工程，在建设期间由于保险责任范围内的风险造成保险工程项目的物质损失和列明费用的损失；第三者责任保险主要承保被保险人在工程项目的建设过程中，在工地范围内进行有关活动时可能因侵权而产生的法律赔偿责任。

小资料 8-1：港珠澳大桥的保险与赔付

2018 年 10 月，历时 15 年建成的港珠澳大桥正式通车运营，早在 2010 年 12 月 10 日就确定了由人保财险作为港珠澳大桥主体工程项目建筑工程一切险及第三者责任险首席承保公司，承保份额为 50%，平安产险、太平洋产险等共保公司共同组成共保体进行承保，保险期限约为 6 年，投保金额高达人民币 278 亿元，创下迄今为止内地单个工程保险标的新高。2014 年 7 月，港珠澳大桥 CB05 标段中铁大桥局对 206 号墩进行上塔柱吊装作业时发生塔柱竖直下落，塔柱插入海床后顶部向外海侧倾倒，最终保险公司向港珠澳大桥管理局赔付逾 2400 万元；2014 年 11 月至 2015 年 2 月，港珠澳大桥岛隧工程 E15 管节由于基槽回淤，经历了两次沉放失败后返航，给隧道沉管建设造成了重大损失，影响 4 个月工期，承保公司已经赔付 5000 万元。[①]

---

① 资料来自中国人民保险公司官网。

（一）保险项目

1. 物资损失保险

建筑工程保险中的物质损失部分可以承保的项目包括永久性工程、临时性工程、施工机具、工地内其他财产等。

（1）永久性工程。永久性工程是施工承包商按照设计要求建造并最后移交给工程业主，执行营运功能的工程。永久性工程中如果包括建筑工程项目和安装工程项目，两者应分项列明。永久性工程的保险金额应为承包工程合同的总金额，包括所有工程物料的购买成本、设备购置费用、运输及保险费、其他必要的税费、关税（进口设备）等。承包工程合同的总金额在工程期间内因物价波动、计划不周可能会有所变化。故投保时可按工程预算金额确定保险金额，完工后再按工程决算金额进行调整，保险费也按调整后的保险金额重新结算。

（2）临时性工程。临时性工程是为永久性工程的修建或安装建造的工程，将在工程正式移交前完成使命并被拆除，其保险价值的确定原则与永久性工程相同，包括在正式工程合同中，最后计入工程总造价。

（3）所有人提供的物料及项目。指未包括在上述承包工程合同金额内由所有人提供的物料及负责建造的项目。保险金额可按重置价值确定。

（4）施工机具。施工机具包括施工设备、机械等，属于承包商所有或租赁的财产，在工程完成以后仍然归承包商所有，其保险价值应该按照重置价值确定。

（5）安装工程项目。指未包括在承包工程金额内的机器设备安装工程项目，如大楼内的取暖、空调等机器设备的安装项目。如这些项目已在承包工程合同金额中有所反映，则无需另外投保，但须在明细表中注明。该项保险金额也按重置价值计算，但以不超过整个工程物质损失项目的总保险金额的20%为限，若为20%—50%之间，应按安装工程保险费率计收保费，若超过50%，应单独投保安装工程保险。

（6）工地内的其他财产。工地内的其他财产是指工地内或工地附近区域原有的业主财产。国内工程保险实务中的习惯做法，是将这部分财产的保险金额单列在工程保险的物质损失项下，分项承保。

（7）场地清理费，在发生灾害事故后场地清理所需支付的费用也是承保项目。

2. 第三者责任险

负责被保险人在工程期间内因意外事故的发生所造成第三者的人身伤亡及财产损失的赔偿责任。

（二）不予承保的项目

我国《建筑工程一切险条款》的除外责任中将"档案、文件、账簿、票据、图表资料及包装物料的损失"列为不保项目，原因是：第一，它们的价值无法确定，无法列明分项保险金额；第二，即使有确定价值的，也未被包括在工程总造价之内，如图表资料的价值应该包括在设计费用内；第三，包装物料随着工程的进行，必然要成为废物，它们的正常损耗与意外损失难以界定。

（三）须另行承保的项目

建筑工程的某些保险标的由于自身的特性，可能需要其他的、更专门的保险进行承保。如现金、有价证券可以投保现金保险；领有公共运输行驶执照的车辆、船舶和飞机可以投保车辆保险、船舶保险、飞机保险。但是，对于不挂行驶执照的工程专用车辆、自行施工机具等则属于工程保险中施工机具的范围，应在工程保险的施工机具保险项下承保。

案例投影 8-1　施工所造成第三者财产损失该不该赔偿？

1994 年初，A 保险公司先后承保 B 公司所属某广场的地下工程和主体建筑工程，包括震动、移动或减弱支撑扩展条款。该广场建筑结构由三幢 30 层高楼、4 层裙房和 10 米深的地下室组成。

1994 年 4 月 19 日，在基坑开挖近两个月后，由于拉森钢板桩打桩引起震动，致使周边土体向坑内位移，坑底土向上隆起，从而引起周边建筑物及土体水平位移和垂直沉降。距基坑北侧拉森钢板桩仅 0.7—1.0 米处的 C 工厂，其主厂房发生墙体及地面开裂及倾斜，引起工厂电焊条流水线生产异常，产出废品。C 工厂请当地建筑科学院对厂房及设备进行检测和鉴定后，向 B 公司提出索赔设备费用 226 万元，建筑物损失费用 168 万元，停产损失约 50 万元，合计人民币 444 万元。

经过沟通，双方未能就赔偿事宜达成协议。此后，B 公司在进行基坑围护后，仍在继续挖土。1996 年 3 月，C 工厂向法院起诉，诉讼索赔金额 1650 万元，同年 8 月又追增至 2314 万元。

在案件审理过程中，法院指定 U 大学鉴定事故原因，指定 V 会计师事务所对损失进行审计。经分析，本事故由以下几个原因导致。

1. 地质条件差。基坑土 3—14 米为二层灰色砂质粉土，属严重液化土层，具有产生流沙的特性。在基坑开挖中个别工程桩附近发生过管涌现象。

2. 基坑围护结构方案不完善。拉森钢板桩支撑强度不足，H 型钢垂直支撑不到位，影响整个支撑系统的刚度。

3. 施工质量差。在 C 工厂厂房旁基坑挖土时，工程方先挖土后加钢板桩支撑，基坑施工顺序颠倒。钢板桩土方放坡不足，致使钢板桩上端倾斜、塌方。

4. 施工管理不善。在 C 工厂厂房旁堆放大量钢筋等物，基坑地面负荷过重，导致拉森钢板桩弯曲变形，基坑周边土体位移。

经过对相关损失进行审计、审核，最终由 A 保险公司承担了赔偿责任，赔付第三者财产损失 4044455 元，加上各种鉴定及评估费 803800 元，保险公司总计支付 4848255 元。

在本案例中，震动、移动或减弱支撑扩展条款不负责赔偿被保险人因工程性质和施工方式而导致的可预知的第三者财产损失和人身伤亡责任。尽管本案最终以保险人支付 4848255 元人民币结案，但根据保险市场惯例对震动、移动或减弱支撑扩展条款的理解，保险公司不应对本案承担赔偿责任。

保险公司应审慎承保基础工程。建筑工程从基础施工到主体结构封顶，随着投入的增加，风险也在不断积累。在高层建筑工程施工中，70%的工程事故发生在基础工程施工阶段。基础工程是隐蔽工程，地质勘查不可能面面俱到，可能遇到流沙层、暗浜等复杂的不良地质。施工中，围护支撑结构、施工组织设计、地下水的排水设计也可能不尽合理。总体来讲，基础工程风险比较集中，保险公司对此类风险标的应谨慎承保。

二、建筑工程保险的保险责任和责任免除

（一）建筑工程保险的保险责任

建筑工程保险的保险责任具体包括两部分。

1. 工程部分

（1）在保险期限内，在保险单明细表中分项列明的保险财产在列明的工地范围内，因保险合同责任免除以外的任何自然灾害或意外事故造成的物质损失或灭失（以下简称"损失"），保险人按规定负责赔偿。建筑工程保险所承保的保险风险包括：

① 自然灾害：指地震、海啸、雷电、飓风、台风、龙卷风、风暴、暴雨、洪水、水灾、冻灾、冰雹、地崩、山崩、雪崩、火山爆发、地面下陷下沉及其他人力不可抗拒的破坏力强大的自然现象；

② 意外事故：指不可预料的以及被保险人无法控制并造成物质损失或人身伤亡的突发性事件，包括火灾和爆炸。

（2）对保险合同列明的因发生上述损失所产生的有关费用，保险人亦可负责赔偿。

（3）保险人对每一保险项目的赔偿责任均不得超过保险合同明细表中对应列明的分项保险金额以及保单特别条款或批单中规定的其他适用的赔偿限额。在任何情况下，保险人在保险单项下承担的对物质损失的最高赔偿责任不得超过保险单明细表中列明的总保险金额。

2. 有关第三者责任险责任范围

（1）在保险期限内，因发生与保险单所保工程直接相关的意外事故引起工地内及邻近区域的第三者人身伤亡、疾病或财产损失，依法应由被保险人承担的经济赔偿责任，由保险人按条款规定负责赔偿。

（2）对被保险人因上述原因而支付的诉讼费用以及事先经保险人书面同意支付的其他费用，亦负责赔偿。

（3）保险人对每次事故引起的赔偿金额以法院或政府有关部门根据现行法律裁定的应由被保险人偿付的金额为准，但在任何情况下，均不得超过保险单明细表中对应列明的每次事故赔偿限额。在保险期限内，保险人在保险单项下对上述经济赔偿的最高赔偿责任不得超过保险单明细表中列明的累计赔偿限额。

（二）责任免除

建筑工程一切险的责任免除由三部分组成，即总责任免除（与一般财产保险的责任免除相同）、物质损失部分的责任免除和第三者责任险的责任免除。

1. 总责任免除

工程保险的总责任免除和其他财产保险的总责任免除基本相同，一般包括以下几方面。

（1）战争、类似战争行为、敌对行为、武装冲突、恐怖活动、谋反、政变引起的任何损失、费用和责任；政府命令或任何公共当局的没收、征用、销毁或毁坏；罢工、暴动、民众骚乱引起的任何损失、费用和责任。

（2）被保险人及其代表的故意行为或重大过失引起的任何损失、费用和责任。

（3）核裂变、核聚变、核武器、核材料、核辐射及放射性污染引起的任何损失、费用和责任。

（4）大气、土地、水污染及其他各种污染引起的任何损失、费用和责任。

（5）工程部分停工或全部停工引起的任何损失、费用和责任。

（6）罚金、延误、丧失合同及其他后果损失。

（7）保险单明细表或有关条款中规定的应由被保险人自行负担的免赔额。

2. 物质损失部分的责任免除

这部分责任免除是建筑工程一切险所特有的，包括：

（1）设计错误引起的损失和费用；

（2）自然磨损、内在或潜在缺陷、物质本身变化、自燃、自热、氧化、锈蚀、渗漏、鼠咬、虫蛀、大气（气候或气温）变化、正常水位变化或其他渐变原因造成的保险财产自身的损失和费用；

（3）因原材料缺陷或工艺不善引起的保险财产本身的损失以及为置换、修理或矫正这些缺点错误所支付的费用；

（4）非外力引起的机械或电气装置的本身损失，或施工用机具、设备、机械装置失灵造成的本身损失；

（5）维修保养或正常检修的费用；

（6）档案、文件、账簿、票据、现金、各种有价证券、图表资料及包装物料的损失；

（7）盘点时发现的短缺；

（8）领有公共运输行驶执照的，或已由其他保险予以保障的车辆、船舶和飞机的损失；

（9）除非另有约定，在保险工程开始以前已经存在或形成的位于工地范围内或其周围的属于被保险人的财产损失；

（10）除非另有约定，在本保险单保险期限终止以前，保险财产中已由工程所有人签发完工验收证书或验收合格或实际占有或使用或接受的部分。

3. 第三者责任险的责任免除

（1）保险单的物质损失项下或本应在该项下予以负责的损失及各种费用；

（2）由于震动、移动或减弱支撑而造成的任何财产、土地、建筑物的损失及由此造成的任何人身伤害和物质损失；

（3）工程所有人、承包人或其他关系方或他们雇佣的在工地现场从事与工程有关工作的职员、工人以及他们的家庭成员的人身伤亡或疾病；

（4）工程所有人、承包人或其他关系方或他们雇佣的职员、工人所有的或由其照管、控制的财产发生的损失；

（5）领有公共运输行驶执照的车辆、船舶、飞机造成的事故；

（6）被保险人根据与他人的协议应支付的赔款或其他款项，但即使没有这种协议，被保险人仍应承担的责任不在此限。

三、建筑工程保险的保险期限

建筑工程一切险承保整个工程建设期间的相关风险，保险期限按整个工程的期限来计算。对于一些大型、综合性工程，由于其中各个部分的工程项目是分别施工的，如果投保人要求分别投保，可以分别签订保单和分别规定保险期限。

（一）保险期限的开始

保险期限的开始即保险责任的开始。建筑工程一切险的保险责任自投保工程动工之日起或承保项目的财产卸至工地时起，以先发生者为准。

1. 保险工程破土动工之日指被保险人的施工队伍进入工地，开始实质性开工。

2. 保险工程的材料、设备运抵工地。（注：如果这些材料、设备是由被保险人自行采购并使用自己的车辆运回工地的，在进入工地卸货时发生损失，保险人不负赔偿责任。如被保险人需转嫁此风险可投保一揽子预约运输风险。）

3. 保险单规定的生效日期。这是保险期限的"最早限制"，无论在任何情况下，建筑保险保险期限的开始时间不得早于保险单列明的生效日期。

但是对于保险财产在到达工地之前的运输过程中或者到达工地后的卸货过程中造成的损失不属于建工险的责任范围。保险财产运至工地后，在工地内储存期间或在工地范围内运输、搬运过程中造成的损失，均属于建工险责任范围。

（二）保险期限的终止

建筑工程一切险的终止有以下几种情况，以先发生者为准。

1. 工程所有人对部分或全部工程签发完工验收证书或验收合格。即保险人对于这一工程或其中的某一部分的保险责任即告终止。

2. 工程所有人实际占有或使用或接受该部分或全部工程。如果工程所有人在对保险工程未进行验收并验收合格之前，需要实际占有、使用或接受部分或全部工程时，保险责任从这时起即告终止。

3. 建筑工程一切险中的安装项目的机器设备，如全部或部分是旧的，则试车开始时保险责任终止。

4. 保险单规定的终止日期。这是保险期限的"最终限制"，在任何情况下，建筑保险保险期限的终止不得迟于保险单列明的终止日期。

（三）保证期

保证期是指根据工程合同规定，承包商对于所承建的工程项目在工程验收并交付使用之后的一定时期内，如果建筑物或被安装的机器设备存在建筑或安装的质量问题，甚至造成损失的，承包商对于这些质量问题或损失应承担修复或赔偿责任。因此，保险人可以根据承包商的要求扩展承保保证期。保证期一般不包含在工程工期内。是否投保，由投保人自己决定，如需要投保，必须增缴相应的保险费。保证期有以下三种类型。

1. 有限责任保证期

主要承保在保险单载明的保证期内，承包人在履行工程承包合同所规定的保修、保养或维护义务过程中造成的工程本身的物质损失。但对火灾、爆炸以及自然灾害造成的损失概不负责。

2. 扩展责任保证期

扩展责任保证期是指在承保上述责任的同时，还对在工程完工证书签出前的建筑或安装期内，由于施工原因导致保证期内发生的保险工程的物质损失，如施工方式缺陷或隐患引起的损失予以负责。

3. 特别扩展保证期

根据特别扩展保证期条款，特别扩展保证期开始后，对因材料缺陷、工艺不善、安装错误以及设计错误等原因所造成保险财产的损失负责赔偿。但对火灾、爆炸以及自然灾害造成的损失、第三者责任损失概不负责。

（四）关于延长保险期限

在规定的保险期限内，如工程不能按时完工，由投保人提出申请，经保险人正式同意并加收规定的保费后，可以签发批单展延保险期限。

上述保险期限的展延，须事先获得保险公司的书面同意，否则，从保险单明细表中列明的建筑保险期限终止日起至保证期终止日止期间内发生的任何损失、费用和责任，保险公司不负责赔偿。

案例投影 8-2　工程部分交付使用，其余部分的保险责任也相应终止吗？

【案情介绍】台湾九昱建设股份有限公司（以下简称"九昱公司"）以其承揽兴建之中的南海大楼新建工程及其临时工程作为保险标的，与新光产物保险股份有限公司订立工程综合损失险（等同于大陆的建筑工程一切险），保险金额为新台币（下同）4.992 亿，保险期间从 1982 年 10 月 8 日零时起至 1985 年 8 月 8 日零时止。保险标的物于 1985 年 7 月 30 日因"贺伯"台风袭击受损，共计支出修复费用 8030492 台币，扣除九昱公司自负损失额 150000 台币后，九昱公司要求保险人予以赔偿。新光产物保险公司认为该保险合同已于 1985 年 7 月 30 日前，因承保工程已经验收、接管、启用，依基本条款约定，其保险期间已满。其后所发生的损害并非该保险公司承保的危险，因而不负赔偿责任。

九昱公司向法院提起上诉，请求新光产物保险股份有限公司赔付 7880492 台币，并加付自 1985 年 12 月 14 日起至清偿日止法定延期利息。

经法庭审理一审判决上诉人九昱公司败诉，理由如下：新光产物保险股份有限公司承保的建筑工程，依保险单所列保险期间虽为自 1982 年 10 月 8 日零时起至 1985 年 8 月 8 日零时止，但同时约定，自开工或保险标的卸置于工地后开始，至验收、接管启用终止，并以二者之中，先发生者为准。因大楼在 1985 年 7 月 30 日以前有七八成的住户已办理入住手续，则可推断该工程在上述日期之前已经验收完毕，并开始使用，依保险条款规定，其保险期间在台风之前已届满，故新光产物保险公司对台风所造成的损失不负赔偿责任。

但是本案上诉人主张：保险合同同时还规定，如果承保工程一部分已经启用、接管或验收，保险公司对该部分的保险责任随即结束，但对其余部分仍负保险责任。该规定表明承保工程是否已经启用、接管或验收，应就各个部分分别而论，不能一概而论，被告人仅以工程大楼已有部分住户入住，即断定工程已全部达到启用、接管的程度而认为其保险责任已经终止，这显然与保险条款规定及工程保险特点不符。事实上该工程的全部地下室及部分公共设施在台风袭击时，尚未完成验收，该部分风险尚未完全转移，其保险期间也没有届满。最后法院判决新光保险公司按比例对该部分尚未验收的工程支付损失赔款。

【分析】本案例发生在中国台湾，虽然台湾地区和大陆的保险法律有一定的差别，不同的法律对工程保险的实施细节上有些出入，但是工程保险的特征都是一样的，案中争论的焦点是关于工程保险保险期间的开始和终止问题。由上述案件的判决可知大陆和台湾地区关于工程保险期间的规定基本相同：保险责任自投保工程动工之日起或承保项目的财产卸至工地时起，以先发生者为准；保险责任至工程所有人对部分或全部工程签发完工验收证书或验收合格，或工程所有人实际占用或使用或接受该部分或全部工程之时终止，以先发生者为准。

本案中强调一点：工程保险的保险标的是否验收、接管或启用，应就工程各部分分别而论，不能一概而论。如果工程部分验收接管，则该部分的保险期间到期，其余部分仍将继续。

四、建筑工程保险的保险金额和保险费率

（一）建筑工程保险的保险金额

1. 物质损失部分的保险金额

建筑工程保险的保险金额不是工程核算价，而应是建筑工程完成时的总价值。所谓"建筑工程的总价值"是指工程承包价或工程承包价加上工程所有人提供的材料和设备的总和，而不仅仅等于建筑工程的承包合同金额或总造价。

被保险人在投保时可按合同的工程概算总造价确定投保金额。并且，被保

险人在保险期内应做到以下几点。

（1）当保险工程造价中包括的各项费用因涨价或升值原因而超出原保险工程造价时，必须尽快以书面形式通知保险人，保险人据此调整保险金额。

（2）对保险期内相应的工程细节作出精确记录，并允许保险人在合理的时候对该记录进行查验。

（3）若工程的建造期超过三年，必须从保险单生效日起每隔十二个月向保险人申报当时的工程实际投入金额及调整后的工程总造价，保险人据此调整保险费。在保险期限届满三个月内向保险人申报最终的工程总价值，保险人再据此以多退少补的方式对预收保费进行调整。

被保险人必须按以上各条规定申报。否则保险人将视其为保险金额不足，一旦发生事故，保险人将对各种损失按比例赔偿。

2. 特种风险的赔偿限额

在建筑工程保险中，将地震、海啸、洪水、风暴和暴雨都作为特种风险。为对这类风险的赔偿责任进行控制，除了规定免赔额之外，还规定有赔偿限额。赔偿限额的高低是根据各类风险因素，如工程所处的自然地理条件、该地区发生此类灾害的历史记录以及工程本身的抗灾能力等，综合考虑后确定。遭受此类灾害可能性较大的地区，赔偿额应控制在较低水平；反之，则可适当调高特种风险赔偿限额的幅度。一般特种风险的赔偿限额可以设定在物质损失总保险金额的 60%—85%之间。

3. 第三者责任险的赔偿限额

第三者责任险由保险双方根据工程风险情况协商确定赔偿限额，并在保单内列明。一般有两种方法。

（1）只规定每次事故赔偿限额，无分项限额和累计限额。

（2）先规定每次事故人身伤亡和财产损失的分项赔偿限额，进而规定每人的人身伤亡限额，然后将分项的人身伤亡限额加财产损失限额构成总的每次事故赔偿限额，最后规定一个保险期限内的累计赔偿限额，累计赔偿限额就是总赔偿限额（整个保险期内第三者责任险的赔偿总限额），即将赔偿限额分成四类：

① 每次事故每人的人身伤亡限额；

② 每次事故人身伤亡总限额，可按每次事故可能造成的第三者人身伤亡总人数和每人伤亡限额来确定；

③ 每次事故财产损失限额，此项限额可根据工程具体情况估定；

④ 保险有效期内总赔偿限额。应在每次事故的基础上，估计保险期限内保

险事故的可能次数，确定总限额，是计收保费的基础。

4. 各种费用保险与附加险的赔偿限额

各种费用保险与附加险的赔偿限额在承保实务上有两种做法：一是在保险单明细表（或者有时在附加条款）中单独列明分项赔偿额，并以第一危险方式承保。如果采用这种方式，最好在保险单明细表中分项载明（包括附加保障）赔偿限额；二是将这些赔偿限额包含在总保险金额中，但在对应的附加条款中规定一定的比例，如按照物质损失的一定比例，或者按照总保险金额的一定比例确定这些项目的赔偿限额。

（二）建筑工程保险的保险费及保险费率

1. 物质损失部分

（1）厘定建筑工程险的费率须考虑的因素

建筑工程保险的费率依各工程的具体情况分别厘定。一般厘定建筑工程险的费率须考虑以下因素：

① 工程的性质和总造价；

② 工程施工的危险程度；

③ 工地及邻近地区的自然地理条件、有无发生巨灾的可能性或特别危险的存在；

④ 工期长短及施工季节；

⑤ 巨灾的可能性及最大可能损失程度；

⑥ 施工现场安全防护条件；

⑦ 承包人及工程其他有关的资讯情况，施工人员的素质及承包人的管理水平；

⑧ 免赔额及特种危险赔偿限额的高低；

⑨ 保险人以往对类似工程的赔付情况；

⑩ 国际再保险市场行情。

（2）建筑工程保险的费率项目

在具体承保时，同一工程，尤其是大型工程中，不同保险项目的风险程度是不一样的，因此，应分项厘定。通常包括以下几项：

① 建筑工程、安装工程、业主提供的物质及项目、工地内现成的建筑物、业主或承包人在工地上的其他财产等，该项目的费率为整个工期费率；

② 建筑用机器、装置及设备，采用单独的年费率，保险期限不足一年的按短期费率计收保费；

③ 第三者责任保险费率亦为工期费率，按每次事故赔偿限额计算保险费；

④ 试车保证期保费是按工期费率乘以总保险金额计算保险费；

⑤ 各种附加保险按整个工期一次性费率计收保费。

一般工程项目，为方便起见，在考虑了以上因素的情况下可以只规定整个工程的平均工期性费率。不过在任何情况下建筑用施工机器装置及设备都必须以年费率为基础开价承保，不能与总的平均工期性费率混在一起。

保险费可以采取分期付款的方式支付。一般情况下最多不得超过四次。而且保险单签发之后应立即收取第一期保险费，最后一期则必须在工程完工前六个月收讫。

2. 第三者责任部分保险费的计算

第三者责任保险部分可以使用不同的赔偿限额。若只规定累计赔偿限额，应以累计赔偿限额作为计算保险费的基础，再乘以对应的保险费率。而若与每次事故赔偿限额结合使用，计算基础不变，但费率可适当降低；若只规定每次事故赔偿限额，则只能以此限额作为计算保险费的基础，再乘以对应的保险费率，其费率随赔偿限额的不同而不同。

在比较大的工程项目中，第三者责任保险部分的保险费远远小于物质损失部分的保险费，甚至只相当于物质损失部分保险费的百分之几。目前在实务中将第三者责任保险作为工程保险的一个优惠条件，不再另行收费，已经成为一种趋势。

五、建筑工程保险的被保险人义务

保险合同是双方当事人为实现一定的经济目的而订立的明确相互权利义务的协议。保险合同双方当事人在享受权利的同时，必须承担相应的义务，而且当事人权利的实现是以对方履行相应的义务为前提的。由于工程保险的特殊性，比如普通的财产保险不保操作上的失误，而建筑工程险则承保工人、技术人员因缺乏经验、疏忽、过失、恶意行为等人为原因造成的标的损失，因此工程保险更强调被保险人义务的履行。在建筑工程保险中被保险人及其代表应严格履行下列义务。

（一）如实告知义务

在投保时，被保险人及其代表应对投保申请书中列明的事项以及保险人提出的其他事项作出真实、详尽的说明或描述。

（二）缴纳保费义务

被保险人或其代表应根据保险单明细表和批单中的规定按期缴付保险费。

（三）安全防损义务

在保险期限内，被保险人应采取一切合理的预防措施，包括认真考虑并付诸实施保险人所提出的合理的防损建议，谨慎选用施工人员，遵守一切与施工有关的法规和安全操作规程，由此产生的一切费用，均由被保险人承担。

（四）损失通知及施救义务

在发生引起或可能引起保险单项下索赔的事故时，被保险人或其代表应该：

1. 立即通知保险人，并在七天或经保险人书面同意延长的期限内以书面报告提供事故发生的经过、原因和损失程度；

2. 采取一切必要措施防止损失的进一步扩大并将损失减少到最低限度；

3. 在保险人的代表或检验师进行勘查之前，保留事故现场及有关的实物证据；

4. 在保险财产遭受盗窃或恶意破坏时，立即向公安部门报案；

5. 在预知可能引起诉讼时，立即以书面形式通知保险人，并在接到法院传票或其他法律文件后，立即将其送交保险人；

6. 根据保险人的要求提供作为索赔依据的所有证明文件、资料和单据。

（五）及时纠正缺陷义务

若在某一保险财产中发现的缺陷表明或预示类似缺陷亦存在于其他保险财产中时，被保险人应立即自付费用进行调查并纠正该缺陷。否则，由类似缺陷造成的一切损失应由被保险人自行承担。

六、建筑工程保险的赔偿处理

（一）赔偿方式

建筑工程保险的赔偿方式有支付赔款、修复、重置三种。

1. 支付赔款

根据保险财产受损的情况，核定准确的损失金额，以现金的形式支付给被保险人。

2. 修复

在保险财产遭受部分损失可以修复的情况下，保险人支付费用对保险财产进行修复。这种修复工作可以由被保险人自己进行，也可以委托第三者。

3. 重置

保险财产的损失程度已经达到全部损失，或者修复的费用将会超过保险财产原有价值（保险金额）的情况下，保险人负责对保险财产进行重置。

需要注意的是，保险赔偿方式的选择权在保险人，而不在被保险人。

（二）赔偿标准

1. 部分损失

对于可以修复的部分损失保险人支付修理费，将保险财产修复到受损前的状态。如果修复中有残值存在，应在赔款中扣除。

2. 全部损失或推定全损

在全部损失的情况下，保险人按照保险金额扣除残值后进行赔偿；在推定全损条件下，由保险人决定是否接受被保险人对受损财产的委付。

（三）保险金额与赔偿限额的减少与恢复

保险人赔偿了物质损失部分和对第三者责任部分的责任之后，保险合同项下的保险金额和责任限额相应减少。如果被保险人希望得到充分的保障，就必须进行保险金额与赔偿限额的恢复。对于被保险人要求恢复保险金额与赔偿限额的，可以按照约定的费率在追加保险费后恢复保险金额。

（四）免赔额

保险人在扣除免赔额时应注意以下问题：应按保险单的规定，分别对不同项目扣除适用的免赔额；若多个保险项目因同一事故发生损失，则只扣除最高的一个免赔额；若免赔额和免赔率同时适用，应以较高者为准；若损失金额超过保险金额，应从损失金额中扣除免赔额；若被保险人是多个关系人时，免赔额应在被保险人之间进行分摊；如果有多张保险单承保同一标的损失，赔偿额要按保险单的规定进行分摊。

专栏 8-2　建筑工程保险的免赔额

建筑工程保险物质损失部分规定的免赔额包括以下几种。①特种危险免赔额。即对地震、洪水、暴雨或暴风等自然灾害造成的损失规定的免赔额。②各保险项目遭受其他风险的免赔额。保险人对建筑（安装）工程项目、建筑（安装）用机器、装置及设备项目及其他承保项目遭受其他保险风险时的免赔额。场地清理费用一般不单独规定免赔额。③试车期的免赔额。即对于安装项目在试车考核期内发生的事故规定的免赔额。

建筑工程保险第三者责任部分只对财产损失规定有每次事故的免赔额，而对人身伤亡无免赔额的规定。且如果一次事故同时引起一项以上的保险财产损失，被保险人只需负担这些项目中最高的一个免赔额。

第三节　安装工程保险

安装工程保险承保新建、扩建或改造的工矿企业的机器设备或钢结构建筑物在整个安装、调试期间，由于责任免除以外的原因造成保险财产的物质损失以及在安装工程中造成第三者的人身伤亡和财产损失依法应由被保险人承担的经济赔偿责任。

一、安装工程保险的特点

安装工程保险与建筑工程保险同属于工程保险，适用范围相同。二者有许多相同的地方。但因安装工程保险与建筑工程保险所承保标的的风险性质不同，所以存在一些明显的差别。安装工程保险的特点主要表现在以下几点。

（一）保险人承担的风险在保险期限内基本不变

建筑工程保险的保险标的是从开工后逐步增加，风险责任也随工期的进展而不断加大；而安装工程保险的保险标的在整个工程期间内基本不变，待安装的机器设备自安装工程开始就存放在工地上，保险公司从一开始就承担着全部风险责任。

（二）较易遭受人为损失

建筑工程保险的保险标的多处于暴露状态，因此更容易因自然灾害而受损；而安装工程保险的保险标的多置于建筑物内，工人、技术人员的技术水平对安装工程的影响更大，相比较而言，更易因人为因素而受损。

（三）存在试车期风险

建筑工程不存在试车期风险，而安装工程在交接前必须通过试车考核。试车期虽不长，但在试车期内发生的损失往往会占到整个安装工期很大的比例。也正因为如此，安装工程保险的试车期费率要占到整个工期费率的1/4—1/3。

（四）对设计错误所造成的其他财产损失负责

建筑工程保险中，对设计错误造成的损失，无论是本身损失还是所造成的其他财产损失，均不负责；而安装工程保险只是将设计错误造成的本身损失除外，对由此造成的其他财产损失负责赔偿。

二、安装工程保险的保险项目与保险金额

（一）保险项目

1. 安装项目

这是安装工程保险的主要保险项目。具体包括：新建工厂、矿山或某一车间安装的成套设备；单独的大型机械装置；各种钢结构建筑物。

2. 土建工程项目

负责由于安装工程需要对厂矿进行新建、扩建的工程。

3. 场地清理费

4. 工程所有人或承包人在工地上的其他财产

指除上述以外的可保财产，如安装施工用的机具设备、工地内现成的建筑物等。

（二）保险金额

1. 安装项目

在采用完全承包方式时，安装项目的保险金额为该项目的承包合同价；在由业主投保引进设备时，保险金额应包括设备的购货合同价、运输费和保险费、关税、其他税项及费用，以及由工程所有人提供的原材料和设备费用。

2. 土建工程项目

这部分的保险金额不能超过安装工程总保额的20%，超过20%时，按建筑工程保险收取保费，超过50%时，须单独投保建筑工程保险。

3. 场地清理费

大的工程项目此项保险金额一般不超过工程总价的5%，小工程不超过10%。

4. 工程所有人或承包人在工地上的其他财产

保险金额的确定方式与建筑工程保险相同。

三、安装工程保险的保险责任

（一）物质损失部分

安装工程保险的适用范围、内容与建筑工程保险基本相同，但在责任范围内安装工程保险的保险责任与责任免除与建筑工程保险相比有两点明显的不同。

1. 安装工程保险对因设计错误、铸造或原材料缺陷或工艺不善引起的被保险财产本身的损失及换置、修理或矫正这些缺点错误所支付的费用不负责任，

但对由此所造成其他被保险财产的损失，安装工程保险可以赔偿，但在赔偿之后有权向设备制造商追偿；而建筑工程保险既不承保因设计错误等原因引起的保险财产本身的损失及费用，也不承保因此而造成的其他保险财产的损失和费用。

2. 安装工程保险对于因超负荷、超电压、碰线等电气原因造成电气设备或电气用具自身的损失不负责任，但对因上述原因造成其他保险财产的损失予以赔偿；而建筑工程保险对因上述原因所引起的所有损失均不负责赔偿。

（二）第三者责任部分的责任免除

安装工程保险第三者责任险责任免除与建筑工程保险也有区别，建筑工程保险的第三者责任险中的"由于震动、移动或减弱支撑而造成的任何财产、土地、建筑物的损失及由此造成的任何人身伤害和物质损失"，是针对一些大型工程建设项目的基础施工过程中工地范围广，周边情况复杂，潜在责任巨大，处理困难这些特点而制定的。安装工程保险第三者责任险的除外责任中没有此项规定。

四、安装工程保险的保险期限

安装工程保险的保险期限为工程期限，但一般包括试车期。在机器设备安装完毕验收之前，须经过试车考核，即机器设备通电并加料后进行各种试运行或操作试验，以考核其技术性能及生产能力是否达到合同规定的各项指标。只有试车考核通过之后，工程才能移交。试车期包括冷试、热试两个阶段。试车期的长短依承包合同上的规定而定，一般不超过三个月，超过三个月需另行加费。但对旧的机器设备，一律不负责试车风险。

五、安装工程保险的被保险人

所有对安装工程保险项目具有保险利益的人都可作为被保险人，具体包括：工程所有人、工程承包人（包括主承包人和分承包人）、供货方、制造商、技术顾问以及其他关系方。

案例投影 8-3   如何确定"验收与交付"或什么情况下才算是"验收与交付"？

1992 年 8 月 10 日，中国人民保险公司 F 分公司以安装工程一切险保险单承保了 E 电力开发公司的两台德国 MANB/W 发电机组，保险期限为 1992 年 8 月 21 日至 1993 年 8 月 20 日，保险金额为美元 500 万。1993 年 8 月 9 日，该发电机组在运行中发生重大事故，E 公司的用电全部消失，机组全部停机。

损失情况及对外商索赔过程如下。

经 E 公司、保险公司及保险人聘请的检验师三方检验，确定两台机组的损失金额共计人民币 2000 万元，其中设备价值部分 1200 万元，费用部分 800 万元。设备价值中包括零件费、材料费、检查费、修理费、测试维护费、运输及安装的保险费、新机组及部件的报关费、商检费、港口费、调试费等。

检验师还对事故的原因进行了分析，认为，油水泵由于 E 公司变交流器电源失电而中断，停止运行。在断润滑油、断冷却水的情况下机组没有正常运行，而是受大电网系统输出电拖带作逆功率运转，在干磨的情况下，轴承烧坏，活塞与气缸咬合，机组仍继续运转，致使连杆螺栓拉断，活塞碎裂，连杆飞出机外。造成交流电源失电的原因是 100A500V 的快速熔断器的熔断及电力公司变高低压开关处在非合闸状态，加上操作人员没能及时、准确地判断用电消失的原因及未采取相应的措施等综合因素所致。找出造成上述开关处于非合闸状态及快速熔断器熔断的原因需要做大量的检验分析工作，检验师认为在低压直流控制线路上安装快速熔断器是不合理的，原设计图纸上也没有这一设计。由于安装了熔断器，又没有采取辅助措施保证在交流电源失电的情况下备用蓄电也可以向直流控制线路供电，从而无法保证机组油水泵的正常运转。

当地公安部门还组织了调查，排除了该公司机电事故存在故意破坏的可能，但对事故的根本原因仍无从确定。在这种状况下，F 保险公司从 E 公司处收集了大量文件材料，包括机组的买卖合同、附件、提单、信用证、机组安装合同等商业文件及机组安装线路图。通过综合分析，认为该事故在很大程度上是由于制造厂商（B/W 和西门子）在该电厂的机组线路设计上存在缺陷所致。根据买卖合同条款规定，由于这类缺陷的设计所致的损坏应由制造厂商负责赔偿，况且该事故发生在卖方的合同保养期内，保险人建议被保险人尽一切努力向制造厂商索赔。通过与制造厂商的谈判、协商，制造厂商同意承担约人民币 1600 万元的损失。外商赔偿金额占全部损失金额的 80%。

被保险人 E 电力公司虽从德国方面获得了损失中 80% 的赔付，但还有 400 万元人民币的损失没有补偿。E 公司认为：保险事故发生在保险期限内，由于该公司操作人员的疏忽或缺乏操作经验是引起本次事故的因素之一，所以其余 400 万元不能从德国获得赔偿，因此被保险人要求 F 保险公司赔付人民币 400 万元。究竟应否赔偿？双方展开了讨论。

① 保险条款规定，保险责任范围包括了安装技术不善，工人、技术人员缺乏经验、疏忽、恶意行为所引起的事故。除外责任中并没有把因设计错误引起的一切损失除外，只是对设计错误引起的本身损失作了除外。

② 保险人暂时虽很难确定是什么原因导致 100A 快速熔断器熔断，但可以肯定，操作人员在测试、判断机组运行是否正常方面经验不足，这是造成事故的原因之一。保险人

全部拒赔或进行抗辩并没有把握完全取胜。

③ 在保单期限问题上，保险公司与被保险人存在着分歧意见。事故发生在 1993 年 8 月 9 日，保险单中载明的保险期限终止日是 1993 年 8 月 20 日，即事故是发生在保险责任期限内。然而保单上附加了"部分交付与部分验收责任终止条款"，保险人认为该机组已经在 1993 年 4 月 5 日进行了买卖合同的交付，并已试发电运行，因此安装工程保险保单已经终止。但被保险人认为合同的交付并未完成，合同要求是交钥匙工程，事故发生时机组的运行只属调试运行阶段，双方并未签订交付文件。被保险人还认为保险合同中的验收与交付使用条款应理解为按国家电力部门的规定，即政府主管部门的验收与交付，而不是合同的验收与交付。因此，被保险人坚持认为保险合同责任没有终止。这样保险公司很难完全排除安装工程一切险保单的责任。

在综合考虑了上述因素的情况下，最后保险人赔付 E 公司人民币 200 万元，本保险赔案结案，双方对处理结果比较满意。

【总结与启示】

保险事故发生后，F 保险公司及时勘查和安排检验师检验，对事故的原因作了深入的调查和分析，从而在协助被保险人向制造商追偿中处于主动地位，据理成功地向机组卖方追偿了总损失的 80%，使被保险人不仅依据贸易合同维护了自身权益，而且减少了国内保险公司保险赔款的支付。

保险合同双方对工程"验收与交付"问题存在着很大的差异，双方都有不同的理解。如何确定"验收与交付"或什么情况下才算是"验收与交付"？1995 年，中国人民保险公司制定并经中国人民银行批准的"安装工程一切险条款"对该问题已有明确规定，该条款对安装期的物质损失及第三者责任保险的保险期限有下述规定。

① 本公司的保险责任自被保险工程在工地动工或用于被保险工程的材料、设备运抵工地之时起始，至工程所有人对部分或全部工程签发完工验收证书或验收合格，或工程所有人实际占有或使用或接收该部分或全部工程之时终止，以先发生者为准。但在任何情况下，安工险保险期限的起始或终止不得超出本保险单明细表中列明的安工险保险生效日或终止日。

② 不论安装的被保险设备的有关合同中对试车和考核期如何规定，本公司仅在本保险单明细表中列明的试车和考核期限内对试车和考核所引发的损失、费用和责任负责赔偿；若被保险设备本身是在本次安装前已被使用过的设备或转手设备，则自其试车之时起，本公司对该项设备的保险责任即行终止。

③ 上述保险期限的展延，须事先获得本公司的书面同意，否则，从本保险单明细表中列明的安工险保险期限终止日起至保证期终止日止期间内发生的任何损失、费用和责任，本公司不负责赔偿。

第四节　机器损坏保险

锅炉和机器损坏保险是工程保险中历史最长的险种。机器损坏保险专门承保各类已经安装完毕并投入运行的机器设备因人为的、意外的或物理的原因造成的物质损失。保险标的主要是各类工厂、矿山的大型机器及附属设备。在我国机器损坏保险是涉外财产保险的补充，可以作为附加险投保也可以单独投保。

一、机器损坏保险的特点

（一）按重置价值确定保险金额

一般的财产保险保险金额是在投保时按实际价值确定的，当发生损失时按市价计算赔偿。而机器损坏保险中承保的机器设备不论其新旧，都按重置成本确定保险金额。

（二）承保的风险主要是人为事故

机器损坏险是财产保险中的一个特有的品种，不负责其他财产保险所负责的自然灾害造成的损失，只对人为事故所致的损失负责赔偿，这主要是为了避免与一般财产保险责任范围重复。因此工厂企业为获充分保障在投保企业财产保险的同时最好投保机器损坏险。

（三）有停工退费的规定

机器损坏险承保的是安装完毕并投入运行的机器设备，负责其在运行中的损失，而有些季节性的机器设备，如制冷机器等往往有停工期，在停工期风险将大大减少，故要退还一定的保险费，这项规定是其他财产保险所没有的。

二、机器损坏险的保险责任范围

（一）保险责任

1. 设计、制造或安装错误、铸造和原材料缺陷；

2. 工人、技术人员操作错误、缺乏经验、技术不善、疏忽、过失、恶意行为，但这种恶意行为须不是被保险人授意的；

3. 离心力引起的断裂；

4. 超负荷、超电压、碰线、电弧、漏电、短路、大气放电、感应电及其他电气原因；

    5. 锅炉缺水；

    6. 物理性爆裂；

    7. 露装机器遭受暴风雨、严寒；

    8. 责任免除以外的其他不可预料和意外的事故。

（二）责任免除

    1. 机器设备运行必然引起的后果，如自然磨损、氧化、腐蚀、锈蚀、孔蚀、锅垢等物理性变化或化学反应；

    2. 各种传送带、缆绳、金属线、链条、轮胎、可调换或替代的钻头、钻杆、刀具、印刷滚筒、套筒、活动管道、玻璃、磁、陶及钢筛、网筛、毛毡制品、一切操作中的媒介物（如润滑油、燃料、催化剂等）及其他各种易损、易耗品；

    3. 被保险人及其代表已经知道或应该知道的被保险机器及其附属设备在保险责任开始前已经存在的缺点或缺陷；

    4. 根据法律或契约应由供货方、制造人、安装人或修理人负责的损失或费用；

    5. 由于公共设施部门的限制性供应等原因引起的停电、停气、停水；

    6. 火灾、爆炸；

    7. 地震、海啸、雷电、飓风、台风、龙卷风、风暴、暴雨、洪水、冰雹、地崩、山崩、雪崩、火山爆发、地面下陷下沉及其他自然灾害；

    8. 飞机坠毁、飞机部件或飞行物体坠落；

    9. 机动车碰撞；

    10. 水箱、水管爆裂；

    11. 被保险人及其代表的故意行为或重大过失；

    12. 战争、类似战争行为、敌对行为、武装冲突、恐怖活动、谋反、政变、罢工、暴动、民众骚乱；

    13. 核裂变、核聚变、核武器、核材料、核辐射及放射性污染；

    14. 保险事故发生后引起的各种间接损失或责任。

三、保险金额和停工退费

（一）保险金额

    不论机器设备的新旧程度如何，保险金额均为该机器设备的重置价值，即重新换置同一品牌或相类似的型号、规格、性能的新机器设备的价格，包括出厂价格、运费、保险费、税款以及安装费用等。

（二）停工退费

如果任何被保险锅炉、汽轮机、蒸汽机、发电机或柴油机连续停工超过三个月时（包括修理，但不包括由于发生保险责任范围内损失后的修理），停工期间保险费按下列办法退还给被保险人（但如该机器为季节性工厂所使用者除外）：连续停工三个月至五个月，退费15%；六个月至八个月，退费25%；九个月至十一个月，退费35%；十二个月，退费50%。

四、赔偿处理

（一）保险人可以选择赔付方式

对被保险机器设备遭受的损失，可选择以支付赔款或以修复、重置受损项目的方式予以赔偿，但对被保险机器设备在修复或重置过程中发生的任何变更、性能增加或改进所产生的额外费用，保险公司不负责赔偿。

（二）赔偿金额的确定

在发生被保险机器设备的损失后，保险公司按下列方式确定赔偿金额。

1. 可以修复的部分损失——保险人负责赔偿修理机器所需费用，按重置价值投保的，修理以将被保险机器设备修复至受损前状态为准；如保额低于重置价值，保险人仅负比例赔偿责任。修理机器所需费用包括修理工作的费用。

2. 全部损失或推定全损——以被保险机器设备损失前的实际价值扣除残值后的金额为准。

3. 任何属于成对或成套的设备项目，若发生损失，保险公司的赔偿责任不超过该受损项目在所属整对或整套设备项目的保险金额中所占的比例。

4. 发生损失后，被保险人为减少损失而采取必要措施所产生的合理费用，保险公司予以赔偿，但该项费用以被保险机器设备的保险金额为限。

（三）部分损失赔付后保额相应扣减

保险公司赔偿损失后，由保险公司出具批单将保险金额从损失发生之日起相应扣减。如被保险人要求恢复至原保险金额，应按约定的保险费率加缴恢复部分从损失发生之日起至保险期限终止之日止按日比例计算的保险费。

（四）被保险人的索赔期限

被保险人的索赔期限从损失发生之日起，不得超过两年。

附一　××保险公司建筑工程一切险条款

总则

第1条 本保险合同由保险条款、投保单、保险单以及批单组成。凡涉及本保险合同的约定，均应采用书面形式。

第一部分　物质损失保险部分

保险标的

第2条 本保险合同的保险标的为：

本保险合同明细表中分项列明的在列明工地范围内的与实施工程合同相关的财产或费用，属于本保险合同的保险标的。

第3条 下列财产未经保险合同双方特别约定并在保险合同中载明保险金额的，不属于本保险合同的保险标的：

（一）施工用机具、设备、机械装置；

（二）在保险工程开始以前已经存在或形成的位于工地范围内或其周围的属于被保险人的财产；

（三）在本保险合同保险期间终止前，已经投入商业运行或业主已经接受、实际占有的财产或其中的任何一部分财产，或已经签发工程竣工证书或工程承包人已经正式提出申请验收并经业主代表验收合格的财产或其中任何一部分财产；

（四）清除残骸费用。该费用指发生保险事故后，被保险人为修复保险标的而清理施工现场所发生的必要、合理的费用。

第4条 下列财产不属于本保险合同的保险标的：

（一）文件、账册、图表、技术资料、计算机软件、计算机数据资料等无法鉴定价值的财产；

（二）便携式通讯装置、便携式计算机设备、便携式照相摄像器材以及其他便携式装置、设备；

（三）土地、海床、矿藏、水资源、动物、植物、农作物；

（四）领有公共运输行驶执照的，或已由其他保险予以保障的车辆、船舶、航空器；

（五）违章建筑、危险建筑、非法占用的财产。

保险责任

第 5 条　在保险期间内，本保险合同分项列明的保险财产在列明的工地范围内，因本保险合同责任免除以外的任何自然灾害或意外事故造成的物质损坏或灭失（以下简称"损失"），保险人按本保险合同的约定负责赔偿。

第 6 条　在保险期间内，由于第五条保险责任事故发生造成保险标的的损失所产生的以下费用，保险人按本保险合同的约定负责赔偿：

（一）保险事故发生后，被保险人为防止或减少保险标的的损失所支付的必要的、合理的费用，保险人按照本保险合同的约定也负责赔偿。

（二）对经本保险合同列明的因发生上述损失所产生的其他有关费用，保险人按本保险合同约定负责赔偿。

责任免除

第 7 条　下列原因造成的损失、费用，保险人不负责赔偿：

（一）设计错误引起的损失和费用；

（二）自然磨损、内在或潜在缺陷、物质本身变化、自燃、自热、氧化、锈蚀、渗漏、鼠咬、虫蛀、大气（气候或气温）变化、正常水位变化或其他渐变原因造成的保险财产自身的损失和费用；

（三）因原材料缺陷或工艺不善引起的保险财产本身的损失以及为换置、修理或矫正这些缺点错误所支付的费用；

（四）非外力引起的机械或电气装置的本身损失，或施工用机具、设备、机械装置失灵造成的本身损失。

第 8 条　下列损失、费用，保险人也不负责赔偿：

（一）维修保养或正常检修的费用；

（二）档案、文件、账簿、票据、现金、各种有价证券、图表资料及包装物料的损失；

（三）盘点时发现的短缺；

（四）领有公共运输行驶执照的，或已由其他保险予以保障的车辆、船舶和飞机的损失；

（五）除非另有约定，在保险工程开始以前已经存在或形成的位于工地范围内或其周围的属于被保险人的财产的损失；

（六）除非另有约定，在本保险合同保险期间终止以前，保险财产中已由工程所有人签发完工验收证书或验收合格或实际占有或使用或接收部分的损失。

保险金额与免赔额（率）

第9条 （一）本保险合同中列明的保险金额应不低于：

1. 建筑工程：保险工程建筑完成时的总价值，包括原材料费用、设备费用、建造费、安装费、运保费、关税、其他税项和费用，以及由工程所有人提供的原材料和设备的费用；

2. 其他保险项目：由投保人与保险人商定的金额。

（二）若投保人是以保险工程合同规定的工程概算总造价投保，投保人或被保险人应：

1. 在本保险项下工程造价中包括的各项费用因涨价或升值原因而超出保险工程造价时，必须尽快以书面通知保险人，保险人据此调整保险金额；

2. 在保险期间内对相应的工程细节作出精确记录，并允许保险人在合理的时候对该项记录进行查验；

3. 若保险工程的建造期超过三年，必须从本保险合同生效日起每隔十二个月向保险人申报当时的工程实际投入金额及调整后的工程总造价，保险人将据此调整保险费；

4. 在本保险合同列明的保险期间届满后三个月内向保险人申报最终的工程总价值，保险人据此以多退少补的方式对预收保险费进行调整。

第10条 免赔额（率）由投保人与保险人在订立保险合同时协商确定，并在保险合同中载明。

赔偿处理

第11条 对保险标的遭受的损失，保险人可选择以支付赔款或以修复、重置受损项目的方式予以赔偿，对保险标的在修复或替换过程中，被保险人进行的任何变更、性能增加或改进所产生的额外费用，保险人不负责赔偿。

第12条 在发生本保险单项下的损失后，保险人按下列方式确定损失金额：

（一）可以修复的部分损失：以将保险财产修复至其基本恢复受损前状态的费用考虑本保险合同第四十六条约定的残值处理方式后确定的赔偿金额为准。但若修复费用等于或超过保险财产损失前的价值时，则按下列第（二）款的规定处理；

（二）全部损失或推定全损：以保险财产损失前的实际价值考虑本保险合同第四十六条约定的残值处理方式后确定的赔偿金额为准。

第13条 保险标的发生保险责任范围内的损失，保险人按以下方式计算赔偿：

（一）保险金额等于或高于应保险金额时，按实际损失计算赔偿，最高不超过应保险金额；

（二）保险金额低于应保险金额时，按保险金额与应保险金额的比例乘以实际损失计算赔偿，最高不超过保险金额。

第 14 条　每次事故保险人的赔偿金额为根据第十三条约定计算的金额扣除每次事故免赔额后的金额，或者为根据第十三条约定计算的金额扣除该金额与免赔率乘积后的金额。

保险标的在连续 72 小时内遭受暴雨、台风、洪水或其他连续发生的自然灾害所致损失视为一次单独事件，在计算赔偿时视为一次保险事故，并扣减一个相应的免赔额（率）。被保险人可自行决定 72 小时的起始时间，但若在连续数个 72 小时时间内发生损失，任何两个或两个以上 72 小时期限不得重叠。

第 15 条　若本保险合同所列标的不止一项时，应分项计算赔偿，保险人对每一保险项目的赔偿责任均不得超过本保险合同明细表对应列明的分项保险金额，以及本保险合同特别条款或批单中规定的其他适用的赔偿限额。在任何情况下，保险人在本保险合同下承担的对物质损失的最高赔偿金额不得超过保险合同明细表中列明的总保险金额。

第 16 条　保险标的的保险金额大于或等于其应保险金额时，被保险人为防止或减少保险标的的损失所支付的必要的、合理的费用，在保险标的损失赔偿金额之外另行计算，最高不超过被施救标的的应保险金额。

保险标的的保险金额小于其应保险金额时，上述费用按被施救标的的保险金额与其应保险金额的比例在保险标的的损失赔偿金额之外另行计算，最高不超过被施救标的的保险金额。被施救的财产中，含有本保险合同未承保财产的，按被施救保险标的的应保险金额与全部被施救财产价值的比例分摊施救费用。

第 17 条　保险标的发生部分损失，保险人履行赔偿义务后，本保险合同的保险金额自损失发生之日起按保险人的赔偿金额相应减少，保险人不退还保险金额减少部分的保险费。如投保人请求恢复至原保险金额，应按原约定的保险费率另行支付恢复部分从投保人请求的恢复日期起至保险期间届满之日止按日比例计算的保险费。

第二部分　第三者责任保险部分

保险责任

第 18 条　在保险期间内，因发生与本保险合同所承保工程直接相关的意外事故引起工地内及邻近区域的第三者人身伤亡、疾病或财产损失，依法应由被保险人承担的经济赔偿责任，保险人按照本保险合同约定负责赔偿。

第 19 条　本项保险事故发生后，被保险人因保险事故而被提起仲裁或者诉讼的，对应由被保险人支付的仲裁或诉讼费用以及其他必要的、合理的费用（以下简称"法律费用"），经保险人书面同意，保险人按照本保险合同约定也负责赔偿。

责任免除

第20条 下列原因造成的损失、费用，保险人不负责赔偿：

（一）由于震动、移动或减弱支撑而造成的任何财产、土地、建筑物的损失及由此造成的任何人身伤害和物质损失；

（二）领有公共运输行驶执照的车辆、船舶、航空器造成的事故。

第21条 下列损失、费用，保险人也不负责赔偿：

（一）本保险合同物质损失项下或本应在该项下予以负责的损失及各种费用；

（二）工程所有人、承包人或其他关系方或其所雇用的在工地现场从事与工程有关工作的职员、工人及上述人员的家庭成员的人身伤亡或疾病；

（三）工程所有人、承包人或其他关系方或其所雇用的职员、工人所有的或由上述人员所照管、控制的财产发生的损失；

（四）被保险人应该承担的合同责任，但无合同存在时仍然应由被保险人承担的法律责任不在此限。

责任限额与免赔额（率）

第22条 责任限额包括每次事故责任限额、每人人身伤亡责任限额、累计责任限额，由投保人与保险人协商确定，并在保险合同中载明。

第23条 每次事故免赔额（率）由投保人与保险人在订立保险合同时协商确定，并在保险合同中载明。

赔偿处理

第24条 保险人的赔偿以下列方式之一确定的被保险人的赔偿责任为基础：

（1）被保险人和向其提出损害赔偿请求的索赔方协商并经保险人确认；

（2）仲裁机构裁决；

（3）人民法院判决；

（4）保险人认可的其他方式。

第25条 在保险期间内发生保险责任范围内的损失，保险人按以下方式计算赔偿：

（一）对于每次事故造成的损失，保险人在每次事故责任限额内计算赔偿，其中对每人人身伤亡的赔偿金额不得超过每人人身伤亡责任限额；

（二）1. 在依据本条第（一）项计算的基础上，保险人在扣除本保险合同载明的每次事故免赔额后进行赔偿，但对于人身伤亡的赔偿不扣除每次事故免赔额；

2. 在依据本条第（一）项计算的基础上，保险人在扣除按本保险合同载明的每次事故免赔率计算的每次事故免赔额后进行赔偿，但对于人身伤亡的赔偿不扣除每次事故免赔额；

（三）保险人对多次事故损失的累计赔偿金额不超过本保险合同列明的累计赔偿限额。

第 26 条 对每次事故法律费用的赔偿金额，保险人在第二十五条计算的赔偿金额以外按本保险合同的约定另行计算。

第 27 条 保险人对被保险人给第三者造成的损害，可以依照法律的规定或者本保险合同的约定，直接向该第三者赔偿保险金。

被保险人给第三者造成损害，被保险人对第三者应负的赔偿责任确定的，根据被保险人的请求，保险人应当直接向该第三者赔偿保险金。被保险人怠于请求的，第三者有权就其应获赔偿部分直接向保险人请求赔偿保险金。被保险人给第三者造成损害，被保险人未向该第三者赔偿的，保险人不得向被保险人赔偿保险金。

附二　××保险公司安装工程一切险条款

总则

第 1 条 本保险合同由保险条款、投保单、保险单以及批单组成。凡涉及本保险合同的约定，均应采用书面形式。

第一部分　物质损失保险部分

保险标的

第 2 条 本保险合同的保险标的为：

本保险合同明细表中分项列明的在列明工地范围内的与实施工程合同相关的财产或费用，属于本保险合同的保险标的。

第 3 条 下列财产未经保险合同双方特别约定并在保险合同中载明应保险金额的，不属于本保险合同的保险标的：

（一）施工用机具、设备、机械装置；

（二）在保险工程开始以前已经存在或形成的位于工地范围内或其周围的属于被保险人的财产；

（三）在本保险合同保险期间终止前，已经投入商业运行或业主已经接受、实际占有的财产或其中的任何一部分财产，或已经签发工程竣工证书或工程承包人已经正式提出申请验收并经业主代表验收合格的财产或其中任何一部分财产；

（四）清除残骸费用。该费用指发生保险事故后，被保险人为修复保险标的而清理施工现场所发生的必要、合理的费用。

第4条 下列财产不属于本保险合同的保险标的：

（一）文件、账册、图表、技术资料、计算机软件、计算机数据资料等无法鉴定价值的财产；

（二）便携式通讯装置、便携式计算机设备、便携式照相摄像器材以及其他便携式装置、设备；

（三）土地、海床、矿藏、水资源、动物、植物、农作物；

（四）领有公共运输行驶执照的，或已由其他保险予以保障的车辆、船舶、航空器；

（五）违章安装、危险安装、非法占用的财产。

保险责任

第5条 在保险期间内，本保险合同分项列明的保险财产在列明的工地范围内，因本保险合同责任免除以外的任何自然灾害或意外事故造成的物质损坏或灭失（以下简称"损失"），保险人按本保险合同的约定负责赔偿。

第6条 在保险期间内，由于第五条保险责任事故发生造成保险标的的损失所产生的以下费用，保险人按照本保险合同的约定负责赔偿：

（一）保险事故发生后，被保险人为防止或减少保险标的的损失所支付的必要的、合理的费用，保险人按照本保险合同的约定也负责赔偿。

（二）对经本保险合同列明的因发生上述损失所产生的其他有关费用，保险人按本保险合同约定负责赔偿。

责任免除

第7条 下列原因造成的损失、费用，保险人不负责赔偿：

（一）因设计错误、铸造或原材料缺陷或工艺不善引起的保险财产本身的损失以及为换置、修理或矫正这些缺点错误所支付的费用；

（二）自然磨损、内在或潜在缺陷、物质本身变化、自燃、自热、氧化、锈蚀、渗漏、鼠咬、虫蛀、大气（气候或气温）变化、正常水位变化或其他渐变原因造成的保险财产自身的损失和费用；

（三）由于超负荷、超电压、碰线、电弧、漏电、短路、大气放电及其他电气原因造成电气设备或电气用具本身的损失；

（四）施工用机具、设备、机械装置失灵造成的本身损失。

第8条　下列损失、费用，保险人也不负责赔偿：

（一）维修保养或正常检修的费用；

（二）档案、文件、账簿、票据、现金、各种有价证券、图表资料及包装物料的损失；

（三）盘点时发现的短缺；

（四）领有公共运输行驶执照的，或已由其他保险予以保障的车辆、船舶和飞机的损失；

（五）除非另有约定，在保险工程开始以前已经存在或形成的位于工地范围内或其周围的属于被保险人的财产的损失；

（六）除非另有约定，在本保险合同保险期间终止以前，保险财产中已由工程所有人签发完工验收证书或验收合格或实际占有或使用或接收部分的损失。

保险金额与免赔额（率）

第9条

（一）本保险合同中列明的保险金额应不低于：

1. 安装工程：保险工程安装完成时的总价值，包括设备费用、原材料费用、安装费、建造费、运输费和保险费、关税、其他税项和费用，以及由工程所有人提供的原材料和设备的费用；

2. 其他保险项目：由投保人与保险人商定的金额。

（二）若投保人是以保险工程合同规定的工程概算总造价投保，投保人或被保险人应：

1. 在本保险项下工程造价中包括的各项费用因涨价或升值原因而超出保险工程造价时，必须尽快以书面通知保险人，保险人据此调整保险金额；

2. 在保险期间内对相应的工程细节作出精确记录，并允许保险人在合理的时候对该项记录进行查验；

3. 若保险工程的安装期超过三年，必须从本保险合同生效日起每隔十二个月向保险人申报当时的工程实际投入金额及调整后的工程总造价，保险人将据此调整保险费；

4. 在本保险合同列明的保险期间届满后三个月内向保险人申报最终的工程总价值，保险人据此以多退少补的方式对预收保险费进行调整。

第10条　免赔额（率）由投保人与保险人在订立保险合同时协商确定，并在保险合同中载明。

赔偿处理

第 11 条 对保险标的遭受的损失，保险人可选择以支付赔款或以修复、重置受损项目的方式予以赔偿，对保险标的在修复或替换过程中，被保险人进行的任何变更、性能增加或改进所产生的额外费用，保险人不负责赔偿。

第 12 条 在发生本保险单项下的损失后，保险人按下列方式确定损失金额：

（一）可以修复的部分损失：以将保险财产修复至其基本恢复受损前状态的费用考虑本保险合同第四十五条约定的残值处理方式后确定的赔偿金额为准。但若修复费用等于或超过保险财产损失前的价值时，则按下列第（二）款的规定处理；

（二）全部损失或推定全损：以保险财产损失前的实际价值考虑本保险合同第四十五条约定的残值处理方式后确定的赔偿金额为准；

（三）任何属于成对或成套的设备项目，若发生损失，保险人的赔偿责任不超过该受损项目在所属整对或整套设备项目的保险金额中所占的比例。

第 13 条 保险标的发生保险责任范围内的损失，保险人按以下方式计算赔偿：

（一）保险金额等于或高于应保险金额时，按实际损失计算赔偿，最高不超过应保险金额；

（二）保险金额低于应保险金额时，按保险金额与应保险金额的比例乘以实际损失计算赔偿，最高不超过保险金额。

第 14 条 每次事故保险人的赔偿金额为根据第十三条约定计算的金额扣除每次事故免赔额后的金额,或者为根据第十三条约定计算的金额扣除该金额与免赔率乘积后的金额。

保险标的在连续 72 小时内遭受暴雨、台风、洪水或其他连续发生的自然灾害所致损失视为一次单独事件，在计算赔偿时视为一次保险事故，并扣减一个相应的免赔额（率）。被保险人可自行决定 72 小时的起始时间，但若在连续数个 72 小时时间内发生损失，任何两个或两个以上 72 小时期限不得重叠。

第 15 条 若本保险合同所列标的不止一项时，应分项计算赔偿，保险人对每一保险项目的赔偿责任均不得超过本保险合同明细表对应列明的分项保险金额，以及本保险合同特别条款或批单中规定的其他适用的赔偿限额。在任何情况下，保险人在本保险合同下承担的对物质损失的最高赔偿金额不得超过保险合同明细表中列明的总保险金额。

第 16 条 保险标的的保险金额大于或等于其应保险金额时，被保险人为防止或减少保险标的的损失所支付的必要的、合理的费用，在保险标的的损失赔偿金额之外另行计算，最高不超过被施救标的的应保险金额。

保险标的的保险金额小于其应保险金额时，上述费用按被施救标的的保险金额与其应保险金额的比例在保险标的的损失赔偿金额之外另行计算，最高不超过被施救标的的保险金额。

被施救的财产中，含有本保险合同未承保财产的，按被施救保险标的的应保险金额与全部被施救财产价值的比例分摊施救费用。

第 17 条 保险标的发生部分损失，保险人履行赔偿义务后，本保险合同的保险金额自损失发生之日起按保险人的赔偿金额相应减少，保险人不退还保险金额减少部分的保险费。如投保人请求恢复至原保险金额，应按原约定的保险费率另行支付恢复部分从投保人请求的恢复日期起至保险期间届满之日止按日比例计算的保险费。

第二部分　第三者责任保险部分

保险责任

第 18 条 在保险期间内，因发生与本保险合同所承保工程直接相关的意外事故引起工地内及邻近区域的第三者人身伤亡、疾病或财产损失，依法应由被保险人承担的经济赔偿责任，保险人按照本保险合同约定负责赔偿。

第 19 条 本项保险事故发生后，被保险人因保险事故而被提起仲裁或者诉讼的，对应由被保险人支付的仲裁或诉讼费用以及其他必要的、合理的费用（以下简称"法律费用"），经保险人书面同意，保险人按照本保险合同约定也负责赔偿。

责任免除

第 20 条 下列损失、费用，保险人不负责赔偿：

（一）本保险合同物质损失项下或本应在该项下予以负责的损失及各种费用；

（二）工程所有人、承包人或其他关系方或其所雇用的在工地现场从事与工程有关工作的职员、工人及上述人员的家庭成员的人身伤亡或疾病；

（三）工程所有人、承包人或其他关系方或其所雇用的职员、工人所有的或由上述人员所照管、控制的财产发生的损失；

（四）领有公共运输行驶执照的车辆、船舶、航空器造成的事故；

（五）被保险人应该承担的合同责任，但无合同存在时仍然应由被保险人承担的法律责任不在此限。

责任限额与免赔额（率）

第 21 条 责任限额包括每次事故责任限额、每人人身伤亡责任限额、累计责任限额，由投保人与保险人协商确定，并在保险合同中载明。

第 22 条 每次事故免赔额（率）由投保人与保险人在订立保险合同时协商确定，并在保险合同中载明。

赔偿处理

第 23 条 保险人的赔偿以下列方式之一确定的被保险人的赔偿责任为基础：

（1）被保险人和向其提出损害赔偿请求的索赔方协商并经保险人确认；

（2）仲裁机构裁决；

（3）人民法院判决；

（4）保险人认可的其他方式。

第 24 条 在保险期间内发生保险责任范围内的损失，保险人按以下方式计算赔偿：

（一）对于每次事故造成的损失，保险人在每次事故责任限额内计算赔偿，其中对每人人身伤亡的赔偿金额不得超过每人人身伤亡责任限额；

（二）1. 在依据本条第（一）项计算的基础上，保险人在扣除本保险合同载明的每次事故免赔额后进行赔偿，但对于人身伤亡的赔偿不扣除每次事故免赔额；

2. 在依据本条第（一）项计算的基础上，保险人在扣除按本保险合同载明的每次事故免赔率计算的每次事故免赔额后进行赔偿，但对于人身伤亡的赔偿不扣除每次事故免赔额；

（三）保险人对多次事故损失的累计赔偿金额不超过本保险合同列明的累计赔偿限额。

第 25 条 对每次事故法律费用的赔偿金额，保险人在第二十四条计算的赔偿金额以外按本保险合同的约定另行计算。

第 26 条 保险人对被保险人给第三者造成的损害，可以依照法律的规定或者合同的约定，直接向该第三者赔偿保险金。

被保险人给第三者造成损害，被保险人对第三者应负的赔偿责任确定的，根据被保险人的请求，保险人应当直接向该第三者赔偿保险金。被保险人怠于请求的，第三者有权就其应获赔偿部分直接向保险人请求赔偿保险金。被保险人给第三者造成损害，被保险人未向该第三者赔偿的，保险人不得向被保险人赔偿保险金。

第三部分 通用条款

责任免除

第 27 条 下列原因造成的损失、费用和责任，保险人不负责赔偿：

（一）战争、类似战争行为、敌对行为、武装冲突、恐怖活动、谋反、政变；

（二）行政行为或司法行为；

（三）罢工、暴动、民众骚乱；

（四）被保险人及其代表的故意行为或重大过失行为；

（五）核裂变、核聚变、核武器、核材料、核辐射、核爆炸、核污染及其他放射性污染；

（六）大气污染、土地污染、水污染及其他各种污染。

第28条 下列损失、费用，保险人也不负责赔偿：

（一）工程部分停工或全部停工引起的任何损失、费用和责任。

（二）罚金、延误、丧失合同及其他后果损失；

（三）1.本保险合同中载明的免赔额；

2.按本保险合同中载明的免赔率计算的免赔额。

保险期间

第29条 本保险合同保险期间遵循如下约定：

（一）保险人的保险责任自保险工程在工地动工或用于保险工程的材料、设备运抵工地之时起始，至工程所有人对部分或全部工程签发完工验收证书或验收合格，或工程所有人实际占有或使用或接收该部分或全部工程之时终止，以先发生者为准。但在任何情况下，安工期保险责任的起始或终止不得超出本保险合同载明的安工保险期间范围。

（二）不论有关合同中对试车和考核期如何规定，保险人仅在本保险合同明细表中列明的试车和考核期间内对试车和考核所引发的损失、费用和责任负责赔偿；若保险设备本身是在本次安装前已被使用过的设备或转手设备，则自其试车之时起，保险人对该项设备的保险责任即行终止。

（三）上述保险期间的展延，投保人须事先获得保险人的书面同意，否则，从本保险合同明细表中列明的安工期保险期间终止日之后发生的任何损失、费用和责任，保险人不负责赔偿。

争议处理

第30条 因履行本保险合同发生的争议，由当事人协商解决。协商不成的，提交保险单载明的仲裁机构仲裁；保险单未载明仲裁机构且争议发生后未达成仲裁协议的，依法向人民法院起诉。

第31条 与本保险合同有关的以及履行本保险合同产生的一切争议，适用中华人民共和国法律（不包括港澳台地区法律）。

本章小结：

1. 工程保险承保工程期间内一切意外的财产损失和被保险人对第三者的

人身伤害与财产损失所应承担的赔偿责任。

2. 工程保险具有不同于其他财产保险险种的特殊性。表现在：保险标的的特殊性、被保险人的广泛性、承保风险的综合性、保险期限的不确定性、保险金额的变动性上。

3. 建筑工程保险承保建筑商在承建建筑物的过程中，对建筑物及其材料可能遭受的损失和对第三者应承担的损害赔偿责任。

4. 安装工程保险承保新建、扩建或改造的工矿企业的机器设备或钢结构建筑物在整个安装、调试期间，由于责任免除以外的原因造成保险财产的物质损失以及在安装工程中造成第三者的人身伤亡和财产损失依法应由被保险人承担的经济赔偿责任。

5. 安装工程保险的特点主要表现在：保险人承担的风险在保险期限内基本不变、较易遭受人为损失、存在试车期风险、对设计错误所造成的其他财产损失负责赔偿。

6. 建筑工程保险与安装工程保险针对物质损失部分和第三者责任部分都具有基本一致的保险责任和责任免除。

关键词：

工程保险　建筑工程保险　安装工程保险　保证期　场地清理费用
试车期

思考题：

1. 什么是工程保险？
2. 工程保险的特点是什么？
3. 建筑工程保险的含义是什么？
4. 建筑工程保险的保险项目有哪些？
5. 如何理解工程保险的保险责任？
6. 工程保险的保险期限如何划分？
7. 工程保险的费率如何确定？
8. 工程保险的赔偿方式有哪几种？
9. 工程保险对免赔额有什么规定？
10. 安装工程保险与建筑工程保险有哪些区别？

参考文献:

1．胡援成．财产保险[M]．大连：东北财经大学出版社，1999.

2．郝演苏．财产保险[M]．成都：西南财经大学出版社，1996.

3．许谨良，王明初，陆熊．财产保险原理和实务[M]．上海：上海财经大学出版社，1998.

4．魏华林，林宝清．保险学[M]．北京：高等教育出版社，2017.

5．赵春梅，陈丽霞，江生忠．保险学原理[M]．大连：东北财经大学出版社，1999.

第九章　农业保险

学习目的：

通过本章的学习，应掌握以下内容：农业保险的特点、分类，种植业保险、养殖业保险的特点，保险责任、保险期限。

第一节　农业保险概述

农业保险的概念有广义和狭义之分，狭义的农业保险仅指种植业和养殖业保险，即保险人专为农业生产者在从事种植业和养殖业生产过程中，对遭受自然灾害或意外事故所造成的经济损失提供经济保障的一种保险。广义农业保险是个地域性的概念，除了种植业和养殖业保险之外，还包括为在农村范围内从事广义农业生产的劳动力提供的人身保险和为农场上的其他物质财产提供的保险，即农村保险。本章所讲的是狭义的农业保险。

从 20 世纪 30 年代起，一些国家政府将农业保险作为一种政策工具开始介入，因此，一般来说农业保险不属于商业性保险的范畴，它是国家为稳定国民经济、促进农业生产发展而开办，需要政策扶持才能开展，而非一般的以营利为目的的商业保险。由于各国的国情不同、历史背景不同，因此不同的国家农业保险的实际做法也不尽相同。2002 年 12 月 28 日，修订后的《中华人民共和国农业法》首次确立了国家建立政策性农业保险制度的目标，其第四十六条规定："国家逐步建立和完善政策性农业保险制度。"

我国开展农业保险的历史不长，目前仍处于摸索阶段，由于历史原因，我国农业保险曾经主要由中国人民保险公司一家公司开办，采用的是商业保险公司经营农业保险的模式。

近年来，农业保险在各级政府政策的大力支持下得以发展。2003 年，《中共中央关于完善社会主义市场经济体制若干问题的决定》中明确提出要"探索建立政策性农业保险制度";2004 年到 2019 年,连续十六年的中央一号文件均对农业保险的发展提出要求,其中 2009 年中央一号文件更明确提出"加快发展政策性农业保险,扩大试点范围,增加险种,加大中央财政对中西部地区保费补贴力度,加快建立农业再保险体系和财政支持的巨灾风险分散机制,鼓励在农村发展互助合作保险和商业保险业务";2013 年,国家实施了《农业保险实例》,使农业保险有了法律保障,这在我国农业保险发展史上具有里程碑式的意义;2020 年 2 月,中国银保监会下发《关于进一步做好疫情防控金融服务的通知》,提出"支持保险机构稳步拓展农业保险品种,扩大农业保险覆盖面,稳定农业种养殖户和农民生产经营预期",充分发挥农业保险作为保险业支持"三农"发展的重要抓手作用。

目前,通过各方的协同推进,我国已成为世界第二大农业保险国家,我国农业保险的承保险种明显增多,业务规模不断增大,覆盖领域逐步拓宽,保险主体日益多元,功能作用逐步发挥,各项试点逐步推进。

一、农业保险的特点

(一)保险标的具有特殊性,保险价值难以确定

一般财产保险的保险标的是无生命物,保险价值相对容易确定,而农业保险的保险标的在整个保险期间一般都处于成长期,其价值也始终处于变化之中,只有当保险标的成熟或者收获时,保险价值才能最终确定,因此,投保时保险标的的保险价值难以确定。

(二)具较强的地域性特征

由于各种动植物的生长和发育都要具备严格的自然条件,而全国各地区的地形、气候、土壤等自然条件不同,动植物生长存在地域性的差异,这决定了农业保险必须根据各地区的实际情况确定承保条件,而不能强求全国统一。

(三)具明显的季节性

动植物生长受自然因素的制约,具有明显的季节性,这就要求农业保险在整个业务操作过程中,必须对动植物的生物学特征和自然生态环境有正确的认识,掌握农业保险各种保险标的的特点。

(四)经营成果的周期性

动植物的成长过程是紧密相连、周而复始不能中断的,且互相影响、互相制约。因而,农业保险具有一定的周期性。这就要求农业保险的经营者要考虑

动植物生长的周期性特性，要有全面、长期的观点，使农业保险保持稳定发展。

（五）农业保险具有政策性

由于农业保险具有上述特点，加之农村经济发展水平的不平衡，被保险人交费能力普遍有限，因此，为了保障农业生产的稳定，促进农村经济发展，许多国家都把农业保险作为政策性保障业务。

二、农业保险的分类

农业保险按照承保对象可以分为种植业保险和养殖业保险。

（一）种植业保险

种植业是农业的主要组成部分之一。广义的种植业包括农作物栽培和林果生产两部分。种植业是指利用植物的生活机能，通过人工培育以取得粮食、副食品、饲料和工业原料的社会生产部门。共包括各种农作物、林木、果树、药用和观赏等植物的栽培，在中国通常指粮、棉、油、糖、麻、丝、烟、茶、果、药等作物的生产。

由于种植业生产是在土地上利用天然的光、热、水、气条件，通过植物生长机能去转化能量而获得产品，因此，种植业深受大自然中气象灾害的影响，以及病虫害和火灾等意外事故的威胁。种植业保险，作为一种分散风险并能在灾后及时提供经济补偿的风险管理手段，越来越被人们所认识，也发挥出越来越大的作用。种植业保险一般包括农作物保险和林木保险两大类。

1. 农作物保险

农作物是指人工栽培的植物，包括粮食作物、经济作物、绿肥和饲料作物等。按照农作物的不同生长阶段，农作物保险又可具体分为生长期农作物保险和收获期农作物保险。生长期农作物保险是以各种农作物为对象，以各种农作物在生长期间因自然灾害造成收获量价值或生产费用（成本）损失为承保责任的保险。目前，我国开办的生长期农作物保险有：小麦种植保险、水稻种植保险、玉米种植保险、棉花种植保险、烟叶种植保险、甘蔗种植保险等。收获期农作物保险是以粮食作物或经济作物收割（采摘）后的初级农产品为对象的保险，承保农作物收获后在进行晾晒、轧打、脱粒和烘烤加工过程中，因遭受水灾、洪水、暴风雨等灾害而造成农作物产品损失的一种保险，如麦场夏粮火灾保险、烤烟水灾保险等。

2. 林木保险

（1）森林保险

森林保险是以天然林场和人工林场为保险标的，以林木生长期间火灾、虫灾、风灾、雪灾、洪水等自然灾害、意外事故造成的林木价值或营林生产费用损失为保险责任的保险。我国从1984年开始森林保险试点，至2018年全国森林总投保面积23.26亿亩，缴纳保费总额30多亿元，总保险金额14521.6亿元。森林保险在承保险种上实现了由单一的火灾险向覆盖大部分森林自然灾害在内的综合险的突破，一些地方还细化了保险金额的划定标准，加大了对经济林、竹林等经济价值较高的林木的保障力度。但森林保险工作在稳步推进的过程中，仍然存在一系列的问题和困难：森林保险总体参保面小，林农参保率低，基层保险经营机构积极性不高；森林保险相关的法律法规条例缺失，保险经营主体的经营行为缺乏法律约束；查勘定损环节工作量大且缺乏相应的技术规程和评估标准，影响理赔及时到位；试点方案、保险合同中缺少违约处罚等对保险经营机构的约束性内容。

（2）经济林、园林苗圃保险

经济林、园林苗圃保险的保险标的主要是生长中的各种经济林种，包括人工栽培的人工林和人工栽培的果木林两大类，还包括这些林种提供的具有经济价值的果实、根叶、汁水、皮等产品，以及可供观赏、美化环境的商品性名贵树木、树苗。保险公司对这些树苗、林种及其产品由于自然灾害或病虫害所造成的损失进行补偿。

此类保险有柑橘、苹果、山楂、板栗、橡胶树、茶树、核桃、枣树等保险，以及供观赏的名贵树木中的桂花树、雪松、苗木盆景保险。保险责任包括火灾、风灾、洪水、冰雹、雪冻、暴雨、寒潮、干旱和病虫害等导致的损失。经济林的保险金额，可按照经济林平均收获量的40%—60%为保险额度确定，也可根据经济林的价值和平均收获量的价值，按一定比例由被保险人和保险人分担损失责任。

（二）养殖业保险

养殖业是利用动物的生理机能，通过人工养殖以取得畜禽产品和水产品的生产行业。由于养殖业的劳动对象是有生命的动物，它们在生产过程中具有移位和游动的特点，因此，在利用自然力方面，比种植业有较大的灵活性。但是，养殖业也受到自然灾害和意外事故的影响，尤其受到疾病死亡的严重威胁。养殖业保险是指保险人对被保险人在从事养殖生产过程中，因遭受自然灾害或意外事故致使养殖的动物受损，给予经济补偿的一种保险。该险种以有生命的动物为保险标的，在投保人支付一定的保险费后，对被保险人在饲养期间遭受保险责任范围内的自然灾害、意外事故所引起的损失给予补偿，是一种对养殖业风险进行科学管理的最好形式。养殖业保险一般分为家畜养殖保险、家禽养殖保险、水产养殖保险和特种养殖保险。

1. 家畜养殖保险

家畜养殖保险是由于牲畜在饲养过程中，面临的灾害风险较大，如疾病、自然灾害或意外事故造成的死亡或伤残，牲畜保险一般根据不同牲畜的饲养风险，选择几种主要的传染病，再加上部分自然灾害和意外事故作为保险责任。但要尽量避免承保与人为因素密切相关的风险。

2. 家禽养殖保险

家禽养殖保险是指为经人们长期驯化培育，可以提供肉、蛋、羽绒等产品或其他用途的禽类提供的一种保险。由于家禽在饲养过程中一般采取高密度的规模养殖方式，因此，承保责任以疾病、自然灾害和意外事故等综合责任为主。

3. 水产养殖保险

水产养殖保险是指对利用水域进行人工养殖的水产物因遭受自然灾害和意外事故而造成经济损失时，提供经济补偿的一种保险。从水产养殖的水域环境条件来分，主要有淡水养殖保险和海水养殖保险两大类。

（1）淡水养殖保险

淡水养殖保险的保险标的主要有鱼、河蚌、珍珠等。淡水养殖保险主要承保因自然灾害或非人为因素造成意外事故所致保险标的的死亡，对因疾病引起的死亡一般不予承保。

（2）海水养殖保险

海水养殖保险是指为利用海水资源进行人工养殖者提供的一种保险。目前，开办的海水养殖保险有对虾养殖保险、扇贝养殖保险等。海水养殖主要集中在沿海地区的浅海和滩涂，因此面临的风险主要是台风、海啸、异常海潮、海水淡化或海水污染等造成保险标的的流失或死亡。海水养殖保险的保险责任主要是自然灾害造成的流失、缺氧浮头死亡等，对疾病、死亡风险一般需特约承保。

4. 特种养殖保险

特种养殖是指对稀有的、经济价值较高的野生动物进行饲养，以获取相关产品或观赏等为目的的生产活动。特种养殖保险承保其在养殖过程中因疾病、自然灾害和意外事故造成的死亡或产品的价值损失。

我国特种养殖保险试办时间不长，曾先后开展养鹿保险、水貂保险、养貉保险、养蚕保险、养蜂保险等，承保、理赔技术尚不完善。近几年，有个别具备条件的公司试办了养鸵鸟保险、养蟹保险、养牛蛙保险、养肉鸽保险等险种，但业务量很少，没有形成规模。

第二节　种植业保险

我国是种植业大国，并且是自然灾害多发的国家。国际经验表明，开展种植业保险是应对种植业自然灾害风险的有效手段，同时是稳定农民收入、提高产量的重要方法。目前，我国部分地区已经开展了种植业保险试点工作。

一、种植业保险的特点

（一）种植业保险主要承担自然灾害带来的经济损失

这里所说的自然灾害主要是气象灾害和病虫害，因此，种植业风险本身具有普遍性、区域性、季节性、持续性和伴发性的特点，从保险角度看，种植业风险还具有巨大性、非均衡性以及难预测性的特点。

（二）按农作物所处生长时期划分生长期农作物保险和收获期农作物保险

生长期农作物保险是以各种正处在生长阶段的作物为保险标的的保险。这种保险是种植业保险的主要业务。

收获期农作物保险是指农作物从开始收割（采摘）时起到完成初级加工进入仓库之前这一阶段的保险。这种保险介于农业保险与家庭财产保险之间，是一种短期风险保险。例如收获期农作物火灾保险。

二、种植业保险的保险责任范围

（一）保险责任

1. 暴雨、内涝、风灾、雹灾、洪水（政府行蓄洪除外）、冻灾、旱灾造成作物不能正常成熟或死亡；

2. 由于病虫草鼠害造成作物的减产或绝收损失。

（二）责任免除

1. 战争、军事行动、恐怖活动、敌对行为、武装冲突、民间冲突、罢工、骚乱或暴动；

2. 被保险人未经当地农业技术部门许可，盲目引进新品种，采用不成熟的新技术或管理措施失误（含误用农药）；

3. 被保险人或其雇佣人员、其家属的故意或重大过失行为；

4. 行政行为或司法行为；

5. 发生保险责任范围内的损失后，被保险人自行毁掉或放弃已种植的作物或改种其他作物；

6. 种子质量问题或违反技术要求应用；

7. 肥料、农药等质量问题或违反技术要求应用；

8. 牲畜啃食、动力机械碾压；

9. 遭受霉变、腐烂、污染损失；

10. 发生被盗、被抢损失。

三、保险金额和费率的厘定

（一）保险金额

保险金额参照保险农作物生长期内所发生的直接物化成本，包括：种子成本、化肥成本、农药成本、灌溉成本、机耕成本和地膜成本，由投保人与保险人协商确定，并在保险单中载明。

保险金额＝每亩保险金额×保险面积

保险面积以保险单载明为准，每次事故的免赔率为10%。

（二）费率的厘定

要合理确定测算的范围，同时参照农作物区划合理选择资料年限，在充分考虑保障程度的基础上确定费率。

四、理赔处理

（一）按损失程度比例赔偿方式

这种赔偿方式适用于种植业成本保险。根据农作物或林木不同的生长期实行不同的赔偿标准，保险标的无论发生全损或部分损失，均按当时生长期的赔偿标准和损失程度比例赔偿。其赔偿公式为：

赔款金额＝受灾当期单位面积赔偿标准×（损失程度－免赔率）×受损

面积

或：赔款金额＝受灾当期单位面积赔偿标准×损失程度×（受损面积－绝对免赔面积）

（二）按收获量与保险产量的差额赔偿方式

这种赔偿方式适用于农作物产量保险。发生绝产损失时，按不同阶段确定的赔偿标准赔偿。发生部分损失时，按实际收获产量与保险产量的差额赔偿，多次发生保险责任范围内的损失，按发生最终一次保险灾后的实际收获产量与保险产量的差额赔偿。部分损失一般通用赔偿计算公式为：

赔款金额＝保险价格×（保险产量－收获产量）×受损面积×（1－免赔率）

或：

赔款金额＝保险价格×（保险产量－收获产量）×（受损面积－绝对免赔面积）

（三）收获期农作物保险理算

当保险事故发生时，保险农作物当年国家收购价格高于约定价格时，其赔款金额按约定价格计算。当国家收购价格低于约定的价格时，其赔款金额按当年国家收购价格计算，最高赔偿金额以实际损失为限。赔款计算公式为：

赔款金额＝当年国家收购价格×每亩损失产量×受灾面积

案例投影 9-1　棉花保险理赔实例

例：某县承保棉田 8 万亩，每亩保额为 200 元，苗期发生霜冻使棉苗全部受损需重播。

分析：苗期投入成本一般包括种子、化肥、机耕费、地膜等费用，根据阶段最高赔付表，苗期最高赔付为：

每亩保险金额×50%＝200×50%＝100（元）

此次霜冻灾害并不需要地膜、化肥的投入，据测算重播需投入种子、机耕费 70 元，而此数额在当期最高赔付范围内，故该县共需赔付：

70×80000＝5600000（元）

由于此次灾害每亩已赔付了 70 元，若苗期再发生保险责任范围内的损失，每亩有效保险金额为：当期（日）每亩最高赔付标准－上次每亩赔付金额，即：

100－70＝30（元）

（四）林木火灾保险理算

林木火灾保险的查勘、定损及理算较其他种植业一般险种要复杂，查勘定损方法也与其他险种有较大区别。林木火灾保险的查勘定损步骤为。

1. 确定火灾责任

（1）低于国家规定的起火烧毁面积（10 亩）或条款规定的免赔面积时，可视为没有构成火灾责任。

（2）被烧林木如没有受伤害，只是地表过火，或是仅熏黑树枝、树皮，也视作没有构成火灾责任。

2. 林木损失程度的核定

一是测绘火灾平面图，二是求火灾面积，最后鉴定林木损失。

3. 损失程度的核定

林木火灾的损失程度一般分为以下几个档次：一是烧毁木。树冠全部烧焦，树干严重被烧，采伐后已不能作为用材木；二是烧死木，树冠三分之二以上被烧焦或树干形成三分之二以上被烧坏呈棕褐色，树根严重烧伤，树木已无法恢复再生长功能，采伐后尚能做用材木；三是烧伤木。树冠被烧一半或四分之一，树干形成层尚有一半以上未被烧坏，树根烧伤不严重，还有恢复生长的可能；四是未烧木，树冠未烧，树皮没有伤害，仅外部树皮被熏黑，树根没有受到伤害。

4. 赔款计算

由于各地承保的方式不同，其赔款计算方法也不同。

（1）按蓄积量的成数投保的赔款计算：

赔偿金额＝每立方米价格×（每亩蓄积量×承保成数－每亩材积）×（实际受损面积－免赔面积）

如免赔为金额，则要再计算出赔款金额的最后减去免赔金额得出最终的赔款。公式为：

赔款金额＝每立方米价格×（每亩蓄积量×承保成数－每亩材积）×（实际受损面积－免赔金额）

（2）按造林成本费保险的赔款计算：

造林成本一般包括挖树根、清地、挖树坑、树苗、施肥到树木成活所需的一次性总费用。赔款计算公式为：

赔偿金额＝国家标准造林成本×实际受损面积×（被保险林木实有密度/国家森林标准种植密度）×损失程度

或：赔偿金额＝每亩保险金额×（样本地烧毁株数/样本地林木株数）×实际受损面积

（3）按评估价格或估价投保的赔款计算：

赔款金额＝（实际受灾面积－免赔面积）×每亩保额×（林木实际密度/国家森林标准种植密度）×（损失程度－残值－免赔金额）

残值的计算，可根据抽样地林木的损失程度、当地林木用材林的实际出售价格以及实际过火面积等因素来考虑计算。若被保险人不足额投保，其残值也应按其投保标的的比例进行分摊。

案例投影 9-2　森林保险理赔实例

某支公司于 2003 年 1 月按 2002 年 1 月的森林资源资产评估表承保某公司的速生桉树林 59348 亩，林木资产评估价为 31649924 元。2003 年 4 月发生火灾（公安部门已立案，但未找到有关责任人）。后经双方协商，于 6 月共同委请公估行对受损的林木进行查勘定损。

经详细核实过火面积，剔除了未过火的面积及林间空地 1100 亩，过火面积共计 4860.45 亩。

损失核定：

A、总损失金额为 1963019 元。

B、扣减新增林木生长量：按《桉树二元材积表》计算蓄积量、以《桉树经济出材率表》计算出木，计算结果木材为 5114.7 立方米，薪炭材 815.3 吨。林木从签订协议开始已生长 6 个月，桉树中龄林年生长率在 15%—30%之间，因 2002 年底受雪灾的影响，所以其生长率按 20%计算，扣减新增林木木材量为（5114.7×20%）×$\frac{6}{12}$＝511.47 立方米，

薪炭材（815.3×20%）×$\frac{6}{12}$＝81.53 吨。

C、扣减残值：业主在销售木材扣税后每立方米木材获 105 元，每吨薪材获 50 元，林木残值为（5114.7－511.47）×105＝483339 元

薪炭材残值为：（815.3－81.53）×50＝36689 元

受损林木残值合计：483339＋36689＝520028 元

D、免赔额：约定按 15%计算

（1963019－520028）×15%＝216449

E、公估费用 82000 元

赔偿理算：标的赔款（1963019－520028－216449）＝1226542 元

总赔款支出：1226542＋82000＝1308542 元

（五）查勘定损新手段

1. 必备工具——农业保险移动理赔系统

在现有农险移动查勘定损系统的基础上，综合开发种植险及小额养殖险移动理赔系统。该系统涵盖查勘、定损、抽样、估产、核损、理算、核赔及结案等主要理赔流程，理赔人员通过手机实现在农户家中或田间地头一站式完成理赔过程，真正做到查勘定损公开和到户工作。

2. 辅助工具——无人机查勘

无人机技术的运用可以大大提高农业保险查勘定损效率，节省人力物力，能够及时获取受灾影像，准确判断受灾损失程度和损失范围。一旦发生灾害，只要有两名测控人员，不到一个小时就可以完成千亩左右农作物的受灾数据，有效弥补人工查勘的不足，大大提高查勘定损的及时性、科学性和准确性，有力提升农业保险的服务质量，使农民及时获得农业保险补偿。

3. 联合作战技术——"3S"集成技术、无人机和移动理赔系统

以移动理赔系统应用为基础，结合无人机航拍模式，同时引入"3S"集成技术，是未来农业养殖保险查勘定损发展的趋势。具体做法是：将保险标的空间化，应用无人机搭载"3S"集成系统，搭建以遥感技术为核心的种植业保险遥感专题产品生产服务平台，研制并推广天空地一体化的现场查勘设备。

（六）特殊保险的赔偿处理

1. 不足额投保赔偿处理

当被保险人投保的保险标的低于其实际价值或投保面积少于其实有面积，属不足额投保。不足额投保的要将其投保标的的保险金额与其实际价值或投保面积与实际种植面积进行比例分摊。所发生的其他费用也按此比例各自承担相应的份额。

2. 重复保险的赔款计算

保险标的在发生保险责任范围内的索赔，如有重复保险时，保险人应按各自的保险金额比例分摊计算赔偿金额。计算公式如下：

本保单项下应付赔款＝总赔付金额×本保单项下的保险金额/各保单保险金额总和

本保单项下应付施救费用＝施救费总额×本保单项下的保险金额/各保单保险金额总和

3. 限额赔偿处理

条款或特别约定中设有最高赔偿限额的，当该项赔偿金额达到或超过最高赔偿限额时，以最高赔偿限额为限。

4. 理赔费用处理

（1）施救费用。施救、保护、整理费用据实列支。但应从尽可能减少保险标的损失出发，按照实际情况，根据"必要"和"合理"两个方面原则来考虑。林木火灾保险不承担施救费用，主要考虑的就是该险种的施救费用开支较大，且不好掌握。

（2）理赔查勘费。各类理赔查勘费及聘请专业机构、人员的鉴定、公估、检测费用等开支列入赔款支出。

理赔查勘费计入赔款支出时，必须同时满足以下三个条件：赔案在保险责任范围内，并有赔款支出；该项理赔查勘费应明确归属于该项赔案；该项理赔查勘费必须有符合规定的发票或收据。

第三节　养殖业保险

目前我国政策性养殖业保险存在多种经营模式，有政府与保险公司共同举办模式，有专业的农业保险公司经营模式，有相互制经营模式，其中以第一种经营模式为主。这一模式中，地方政府推动并补贴的政策性养殖业保险在一定程度上解决了保险公司经营动力不足的问题，也解决了农户需求不足的问题。

一、养殖业保险的分类

养殖业保险按照保险标的和业务管理需要可以分为大牲畜保险、中小牲畜保险、家禽保险、水产养殖保险和特种养殖保险，其中牲畜保险是以人工饲养的牲畜（主要包括：牛、马、骡、驴、骆驼等）的生命价值为保险标的的一种死亡损失保险。

按保险责任划分为单一责任保险（仅承保一项风险造成的损失责任）和混合责任保险（承保两项或两项以上风险造成损失的责任）。

按保险标的品种划分为单一标的保险（只承保一种标的物的风险损失）和混合标的保险（承保被保险人的多种标的物的风险损失，如：养猪保险"一揽子"保险，不仅承担养猪死亡风险，也承担了猪舍、饲料设备的风险保险）。

按保险的实施方式划分，可划分为养殖业强制保险和养殖业自愿保险。

按保险收费方式划分，可分为一年期养殖业保险和长期储蓄返还型保险。

二、养殖业保险的承保

（一）大牲畜保险

1. 保险标的：以役用、肉用、乳用和种用的牛、马、骡、驴、骆驼为主，观赏用的大牲畜必须特约承保。

2. 责任范围：包括自然灾害中的火灾、洪水、暴风雪、地震、地陷、雷击、台风等；疾病中的传染病、瘟疫等；意外事故中的淹溺、摔跌、互斗、野兽侵袭、建筑物倒塌、中毒、触电、窒息等以及为防止传染病流行，政府下令捕杀掩埋。由以上原因造成的大牲畜死伤和丧失劳动能力的损失，保险人负责赔偿。

3. 保险期限：保险期限一年，期满一年，如果续保，则需另办手续。另外，规定从保险单生效起十五日内为疾病观察期。保险期满，续保合格大牲畜，免除观察期。

4. 保险金额：对于单位拥有的牲畜，按投保时的账面价值的成数承保；对于个人拥有的牲畜，按保险人与投保人共同评定的价值的成数承保。

（二）中小牲畜保险

1. 保险标的：保险标的为被保险人饲养的猪、羊、兔等中小家畜。

2. 责任范围：包括自然灾害中的火灾、洪水、暴风雪、地震、地陷、雷击、台风等；疾病中的传染病、瘟疫等；意外事故中的淹溺、摔跌、互斗、野兽侵袭、建筑物倒塌、中毒、触电、窒息等以及为防止传染病流行，政府下令捕杀掩埋。由以上原因造成的牲畜死伤，保险人负责赔偿。

3. 保险期限：育肥中小家畜的保险期限一般是从断奶到出栏，比如猪的育肥期为 6 个月，其保险期限就可以确定为 6 个月；育种用中小家畜的保险期限一般是 1 年，到期可以续保，但需要重新审定其是否仍具有保险价值。

4. 保险金额：估价承保是根据相同种类、畜龄的家畜的市场价格来确定被保险中小家畜的价值，其中的 50%—70% 由保险人承保，其余由被保险人自负的保险金额确定方法；定额承保是由保险人根据不同类别、不同畜龄、不同用途的中小家畜的不同价值分成不同档次的保险金额，由投保人根据自身饲养的家畜的实际情况选择某个档次的保险金额确定方法。

（三）家禽保险

1. 保险标的：保险标的为鸡、鸭、鹅、鸽子、鹌鹑、鸵鸟等各类家禽，其用途一般为肉用禽、蛋用禽、种用禽。投保的家禽必须饲养条件良好，具有一定防疫能力、无疾病、无伤残。

2. 责任范围：负责商品性家禽，在保险期间因疾病、意外伤害或自然灾害造成死亡的损失。但保险家禽零星死亡、被盗、走失、鼠咬的损失，被保险人及其家庭成员故意造成的损失以及自然淘汰等不属于保险责任范围。

3. 保险期限：饲养期在 1 年以内的，饲养期就可以确定为保险期限；饲养期在 1 年以上的，保险期可以确定为 1 年，期满再行续保。肉用禽的保险期限是从承保时开始到出售完毕时止；蛋用禽的保险期限从开始产蛋到产蛋期结束为止；育成期家禽的保险期限自育雏期过后开始至开始产蛋时止；种用禽的保险期限为 1 年。

4. 保险金额：定额承保以投保时家禽市价的 50%—70% 作为保险金额；不定额承保根据家禽生长规律和饲养成本投入的具体情况不断变动保险金额。

（四）水产养殖保险

1. 保险标的：利用淡水或海水水域进行人工养殖的虾、贝、藻、鱼、蟹、蚌等。

2. 责任范围：（1）死亡责任：限于非正常缺氧死亡（在高温低气压的恶劣气候条件下，淡水中所含的氧成分下降，不足以满足水生动物维持生命所需而引起的死亡）；他人投毒、爆炸死亡（他人故意向池塘水域中投放有毒物质或爆炸物引起的养殖对象的死亡)；疾病死亡（保险标的因疾病、瘟疫等经治疗无效所致的死亡）等；（2）流失责任：因自然灾害或非人为的原因所造成的保险标的流失并不可追回的损失，比如台风、暴风雨、龙卷风、洪水所造成的堤坝溃决引起的流失。

3. 保险期限：一般根据保险标的的一个养殖周期来确定；养殖周期长于一年的按一年期承保，到期续保，另行签单。

4. 保险金额：按照从开始养殖到收获时所投入总成本的全部或部分确定。对于某些已养殖成熟待售的水产品保险和一次性投入成本较大的水产品保险，也可以采取按产量的全部或部分确定保险金额的办法。

（五）特种养殖保险

1. 保险标的：具有较高经济价值的特种毛皮动物、药用动物，比如水貂、鹿、麝、狐等。

2. 责任范围：保险责任范围同家畜保险类似，包括各类自然灾害、意外事故、疾病以及政府命令捕杀所造成的损失，因被保险人经营管理不善或故意行为、利用不当而导致的动物死亡以及自然淘汰，保险公司不负责赔偿。

3. 保险期限：根据使用年限、生理特点和用途决定。

4. 保险金额：一般为饲养成本的 50%—70%，遵循不足额承保的原则，并且随着保险标的使用价值的下降，保险金额随之减少。

三、养殖业保险的理赔

（一）大牲畜保险

保险大牲畜发生保险事故死亡后，保险人应对受损大牲畜核损，按保险金额或保险金额定额扣除残值后赔付，不可变价的尸体，不扣残值；可变价的尸体，定额扣除残值。

保险大牲畜中的役畜因保险事故而永久性丧失使役能力后，保险人依照保险金额扣除一定比例的残值后，差额赔付。

若发生保险事故时，被保险人符合承保条件的大牲畜数量＞投保数量，保险人按大牲畜投保数量与出险时的可保数量的比例赔付。

若保险大牲畜每头（匹）保险金额＞出险时的市场实际价格时，则保险大牲畜每头（匹）最高赔偿金额不超过出险时的市场实际价格。

（二）中小牲畜保险

1. 按家畜的估定价值承保的，扣除残值后赔付；
2. 定额承保的家畜，按条款中规定的保险金额档次赔付，不扣残值。

（三）家禽保险

1. 保险家禽发生保险责任范围内的死亡，如果实际饲养只数超过保险只数时，按保险只数占实际饲养只数的比例计算赔付。
2. 计算赔偿额时，应当扣除一定比例的免赔额及其残值。

（四）水产养殖保险

按照成本逐渐投入、标的价值逐渐增加的规律，根据保险期内不同时期凝聚的不同成本量进行损失补偿，避免发生致死图赔的事件。

（五）特种养殖保险

保险标的发生保险责任范围内死亡时，扣除残值后进行赔付。保险标的的只数如低于当天存养总数且不能区分时，保险人按比例赔付。

附一　××保险公司小麦种植保险条款

总则

第一条 本保险合同由保险条款、保险单、批单、投保单及其附件组成。凡涉及本保险合同的约定，均应采用书面形式。

保险标的

第二条 凡同时符合下列条件种植的小麦，均可列入保险标的范围：

（一）小麦种植符合当地政府和农业部门的要求和规范标准；

（二）播种的品种符合农业部门的规定；

（三）生长正常。

投保人应将其符合上述条件的小麦全部投保。

保险责任

第三条 在本保险期间内，由于下列原因造成保险小麦的直接损失，损失率达到30%（含）以上时，保险人依照本保险合同约定负责赔偿：

（一）暴雨、洪水（政府行蓄洪除外）、内涝、风灾、雹灾、冻灾、干热风、旱灾造成小麦倒伏、茎秆折断、被淹、不能正常成熟或死亡；

（二）由于病虫草鼠害造成小麦的减产或绝收损失。

责任免除

第四条 下列原因造成的损失、费用和责任，保险人不负责赔偿：

（一）战争、军事行动、恐怖活动、敌对行为、武装冲突、民间冲突、罢工、骚乱或暴动；

（二）被保险人未经当地农业技术部门许可，盲目引进新品种，采用不成熟的新技术或管理措施失误（含误用农药）；

（三）投保人及其家庭成员、被保险人及其家庭成员、投保人或被保险人雇用人员的故意或重大过失行为；

（四）行政行为或司法行为；

（五）发生保险责任范围内的损失后，被保险人自行毁掉或放弃已种植的小麦或改种其他作物；

（六）种子质量问题或违反技术要求应用；

（七）肥料、农药等质量问题或违反技术要求应用；

（八）牲畜啃食、动力机械碾压；

（九）遭受霉变、腐烂、污染损失的；

（十）发生被盗、被抢损失的。

第五条 其他不属于保险责任范围内的一切损失、费用和责任，保险人不负责赔偿。

保险金额与免赔率

第六条 保险小麦的每亩保险金额参照保险小麦生长期内所发生的直接物化成本，包括：种子成本、化肥成本、农药成本、灌溉成本、机耕成本和地膜成本，由投保人与保险人协商确定，并在保险合同中载明。

第七条 在保险期间内，保险小麦因发生保险事故造成部分损失的，保险人在赔偿时实行 15%的绝对免赔率。

保险费

第八条 保险费按保险人制定的费率计收。

保险期间

第九条 保险期间自保险小麦播种齐苗后至成熟止，具体起止日以保险单载明为准。

保险人义务

第十条 本保险合同成立后，保险人应当及时向投保人签发保险单或其他保险凭证。

第十一条 保险人按照第十九条的约定，认为被保险人提供的有关索赔的证明和资料不完整的，应当及时一次性通知投保人、被保险人补充提供。

第十二条 保险人收到被保险人的赔偿保险金的请求后，应当及时作出是否属于保险责任的核定；情形复杂的，应当在三十日内作出核定，但本保险合同另有约定的除外。

保险人应当将核定结果通知被保险人；对属于保险责任的，在与被保险人达成赔偿保险金的协议后十日内，履行赔偿保险金义务。保险合同对赔偿保险金的期限有约定的，保险人应当按照约定履行赔偿保险金的义务。

保险人依照前款约定作出核定后，对不属于保险责任的，应当自作出核定之日起三日内向被保险人发出拒绝赔偿保险金通知书，并说明理由。

投保人、被保险人义务

第十三条 订立保险合同时，投保人应对保险人就保险标的或者被保险人的有关情况提出的询问作出真实、详尽的说明或描述，履行如实告知义务，并如实填写投保单。

投保人故意或者因重大过失未履行前款规定如实告知义务，足以影响保险人决定是否同意承保或者提高保险费的，保险人有权解除本保险合同。

前款规定的合同解除权，自保险人知道有解除事由之日起，超过三十日不行使而消灭。自合同成立之日起超过两年的，保险人不得解除合同；发生保险事故的，保险人应当承担赔偿责任。

投保人故意不履行如实告知义务的，保险人对于合同解除前发生的保险事故，不承担赔偿保险金的责任，并不退还保险费。

投保人因重大过失未履行如实告知义务，对保险事故的发生有严重影响的，保险人对于合同解除前发生的保险事故，不承担赔偿保险金责任，但应当退还保险费。

保险人在合同订立时已经知道投保人未如实告知的情况的，保险人不得解除合同；发生保险事故的，保险人应当承担赔偿保险金责任。

第十四条 投保人应按约定的交费期限支付保险费。除本保险人同意延期交付外，对于保险费交付前发生的保险事故，本保险人不承担赔偿责任。

第十五条 保险小麦转让的，被保险人或者受让人应当及时通知保险人。

因保险小麦转让导致危险程度显著增加的，保险人自收到前款规定的通知之日起三十日内，可以按照合同约定增加保险费或解除合同。保险人解除合同的，应当将已收取的保险费，按照合同约定扣除自保险责任开始之日起至合同解除之日止应收的部分后，退还投保人。

被保险人、受让人未履行本条规定的通知义务，因转让导致保险小麦危险程度显著增加而发生保险事故的，保险人不承担赔偿责任。

第十六条 在保险合同有效期间内，保险小麦的危险程度显著增加的，被保险人应当按照合同约定及时通知被保险人，保险人可以按照合同约定增加保险费或者解除保险合同。

被保险人未履行前款约定的通知义务的，因保险小麦的危险程度显著增加而发生的保险事故，保险人不承担赔偿保险金的责任。

第十七条 被保险人必须遵守农业、科技等部门的有关规定，接受科技人员指导，积极做好保险小麦的科学栽培、田间管理、病虫防治、防灾防损等工作。

保险人可以对保险小麦的安全状况进行检查，及时向投保人、被保险人提出消除不安全因素和隐患的书面建议。

投保人、被保险人未按照约定履行其对保险小麦安全应尽的责任的，保险人有权要求增加保险费或者解除保险合同。

第十八条 知道保险事故发生后，被保险人应该：

（一）尽力采取必要、合理的措施，防止或减少损失，否则，对因此扩大的损失，保险人不承担赔偿责任；

（二）及时通知保险人，并书面说明事故发生的原因、经过和损失情况；故意或者因重大过失未及时通知，致使保险事故的性质、原因、损失程度等难以确定的，保险人对无法确定的部分，不承担赔偿责任，但保险人通过其他途径已经及时知道或者应当及时知道保险事故发生的除外；

（三）保护事故现场，允许并且协助保险人进行事故调查；对于拒绝或者妨碍保险人进行事故调查导致无法确定事故原因或核实损失情况的，保险人对无法核实的部分不承担赔偿责任。

第十九条 被保险人请求赔偿时，应向保险人提供下列证明和材料：

（一）保险单正本及分户清单；

（二）事故证明书；

（三）损失清单；

（四）灾害发生时间、地点的书面情况以及其他必要的有效单证材料；

（五）必要时应提供农业、气象等有关部门的证明及技术鉴定；

（六）投保人、被保险人所能提供的与确认保险事故的性质、原因、损失程度等有关的其他证明和资料。

被保险人未履行前款约定的义务，导致保险人无法核实损失情况的，保险人对无法核实的部分不承担赔偿责任。

以集体方式统一投保的被保险人，在申请赔偿时可委托投保人代办申请赔偿事宜。

赔偿处理

第二十条 保险事故发生时，被保险人对保险小麦不具有保险利益的，不得向保险人请求赔偿保险金。

第二十一条 保险小麦发生保险责任范围内的损失分为绝产损失和部分损失。

1. 绝产损失：凡保险小麦损失率在80%以上的为绝产损失，绝产损失按损失率为100%计算赔偿。

2. 部分损失：凡保险小麦损失率在80%以下的为部分损失。

第二十二条 保险小麦发生保险责任范围内的损失，保险人按照保险小麦不同生长期的最高赔偿标准、损失率及受损面积计算赔偿：

　　赔偿金额＝不同生长期的最高赔偿标准×损失率×受损面积

　　损失率＝单位面积植株损失数量/单位面积平均植株数量

　　小麦不同生长期最高赔偿标准（元/亩）

　　苗　　　期　　　　　　　保险金额×40%

　　拔节期　　　　　　　　　保险金额×60%

　　抽穗扬花期　　　　　　　保险金额×80%

　　成熟期　　　　　　　　　保险金额×100%

　　保险小麦如遇多次灾害，则每亩赔款累计不超过保险金额上限标准。

　　第二十三条　发生保险事故时，保险单载明的保险面积小于可保面积时，可以区分保险面积与非保险面积的，保险人以保险单载明的保险面积为赔偿计算标准；无法区分保险面积与非保险面积的，保险人按保险单载明的保险面积与可保面积的比例计算赔偿。

　　保险单载明的保险面积大于其可保面积时，保险人以可保面积为赔偿计算标准。

　　本条所指可保面积指符合第二条规定的保险小麦的实际种植面积。

　　第二十四条　发生保险事故时，若保险小麦每亩保险金额低于或等于出险时的平均直接物化成本，则按保险小麦每亩保险金额计算赔偿；若保险小麦每亩保险金额高于出险时的平均直接物化成本，则按平均直接物化成本价格计算赔偿。

　　第二十五条　保险小麦发生部分损失后，保险人将实行两次定损。第一次定损先将灾情和初步定损结果记录在案，待保险小麦成熟收获前进行二次定损，以确定确切损失程度。

　　第二十六条　未发生保险事故，被保险人谎称发生了保险事故，向保险人提出赔偿请求的，保险人有权解除保险合同，并不退还保险费。

　　投保人、被保险人故意制造保险事故的，保险人有权解除保险合同，不承担赔偿责任，不退还保险费。

　　保险事故发生后，投保人、被保险人以伪造、变造的有关证明、资料或者其他证据，编造虚假的事故原因或夸大损失程度的，保险人对其虚报的部分不承担赔偿责任。

　　第二十七条　保险事故发生时，如果存在重复保险，保险人按照本保险合同的相应保险金额与其他保险合同及本保险合同相应保险金额总和的比例承担赔偿责任。

　　其他保险人应承担的赔偿金额，本保险人不负责垫付。若被保险人未如实告知导致保险人多支付赔偿金的，保险人有权向被保险人追回多支付的部分。

　　第二十八条　发生保险责任范围内的损失，应由有关责任方负责赔偿的，保险人自向被保险人赔偿保险金之日起，在赔偿金额范围内代位行使被保险人对有关责任方请求赔偿的权利，被保险人应当向保险人提供必要的文件和所知道的有关情况。

被保险人已经从有关责任方取得赔偿的，保险人赔偿保险金时，可以相应扣减被保险人已从有关责任方取得的赔偿金额。

保险事故发生后，保险人未赔偿保险金之前，被保险人放弃对有关责任方请求赔偿权利的，保险人不承担赔偿责任；保险人向被保险人赔偿保险金后，被保险人未经保险人同意放弃对有关责任方请求赔偿权利的，该行为无效；由于被保险人故意或者因重大过失致使保险人不能行使代位请求赔偿的权利的，保险人可以扣减或者要求返还相应的保险金。

第二十九条 被保险人向保险人请求赔偿的诉讼时效期间为二年，自其知道或者应当知道保险事故发生之日起计算。

争议处理与法律适用

第三十条 因履行本保险合同发生的争议，由当事人协商解决。协商不成的，提交保险单载明的仲裁机构仲裁；保险单未载明仲裁机构或者争议发生后未达成仲裁协议的，依法向人民法院起诉。

第三十一条 与本保险合同有关的以及履行本保险合同产生的一切争议，适用中华人民共和国法律（不包括港澳台地区法律）。

其他事项

第三十二条 保险合同成立后，投保人不得解除本保险合同。

第三十三条 保险小麦发生全部损失，属于保险责任的，保险人在履行赔偿义务后，本保险合同终止；不属于保险责任的，本保险合同终止，保险人按照日比例计收自保险责任开始之日起至损失发生之日止期间的保险费，并退还剩余部分保险费。

释义

第三十四条 本保险合同涉及下列术语时，适用下列释义：

（一）雹灾：指在对流性天气控制下，积雨云中凝结生成的冰块从空中降落，造成作物严重的机械损伤而带来的损失。

（二）风灾：本条款的风灾责任是指 8 级以上大风，即风速在 17.2 米/秒以上即构成风灾责任。

（三）干热风：亦称"干旱风"，习称"火南风"或"火风"。农业气象灾害之一。出现在温暖季节导致小麦乳熟期受害秕粒的一种干而热的风。一般说，对于高温低湿型：轻干热风为日最高气温大于、等于 29—34℃，14 时风速大于、等于 2—3 米/秒。重干热风为日最高气温大于、等于 32—36℃，14 时相对湿度小于、等于 20%—30%，14 时风速大于、等于

2—4 米/秒。

（四）暴雨：指每小时降雨量达 16 毫米以上，或连续 12 小时降雨量达 30 毫米以上，或连续 24 小时降雨量达 50 毫米以上的降雨。

（五）洪水：指山洪暴发、江河泛滥、潮水上岸及倒灌。

（六）恐怖活动：指任何人以某一组织的名义或参与某一组织使用武力或暴力对任何政府进行恐吓或施加影响而采取的行动。

（七）重大过失行为：指行为人不但没有遵守法律规范对其较高要求，甚至连人们都应当注意并能注意的一般标准也未达到的行为。

（八）行政行为、司法行为：指各级政府部门、执法机关或依法履行公共管理、社会管理职能的机构下令破坏、征用、罚没保险标的的行为。

（九）旱灾：指因自然气候的影响，土壤水与农作物生长需水不平衡造成植株异常水分短缺，从而直接导致农作物减产和绝收损失的灾害。旱灾以市级以上（含市级）农业技术部门和气象部门鉴定为准。

（十）冻灾：农业气象灾害的一种，即作物在 0 摄氏度以下的低温使作物体内结冰，对作物造成的伤害。

（十一）内涝：由于降水过多，地面积水不能及时排除，农田积水超过作物耐淹能力，造成作物减产。

本章小结：

1. 农业保险作为一项特殊的保险品种，其保险标的具有生命性，保险价值难以确定，并具有明显的季度性和地域性的特征，经营成果具有周期性，并由于其在国民经济中的特殊地位，农业保险具有政策性特征。

2. 农业保险一般可以分为种植险和养殖险两大类。

3. 农业险的承保、理赔要根据不同险种而有所区别。

关键词：

农业保险　种植险　养殖险

思考题：

1. 农业保险的特点及主要险种。

2. 如何理解农业保险是政策性保险？

3. 种植险和养殖险在承保、理赔上的区别主要在哪些方面？

参考文献：

1. 庹国柱，李军. 农业保险[M]. 北京：中国人民大学出版社，2005.

2. 许谨良，王明初，陆熊. 财产保险原理和实务[M]. 上海：海财经大学出版社，2010.

3. 丁少群，冯文丽. 农业保险学[M]. 北京：中国金融出版社，2015.

4. 陈健旺. 新技术在种植险灾害查勘定损中的应用[J]. 中国保险，2018（1）.

第十章　责任保险

学习目的：

通过本章的学习，掌握责任保险的基本特点，尤其是责任保险与法律的关系；掌握责任保险具体险种的主要内容，了解国际、国内责任保险的发展现状及发展趋势。

第一节　责任保险概述

一、责任保险的起源与发展

（一）责任保险的定义

责任保险是以被保险人的民事损害赔偿责任和经过特别约定的合同责任作为保险标的的保险。从理论上讲，责任保险属于财产保险的一种，但它又具有自己的特色，是一种自成体系、以被保险人应承担的民事责任为标的的财产保险。和一般的财产保险相比，责任风险具有更大的不确定性。

责任风险具有以下特点：发生风险的概率相对较小，一般企业或组织存在侥幸心理，不愿投保；风险一旦发生，损失往往很大，当事人难以承担；风险无法预测，无法确知总损失的最大金额；即使尽最大的努力也只能减少而不能完全消除责任风险的存在。

无论是从总体上看还是相对而言，责任风险的重要性都在日益增加。原因在于：首先，由于公众的受教育程度提高，并已逐步认识到自己有权要求致害人承担赔偿责任，因此比之以往，受害方不管其所受伤害程度如何，都更愿意向致害人提出索赔；其次，随着人们生活水平的提高、社会关注程度的增加以及法院的认识变化，被保险人依法应当承担的赔偿责任的货币数额越来大。[1]与直接损失相比，责任损失具有很强的不确定性。和解金额或法庭对责任事故的判决有可能导致致害人倾家荡产。如阿里巴巴在美国上市之后，由于信息披露存在问题，导致投资者在 2015 年对其提起集体诉讼，最终两起诉讼共支付和解金 3.25 亿美元，预计抗辩费用为和解金额的 25%。[2]全球最大的石膏板产业集团北新建材，由于出口美国的产品不符合当地标准，因此被超过 1800 名美国佛罗里达州的房主提了集体诉讼。该诉讼历经 10 年，最终在 2020 年初以 2.48 亿美元的和解金结案，企业在这 10 年间支付的律师费超过 1 亿元。[3]因此责任保险无论是对于企业还是个人无疑都是非常必要的。

（二）责任保险的起源

责任保险最初出现于 19 世纪的欧美国家。产生之初，曾经引发过激烈的争论，许多反对者认为，责任保险承担被保险人的法律责任，其实是在鼓励犯罪，违反了社会公共道德，完全是一种唯利是图的行为。

但是，就在一片反对声中，责任保险蓬勃发展了起来。1855 年，英国铁路乘客保险公司首次向铁路公司提供铁路承运人责任保险；与此同时西方工业国家的工人们为了获得合理的生活保障而多次举行罢工活动，迫使各国政府先后通过了保护劳工的法律，由此产生了雇主责任保险。1880 年，英国颁布了《雇主责任法》，规定：雇主在经营过程中因过错致使雇员受到伤害时须负法律赔偿责任。同年就有雇主责任保险公司宣告成立。雇主责任保险作为工业革命的产物，经过工人们的长期努力争取，终于在 20 世纪 20 年代摒弃以往"无过错无责任"的观念，开始引入无过错责任原则，并实施强制保险。1911 年，美国威斯康星州最早颁布了扩展责任的劳工赔偿法规。

大多数的责任保险险种最初多以财产保险附加责任的方式承保，后来随着发展的需要逐渐以新险种的形式出现。如：承包人责任保险始于 1886 年，制造业责任保险始于 1892 年，业主房东住户责任保险始于 1894 年，契约责任保险始于 1900 年，产品责任保险源于 1890 年在英国出现的承保面包师在面团中意外添加蟑螂药粉的责任保险，医生职业责任保险始于 1890—1900 年间，运动责任保险始于 1915 年，航空责任保险始于 1919 年，会计师责任保险始于 1923 年，个人责任保险则始于 1932 年。

目前大多数国家采用强制或法定保险方式承保的汽车责任保险,始于 19 世纪末，并与工业保险一起成为近代保险与现代保险分界的重要标志。当时的英

---

① 王玉玲主编：责任保险（行业版），首都经济贸易大学出版社 2014 年版。
② 华尔街日报，2019 年 5 月 1 日。
③ 巨潮资讯网，2020 年 3 月 21 日。

国"法律意外保险公司"最为活跃,但当时所签发的汽车保险单仅承保对第三者的人身伤害责任,保险费每车10—100英镑不等,火险则被作为可以加保的附加风险。直到1901年,美国才开始出现对他人财产损害承担责任的汽车责任保险。到20世纪三四十年代,一些国家开始将汽车第三者责任保险作为法定保险,以后逐步普及到更多的国家。

（三）责任保险的发展

由于商品经济的发展,各种民事活动急剧增加,民事赔偿责任事故层出不穷,人们的索赔意识不断增强,责任保险的重要性日益为人们所认识。从20世纪70年代开始,责任保险获得了全面、迅速的发展。目前,责任保险已经渗透到企业、家庭、社会团体及社会的各个领域之中,具有门类齐全、险种众多、专业性强的特点,现在已成为各保险发达国家最重要的业务种类。美国著名的"兰湖市市旗倒挂"事件（承保责任保险的保险公司因费率问题拒绝承保该市的市政公共场所责任保险,该市政府不得不倒挂市旗,以提醒人们注意安全,结果造成游客减少,经济损失惨重）就说明了责任保险在经济生活中的重要作用。在西欧和日本等国,责任保险也是保险公司的支柱业务。根据瑞士再保险公司的专业研究刊物 *SIGMA* 2019年公布的数据,在全球市场上,责任险的保费约占非寿险保费的17%,这反映了责任保险在保险市场中举足轻重的地位。

我国的责任保险在1949年后曾经有过短暂的发展,当时主要经营的是汽车责任险,但几年之后因故被迫停办。现在的责任保险是1979年以后逐渐发展起来的,经过三十多年的艰难探索,责任保险经历了从无到有的发展过程,虽然取得了一定的成果,但和保险发达国家相比,甚至和东南亚国家相比,我国的责任保险在整个产险业务中所占的比重都太低,目前责任保险的保费收入在整个财产保险保费收入中只占6.47%①左右,与发达国家的差距相当明显。

二、责任保险的作用与特点

（一）责任保险的作用

根据《保险法》对责任保险的定义,责任保险是以被保险人对第三者依法应负的赔偿责任作为保险标的的保险。通俗地讲,责任保险就是保险公司对被保险人的过失行为负责,即如果因为被保险人的过失行为对其他人造成了损害（身体上或物质上的）,如汽车驾驶员因违章驾驶造成他人的人身伤亡或财产损失、医生误诊造成病人伤亡或损害、产品缺陷造成消费者的财产损失或人身

---

① 数据来源：http://k.sina.com.cn/article_7156582558_1aa90c89e00100rbk7.html?from=finance&subch=insurance.

伤亡等，在投保了责任保险并交纳保费之后，被保险人对这些损害应承担的赔偿责任就可以转嫁给保险公司；再比如说，某人购买了一辆家庭轿车，并按国家规定购买了机动车第三者责任保险，若某天因下雨路滑，且能见度不高，不慎撞倒了路上的一位行人，则司机对行人应承担的医药费用的赔偿责任就可以转嫁到保险公司身上了。对于受害者来说，因为有了责任保险，避免了和肇事者就医药赔偿费用打官司、磨嘴皮的工夫；对于肇事司机来说，可将不确定的赔偿开支转化为确定的保费支出，化解了风险。由此可见，开办责任保险的作用体现在以下几点。

1. 保障受害人的利益，保障社会和谐稳定

只要责任方事先投保了责任保险，一旦因责任方的过失发生保险责任范围内的侵害，并给受害人造成经济损失及人身伤害，保险公司便可按照保险合同的约定对受害人给予经济补偿。这种补偿是可靠的，不会因为责任人没有经济能力承担赔偿责任而落空，从而减少致害人与受害人之间的矛盾，促进社会和谐稳定。

2. 减轻责任方的经济负担

责任方对受害人的财产或人身造成了损失，必然要从经济上给予补偿，损失越大补偿金额相应也就越多。而如果责任方以投保责任险的方式转嫁风险，则只需支付较少的保险费，即可达到以较小的代价转移较大风险的目的。

由责任风险引起的损失往往是相当大的，因此赔偿责任也相当大。我们经常可以从报刊以及网络上看到有关产品责任事故、交通事故、医疗事故等引发的责任赔偿案例，金额动辄都会达到上百万元。1983 年 8 月 31 日，韩国航空公司的一架编号为 KAL-007 航班的波音 747 客机，在从纽约飞往汉城的途中，不知由于什么原因突然偏航，进入苏联远东沿海，经由鄂霍次克海进入萨哈林岛上空，偏航距离达 500 公里以上。执行监视任务的苏联战斗机在拦截无效的情况下，向客机发射了空对空导弹，导弹击中目标后，客机发生爆炸，随即坠毁于莫奈隆岛附近的日本海上，007 航班上的 269 人全部死亡。保险公司为机身损失支付了 3500 万美元的赔偿，而责任的赔偿金额则高达 1 亿美元以上。

（二）责任保险的特点

责任保险到底保护的是投保人的利益还是责任事故的受害人呢？这个问题恐怕不能简单地进行回答，其实从上文中我们已经可以看出，责任保险不论是对投保人还是受害人都是有利的，这也正是责任保险能迅速发展的原因所在。而责任保险作为一种独特的保险类别，具有不同于普通财产保险的一些特点。

1. 以法律为基础

责任保险的产生与发展是与法律的健全与完善密不可分的。正是由于人们在社会中的行为受到种种法律法规的制约，才会发生因为触犯法律造成他人的身体及财产受损，从而需要承担相应的损害赔偿责任问题。比如由于《侵权责任法》①《产品质量法》《消费者权益保护法》等法律构建起了我国产品责任法律制度的基本框架，因而一旦产品的制造商所提供的产品有缺陷，造成用户或消费者的人身伤亡及财产损失，就需要依据法律的规定承担相应的损害赔偿责任。而为了转嫁这种可能的损害赔偿责任，可能的致害人才会投保相应的责任保险。健全的法律法规是责任保险得以不断发展的基础。

2. 具有偿付的替代性与保障性

在财产保险中，被保险人缴纳保费，在损害发生后，被保险人的经济损失得到保险人的保障；而在责任保险中，从表面上看赔款是支付给了被保险人，但最终赔款却落实到受害人身上。也就是说由于被保险人投保了责任保险，从而将原应由自己承担的损害赔偿责任转嫁给了保险人。这样既可以使被保险人避免由于承担可能的损害赔偿责任而使自己在经济上陷入困境，又保障了受害人应获得的经济赔偿能够落到实处。

3. 具有赔偿限额的规定

财产保险的标的可用货币衡量其价值，因此可用保险金额事先明确保险人承担的最高责任额。而责任保险的标的是被保险人的民事损害赔偿责任，民事损害赔偿责任是一种无形物，在投保时并没有现实存在，并且可能受损的第三人是不确定的，损害的后果更无法事先预知，如果不对保险人所承担的最高责任额予以限制，责任保险的经营将处于不稳定的状态。为了稳定保险人的经营，真正使责任保险起到稳定社会生活保障受害者的目的，责任保险的承保人在责任保险的保单中会事先与被保险人明确一个最高赔偿限额。

三、责任保险所承担的法律责任

责任保险承保的对象主要是致害人依法应承担的对受害人的民事损害赔偿责任，即法律责任。法律责任一般可以分为刑事责任、民事责任和行政责任。责任保险所承保的法律责任，主要是民事责任，而民事责任又包括过失责任、绝对责任以及合同责任三种。

---

① 2020 年 5 月 28 日，《民法典》颁布，自 2021 年 1 月 1 日起施行。《婚姻法》《继承法》《民法通则》《收养法》《担保法》《合同法》《物权法》《侵权责任法》《民法总则》同时废止。因此本教材该部分内容将直接引用《民法典》。

（一）过失责任

在法律上，过失责任是指行为人因任何疏忽或过失而违反法律规定的应尽义务或违背社会公共生活准则造成他人的人身伤亡或财产损毁时，对受害人应承担的赔偿责任。通俗地说，就是行为人虽不是故意违反法律，但却对他人造成了伤害，因此必须承担赔偿责任。过失责任可以是因为某些不该有的行为（法律术语称之为"作为"）造成，也可以是因为应该有的行为没有做（法律术语称之为"不作为"）造成。例如，驾驶汽车因闯红灯撞上行人及毁坏他人财产，这是作为；机动车转弯时不亮转向灯而使他人受到损害，这是不作为。两者均构成过失责任都要承担法律赔偿义务。

过失行为是指没有达到对他人安全注意的标准，是非理智和非慎重的作为或不作为，虽然没有严格的规范，但也有一定的标准，一旦由于当事人的过失导致无辜的他人的人身或财产受到损害，受损害的一方就有权向肇事者提出损害赔偿的要求，这种要求为法律所保障。过失责任是责任保险承保的主要责任风险。

（二）绝对责任

在法律上，绝对责任是指不论行为人有没有过失，根据法律规定都必须对他人受到的损害负赔偿责任。即只要民事损害事故不是由受害人自己的故意所致，其人身损害或财产损害就必须由致害人承担赔偿责任，而且不问致害人是否存在过错。也就是说，赔偿的决定性因素是损害后果或损害事实的存在。绝对责任原则的采用，是为了使公众得到更充分的安全保障，但这显然与民法中规定的一般民事损害赔偿原则——过失责任有很大的区别。

许多国家为了更好地保护公民的权利，都在一定的民事法律关系中采用这一原则。例如，英国的劳工法规定，雇员在工作中受到意外伤害，不论雇主有无过失，均应承担赔偿责任；又如，美国对消费者因使用产品（商品）造成的损害事故，实行绝对责任制——消费者因使用某种产品造成损害，即便未能证明产品生产者或制造商有过失，也要负相应的赔偿责任，而且不能援引其在销售合同项下的免责规定来推卸对受害人的赔偿责任；此外，许多国家的法律规定，对核电站引起的放射性污染等损害事故，无论是不是核电站的责任都必须对受害人进行赔偿。

（三）合同责任

一般来说，责任保险不负责被保险人所应承担的合同责任。但保险公司为了拓展市场空间、增加产品种类，经过特别约定，也可以承保合同责任。合同责任是一个法律用语，又称为契约责任，是指根据合同规定订立合同的一方对另一方或其他人的损害应负的赔偿责任。我国的《民法典》规定：当事人一方不履行合同义务或者履行合同义务不符合约定的，应当承担继续履行、采取补救措施或者赔偿损失等违约责任。举个例子来说，承运人（如铁路运输部门）根据货物运输合同应当向托运人提供合格的运输工具以保证货物的安全运输，如果承运人未提供合格的运输工具而使货物受损，则承运人应向托运人赔偿货物的损失。承运人责任保险，承保的就是这种合同责任。但是，有一点需要注意：因货物运输法规中规定的承运人责任免除原因（如不可抗力——火山爆发、海啸等自然灾害）所造成的货物损失，责任保险人不负赔偿责任，投保人可将此类责任通过向保险公司投保货物运输保险来转嫁。

小资料 10-1　我国开办责任保险的法律依据

《保险法》

第六十五条　保险人对责任保险的被保险人给第三者造成的损害，可以依照法律的规定或者合同的约定，直接向该第三者赔偿保险金。

责任保险的被保险人给第三者造成损害，被保险人对第三者应负的赔偿责任确定的，根据被保险人的请求，保险人应当直接向该第三者赔偿保险金。被保险人怠于请求的，第三者有权就其应获赔偿部分直接向保险人请求赔偿保险金。

责任保险的被保险人给第三者造成损害，被保险人未向该第三者赔偿的，保险人不得向被保险人赔偿保险金。

责任保险是指以被保险人对第三者依法应负的赔偿责任为保险标的的保险。

第六十六条　责任保险的被保险人因给第三者造成损害的保险事故而被提起仲裁或者诉讼的，被保险人支付的仲裁或者诉讼费用以及其他必要的、合理的费用，除合同另有约定外，由保险人承担。

《民法典》

第一千一百六十五条　行为人因过错侵害他人民事权益造成损害的，应当承担侵权责任。

依照法律规定推定行为人有过错，其不能证明自己没有过错的，应当承担侵权责任。

第一千一百六十六条　行为人造成他人民事权益损害，不论行为人有无过错，法律规定应当承担侵权责任的，依照其规定。

第一千二百三十六条　从事高度危险作业造成他人损害的，应当承担侵权责任。

第一千二百三十七条　民用核设施或者运入运出核设施的核材料发生核事故造成他

人损害的，民用核设施的营运单位应当承担侵权责任；但是，能够证明损害是因战争、武装冲突、暴乱等情形或者受害人故意造成的，不承担责任。

第一千二百三十八条　民用航空器造成他人损害的，民用航空器的经营者应当承担侵权责任；但是，能够证明损害是因受害人故意造成的，不承担责任。

第一千二百三十九条　占有或者使用易燃、易爆、剧毒、高放射性、强腐蚀性、高致病性等高度危险物造成他人损害的，占有人或者使用人应当承担侵权责任；但是，能够证明损害是因受害人故意或者不可抗力造成的，不承担责任。被侵权人对损害的发生有重大过失的，可以减轻占有人或者使用人的责任。

第一千二百四十条　从事高空、高压、地下挖掘活动或者使用高速轨道运输工具造成他人损害的，经营者应当承担侵权责任；但是，能够证明损害是因受害人故意或者不可抗力造成的，不承担责任。被侵权人对损害的发生有重大过失的，可以减轻经营者的责任。

第一千二百四十一条　遗失、抛弃高度危险物造成他人损害的，由所有人承担侵权责任。所有人将高度危险物交由他人管理的，由管理人承担侵权责任；所有人有过错的，与管理人承担连带责任。

合同责任包括直接责任和间接责任。

1. 直接责任

直接责任是指合同的一方违反合同规定的义务造成对方的损害而应承担的赔偿责任，如承运人没有向托运人提供适航的船舶从而造成货物损失，承运人对货主承担的赔偿责任就是直接责任。

2. 间接责任

间接责任是指合同的一方根据合同规定对另一方造成他人的损害应负的赔偿责任。如在某些工程合同中，因承包人在施工当中的过失行为造成他人损害的，工程所有人应承担责任，此即间接责任。工程所有人可以投保建筑工程一切险，对可能承担的第三者损害赔偿责任进行转嫁。

责任保险的承保范围，一般包括两方面的内容，一是被保险人的民事损害赔偿责任，这是责任保险主要的承保内容；二是被保险人与受害人之间因协商不成导致的律师费用以及合同约定的应该由保险公司支付的其他费用。保险公司只对民事损害赔偿责任负责，而对于被保险人因责任事故的发生所应承担的刑事责任和行政责任不负责任。并且在任何情况下，保险人都不承担因被保险人的故意行为所导致的损害后果。

综上我们可以看出，责任保险的承保范围与民法中所规定的民事损害赔偿责任的范围并不完全一致：责任保险一方面剔除了故意行为所导致的损害赔偿责任，即将故意行为作为责任免除；另一方面，又超越了民法规定的一般民事损害赔偿责任的范围，扩展了无过失责任，即只要发生责任事故，无论被保险人是否有过错，保险公司都负责赔偿。

四、责任保险的种类

责任保险经过一百多年的发展，包罗万象，险种越来越多，承保范围越来越广。现在保险公司不但可以根据不同行业的特点和需要，开发出适用的保险产品，甚至还可以根据每个客户的具体需要，量体裁衣设计出针对个人的产品。从承保方式和内容来看责任保险的主要种类如下。

（一）公众责任保险

公众责任保险承保被保险人在民事活动中因过失、疏忽所造成他人的人身伤害与财产损失，依法所应承担的损害赔偿责任。公众责任保险诞生于英国，是除雇主责任保险以及汽车、航空、机器和海上保险中的责任保险部分以外的所有个人和企业责任保险的总称。公众责任保险始于 19 世纪后期的承包人责任保险、业主房东住房责任保险等。在美国，公众责任保险也被称为综合责任保险，其含义与英国基本一致。工厂、展览馆、学校、商场等各种公众活动场所均可投保公众责任保险。公众责任保险是责任保险中业务量最大的一个险种。

第三者责任保险也属于公众责任保险的范畴，但是由于其承保方式的特殊性，实务中多将其作为单独的责任保险险种承保。

（二）产品责任保险

产品责任保险承保产品的制造商、销售商、修理商因其制造、销售、修理的产品有缺陷而造成用户和消费者的人身伤害或财产损失，依法所应承担的经济赔偿责任。产品责任保险始于1910 年前后的英、美等国，至今已有90 余年的发展历史。但是产品责任保险真正获得发展，却是在 20 世纪 70 年代，美国通过立法确定产品责任的归责原则为绝对责任之后。由于厂商所承担的责任加大，为转嫁责任，各大厂商纷纷投保产品责任保险，从而促进了产品责任保险的发展。时至今日，产品责任保险的保障范围已从简单的日常生活用品，扩大到船舶、成套设备、钻井船、核电站、卫星等。

（三）雇主责任保险

雇主责任保险是责任保险中较早出现的险种，承保雇主的雇员在受雇期间从事与其职业相关的工作时，因遭受意外导致的伤残、死亡或患有与职业有关的职业性疾病依法或依雇佣合同应由雇主承担的经济赔偿责任。雇主责任保险所承保的是被保险人的合同责任。

（四）职业责任保险

职业责任保险承保各种专业技术人员因职业上的疏忽或过失造成他人损害的经济赔偿责任。始于 19 世纪末的医生职业责任保险。20 世纪 60 年代以后，由于各类因职业责任原因所导致的诉讼案件增多，各种从事专业技术职业的人转嫁职业责任风险的愿望十分强烈，各保险公司因而开发出各种各样的职业责任保险产品。主要的职业责任保险险别有保险经纪代理责任险、医疗责任保险、律师责任保险、会计师责任保险以及设计师责任保险等。

（五）其他责任险

除上述类别外，还有一些责任保险无法归属于以上的类别，例如环境污染责任险、安全生产责任险、临床试验保险、高尔夫一杆进洞保险等。

五、责任保险的承保方式

与物质损失财产保险不同，责任保险的损失原因、损害后果的确定常常需要一定的时间，特别是产品责任、职业责任，其保险事故的发生可能要经过几年甚至更长的时间才能被发现。有鉴于此，为了明确索赔时效，减少争议，在责任保险中保险人一般采用期内发生式或期内索赔式作为承保方式。

（一）期内发生式

期内发生式是以事故为基础的承保方式，即保险人仅对在保险有效期内发生的责任保险事故所引起的索赔负责，而不论受害方是否在保险有效期间内提出索赔。

期内发生式以损害事故发生的时间为基础，保险人不考虑责任事故发生的时间或索赔提出的时间是否在保险期限内，只要责任事故发生在保险单有效期内，保险人就不能免责。在此种承保方式下，保险人会事先规定一个索赔提出的最晚时间，即日落条款。如一张期内发生式责任保险保单，保单期限为 2009 年 1 月 1 日至 2009 年 12 月 31 日，保单规定索赔时间最晚为 2011 年 12 月 31 日。则该保单对被保险人在 2009 年 1 月 1 日至 2009 年 12 月 31 日之间发生的责任事故，只要在 2011 年 12 月 31 日前提出索赔，保险人都要承担责任。

由于期内发生式保单的损失处理相对延后，大量的索赔发生在保单期满后，这使得在会计年度末保险人难以确切地了解自己最终会面临多少索赔，再加上通货膨胀的影响，保险人的经营稳定性会受到一定的影响。由于这些原因期内发生式保单又被称为"长尾保单"。

（二）期内索赔式

期内索赔式是以索赔为基础的承保方式，即保险人仅对在保险有效期内受害人向被保险人提出的有效索赔负责，而不管导致该索赔案的事故是否发生在保险有效期内。

在此种承保方式下，索赔的提出必须在保单期限内，而事故的发生则可以在期前。为防止保险责任无限扩大，保险人通常要在保单中明确一个承担责任的前溯期间，即追溯期。如一张期内索赔式保单，保单期限为 2009 年 1 月 1 日至 2009 年 12 月 31 日，此为索赔期间，同时保险人规定 2007 年 1 月 1 日为保险事故发生的最早时间。则被保险人在 2007 年 1 月 1 日至 2009 年 12 月 31 日发生的责任事故，只要在 2009 年 1 月 1 日至 2009 年 12 月 31 日之间提出索赔，保险人就要承担责任。采用此种承保方式，可免除长尾责任给责任保险人的经营带来的困扰。

第二节　公众责任保险

一、公众责任保险概述

（一）公众责任保险的含义

1. 公众责任

公众责任保险的存在，是以法律对公众在公共场所可能遭受的伤害进行保护为基础，以致害人负有法律上的责任为前提。所谓的公众责任，是指因致害人在公共活动场所的疏忽或过失行为导致受害人的人身或财产损失，依法应由致害人承担的经济赔偿责任。例如，在繁华商业区举办的商品展览会，因组织不善造成参观的群众拥挤、踩踏而造成伤亡，主办者就应当承担损害赔偿责任。各种公众活动场所都可能面临公众责任。

2. 公众责任保险

公众责任保险所承保的就是被保险人的公众责任，即被保险人在各种固定场所进行生产、经营或其他各种活动中，由于意外或疏忽等原因所造成他人的人身伤害或财产损失，依法应承担的经济赔偿责任。

工厂、办公楼、旅馆、住宅、商店、医院、学校、影剧院、展览馆等各种公众活动场所都可以投保公众责任保险。不同场所的责任保险，可以有不同的内容和条件。公众责任保险有许多险别，主要有场所责任保险、承运人责任保险、承包人责任保险、个人责任保险等。在国外，公众责任保险的种类非常丰富，并且经常是和其他险种搭配组合，形成联合保障。

目前规范我国公众责任保险的法律法规主要有：《民法典》《海洋环境保护法》《大气污染防治法》《环境保护法》《高法关于审理人身损害赔偿案件的司法解释》《食品卫生法》等。

（二）公众责任保险的起源与发展

作为一种有着最广泛影响的责任保险种类，公众责任保险始于 19 世纪 80 年代，最早的业务包括承运人责任保险以及业主房东责任保险等内容。随后，承保范围逐渐扩大到各种机关团体、家庭以及个人在固定场所由于意外事故造成他人人身或财产损失的赔偿责任。随着社会不断进步和经济的不断发展，各种公众责任风险层出不穷，公众责任保险也逐渐深入到人们的生活中。到了 20 世纪 40 年代，公众责任保险在发达国家已经进入家庭。二战结束以后，特别是进入 70 年代以后，由于公众对损害事故的索赔意识增强和法制的不断完善，公众责任保险已经成为各类公共活动场所、机关、游乐场以及家庭、个人的必需保障之一。目前在美国、澳大利亚等地区，已经出现了包含机动车第三者责任险和职业责任险在内的综合性责任保险，这类保险由于保障范围广，投保人无需花费时间精力研究险种的组合，因此获得了客户的青睐。

二、公众责任保险的种类

由于承保范围广、业务包罗万象，因此公众责任保险险别众多。总体来看，主要有以下几个险别。

（一）场所责任保险

主要承保被保险人在经营活动场所由于意外事故造成第三者人身伤亡或财产损失所应负担的法律赔偿责任。场所责任保险是公众责任保险中业务量最大的险别，又可以依具体的场所而进一步细分为旅馆责任保险、电梯责任保险、停车场责任保险、展览会责任保险、机场责任保险以及娱乐场所责任保险等若干险别。

（二）综合公众责任保险

该险种提供的是综合性责任保险，承保被保险人在任何地点因疏忽或过失行为造成他人人身或财产损失而依法应负的经济赔偿责任。综合公众责任保险承保的责任广泛，主要包括以下几种。

1. 场所责任

2. 产品责任

产品责任指制造、贩卖、处理或分配的货物，在交易或所有权交接完成后，在被保险人处所以外的地方发生意外事故而产生的经济赔偿责任。事实上，该责任应属于产品责任保险的范围。

3. 业主及工程承包人责任

业主及工程承包人责任指工程进行期间或完工之后由于工程的疏忽或缺陷发生意外所导致的经济赔偿责任。

4. 完工操作责任

完工操作责任指一项工程完工后，在被保险人处所之外由于被保险人的工作发生的意外事故所导致的经济赔偿责任。

5. 个人伤害责任

该责任承保被保险人因某些特定原因，如错误拘禁、扣留或恶意控诉、诽谤、中伤或非法闯入、逐出或侵犯隐私等所造成他人人身伤害以外损失的经济赔偿责任。

6. 无责赔付

被保险人对意外事故不承担责任，仅因为事故发生在被保险人经营活动范围内而产生的费用，例如救护车费用、急救费用等。

7. 合同责任

合同责任指根据合同规定而不是法律规定，被保险人在某些情况下应承担的经济赔偿责任。与无责赔付部分不同，一般说来，合同责任只出现在附加条款中。

（三）承包人责任保险

承包人责任保险主要承保承包人的损害赔偿责任，主要适用于建筑工程、安装工程、修理工程等的承包人。所谓承包人责任，是指承包人在施工、作业或工作过程中，造成他人人身伤害或财产损失，应由承包人而不是发包人或委托人承担的经济赔偿责任。其特点在于致害人虽然是承包人，但与之密切联系的却是发包人或委托人。

（四）承运人责任保险

承保承运人在进行客、货运输中所引起的损害赔偿责任。由于运输工具种类繁多，运输对象可分为客、货两种，而运输方式又可分为直接运输和联合运输，因此承运人责任保险也就根据运输方式、运输对象以及运输工具的不同而设计成不同的保险险别。比较常见的有道路客运承运人责任保险、道路危险货物承运人责任保险、运送人员意外责任保险等。

（五）个人责任保险

承保私人住宅及个人在日常生活中所引起的损害赔偿责任。所谓个人责任，是指自然人或家庭成员因过失或疏忽而对他人的身体或财产造成损害并依法应承担的经济赔偿责任。个人责任险在习惯上列入公众责任保险范畴，但实际上是一类承保个人或家庭各种责任风险如个人第三者责任或公众责任、个人职业责任等的独立成体系的责任保险业务。

三、公众责任保险的责任范围

由于公众责任保险覆盖面广、承保标的种类繁多、牵扯的法律关系复杂，因此责任范围的划定就成为保险合同中相当重要的内容。公众责任保险的责任范围主要包括保险责任、责任免除、特别附加责任几部分。

（一）保险责任

公众责任保险承保被保险人在保险期间内，在承保区域因意外的发生依法应承担的经济赔偿责任。这种经济赔偿责任主要是由侵权行为造成的。所谓侵权行为，是指行为人因故意或过失，违法侵害他人人身权利和财产权利的行为。如顾客在商场因地滑摔倒受伤、旅客在酒店行李被盗等。

保险人承保的公众责任保险赔偿责任包括被保险人应付给受害人的赔偿金及相关的各种费用，如诉讼费、律师佣金等。但保险人的最高赔偿责任不能超过保单规定的每次事故赔偿限额或累计赔偿限额。

1. 人身伤害或财产损失赔偿金

这里的人身伤害只包括身体的伤残、疾病、死亡，而不包括受害人的精神伤害；财产损失是受害人的物质财产的损坏或灭失，以及由此引起的丧失使用所造成的损失和其他费用。

需要明确的是，公众责任保险的保障对象是被保险人，即致害人，受害人无权直接向保险人索赔，但是由于保险人代替被保险人承担了一部分或全部经济赔偿责任，从而对受害人的合法权益起到了可靠的保障作用。

2. 相关费用

相关费用通常在公众责任保险合同中对有关费用都逐一列明，这里的相关费用主要指被保险人因侵权行为而应支付给受害人的法律诉讼费用以及经保险人同意的被保险人自己支出的诉讼费用。此外，还包括被保险人在损害发生时，为减轻对他人的损害而支付的合理费用，以及被保险人根据保险人的要求支付的合理费用等。在实务操作中，一般将赔偿金与费用分开计算，即赔偿金以赔偿限额为限，而费用适用单独的分项限额另行计算。但有时也把费用列入赔偿金一并计算。

（二）责任免除

公众责任保险的责任免除包括三种：绝对责任免除；相对责任免除，即不能在公众责任保险项下承保，但可以在其他保险中获得保障的责任；可以附加承保的责任免除，即需要额外支付费用才能承保的附加保险。

1. 绝对责任免除

绝对责任免除主要是指因一些不可抗力的原因以及被保险人的故意行为所造成的损害。如战争、暴乱、地震、火山喷发、被保险人在公众活动场所的故意行为或故意不作为等所造成的损害赔偿责任。

2. 相对责任免除

相对责任免除即公众责任保险不能承保，但可以由其他保险险种承保的责任。由于这些风险可由相应的保险产品提供保障，如果公众责任保险再予承保的话，会产生保障范围的重叠。例如雇主可将对雇员依法承担的责任以雇主责任保险转嫁，被保险人的财产损失可以通过普通财产保险得到保障，此外被保险人可将因自己所拥有的机动车或飞机、船舶等引起的损害赔偿责任以相应的第三者责任保险转嫁。

3. 可以附加承保的责任免除

这类责任免除可在被保险人愿意额外缴纳保费的情况下列入承保范围以内。如对被保险人的某些合同（或协议）赔偿责任，火灾、爆炸等原因导致的损害赔偿责任在公众责任保险中一般不予承保，但如果客户有需求也可以以附加责任方式承保。此外，对于精神损害赔偿责任，经过双方约定保险人也可以承保。

（三）附加责任条款

为了满足不同客户的需求，公众责任保险设计了许多附加责任条款。附加责任条款的特点是不能单独承保，并且必须经特别约定才能生效。

1. 交叉责任条款

其适用于一个公众责任保险项下有多个被保险人，并且每个被保险人之间对相互的第三者责任不予追偿的情况下。该条款保障保单上载明的每一个被保险人，如同保险人对每一个被保险人都签发了独立的保险单一样。

2. 合同责任条款

通常，合同或契约责任属于公众责任保险的除外责任，但如果客户有需求，也可以附加承保。在投保时被保险人必须将所有的契约责任向保险人申报并获得保险人的同意。

公众责任保险的附加条款还有很多，如锅炉爆炸责任条款、食品饮料条款等，这里就不一一介绍了。

四、美国的公众责任保险

责任保险的发展规模是一个国家社会发达的标志之一，这已经是保险理论界的共识。美国是世界上最发达的国家，在世界范围内，其责任保险的覆盖面和对社会生活的渗透程度都是最高的。2018 年美国的责任保险保费收入占到非寿险保费收入的 12%，而我国只有 5.49%[①]。了解美国责任保险的发展状况，对我国责任保险的发展有一定的借鉴意义。下面我们介绍几种美国主要的公众责任保险产品。

（一）综合个人责任保险

这是一种适合个人和家庭需要的公众责任保险。对于个人和家庭来说，美国有许多可供选择的保险产品，诸如住宅责任险、体育运动责任险、养狗责任险等。这些险别都可包含在综合个人保险保单内，综合个人责任保险是最早将人身伤害和财产损失责任综合到一张保单上的保险产品。现在因为房主保险单的保障范围扩大，综合个人保险已被包含在内。

1. 保险责任

即对被保险人在自己的场所内的安全防范和个人活动中的疏忽或过失行为造成他人人身伤害和财产损失所引起的赔偿责任提供保障。

2. 被保险人

被保险人包括指明的被保险人及其家庭成员和低于 21 岁的与被保险人一起居住的其他人员，另外还包括被保险人家中的雇佣人员等。

3. 保险场所

保险场所包括住宅及其附属建筑物如车库、库房、狗舍等，另外还包括临时住所、墓地等。

4. 他人医疗费用保险

这是比较有特色的条款，不论被保险人是否有责任，对于他人在保险场所

---

① 数据来源：http://www.chyxx.com/industry/201907/758120.html.

遭受意外人身伤害的合理医疗费用支出，保险公司都负责赔偿。比如说，他人在被保险人的院子里摔倒，那么不管是被保险人的责任还是他人自己不慎摔倒，保险公司都会负责伤者的医疗费用。

（二）个人超额责任保险

企业高级管理者、自由职业者、公众人物在因侵权行为导致他人人身伤害或财产损失而被起诉时，受害方往往会提出高额赔偿要求。这些人为了获得充分保障，在投保个人责任保险之后，还会购买个人超额责任保险，该险别的赔偿金额可以高达百万甚至千万美元，但也有一定的免赔额规定，通常是一万美元。

个人超额责任保险必须在基本的个人责任保险的赔偿金额用完之后，才可以使用。

（三）普通责任保险

美国的普通责任保险包含许多险别，提供的保障涵盖了除汽车、劳工和职业责任之外的几乎所有方面。主要有：

1. 建筑物所有人、店主和承租人责任保险。适用于公寓、宾馆、写字楼、影剧院、仓库等场所。

2. 制造商和承包商责任保险。除了提供保险场所的责任保险保障外，还承保被保险人的经营风险，并且对于承包商在保险场所以外施工造成的责任风险、保险场所发生火灾对临近建筑造成的财产损失都负责赔偿。

3. 综合普通责任保险。综合普通责任保险是以上各险别的综合，但又不是简单的合并。其承保范围除了上述责任外，还可以附加合同责任、医疗费用等。此外，保险公司还自动承保被保险人新购买的场所。同时允许被保险人对于保险责任范围进行取舍，以获得最适合自己的保障。

第三节　产品责任保险

一、产品责任与产品责任保险的含义

（一）产品责任的定义以及相关法律制度

1. 产品责任

产品的制造商、销售商、修理商因其制造、销售、修理的产品有缺陷而造成用户和消费者的人身伤害或财产损失，依法所应承担的经济赔偿责任即为产品责任。产品责任和产品质量责任是两个不同的概念。前者是一种民事侵权责任，焦点集中在是否因产品缺陷造成了他人的人身伤害和财产损失，而不是产品本身；后者是一种违约责任，即产品提供者因没有提供符合购买者要求的商品而需承担的责任，其焦点在于产品本身。

2. 产品责任保险

产品责任保险所承保的就是制造商、销售商、修理商所应承担的产品责任。

3. 产品责任法

产品责任法是指调整产品责任关系的法律规范的总和，即调整产品的制造商、销售商与因使用其产品遭受损害的消费者或用户之间法律关系的总和。产品责任法是建立良好的商品经济关系、维护消费者及公众权益的基本保证，也是产品责任保险的法律基础和先决条件。总体来讲，产品责任法所规范的产品责任关系，主要有以下几方面：

（1）产品制造者与用户或公众之间的民事责任关系；

（2）产品修配者与用户及公众之间的民事责任关系；

（3）产品销售者与用户及公众之间的民事责任关系；

（4）产品制造者与销售者之间的民事责任关系。

产品责任与各国的产品责任法律制度紧密相关，而产品责任保险所承保的又是产品责任，因此产品责任法律制度在产品责任保险中处于核心地位。

目前我国规范产品责任保险的民事法律法规主要有：《民法典》《产品质量法》《消费者权益保护法》《高法关于审理人身损害赔偿案件的司法解释》等。

小资料 10-2　《民法典》中有关产品责任的相关规定

第一千二百零二条　因产品存在缺陷造成他人损害的，生产者应当承担侵权责任。

第一千二百零三条　因产品存在缺陷造成他人损害的，被侵权人可以向产品的生产者请求赔偿，也可以向产品的销售者请求赔偿。

产品缺陷由生产者造成的，销售者赔偿后，有权向生产者追偿。因销售者的过错使产品存在缺陷的，生产者赔偿后，有权向销售者追偿。

（二）产品责任保险的发展

产品责任保险从产生到现在已经有 100 多年的历史。最初的承保对象基本集中在与人体健康密切相关的产品上，如食品、药品、生活用具等。随着科技的进步和人们生活水平的逐渐提高，产品责任保险所承保的产品也逐步扩展到纺织、机械、电子、石油化工、航空航天等领域。特别是从 20 世纪 70 年代以后，产品责任保险得到了迅速发展，其中尤以美国、西欧和日本发展最为迅猛。

这些国家的产品责任保险之所以发展迅速，除了经济发达以外，还在于其法律制度完善。美国是世界上产品责任保险最发达的国家，这里一个很重要的原因就是美国对产品责任有严格的规定，如 1972 年通过的《消费品安全法》，要求对可能造成严重伤害的消费品制定安全标准，并增加了受害人的赔偿标准。美国的大多数州对于产品责任采取无过错责任原则，即只要用户和消费者遭受了损害，制造商或销售商就要负责赔偿，并且不能引用销售合同下的免责条款；同时规定在损害发生的情况下，受害人既可以起诉产品的制造商也可以起诉零售商或其他有关方。因此，美国的制造商在没有投保产品责任保险或其他相关保险的情况下，是绝对不敢把自己的产品投放到市场上去的。另外由于产品的缺陷也包括指示上的缺陷，制造商们为了尽量减少不必要的赔偿案件发生，通常都把产品的使用说明详细地印在外包装上或附上详尽的使用说明书。也正因为如此，其他国家或地区的产品出口到美国也必须投保产品责任保险。

与美国不同，欧洲国家和日本采用的是疏忽责任原则，即受害者必须举证说明自己所遭受的损害是由于产品的制造商或销售商所提供的产品有缺陷而造成的，否则将得不到赔偿。

我国从 1980 年开始试办产品责任保险，这一方面是由于产品责任保险是改革开放、与国外进行贸易往来的必要条件（特别是销往美国的产品）；另一方面则是由于出口产品在国外一旦发生责任事故遭到起诉，就必须承担赔偿责任。为了转嫁可能的产品责任风险，国内企业也需要产品责任保险作保障。

随着我国经济的蓬勃发展和公民法律意识的不断增强，有关因产品缺陷导致消费者受到伤害以及受害方、致害方对簿公堂的报道不断出现。在这一背景下，从 20 世纪 80 年代开始，国内的保险公司开始面向国内企业销售产品责任保险。经过 30 年的努力，我国的产品责任保险已经初具规模，占据了一定的市场份额。但由于受社会环境和市场环境的影响，其规模和作用还远远不能满足高速发展的国民经济和日益增长的社会需要。

目前我国产品责任保险的业务规模还比较小。近几年，我国责任保险占整个非寿险业务的比重（不含汽车责任险）不足 7%，相比世界 17% 的平均水平还有很大差距，与欧美发达国家的差距则更大。而产品责任保险占整个财险业务的比重就更低了。并且一些产品的生产商或销售商把投保产品责任保险当作广告宣传的手段，以推销自己的产品为目的，很少向消费者提供诸如保险责任、保险期限、如何索赔的详细资料，消费者也无从了解相关的保险信息。这在某种程度上反映了在我国产品责任保险还没有真正成为企业发展的必须，产品责任保险市场的发展还有很长的路要走。

市场差距从积极意义上讲也是市场潜力。现在，我国不仅制造业的规模已名列世界前茅，并且已成为世界贸易大国，拥有上百种产量居"世界第一"的产品，如家用电器、钟表、微型电机、拖拉机、自行车、摩托车、集装箱、金属切削机床、电动工具、集成电路、电话机、移动电话、微型计算机等。而这些产品不管是出口到国外，还是在国内销售都存在着潜在的产品责任风险。由此不难看出，产品责任保险在我国存在着巨大的市场发展潜力。

二、产品责任保险的责任范围

（一）保险责任

1. 保障的责任

承保在保险期限内，被保险人因所生产、销售或修理的产品发生意外或偶然事故，造成产品的使用者、消费者或操作者或其他任何人的人身伤害、疾病、死亡以及财产损失，依法应承担的损害赔偿责任。但须注意：产品责任事故必须发生在制造、销售场所以外的地点。

2. 保障的费用

保险人负责被保险人为产品责任事故所支付的法律费用及其他经保险人事先同意支付的合理费用。这里的法律费用主要是指诉讼费用、律师费用、取证费用等。其他合理费用主要是指一些产品的制造商、销售商或修理商为了避免公开审理案件对企业声誉的影响，选择私下与受害人协商解决问题而支付的费用。在不损害保险人利益并事先征得保险人同意的情况下，保险人可以对该项费用进行补偿。

需要指出的是，那些由餐厅、宾馆自制的食品、饮料等所引起的产品责任风险，既可以作为公众责任保险的附加条款进行承保，也可以作为产品责任保险的附加责任承保或是使用专门的餐饮场所责任险予以承保。

（二）责任免除

对于因下列原因导致的产品责任，保险公司在一般情况下不会予以承保。

1. 根据合同或协议应该由被保险人承担的责任。由于保险人承担的是被保险人的法律赔偿责任，因此对于合同或协议责任不予承保。除非这种责任已经成为法律责任，保险人才会根据法院判决或法律规定予以负责。

2. 根据劳工法或雇主责任法或雇佣合同应由被保险人承担的对其员工的赔偿责任。这些责任应由雇主责任保险予以承保。

3. 被保险人所有、照管或控制之下的财产受到的损失，保险人不负责赔偿。这类损失可由普通财产保险予以保障。

4. 发生在制造或销售场所的产品责任事故。因产品的所有权尚未从制造商或销售商手中转移到用户或消费者手中，故该风险属于公众责任保险的承保范畴。

5. 被保险产品本身的损失以及被保险人因收回有缺陷产品发生的费用及损失。这类风险属于产品保证保险的范畴。

6. 被保险人故意违法生产造成的损失。如生产假冒伪劣产品或出售变质、过期食品等。

7. 未经检验的产品、经过检验但属于残次品、处理品等不合格产品所造成的损失和费用。

（三）责任限额

各种责任保险都有赔偿限额的规定，以控制保险人所承担的责任，保证保险人经营的财务稳定性。而产品责任保险赔偿限额的规定更显重要。这是因为某些产品包含的潜在风险很大，如食品、药品、化妆品等，其产品缺陷往往会导致消费者的集体索赔行动，没有哪一个保险公司敢于冒险签发一张无限额的保单。并且对于赔偿金额达数百万乃至上千万的产品责任保险，需要多家公司共同承保，即使是由一家公司承保也会将超过自身承保能力的部分转嫁给其他的保险人或再保险人。

产品责任保险的责任限额分为两种，一种是每次事故赔偿限额，另一种是保单期限内的累计赔偿限额。赔偿限额的大小由投保人与保险人协商，并在合同中写明。赔偿限额的高低取决于产品责任风险的大小，如食品的产品责任风险通常大于服装，销往美国的产品其赔偿限额要高于在国内销售的产品。

另外需要注意的是，与其他类别的责任险不同，产品责任险的责任限额只是厘定保费的系数，而非计算基础。产品责任险保费的计算基础为产品的预计年销售额，即产品责任险年保费＝预计年销售额×费率，限额的大小则是厘定费率的因素之一。由于产品责任险使用预计年销售额作为保费的计算基础，因此保费为预收保费，需要到保单期满时，根据实际的销售额重新对保费进行厘定。

三、美国的产品责任保险

（一）产品和完工责任保险

这类保险通常属于综合普通责任险的一部分，但也可以作为独立的保险产品销售。

1. 产品责任保险

在大多数情况下，产品责任是由生产者来承担的。但在美国由于销售商经常疏于对产品的使用作适当的说明，因此销售商所承担的责任越来越大。大的销售商会要求供货商投保产品责任保险。在通常情况下，供应商的产品责任保险对零售商有若干责任免除，并且有赔偿限额的规定；并且，受害的顾客一般都会选择对零售商提起诉讼，虽然零售商可以通过对制造商提起诉讼来获得损失的补偿，但这种诉讼不但要花费不少费用，而且还会对零售商的市场信誉造成损害，因此，零售商也需要产品责任保险。

产品责任保险的具体内容前文已经介绍过，故在此不再重复。

2. 完工责任保险

该保险对承包商和修理商在完工后因施工质量问题或修理问题造成他人人身伤害或财产损失承担赔偿责任，但是通常只承保在被保险人场所以外发生的人身伤害或财产损失。如高速公路承包商在完工后路面出现下陷，造成交通事故而引发的赔偿责任。那些远离自己场所的承包商和修理商经常使用这种保险，在完工责任保险中，保险人承担的财产损失赔偿责任通常比人身伤害责任更大。

（二）产品保证保险

产品保证保险承保被保险人因产品未能达到应有的性能而需要承担的赔偿责任。产品保证保险和产品责任保险是不一样的，两者区别明显，产品保证保险主要承保三方面的责任。

1. 因产品不合格需要更换或因局部质量问题需要修理而引起用户的费用开支和经济损失（不一定发生人身伤害或财产损失）。

2. 因产品不符合标准致使用户无法使用的损失，以及由此产生的额外费用。

3. 根据法院判决或行政命令，被保险人对其投放市场的产品中有严重缺陷或对人们的身体健康有重大威胁的产品进行召回、更换或修理而遭受的损失和费用。

产品保证保险所承担的风险属于经营风险，是产品责任保险不予承保的，由于风险较大，一般保险人不会轻易承保。即使承保，风险也需要进一步分散或与被保险人共担。

第四节 雇主责任保险

一、雇主责任保险概述

（一）雇主责任法与劳工赔偿法

雇主责任保险始于 19 世纪 80 年代初，是责任保险中开办较早的险种。随着工业革命的发展，工矿企业中的工伤事故越来越多，广大工人为了自身的合法权益不断地进行罢工。1850 年，英国对雇主责任法进行了修改，规定了"雇主必须履行的普通法义务"，使工人获得了最低限度的安全工作条件，也使受工伤工人获得赔偿有了法律基础。

早期的雇主责任保险采用的是过失责任原则，即只有证明雇主因过失行为导致雇员受到伤害，雇主才对雇员的伤害负责赔偿。而要证明雇主有过失，雇员需要承担举证责任，而这只能通过诉讼的方式。许多工人无力承担高额的律师费用，最终只能放弃向雇主索赔；并且即使工人有能力支付律师费用，打赢了官司，也常常由于律师要价过高而获赔不足。

大机器的采用，在促进了社会生产的同时，也使工伤事故激增。为了加速实现工业化并缓解社会矛盾，首先在欧洲出现了一种新的赔偿原则，即著名的"劳工赔偿原则"。制定劳工赔偿法的目的在于，通过法律形式明确规定雇主对其受雇人员所遭受的工伤须承担绝对责任，而不论雇主是否有过失，赔偿费用可以计入成本。劳工赔偿法的实施，使工人能够迅速获得赔偿，而不必再通过诉讼的方式。

最早的劳工赔偿法是德国于 1884 年在著名的"铁血首相"俾斯麦当政期间颁布实施的，1897 年英国也通过了类似的法律，到了 1910 年，欧洲国家大都实行了某种形式的劳工赔偿制度。美国于 1911 年在威斯康星州颁布了具法律效力的劳工赔偿法。现在，世界上有不少国家都把雇主责任保险定为强制保险。

在我国目前雇主责任保险开办的法律依据主要是：《民法典》《最高人民法院关于审理人身损害赔偿案件适用法律若干问题的解释》《工伤保险条例》《安

全生产法》《职业病防治法》《劳动法》等。

小资料 10-3   《安全生产法》中有关雇主责任的相关规定

第三章   从业人员的安全生产权利义务

第四十九条 生产经营单位与从业人员订立的劳动合同，应当载明有关保障从业人员劳动安全、防止职业危害的事项，以及依法为从业人员办理工伤保险的事项。 生产经营单位不得以任何形式与从业人员订立协议，免除或者减轻其对从业人员因生产安全事故伤亡依法应承担的责任。

第五十三条 因生产安全事故受到损害的从业人员，除依法享有工伤保险外，依照有关民事法律尚有获得赔偿的权利的，有权向本单位提出赔偿要求。

（二）雇主责任保险

雇主责任保险承保被保险人（雇主）的雇员在受雇期间从事业务时遭受意外导致伤残、死亡或患有与职业有关的职业病依法或依雇佣合同应由被保险人承担的经济赔偿责任。构成雇主责任保险的前提条件是雇主和雇员之间存在直接的雇佣合同关系，即双方的权利义务通过书面形式予以确定。雇主应承担的责任包括因其本身的故意行为、过失行为以及无过失行为所导致的雇员人身伤害赔偿责任。而雇主责任保险承保的是因雇主的过失与无过失行为所造成雇员的损害，即只要雇员在受雇期间受到伤害，除非是雇员的故意行为，否则雇主都要负责赔偿。

雇主责任险具有很强的社会属性，不但能有效降低企业主在遭遇员工工伤事故时所需担负的责任风险，还可以有力维护政府、企业和个人之间正常、有序的社会关系，提高政府公共管理效能。

二、雇主责任保险与其他保险的区别

（一）雇主责任保险与劳动保险

雇主责任保险和劳动保险虽然都可对劳动者提供保障，但却是属于两个不同层次和范畴的保险。雇主责任保险承保雇主对其雇佣人员在就业期间所遭受的人身伤害，根据法律规定所应承担的赔偿责任。其特点是不论雇主是否有过失，只要雇员在就业期间遭受人身伤亡，就应当按法律的规定予以赔偿；而劳动保险属于社会保险，是对企事业单位的职工在生育、养老、疾病、伤残、死亡等方面提供物质帮助的一种社会福利措施。

（二）雇主责任保险与人身意外保险

1. 雇主责任保险承保的是雇主的法律赔偿责任，标的是无形物；而人身意外保险承保的是被保险人自己的身体和生命，标的是有形物。

2. 雇主责任保险的被保险人虽是雇主，但客观上保障的是雇员（第三者）的利益，保险人与雇员之间没有保险关系；人身意外保险的保障对象是被保险人，保险人与被保险人有直接的合同关系。

3. 雇主责任保险所保障的雇员必须与雇主之间存有雇佣合同；人身意外保险在办理保险时没有特别规定，只要是自然人均可投保。

4. 雇主责任保险承保的是雇员在执行工作任务时所遭受的人身伤害，或因患有与业务有关的职业性疾病所致伤残与死亡；而人身意外保险则不论自然人是否在工作或执行任务期间，只要遭受了意外伤害，保险人就需承担赔偿责任，但不负责因职业性疾病引起的伤残或死亡及医药费用，以免发生保障范围的重叠，使受害人获得额外利益。

综上，就因公造成的雇员伤残或死亡的情形而言，如果企业投保了雇主责任险的同时员工拥有人身意外保险，则员工可以同时获得来自雇主责任险的赔偿和来自人身意外险的赔偿。由于人身保险没有重复保险的概念，因此人身意外险的赔付并不能抵消雇主应负的法律责任。

三、雇主责任保险的责任范围

（一）保险责任

雇主责任保险的保险责任通常包括以下两项内容。

1. 赔偿金。这里的赔偿金是指，被保险人所雇佣的员工在保险有效期内，在受雇过程中，从事规定的与被保险人业务有关的工作时，遭受意外而致伤残、死亡或患有与职业有关的疾病所致伤残或死亡，被保险人根据雇佣合同应承担的医疗费及经济赔偿金。上述被保险人所雇佣的员工，包括短期工、临时工、季节工和徒工。

2. 应当支出的其他合理费用。包括必要的诉讼费用、律师费用、取证费用以及抗辩费用等。

在具体的保险合同中可以根据合同双方的实际情况，进行必要的修订和调整。

（二）责任免除

雇主责任保险的责任免除主要有以下几项。

1. 战争、类似战争行为、叛乱、罢工、暴动或由于核子辐射所致的雇员伤残、死亡或疾病。

2. 雇员由于疾病、传染病、分娩、流产以及因这些疾病而施行内外科手术所致的伤残或死亡。但是，如果被保险人要求扩充这一责任时，保险人也可以在加收保费的情况下承保。

3. 由于雇员自行伤害、自杀、犯罪行为、酗酒及无照驾驶各种机动车辆所致的伤残或死亡。

4. 被保险人的故意行为或重大过失。

5. 被保险人对其承包商雇佣的员工的责任。由于承包人的雇员与被保险人是间接的雇佣关系，应当由承包人负责其员工的保障，因此应作为责任免除。但是，在某些承包合同中，明确规定项目所有人须对承包人的雇员负责，此时尽管被保险人与其承包商的雇员是间接雇佣关系，但保险人亦可以加费承保。

（三）赔偿限额

赔偿限额是雇主责任保险人承担赔偿责任的最高限额，通常有两种形式，一种是直接限额制，即保险人与被保险人约定每人赔偿限额。费率由工种和工作环境确定，再乘以每人赔偿限额计收保费；另一种为年工资总额制，即以雇员工资收入为依据，由保险双方当事人在签订保险合同时确定并载入保险合同。雇主责任保险的赔偿限额按雇员若干个月的工资计算，具体的赔付金额要依每个雇员的月均工资收入及受伤害程度来确定。赔偿限额的计算公式为：

赔偿限额＝雇员月均工资收入×规定月数

年工资总额制这种限额约定方式更适用于收入水平差距较大的企业，保费厘定时通常用公司的年工资总额乘以固定费率，工种对于费率的影响较直接限额制要小。

（四）保险期限

雇主责任保险的保险期限通常为一年，期满可续保。但如限于某些特殊的雇佣合同期限的需要，雇主也可以按照实际的雇佣期限投保不足一年或一年以上的长期雇主责任保险。如果保险期限为两年或两年以上，保险费应每年计收，以保证财务核算与保险人所承担的年度责任风险相匹配。

（五）常用扩展条款

1. 不计工伤条款

由于雇主责任险与工伤保险的保障范围有重合之处，因此在企业同时办理了工伤保险又投保了雇主责任险的情况下，可能会存在赔偿责任分摊的问题，但是这样一来，雇主责任险的赔偿力度会被大幅削弱。为了体现商业保险的补偿性质，可以加贴不计工伤条款，即不论工伤保险是否赔付，保险人依然会按照保单约定进行赔偿，从而使得被保险人从雇主责任险的保单项下获得足额的保障。

2. 24 小时人身意外伤害扩展条款

雇主责任险的主险条款通常仅保障在工作地点及上下班途中雇员遭受的意外伤害，而随着社会的发展，越来越多的工作岗位实现了远程办公和移动办公，办公地点从传统的办公室扩展到了住所、咖啡厅、酒店等场所。为了给被保险人提供更全面的保障，避免在理赔时由于雇员未处于办公室而发生纠纷，可以加贴这一扩展条款，将保障范围从办公室扩展至与工作相关的场所。

四、其他国家与地区的雇主责任保险

雇主责任保险在工业化国家与地区十分发达，但由于各国与地区的法律制度不同，因此有关雇主责任保险的规定也不尽相同。

（一）英国的雇主责任保险

英国在雇主责任方面的法律法规十分全面，除了《1969 年雇主责任（强制保险）法》之外，还有《1971 年雇主责任（强制）保险条例》及其豁免条例，以及《1975 年雇主责任条例》，这些法律和条例对投保人、承保条件、投保规则以及理赔、索赔等都作了详细的规定。

英国的雇主责任保险虽然是强制保险，但政府并不负责具体的投保、理赔等责任，经营权依然在商业保险公司手里。此外，英国规定雇主责任有绝对责任和过失责任之分，绝对责任是依劳工法律的规定，由劳工赔偿保险予以保障，带有社会保障的性质；而过失责任则属雇主责任保险的保障范围。

（二）日本的雇主责任保险

日本的雇主责任保险实际上由两部分组成：一部分是政府举办的雇主责任保险，以《劳工标准法》为基础，按绝对责任原则强制投保；另一部分是商业保险机构开办的雇主责任保险，承保雇主依民法或雇佣合同对雇员应负的超过政府强制保险赔偿标准以上的赔偿责任。其主要特点如下。

1. 强制与自愿相结合

即依据《劳工法》雇主应承担的责任强制投保；依民法和雇佣合同承担的责任自愿投保。

2. 基本保障与超额保障相结合

《劳工法》规定的赔偿标准只是法定的雇主对雇员基本权益的保障，但是

雇员的损失赔偿通常是法院依据民法和雇佣合同来裁决的，往往会超过法定标准，这样超额部分就需要超额保障才能更好地维护雇员的权益。

3. 两种归责原则并存

强制性雇主责任保险按照绝对责任原则办理；而商业保险公司开办的雇主责任保险则以过失责任为原则，对于雇主的故意行为或雇主无过失情况下雇员受到的伤害，保险公司一般不予赔偿。

（三）我国香港地区的雇主责任保险

香港地区没有专门的雇主责任立法，雇主责任保险的法律依据主要是《劳工赔偿条例》和《雇佣条例》以及《劳资关系条例》。因此香港地区的雇主责任保险是把雇主责任保险和劳动赔偿保险合并起来，使香港地区的雇主责任保险兼具雇主责任保险和劳工保险的特点。

也正是由于这种合并的做法，香港地区的雇主责任采用绝对责任原则，甚至在雇主没有对雇员尽到解释说明责任义务的情况下，也会被处以高额罚款。

五、安全生产责任险

安全生产责任险是雇主责任险的派生险种，主要承保被保险人的从业人员遭受安全生产责任事故从而导致伤残或死亡，应由被保险人承担的法律赔偿责任。安全生产责任险与雇主责任险的最大区别为，安全生产责任险的保险事故认定的前提是需要安全生产监督管理部门认定该事故为生产安全事故，而雇主责任险无需这一认定。由于生产安全事故（例如爆炸等）往往还会导致第三者受伤死亡或财产受损，因此目前在实务操作中，往往将安全生产责任险的保障范围扩展至承保第三者的人身伤亡和财产损失。

在2014年修订的《安全生产法》第四十八条中规定国家鼓励生产经营单位投保安全生产责任保险。而在2017年底，国家安全监管总局、中国保监会和财政部联合印发了《安全生产责任保险实施办法》，其中规定煤矿、危险化学品等九个高危行业需要强制投保安全生产责任险。随着制度的规范，目前各省市安全生产责任险的统保也在有序推进中。

第五节 职业责任保险

一、职业责任保险概述

职业责任保险虽然已经有 100 多年的历史了，但直到 20 世纪 60 年代以前其发展还比较缓慢。随着经济的飞速发展，因职业过失引起的诉讼案件日渐增多，专业技术人员面临着前所未有的风险。为转嫁风险，故纷纷求助于职业责任保险。在此背景下职业责任保险得以以较快的速度发展起来，由最初的单一医疗失职保险发展到包括医生、护士、药剂师、美容师、律师、会计师、工程师、保险经纪人和代理人、公司董事等在内的数十种不同的职业责任保险。

（一）职业责任

职业责任是指从事各种专业技术工作的法人或自然人因工作上的失误造成他人的人身损害或财产损失，依法应承担的经济赔偿责任。如医生在治疗过程中因对病人病情的判断错误、手术操作失误或用药错误等给病人造成的人身伤害或费用损失；建筑设计师由于设计失误，使承建的建筑项目发生重大问题造成损失；因保险经纪人的失误导致被保险人的损失；等等。依照法律规定，职业技术人员在履行自己的职责过程中，凡因疏忽行为、遗漏过失行为而造成他人的损失和伤害，都要承担相应的经济赔偿责任。

在现代生活、工作中，职业责任事故是不以人的主观意志为转移的，是不可能绝对避免的。虽然职业责任事故是人为因素所造成，但也同自然风险一样具有客观性、偶然性等特点。因此，人们既要采取各种积极的预防措施，加强工作责任心，同时还要采取积极的善后措施，转嫁、分散、控制风险，以减少纠纷和保障受害方的经济利益。

各种专业技术人员可通过投保职业责任保险，来转嫁自己可能因疏忽、过失行为造成他人损害而依法应承担的经济赔偿责任。

（二）职业责任保险

职业责任保险承保各种专业技术人员因工作上的疏忽或过失造成他人人身伤害或财产损失而依法应承担的经济赔偿责任。一般由提供各种专业技术服务的单位（如医院、设计院、律师事务所、会计师事务所等）投保，适用于医生、药剂员、设计院、律师、会计师等专业技术工作者。如果是个体专业技术人员如私人诊所医生等，则只能投保单独的个人职业责任保险，其承保条件和普通职业责任保险相比有很大的区别。

（三）职业责任保险的种类

按照不同的划分方式，职业责任保险可作如下划分。

1. 以投保人为依据

可分为普通职业责任保险和个人职业责任保险。普通职业责任保险的投保人是单位，以在投保单位工作的个人为保障对象；个人职业责任保险的投保人是个人，以投保人自己为保障对象。

2. 以承保方式为依据

可划分为以索赔为基础的职业责任保险和以事故发生为基础的职业责任保险。

3. 以被保险人从事的职业为依据

可划分为医疗责任保险、律师责任保险、会计师责任保险、建筑师责任保险、设计师责任保险等。

二、职业责任保险的责任范围

由于职业类别多如牛毛，且不同的职业差别很大，因此，职业责任保险不可能像公众责任保险那样有统一的格式和保单条款、统一的责任范围，而需要针对不同的职业设计不同的保险条款。但总体说来，职业责任保险还是有一些共同的地方。

（一）保险责任

有关职业责任保险的保险责任范围，各国通常在保险条款中会作如下规定："根据本保单规定的条件、除外责任和赔偿限额，对由于被保险人或其从事该业务的前任或其任何雇员或从事该业务的雇员的前任，在任何时候、任何地方从事该业务时，由于疏忽行为、错误或失职而违反或被指控违反职业责任所致的损失，在本保单有效期内，向被保险人提出的任何索赔，保险人同意给予赔偿。"

根据上述条款，职业责任保险的保险责任可概括为以下两项。

1. 被保险人、被保险人的从事该业务的前任、被保险人的雇员及从事该业务的雇员的前任，因职业上的疏忽、错误或失职行为而造成他人的损失，依法应承担的经济赔偿责任。

2. 因赔偿纠纷引起的诉讼抗辩费用及经保险人同意的有关费用。

（二）责任免除

职业责任保险的责任免除项目一般包括如下几种。

1. 因文件的灭失或损坏引起的任何索赔。当然，经过特别约定后该项责任也可以特约承保，但必须加收保费。

2. 因被保险人、被保险人从事该业务的前任、被保险人的雇员及从事该业务的前任的隐瞒、欺诈、故意或犯罪行为所引起的任何索赔。

3. 被保险人在投保时或在保险有效期间，不如实向保险人履行告知义务而引起的任何索赔。如所使用药物将要过期、建筑工地地下情况复杂等。

4. 因被保险人被指控有对他人诽谤或恶意中伤行为而引起的索赔。如公证人员不真实公证导致纠纷、记者利用职务之便诽谤他人等，这些行为违背社会公德及有关法律，因此保险人不负责赔偿。但经过特别约定，保险人也可以承保，不过被保险人的故意行为仍必须排除在外。

5. 职业责任事故造成的间接损失或费用（法律诉讼费用及经保险人事先同意支付的费用除外）。如因设计师提供的图纸有缺陷，导致施工单位不能如期施工所致利润损失，保险公司不负责赔偿。

此外，因雇员的不诚实行为使他人受到的损害应由被保险人负责的，一般也不能作为保险责任承保。但是，被保险人可以特别要求把该风险作为职业责任保险的附加责任，列入保险单。这里需要指出的是，该扩展责任与雇员忠诚保险不能混为一谈，因为其承保的是雇员对他人造成的伤害，而雇员忠诚保险承保的是因雇员的不诚实行为使被保险人受到的损失。

（三）赔偿限额

在职业责任保险中，保险人一般规定一个累计赔偿限额，而不是规定每次事故的赔偿限额，但也可以仅规定每次索赔或每次事故限额而不规定累计赔偿限额。

（四）保险费率及保险费

职业责任保险费率的确定难度较高，且十分复杂，这也是职业责任保险发展相对缓慢的原因之一。保险人需根据不同职业的特点及风险状况，制定出不同的保险费率，以满足不同专业技术人员的投保需要。在制定保险费率时，应考虑以下几种共性因素。

1. 被保险人及其雇员所从事的专业技术工作的种类；

2. 被保险人的工作场所及工作单位的盈亏状况；

3. 被保险人每年提供的专业技术服务的业务数量、业务规模、服务对象的多寡；

    4. 被保险人及其雇员的专业技术水平；

    5. 被保险人及其雇员的工作责任心和个人品质；

    6. 被保险人职业责任事故的历史统计资料及索赔处理情况；

    7. 赔偿限额的高低。

    在计算保险费时，应选择与投保职业相对应的保险费率，并根据所投保职业特点，作相应的调整。

三、职业责任保险的主要险别

    在实际生活中，人们所接触到的是具体的职业责任保险种类，如前所述，职业责任保险可以按被保险人所从事的职业划分成医疗责任保险、律师责任保险、会计师责任保险、建筑师责任保险、设计师责任保险等。这种划分方式是保险人确定承保条件及保险费率的主要依据。

（一）医疗责任保险

    医疗责任保险，也叫医生失职保险，承保医务人员由于医疗事故而致病人死亡或伤残、病情加剧、痛苦增加等，受害者或其家属依法要求赔偿的经济赔偿责任。医疗责任保险，是职业责任保险中历史最长，也是占主导地位的险种。

（二）律师责任保险

    律师责任保险承保被保险人因在职业服务中发生的一切疏忽行为、错误或遗漏过失行为而造成第三者的人身伤害或财产损失，依法应承担的经济赔偿责任。近年来，律师责任保险需求在国外呈增长趋势，但能够开展律师责任保险的保险公司却仍是少数，因为这种保险复杂、保费高昂，并且缺乏精通业务的代理人和经纪人。

（三）建筑、工程技术人员责任保险

    建筑、工程技术人员责任保险主要承保建筑、工程技术人员在职业工作中因疏忽或过失行为造成合同对方或其他法人及自然人的人身伤害或财产损失，依法应承担的经济赔偿责任。这里的职业工作在目前国内市场上通常指设计和勘察，而不包括施工过程中工人的操作不当行为。

（四）注册会计师责任保险

    注册会计师的主要职责是评估企业经营状况、评判企业资信实力、提供资信证明，另外还承担着为企业经营者的经营决策、投资者的投资决策及政府政策的制定提供相应的依据等责任。可见，注册会计师的责任范围涉及面广，风险也很高。注册会计师责任保险逐渐发展成为职业责任保险的独立险种。

按照国际惯例，注册会计师责任保险承保被保险人因疏忽、过失造成他人损失而依法承担的经济赔偿责任（包括损失金额和法律费用）。这里的责任不仅指被保险人自己的责任，还包括被保险人的前任、被保险人的雇员及该雇员的前任因疏忽或过失造成他人的财产损失而依法承担的经济赔偿责任。这种赔偿责任仅限于经济损失，不包括人身伤害和死亡。

目前在西方发达国家，注册会计师保险已被许多国家列入强制保险的范围，世界著名的五大会计师事务所每年购买保险的金额占到了其营业收入的8%，约有几亿美元，足见国外业界对注册会计师责任险的重视。

（五）保险中介职业责任保险

在保险行业，因为投保人与保险人之间存在信息不对等，所以催生出了保险中介这一行业。保险中介又可以细分为保险经纪人和保险代理人，二者的差别在于：保险经纪人为客户的代理人，代表客户向保险公司进行询价；而保险代理人，顾名思义，是在代表保险公司销售保险产品。以上二者虽然立场不同，但是在工作过程中均涉及充分了解投保人的信息和需求，为投保人定制保险方案这一环节。保险中介职业责任保险主要承保的就是这一环节的风险。

从 2015 年起，保险经纪机构和保险专业代理机构相关监管规定中均对这二者购买职业责任险进行了约定，而 2018 年新的《保险经纪人监管规定》中又对保险经纪公司购买职业责任险的限额进行了更加明确的规定，这也可以看出监管机构对这一险种的重视和这一险种的重要性。

（六）董事及高级管理人员责任险

董事及高级管理人员责任保险主要承保公司中有管理职能的雇员在行使管理职能的过程中因不当行为导致第三者的经济损失，应由其承担的民事赔偿责任。由于董事及高级管理人员责任保险承保的也是董事及高级管理人员在履职过程中的不当行为，因此也可以算是一类特殊的职业责任险。随着新《中华人民共和国证券法》的施行，董事及高级管理人员在履职过程中的风险敞口不断增大，董事及高级管理人员责任保险在国内的普及度有了显著的提升，A 股市场的投保率从不足 10% 提升至约 20%，但是还有相当大的上升空间。

（七）其他职业责任保险

在国外，还流行以下职业责任保险种类：美容师责任保险；药剂师责任保险；教育工作者责任保险；退休人员责任保险；等等。

其中，退休人员责任保险承保已退休的各种专业技术人员的职业责任，它实质上是对被保险人在职期间职业责任保险的延续，保险责任为退休专业技术人员在退休前可能发生的职业赔偿责任，适用于律师、会计师、建筑师、股票经纪人等各种专业技术人员。

此外，还有保险统计员、政府官员责任保险等其他种类，这里不再赘述。

第六节　环境污染责任保险

一、环境污染责任保险概述

第二次工业革命之后，随着化石燃料的大规模使用，工业生产对环境的破坏越来越大。在 1952 年伦敦烟雾事件之后，人们的环保意识才渐渐觉醒。1956年，英国政府颁布了世界上第一部现代意义上的空气污染防治法——《清洁空气法案》。而到了 20 世纪 70 年代后，环保浪潮席卷了所有西方发达工业国家，一系列环境保护法案纷纷出台。为了遏制日益严重的工业污染，各国都对环境污染行为进行了严格约定，给予严厉的处罚。因此，企业主迫切需要将污染责任风险进行转嫁，环境责任保险也因此兴起。在工业化、城市化加速发展的阶段，我国已经进入环境风险的高发期，采取科学有效的综合手段解决环境问题迫在眉睫。建立环境污染责任保险制度，不仅能够促进企业加强风险管理，增强安全防范措施，还能够监督企业的生产行为，控制污染排放，降低污染风险。更重要的是，该制度能够在污染事故发生之后，通过保险公司及时有效地赔付，实现尽快污染清理，维护社会稳定。

（一）环境污染责任保险

环境污染责任保险主要保障被保险人在依法从事生产经营活动过程中，由于突发的意外事故导致有毒有害物质的排放、泄露、溢出、渗漏造成保险合同列明的承保区域内的第三者遭受人身伤亡或直接财产损失，应由被保险人承担的经济赔偿责任。

（二）环境污染责任保险的法律依据

我国环境污染责任的主要法律框架由《民法典》《环境保护法》《水污染防治法》《海洋环境保护法》等法律组成。

小资料 10-4　环境污染责任保险的法律依据

《民法典》

第一千二百二十九条　环境污染责任的归责原则：因污染环境、破坏生态造成他人损害的，侵权人应当承担侵权责任。

第一千二百三十条　因果关系的推定：因污染环境、破坏生态发生纠纷，行为人应当就法律规定的不承担责任或者减轻责任的情形及其行为与损害之间不存在因果关系承担举证责任。

第一千二百三十一条　数人环境污染责任：两个以上侵权人污染环境、破坏生态的，承担责任的大小，根据污染物的种类、浓度、排放量，破坏生态的方式、范围、程度，以及行为对损害后果所起的作用等因素确定。

第一千二百三十三条　第三人过错污染环境的赔偿责任：因第三人的过错污染环境、破坏生态的，被侵权人可以向侵权人请求赔偿，也可以向第三人请求赔偿。侵权人赔偿后，有权向第三人追偿。

《环境保护法》

第五十二条　国家鼓励投保环境污染责任保险。

《海洋环境保护法》

第八十九条　造成海洋环境污染损害的责任者，应当排除危害，并赔偿损失；完全由于第三者的故意或者过失，造成海洋环境污染损害的，由第三者排除危害，并承担赔偿责任。对破坏海洋生态、海洋水产资源、海洋保护区，给国家造成重大损失的，由依照本法规定行使海洋环境监督管理权的部门代表国家对责任者提出损害赔偿要求。

按照上述法律规定，企业在生产经营过程中，有承担环境污染赔偿责任的风险。因此有必要投保环境污染责任保险。但需要注意的是，环境污染责任险仅承保发生环境污染责任事故时导致的对第三者的人身伤害或财产损失的赔偿责任。而由于对自然资源和生态环境的损害责任难以量化，因此不涵盖在保单的保障范围之内。

二、环境污染责任保险的责任范围

（一）保险责任

环境污染责任保险保障范围一般由三部分组成。

1. 第三者责任

被保险人在保险单中列明的承保地点内，依法从事生产经营活动过程中，由于在承保地点内突发的意外事故导致有毒有害物质的排放、泄露、溢出、渗漏造成保险合同列明的承保区域内的第三者遭受人身伤亡或直接财产损失，并被县级以上环境保护行政主管部门认定为环境污染责任事故，由受害人或赔偿权利人在保险期间内首次向被保险人提出损害赔偿请求，依照中华人民共和国法律（不包括香港特别行政区、澳门特别行政区及台湾地区法律）应由被保险人承担经济赔偿责任的，保险人按照保险合同的约定负责赔偿。

其中需要注意的是，保单仅承保突发的意外事故。所谓突发的意外事故必须要具备四个条件，即：突发的、非本意的、不可预料的、非渐进的。

2. 清污费用

被保险人因发生保险事故依照中华人民共和国法律（不包括香港、澳门及台湾地区法律）需对承保区域内的第三者场所进行清理而支出的合理的、必要的清污费用和施救费用。

其中，清污费用指调查、检测、清除、处理、中和、控制污染损害至环境法律要求的程度，由此发生的费用。施救费用指发生意外事故后，被保险人为了控制污染物的扩散，尽量减少对第三者的损害，或为了抢救第三者的生命、财产所发生的合理、必要的费用。

3. 法律费用

保险事故发生后，被保险人因保险事故而被提起仲裁或者诉讼的，应由被保险人支付的仲裁或诉讼费用以及其他必要的、合理的费用。

（二）责任免除

环境污染责任险的责任免除项目一般包括以下几方面。

1. 绝对除外：投保人、被保险人或投保人、被保险人的雇佣人员的故意行为或重大过失行为；战争、敌对行动、军事行为、武装冲突、罢工、骚乱、暴动、恐怖活动、盗窃、抢劫。

2. 核风险：核反应、核辐射、核爆炸及其他放射性污染。核风险属于特殊的风险，通常由专门的险种进行承保。

3. 渐进、难以归责或不良后果显现时间较迟的风险：光电、噪声污染；自然灾害；硅、石棉、转基因物质及其制品引起的索赔；微生物质导致的污染损失；应用于或附着于任何建筑及其他结构的铅质涂料（该项除外责任不适用于在土壤或地下水中的铅质涂料）；被保险人生产流程本身固有原因导致的污水、废气、固体废弃物等污染物排放；井喷；污染状况的首次发生是在承保地点已被被保险人有偿转让、弃置、赠予或被查封之后的污染事故；任何源自承保区域内地下储罐的污染事故；行政行为或司法行为；被保险人未能在保险事故发生后的 72 小时内发现的损失、费用和责任；累进式、渐变式环境污染责任事故造成的损失。

（三）责任限额

环境污染责任保险合同一般设置每次事故第三者责任限额、每次事故清污费用责任限额、累计责任限额、每次事故法律费用责任限额和累计法律费用责任限额。每次事故第三者责任限额还可以细分为每次事故人身伤亡责任限额、每次事故每人财产损失责任限额和每次事故每人医疗费用责任限额。

三、其他国家与地区的环境污染责任保险

（一）美国

美国的环境污染责任保险又称污染法律责任保险，包括两类：一是环境损害责任保险，以约定的限额承担被保险人因其污染环境，造成邻近土地上的任何第三人的人身损害或财产损失而发生的赔偿责任；二是自有场地治理责任保险，以约定的限额为基础，承担被保险人因其污染自有或者使用的场地而依法支出的治理费用。美国的保险人一般只对非故意的、突发性的环境污染事故所造成的人身、财产损害承担保险责任，对企业正常、累积的排污行为所致的污染损害也可予以特别承保。美国针对有毒物质和废弃物的处理所可能引发的损害赔偿责任实行强制保险制度。

（二）欧洲

德国环境污染责任保险采取强制责任保险与财务保证或担保相结合的制度。德国《环境责任法》规定，存在重大环境责任风险的"特定设施"的所有人，必须采取一定的预先保障义务履行的措施，包括与保险公司签订损害赔偿责任保险合同，或由州、联邦政府和金融机构提供财务保证或担保。该法直接以附件方式列举了"特定设施"名录。名录覆盖了关系国计民生的所有行业，对于高环境风险的"特定设施"，不管规模和容量如何，都要求其所有者投保环境责任保险。法国和英国的环境污染责任保险是以自愿保险为主、强制保险为辅。一般由企业自主决定是否就环境污染责任投保，但法律规定必须投保的则强制投保。

在西方发达国家，环境责任保险已经成为责任保险的重要组成部分，并呈现出了强大的生命力，促进了生态经济的发展。

附一　××保险公司公众责任保险条款

总则

第一条 本保险合同由保险条款、投保单、保险单、保险凭证以及批单组成。凡涉及本保险合同的约定，均应采用书面形式。

第二条 投保人提出保险要求，经保险人同意承保，保险合同成立。保险合同自书面约定的保险起始日起生效。若投保人未及时足额缴纳保险费，保险人不承担保险责任。

第三条 中华人民共和国境内的党政机关、各类企业、事业单位、社会团体、个体经济组织以及其他组织均可投保本保险，作为本保险合同的被保险人。

保险责任

第四条 在保险期间内，被保险人在本保险合同列明的承保区域内从事本保险合同列明的经营或管理活动时，因过失导致意外事故，造成第三者的人身伤亡和/或财产损失，依照中华人民共和国法律（不包括港澳台地区法律）应由被保险人承担的经济赔偿责任，保险人按照本保险合同约定负责赔偿。

第五条 保险事故发生后，被保险人因保险事故而被提起仲裁或者诉讼的，对应由被保险人支付的仲裁或诉讼费用以及事先经保险人书面同意支付的其他必要的、合理的费用（以下简称"法律费用"），保险人按照本保险合同约定也负责赔偿。

责任免除

第六条 下列原因造成的损失、费用和责任，保险人不负责赔偿：

（一）投保人、被保险人及其代表的故意行为和重大过失行为；

（二）战争、类似战争行为、敌对行动、军事行为、武装冲突、罢工、骚乱、暴动、恐怖活动、谋反、政变和恶意行为；

（三）核辐射、核爆炸、核污染及其他放射性污染；

（四）大气污染、土地污染、水污染及其他各种污染；

（六）火灾、地震、爆炸、洪水、烟熏；

（七）对于未载入本保险合同而属于被保险人的或其所占有的或以其名义使用的任何牲畜、脚踏车、车辆、火车头、各类船只、飞机、电梯、升降机、自动梯、起重机、吊车中其他升降装置；

（八）有缺陷的卫生装置或任何类型的中毒或任何不洁或有害的食物或饮料；

（九）由被保险人作出的或认可的医疗措施或医疗建议。

第七条　下列损失、费用和责任，保险人不负责赔偿：

（一）被保险人或其雇员的人身伤亡及其所有或管理或控制的财产的损失；

（二）被保险人或其雇佣人员因经营业务一直使用和占用的任何物品、土地、房屋或建筑的损失；

（三）被保险人应该承担的合同责任，但无合同存在时仍然应由被保险人承担的经济赔偿责任不在此限；

（四）由于震动、移动或减弱支撑引起任何土地、财产、建筑物的损坏责任；

（五）罚款、罚金及惩罚性赔偿；

（六）本保险合同中载明的免赔额或按本保险合同载明的免赔率计算的免赔额。

第八条　其他不属于本保险责任范围内的损失、费用和责任，保险人不负责赔偿。

责任限额与免赔额（率）

第九条　责任限额包括每次事故责任限额、每人人身伤亡责任限额和累计责任限额，由投保人与保险人协商确定，并在保险合同中载明。

第十条　每次事故免赔额（率）由投保人与保险人在签订保险合同时协商确定，并在保险合同中载明。

保险期间

第十一条　除另有约定外，保险期间为一年，以保险单载明的起讫时间为准。

保险人义务

第十二条　本保险合同成立后，保险人应当及时向投保人签发保险单或其他保险凭证。

第十三条　保险人按照第二十三条的约定，认为被保险人提供的有关索赔的证明和资料不完整的，应当及时一次性通知投保人、被保险人补充提供。

第十四条　保险人收到被保险人赔偿保险金的请求后，应当及时作出核定；情形复杂的，应当在被保险人完整提供保险人所要求的其所能提供的有关证明和资料之日起三十日内作出核定。

保险人应当将核定结果通知被保险人；对属于保险责任的，在与被保险人达成赔偿保险金的协议后十日内，履行赔偿保险金义务。本保险合同对赔偿保险金的期限有约定的，保险人应当按照约定履行赔偿保险金的义务。保险人依照前款的规定作出核定后，对不属于保险责任的，应当自作出核定之日起三日内向被保险人发出拒绝赔偿保险金通知书，并说明理由。

第十五条 保险人自收到赔偿保险金的请求和有关证明、资料之日起六十日内，对属于保险责任的、但其赔偿保险金的数额不能确定的，应当根据已有证明和资料可以确定的数额先予支付；保险人最终确定赔偿的数额后，应当支付相应的差额。

投保人、被保险人义务

第十六条 订立保险合同，保险人就保险标的或者被保险人的有关情况提出询问的，投保人应当如实告知。

投保人故意或者因重大过失未履行前款规定的如实告知义务，足以影响保险人决定是否同意承保或者提高保险费率的，保险人有权解除保险合同。

前款规定的合同解除权，自保险人知道有解除事由之日起，超过三十日不行使而消灭。

投保人故意不履行如实告知义务的，保险人对于合同解除前发生的保险事故，不承担赔偿保险金的责任，并不退还保险费。

投保人因重大过失未履行如实告知义务，对保险事故的发生有严重影响的，保险人对于合同解除前发生的保险事故，不承担赔偿保险金的责任，但应当退还保险费。

保险人在合同订立时已经知道投保人未如实告知的情况的，保险人不得解除合同；发生保险事故的，保险人应当承担赔偿保险金的责任。

第十七条 除另有约定外，投保人应当在保险合同成立时交清保险费。投保人未及时足额缴纳保险费，保险人有权解除合同并追究投保人的违约责任。

第十八条 被保险人应努力做到选用可靠的、认真的、合格的工作人员并且使拥有的建筑物、道路、工厂、机械、装修和设备处于坚实、良好可供使用的状态，并严格遵守国家有关消防、安全、生产操作、劳动保护等方面的规定，加强管理，采取合理的预防措施，尽力避免或减少责任事故的发生。同时，应遵照国家法律法规以及政府相关部门的要求，对已经发现的缺陷应予立即修复，并采取改进措施以防止发生事故。

保险人可以对被保险人遵守前款约定的情况进行检查，向投保人、被保险人提出消除不安全因素和隐患的书面建议，投保人、被保险人应该认真付诸实施。

投保人、被保险人未按照约定履行上述安全义务的，保险人有权要求增加保险费或者解除合同。

第十九条 在保险合同有效期内，保险标的的危险程度显著增加的，被保险人应当按照合同约定及时通知保险人，保险人可以按照合同约定增加保险费或者解除合同。保险人解除合同的，应当将已收取的保险费，按照合同约定扣除自保险责任开始之日起至合同解除之日止应收的部分后，退还投保人。

被保险人未履行前款约定的通知义务的，因保险标的的危险程度显著增加而发生的保险事故，保险人不承担赔偿保险金的责任。

第二十条　知道意外事故发生后，被保险人应该：

（一）尽力采取必要、合理的措施，防止或减少损失，否则，对因此扩大的损失，保险人不承担赔偿责任；

（二）及时通知保险人，并书面说明事故发生的原因、经过和损失情况；故意或者因重大过失未及时通知，致使保险事故的性质、原因、损失程度等难以确定的，保险人对无法确定的部分，不承担赔偿责任，但保险人通过其他途径已经及时知道或者应当及时知道保险事故发生的除外；

（三）保护事故现场，允许并且协助保险人进行事故调查。对于拒绝或者妨碍保险人进行事故调查导致无法确定事故原因或核实损失情况的，保险人对无法确定或核实的部分不承担赔偿责任。

第二十一条　被保险人收到第三者的损害赔偿请求时，应立即通知保险人。未经保险人书面同意，被保险人对第三者及其代理人作出的任何承诺、拒绝、出价、约定、付款或赔偿，保险人不受其约束。对于被保险人自行承诺或支付的赔偿金额，保险人有权重新核定，不属于本保险责任范围或超出应赔偿限额的，保险人不承担赔偿责任。在处理索赔过程中，保险人有权自行处理由其承担最终赔偿责任的任何索赔案件，被保险人有义务向保险人提供其所能提供的资料和协助。

第二十二条　被保险人获悉可能发生诉讼、仲裁时，应立即以书面形式通知保险人；接到法院传票或其他法律文书后，应将其副本及时送交保险人。保险人有权以被保险人的名义处理有关诉讼或仲裁事宜，被保险人应提供有关文件，并给予必要的协助。

对因未及时提供上述通知或必要协助导致扩大的损失，保险人不承担赔偿责任。

第二十三条　被保险人请求赔偿时，应向保险人提供下列证明和资料：

（一）保险单正本、被保险人或其代表填具的索赔申请书；

（二）第三者或其代理人向被保险人提出索赔的相关证明和资料；

（三）造成人身伤亡的，应提供病历、诊断证明、医疗收据、用药清单、司法鉴定机构依法出具的伤残鉴定报告、公安机关或医疗机构出具的死亡证明书等有关证明和资料；

（四）造成财产损失的，应提供受损财产的购置发票、受损财产清单、维修费用清单、维修发票等；

（五）被保险人与第三者签订的赔偿协议书或和解书；经判决或仲裁的，应提供判决书或裁决书；

（六）投保人、被保险人所能提供的与确认保险事故的性质、原因、损失程度等有关的其他证明和资料。

被保险人未履行前款约定的索赔材料提供义务，导致保险人无法核实损失情况的，保险人对无法核实部分不承担赔偿责任。

赔偿处理

第二十四条 保险人的赔偿以下列方式之一确定的被保险人的赔偿责任为基础：

（一）被保险人和向其提出损害赔偿请求的第三者协商并经保险人确认；

（二）仲裁机构裁决；

（三）人民法院判决；

（四）保险人认可的其他方式。

第二十五条 被保险人给第三者造成损害，被保险人未向该第三者赔偿的，保险人不得向被保险人赔偿保险金。

第二十六条 发生保险责任范围内的损失，保险人按以下方式计算赔偿：

（一）对于每次事故造成的损失，保险人在每次事故责任限额内计算赔偿，其中对每一人员人身伤亡的赔偿金额不得超过每人人身伤亡责任限额。

（二）在依据本条第（一）项计算的基础上，保险人在扣除每次事故免赔额（率）后进行赔偿；

（三）在保险期间内，保险人对多次事故损失的累计赔偿金额不超过累计责任限额。

第二十七条 除合同另有约定外，对每次事故法律费用的赔偿金额，保险人在第二十六条计算的赔偿金额以外另行计算，但保险人对每次事故承担的法律费用的赔偿金额不超过每次事故责任限额的10%，在保险期间内累计赔偿金额不超过累计责任限额的10%。

第二十八条 发生保险事故时，如果被保险人的损失在有相同保障的其他保险项下也能够获得赔偿，则本保险人按照本保险合同的责任限额与其他保险合同及本合同的责任限额总和的比例承担赔偿责任。

其他保险人应承担的赔偿金额，本保险人不负责垫付。若被保险人未如实告知导致保险人多支付赔偿金的，保险人有权向被保险人追回多支付的部分。

第二十九条 发生保险责任范围内的损失，应由有关责任方负责赔偿的，保险人自向被保险人赔偿保险金之日起，在赔偿金额范围内代位行使被保险人对有关责任方请求赔偿的权利，被保险人应当向保险人提供必要的文件和所知道的有关情况。

被保险人已经从有关责任方取得赔偿的，保险人赔偿保险金时，可以相应扣减被保险人已从有关责任方取得的赔偿金额。

保险事故发生后，在保险人未赔偿保险金之前，被保险人放弃对有关责任方请求赔偿权利的，保险人不承担赔偿责任；保险人向被保险人赔偿保险金后，被保险人未经保险人同意放弃对有关责任方请求赔偿权利的，该行为无效；由于被保险人故意或者因重大过失致使保险人不能行使代位请求赔偿的权利的，保险人可以扣减或者要求返还相应的保险金。

第三十条　被保险人向保险人请求赔偿保险金的诉讼时效期间为二年，自其知道或者应当知道保险事故发生之日起计算。

争议处理和法律适用

第三十一条　因履行本保险合同发生的争议，由当事人协商解决。协商不成的，提交保险单载明的仲裁机构仲裁；保险单未载明仲裁机构且争议发生后未达成仲裁协议的，依法向中华人民共和国人民法院起诉。

第三十二条　本保险合同的争议处理适用中华人民共和国法律（不包括港澳台地区法律）。

其他事项

第三十三条　投保人或被保险人在未发生保险事故的情况下，谎称发生了保险事故，向保险人提出赔偿请求的，保险人有权解除保险合同，不承担赔偿责任，并不退还保险费。

投保人或被保险人故意制造保险事故的，保险人有权解除保险合同，不承担赔偿责任，也不退还保险费。

保险事故发生后，投保人或被保险人伪造、变造有关证明、资料或者其他证据，编造虚假的事故原因或者夸大损失程度的，保险人对其虚报的部分不承担赔偿责任。

投保人或被保险人有上述三项行为之一，致使保险人支付赔款或者支出费用的，应当退回或者赔偿。

第三十四条　保险责任开始前，投保人要求解除保险合同的，保险人扣除 5% 手续费后退还剩余保险费；保险人要求解除保险合同的，不得向投保人收取手续费并应退还已收取的保险费。

保险责任开始后，除本保险合同另有明确约定外，投保人可随时书面申请解除本保险合同，保险人亦可提前十五天通知投保人解除本保险合同，并按以下方法计算应退保险费：

1. 保险期间未发生保险事故、保险合同解除的，按以下公式计算应退保费：应退保费＝年保费/365×剩余保险期间的天数。

2. 保险期间发生保险事故、被保险人获取保险赔偿后，保险合同解除的，按以下公式计算应退保险费：

应退保费＝（累计责任限额－已付赔款金额）/累计责任限额×年保费/365×剩余保险期间的天数。

但保险责任开始后退还保险费最高不超过年保费的95％。

释义

意外事故是指不可预料的以及被保险人无法控制并造成物质损失和/或人身伤亡的突发性事件。

保险事故是指保险合同约定的保险责任范围内的意外事故,意外事故发生的时间即为保险事故发生的时间。

本章小结：

1. 责任保险是以被保险人的民事损害赔偿责任和经过特别约定的合同责任作为保险标的的保险。

2. 责任保险具有不同于普通财产保险的一些特点：责任保险以法律为基础、具有偿付的替代性与保障性、具有赔偿限额的规定。

3. 责任保险所承保的法律责任，主要是民事责任，而民事责任又包括过失责任、绝对责任以及合同责任三种。责任保险的承保范围与民法中所规定的民事损害赔偿责任的范围并不完全一致——一方面将故意行为作为责任免除，另一方面，又扩展了无过失责任。

4. 公众责任保险所承保的是被保险人的公众责任，即被保险人在各种固定场所进行生产、经营或其他各种活动中，由于意外或疏忽等原因所造成他人的人身伤害或财产损失，依法应承担的经济赔偿责任。

5. 产品责任保险承保产品的制造商、销售商、修理商因其制造、销售、修理的产品有缺陷而造成用户和消费者的人身伤害或财产损失，依法所应承担的经济赔偿责任。

6. 雇主责任保险承保雇主的雇员在受雇期间从事与其职业相关的工作时，因遭受意外导致的伤残、死亡或患有与职业有关的职业性疾病依法或依雇佣合同应由雇主承担的经济赔偿责任。雇主责任保险所承保的是被保险人的合同责任。

7. 职业责任保险承保各种专业技术人员因职业上的疏忽或过失造成他人

损害的经济赔偿责任。

8. 环境污染责任险承保突发的意外事故导致有毒有害物质的排放、泄露、溢出、渗漏造成第三者人身伤亡或财产损失的经济赔偿责任。

关键词：

责任保险　　法律责任　　公众责任保险　　产品责任保险　　雇主责任保险　职业责任保险

思考题：

1. 责任保险有哪些不同于普通财产保险的特点？

2. 责任保险鼓励犯罪，不利于社会道德建设的观点是否正确？

3. 公众责任保险与第三者责任保险有何异同？

4. 责任保险的主要险种有哪些？

参考文献：

1．郑功成. 责任保险理论与经营实务[M]. 北京：中国金融出版社，1991.

2．许谨良. 财产和责任保险[M]. 上海：复旦大学出版社，1993.

3．刘茂山. 保险学原理[M]. 天津：南开大学出版社，1998.

4．陈伊维. 财产保险百事通[M]. 北京：机械工业出版社，2004.

5．陈伊维. 非寿险实务[M]. 北京：中国财政经济出版社，2011.

6．王玉玲. 责任保险（行业版）[M]. 北京：首都经济贸易大学出版社，2014.

第十一章　信用、保证保险

学习目的：

　　信用、保证保险是财产保险业务的重要组成部分，通过本章的学习，应掌握信用保险和保证保险的基本概念、特点、作用、分类及具体险种。了解国内外信用、保证保险的发展情况。

第一节　信用保险

一、信用保险概述

（一）信用和信用保险

　　信用是商品买卖中的延期付款或货币的借贷行为，这种借贷行为表现为以偿还为条件的商品和货币的让渡形式，债权人用协议或契约的方式赊销商品或贷出货币，债务人则按照协议规定的日期支付欠款或偿还贷款，并且支付相应的利息。

　　信用保险是以货币借贷和商品赊销中债务人（义务人）的信用作为保险标的，以债权人（权利人）为投保人和被保险人，当债务人到期不能履行契约中规定的清偿义务时，由保险人赔偿被保险人（债权人）因此而遭受经济损失的一种保险。简言之，信用保险是权利人向保险人投保义务人信用的保险。

　　商品运动过程中使用价值的让渡和价值实现的分离是信用危机产生的必要条件，商品生产的盲目性则是信用危机产生的充分条件。信用危机的出现，在客观上要求建立一种经济补偿机制以弥补债权人所遭受的损失，从而能够充分发挥信用制度对商品生产的促进作用。信用保险正是随着信用制度的发展及信用危机的频繁发生而产生的。

（二）信用保险的产生和发展

在各种信用制度发展最早的欧洲，开始是由一些银行和商人来承担信用风险。1850 年法国的一些保险公司开始经营商业信用保险，但不久便失败了。1893 年成立的专门经营商业信用保险的美国信用保险公司则获得成功。在英国，1893 年全英地方受托资产公司开始承保澳大利亚贸易风险，随后，商业联盟保险公司也打进了贸易担保领域，但在 1903 年把有关业务出让给了额外保险公司，额外保险公司因而一跃成为当时保险业中屈指可数的大公司之一。1911 年，英国海上事故保证公司也办理了顾客营业额的定期信托保险。1918 年，英国贸易保障公司在政府的授意下，接手了额外保险公司原先从事的信托风险承保业务。但这些公司对于贸易中的政治风险却从不敢染指。1919 年，鉴于东方和中欧诸国的政治局势险恶，英国政府出面对这些国家的贸易实行担保，为此专门成立了出口信用担保局，并创立了一套完整的信用保险制度，成为以后各国争相效仿的样板。

第一次世界大战以后，信用保险得到了迅速发展，欧美等国家出现了众多的商业信用保险公司，一些私人保险公司也联合组织了专门承保出口信用保险的机构。但是由于 1929—1933 年世界性经济危机的爆发，只有少数实力雄厚的公司幸存下来。经过这次冲击，许多西方国家效仿英国的经验，先后成立了专门的国营机构来经营出口信用保险。1934 年，英国、法国、意大利和西班牙的私营和国营信用保险机构在瑞士的伯尔尼成立了"国际信用和投资保险人联合会"，简称"伯尔尼协会"①，该协会成立的目的在于交流出口信用保险的承保技术、支付情况和信息，并在追偿方面开展国际合作。这标志着出口信用保险已为世界所公认。此后，各国信用保险业务虽然屡屡受到经济动荡的冲击，但都逐步稳定的发展起来，目前在世界许多国家都形成了完善的信用保险制度，建立了固定的信用保险机构。

我国信用保险的发展，始于 20 世纪 80 年代初期。1983 年初，中国人民保险公司上海分公司与中国银行上海分行达成协议，试办了我国第一笔中长期出

---

① 伯尔尼协会全称为国际信用与投资保险人联合会（International Union of Credit & Investment Insurers）。由于初创地为伯尔尼，故简称伯尔尼协会（Berne Union）1934 年由英国、法国、意大利和西班牙的私营和国营信用保险机构联合成立。1974 年 6 月伯尔尼协会修改了章程，允许海外投资保险人加入该协会。协会的宗旨是交流办理出口信用保险和海外投资保险的信息，为协会会员规避国际贸易中的信用风险和海外投资风险提供帮助。1996 年，中国人民保险公司代表中国保险企业参加"伯尔尼协会"，并于 1998 年成为该协会的正式会员。截至 2017 年 1 月，伯尔尼协会涵盖全球 73 个国家的 84 家会员公司，其中包括政府支持的官方出口信贷机构、私人信贷和政治风险承保人和多边机构。2016 年，伯尔尼协会的成员国共同向银行、出口商和投资者提供了 1.87 万亿美元的支付风险保障，根据世贸组织的数据，这一总额约占世界货物和服务贸易总额的 11%。

口信用保险业务；1986 年初，中国人民保险公司上海分公司按照有关协议，开始试办有关短期出口信用保险业务。1988 年国务院正式决定由中国人民保险公司试办出口信用保险业务，并在该公司设立了信用保险部。1994 年，新成立的中国进出口银行，也经办各种出口信用保险业务。2001 年 12 月 18 日，我国唯一承办出口信用保险业务的政策性保险公司——中国出口信用保险公司（以下简称"中国信保"）正式揭牌运营。从 2001 年 12 月起，中国信保将原来在中国人保和中国进出口银行中的出口保险业务逐步接管。中国信保现有 24 个职能部门，营业机构包括总公司营业部、18 个分公司和 6 个营业管理部，已形成覆盖全国的服务网络，并在英国伦敦设有代表处，向俄罗斯、巴西、南非和迪拜派驻了工作组。截至 2019 年末，中国信保累计支持的国内外贸易和投资规模超过 4.6 万亿美元，为超过 16 万家企业提供了信用保险及相关服务，累计向企业支付赔款 141.6 亿美元，累计带动 200 多家银行为出口企业融资超过 3.6 万亿元人民币。

（三）信用保险的作用

信用保险的作用主要体现在以下几个方面。

1. 有利于保证企业生产经营活动的稳定

银行向企业发放贷款必然要考虑贷款的安全性，即能否按期收回贷款的问题。而企业在投保了信用保险以后，可以将保单抵押给贷款银行，作为一种保证手段，通过向贷款银行转让保险赔款、要求保险人向贷款银行出具担保等方式，使银行得到收回贷款的可靠保证，以解除银行发放贷款的后顾之忧。可见，信用保险的介入，使企业较容易得到银行贷款，这对于缓解企业资金短缺，促进生产经营的发展均有保障作用。

2. 有利于促进商品交易的健康发展

在商品交易过程中，当事人能否按时履行供货合同，销售货款能否按期收回，会受到多种因素的影响。而商品的转移又与生产者、批发商、零售商及消费者有着连锁关系。一旦商品交易中的一个环节出现信用危机，不仅会造成债权人自身的损失，还常常会引起连锁反应，使商品交易关系中断，严重的甚至阻碍商品经济的健康发展。而有了信用保险后，无论在何种交易中出现信用危机，均由保险人提供风险保障。

3. 有利于促进出口创汇

外贸出口面向的是国际市场，风险大，竞争激烈，一旦出现信用危机，往往会使出口企业陷入困境，进而影响其市场开拓和国际竞争能力。如果企业投保了出口信用保险，在被保险人因商业风险或政治风险不能从买方收回货款或合同无法执行时，可以从保险人那里得到赔偿。因此，出口信用保险有利于出口企业的经济核算和开拓国际市场，可促使其为国家创造更多的外汇收入。

由于信用保险承保的信用风险是一种无形物，而不是自然灾害和意外事故，因而对风险的控制就显得尤为重要。保险人需要对被保险人的资信情况进行严格的审查，认为确有把握才能承保。但在出口信用保险中，客户常常是跨国企业，这就给信用保险的风险调查带来了一定的困难。

（四）信用保险的特征

信用保险虽然属于广义的财产保险，但与一般财产保险比较，还具有如下特征。

1. 保险标的及承保风险具有特殊性

一般财产保险所承保的标的是有形物，其价值可用货币进行衡量，所承保的风险是自然灾害和意外事故，保险人须考察的是保险标的物的风险情况；而信用保险所承保的却是无形物，是被保险人所面临的信用风险，保险人须对被保险人的资信情况进行严格审查，以确定是否承保。

2. 以代位求偿原则为赔偿基础

代位求偿原则是财产保险业务中的一项重要原则，但在普通的财产保险业务中，若保险标的的损失与第三者无关，则无所谓代位求偿。而在信用保险业务中，被保险人的损失应该说都是由特定的第三者（被保证人）造成的。因此，只要被保险人提出了索赔要求，保险人都必须以获得向被保证人代位追偿的权利为条件，履行赔偿义务，也就是说，取得代位求偿权，是保险人进行赔付的前提。

3. 信用保险业务中的第三者及其行为必须事先列明

在普通财产保险中，保险标的发生保险事故，并不一定是由第三者造成，即使是，第三者及其行为通常也无法事先确定。而信用保险的保险事故发生肯定涉及第三者，因此必须在保险合同中列明第三者，并限定保险人所承担的第三者可能造成被保险人利益损失的行为。

4. 保险利益产生于主合同

普通财产保险的保险利益一般产生于被保险人所享有的财产权或对财产承担的某种义务或对第三人应承担的法律责任，而信用保险的保险利益则产生于主合同所约定的利益，且该利益受法律的认可和保护。因此，主合同必须是合法有效的合同，只有这样，当主合同的债务人因有某种违法或违约行为而使债权人的利益遭受损害时，保险公司才会进行保险赔偿。如果主合同是一个无效合同，双方当事人的权利义务就无从谈起，当然也就不会有保险利益的存在。

（五）信用保险的类别

信用保险一般可分为国内信用保险、出口信用保险和投资保险三大类，而每一类又可以分为若干具体险种。我国目前开办的信用保险业务主要是出口信用保险和投资保险。

二、出口信用保险

出口信用保险是以出口贸易中的外国买方信用风险为保险标的，承保出口商因买方的商业原因或买方所在国的政治原因使贸易合同不能履行而遭受损失的风险。出口信用保险是国家为了推动本国的出口贸易，保障出口企业的收汇安全而开办的一项由国家财政提供保险准备金的非营利性的政策性保险业务。按出口合同对进口方的信用放账期限长短不同，出口信用保险又可分为短期出口信用保险和中长期出口信用保险。

（一）出口信用保险的开办目的及其发展历史

由于出口的扩大可以带动国民经济其他部门的发展，各国政府都在努力采取措施支持出口，出口信贷就是其中的一项重要内容。尤其是当一国处于国内经济增长速度下降、失业率上升的时期，该国政府就会热衷于提供优惠贷款以促进本国出口，达到减少失业和经济衰退的目的。

投保出口信用保险可以给企业带来如下利益。

1. 保障出口贸易收汇安全

出口信用保险可以使企业在出口贸易损失发生时得到经济补偿，从而维护出口企业和银行的权益，避免呆账、坏账发生，保证出口企业和银行业务稳健运行。

2. 灵活支付方式

有出口信用保险做保障，出口商可以放心地采用更灵活的支付方式，有利于开拓新市场，扩大业务量，使企业市场竞争能力更强，开拓国际贸易市场更大胆。

3. 为企业获得出口信贷融资提供便利

资金短缺、融资困难是企业共同的难题，在企业投保出口信用保险后，收汇风险显著降低，有助于融资银行提供资金融通。

4. 可得到更多的买家信息，获得买方资信调查和其他相关服务

出口信用保险有利于出口商获得多方面的信息咨询服务，以加强信用风险管理，尽可能地避免和防范损失发生。

5. 有助于企业自身信用评级和信用管理水平的提高

第一次世界大战以后，为了适应国际贸易发展的需要，欧美一些国家中的少数私营保险公司开始办理出口信用保险。1919 年，英国的出口信用担保局（The Export Credit Guarantee Department，ECGD）成立，这标志着世界上第一个官办的出口信用保险机构的诞生。20 世纪 30 年代资本主义经济大危机之后，许多西方国家为了重振出口贸易，先后成立了由政府直接经营或由政府授权的官方或半官方性质的出口信用保险机构经办出口信用保险，为本国出口商提供收汇风险保障。而伯尔尼协会的成立则标志着出口信用保险已为世界所公认。出口信用保险虽然起源于进出口贸易，但出口信用保险的发展并不是出口贸易发展的结果，相反，它是出口贸易发展的一个重要条件。出口信用保险是目前国际上公认的贸易促销手段，不仅是出口商获取银行贷款的前提条件，也是出口商开拓新市场、扩大出口的安全保障。

（二）出口信用保险的特点

1. 不以营利为经营的主要目标

各国开办出口信用保险业务的目的都是保护本国出口商的利益，为出口商扩大出口提供安全保障。但是，不以营利为主要目标，并不意味着出口信用保险机构可以不讲究经济效果，相反，出口信用活动中的高风险要求出口信用保险机构严格控制风险，加强管理，力求以最小的成本换取最大的收益。

2. 风险高，控制难度大

由于出口商所在国与卖方所在国分属不同的国家，彼此在政治、经济、外交、法律以及经营作风、贸易习俗等方面差距比较大，由此造成买方违约的原因非常复杂。正因为如此，出口信用风险不仅出现的概率大，而且很难控制。在其他财产保险中，概率论是其得以稳定经营的数理基础，其基本定律之一是大数法则，确立费率时，以保额损失率为主要依据；而出口信用保险，由于其风险的特殊性，信息在厘定费率时起着举足轻重的作用。在费率的厘定过程中，除需考察保险机构以往的赔付记录之外，还要考察出口商的资信、规模和经营出口贸易的历史情况，以及买方国家的政治经济和外汇收支状况、国际市场的发展趋势，并在费率厘定后根据新情况及时进行调整，以及时、准确地反映风险的变化趋势，保证费率的合理和公平。

3. 政府参与程度高

由以上两个特点所决定，出口信用保险是由政府支持和参与的一项政策性很强的险种。政府对出口信用保险的支持和参与主要体现在以下几个方面：①财政上支持；②颁布专门的法律法规规范经营和管理；③参与重大经营决策；④提供各项优惠政策，包括税收优惠、资金运用优惠等。

（三）出口信用保险的种类

出口信用保险有多种分类方法。

1. 根据卖方向买方提供信用期限的长短，出口信用保险可以分为短期出口信用保险和中长期出口信用保险。短期出口信用保险是指支付贷款信用期不超过 180 天的出口信用保险，根据实际情况，保险责任也可延长至承保信用期限在 180 天以上、360 天以下。短期出口信用保险一般适用于大批量、重复性出口的初级产品和消费性工业制成品，是国际上出口信用保险使用最广、承保量最大的一个险种；中长期出口信用保险是指承保信用期在一年以上的出口信用保险，一般用于大型成套设备、机电产品等出口以及本国企业参加工程项目的承包、国际投标和海外投资等项目。

2. 根据保险责任起讫时间的不同，出口信用保险可以分为出运前信用保险和出运后信用保险。

3. 根据贸易活动项下使用银行融资方式的不同，出口信用保险可以分为买方出口信用保险和卖方出口信用保险。

4. 根据承保方式的不同，出口信用保险可以分为综合保单出口信用保险、特别保单出口信用保险和选择保单出口信用保险。

5. 根据保障风险的不同，出口信用保险可以分为只保商业风险的出口信用保险，只保政治风险的出口信用保险，既保商业风险又保政治风险的出口信用保险，以及汇率风险出口信用保险。

6. 根据出口合同标的的不同，信用保险可以分为服务保单出口信用保险，银行担保出口信用保险，保函支持出口信用保险，贸易展览会出口信用保险。

（四）出口信用保险的经营模式

1. 政府直接办理

该模式的特点是，办理出口信用保险业务的机构本身就是政府的职能部门，其业务收入与赔款支出直接纳入国家预算。

2. 政府成立全资公司

该模式的特点是，依照国家法律或政府命令，由财政出资组建全资国有公司，专门办理出口信用保险业务。

3. 政府机构控股

该模式的特点是，办理出口信用保险业务的机构是股份公司，政府部门或公共机构占有该公司超过半数以上的股权，政府作为该公司最大的股东控制其经营。

4. 政府委托私人机构

该模式的特点是，政府制定政策，委托私人机构办理，由国家承担最终风险。

（五）出口信用保险的责任范围

保险公司对出口方在保单有效期内从出口国出口货物，并在合同规定的条件下将货物交付承运人后，因下列原因（包括商业风险和政治风险）造成的损失予以负责。

1. 商业风险

商业风险指买方付款信用方面的风险，也称买方风险。具体包括以下三个方面。

（1）买方无力偿还债务，指法院已宣告其破产，或其已接到法院关于破产清算的判决或裁定，或已由法院委任的清算人或破产接管人接管，或其已作出将其全部资产用于清理债务的安排，或其债权人已接收其全部或大部分资产；

（2）买方拒收货物并拒付货款，指买方拒绝收货及付款，而原因并非由于卖方违约所造成，且卖方已采取必要措施包括在必要时向进口方起诉，迫使买方收货付款；

（3）买方拖欠货款，指其在收货后超过付款期限四个月以上仍未支付货款。

2. 政治风险

政治风险指与被保险人进行贸易的买方所在国或第三国发生内部政治、经济状况的变化而导致买卖双方都无法控制的收汇风险，又称国家风险。具体包括以下几个方面。

（1）买方所在国禁止或限制汇兑，指在买卖双方均无法控制的情况下，买方所在国（或地区）颁布法律、法令、命令、条例或行政措施，禁止或限制买方以货物发票上写明的货币或其他可自由兑换的货币向卖方支付货款；

（2）买方所在国实行进口管制，禁止贸易，指在买卖双方均不能控制的情况下，买方所在国（或地区）颁布法律、法令、命令、条例或行政措施，禁止买方所购的货物进口；

（3）买方所在国撤销进口许可证，指在买卖双方不能控制的情况下，买方所在国（或地区）撤销已颁发给买方的进口许可证或不批准进口许可证展期；

（4）买方所在国或货物需经过的第三国颁布延期付款令；

（5）买方所在国发生战争、敌对行动、内战、叛乱、革命、暴动或其他骚乱；

（6）买方所在国或任何有关第三国发生非常事件。

（六）出口信用保险的责任限额

1. 保单的最高赔偿限额

短期出口信用保险的保单以一年为限，保单的最高赔偿限额是指保险人对被保险人在十二个月内所累计承担的总赔偿限额。

2. 买方信用限额

买方信用限额指保险单对被保险人向某特定买方出口货物所承担的最高赔偿限额。保险人要求被保险人就保单范围内的买家逐一申请其适用的信用放账额度，其额度经保险人核准后可以循环使用（不受时间、出口商品性质的限制，除非保险人书面通知被保险人更改或终止此信用限额）。买方信用限额一旦确定，保险人将在规定限额内承担赔偿责任。

3. 被保险人自行掌握的信用限额

在买方信用限额中，有一个被保险人自行掌握的信用限额，这个信用限额是在出口商投保出口信用保险时由保险人核定的。保单会规定一个小数额作为被保险人自行掌握的信用限额，以鼓励出口商同买方进行更多的交易，而无须事先争得保险人的同意。在该信用限额以内，如果发生买方违约等保险合同项下的风险损失，保险人将负责赔付。被保险人自行掌握的信用限额适用于任何国家中的任何买方。

（七）短期出口信用保险

短期出口信用保险是目前世界各国出口信用保险机构使用最广泛，承保量最大，而且比较规范的出口信用保险种类。因此，保险人提供有固定保障的保险条款。出口企业只需提出正式申请，并提供相关资料，经保险机构同意，并出具保险单，收取保险费，就可以获得相应的信用保险保障。

短期出口信用保险的被保险企业必须是在本国注册的、具有出口经营权的出口商。出口商可以是专门经营进出口业务的进出口公司，也可以是有进出口经营权的生产厂家。受保险保障的出口产品应该全部或大部分由本国生产或制造。如果被保险的出口产品中大部分是进口后再转出口的货物，信用保险就失去了支持本国出口的意义。

短期出口信用保险保险费的计算根据是申报发票总值及其费率，即：

保险费＝申报发票总值×保险费率

影响短期出口信用保险费率确定的因素，主要有下列三项。

（1）买方所在国或地区所属类别。通常出口信用保险机构将世界各国或地区按其经济情况、外汇储备情况、政治形势的不同情况，划分为五类。第一类国家或地区的经济形势、国际支付能力、政治形势均较好，因而收汇风险比较小。而第五类国家或地区收汇风险相对最大，大部分保险机构不承保向此类国家或地区出口。向第一到第四类别的国家出口，风险依次增大。

（2）支付方式。付款交单和承兑交单及信用证方式付款所带来的收汇风险各不相同，因此收取的保险费率也不同。

（3）赊账期的长短。赊账期长，则费率高；反之，则费率低。

短期出口信用保险对下列损失不予承保：在支付货款时已经或通常能够由货物运输险或其他保险承保的损失；因汇率变更引起的损失；因被保险人违反合同或不遵守法律引起的损失；在货物交付前，买方已有严重违约行为，被保险人有权停止发货，但仍向其发货而造成的损失；在交付货物时由于买方没有遵守所在国法律、法令、命令或条例，因而未得到进口许可证或进口许可证展期所引起的损害；由于被保险人或买方的代理人或承运人破产、欺诈、违约或其他行为引起的损失等。

（八）中长期出口信用保险

中长期出口信用保险承保国产化率在 70％以上的、出口的大型成套设备或机电产品等资本性货物或半资本性货物，以及国产化率在 50％以上的出口车辆、船舶或飞机等。中长期项目一般涉及的业务环节较多，运作复杂，项目很少重复。中长期出口信用保险合同并无统一格式，需要保险合同双方当事人根据具体情况进行协商。我国根据融资方式的不同，中长期出口信用保险可分为出口卖方信贷保险、出口买方信贷保险和再融资保险。与短期出口信用保险相比，中长期出口信用保险的政策性更强。

三、国内信用保险

国内信用保险也称商业信用保险，是保险人为商品赊销活动中卖方的应收账款回收提供的保险。商业信用保险承保的标的是被保证人的商业信用，保险合同中对商业信用的内容必须列明，保险金额根据当事人之间商业合同的标的价值确定。2009 年，财政部、商务部、中国保监会等有关部委先后发布《关于推动信用销售健康发展的意见》《关于落实 2009 年中小商贸企业融资担保和信用保险补贴政策有关工作的通知》《关于做好中小商贸企业国内贸易信用保险保费补助工作的通知》，强调要充分借助信用保险促进信用销售，并为国内信用保险发展提供强有力的政策支持，国内信用保险迎来了新的发展契机。2020 年初，商务部、中国出口信用保险公司联合发布《关于做好 2020 年短期出口信用保险相关工作，全力支持外贸企业应对新冠肺炎疫情影响的通知》，也提出要进一步扩大短期出口信用保险覆盖面，为国内信用保险发展提供支持。国内信用保险主要分类如下。

（一）赊销保险

赊销保险是为国内商业贸易中延期或分期付款的行为提供信用担保的一种信用保险业务（批发业务）。这一业务的特点是赊账期长、风险分散、承保手续复杂，保险人在承保前必须仔细调查买方的资信情况。赊销保险的投保人和被保险人是制造商或供应商，保险人承保买方的信用风险。赊销保险适用于那些以分期付款方式销售的耐用商品（如住宅、汽车等），这类商品贸易数量大，金额高，需要保险人提供相应的保险服务。在我国，最早开办这类保险业务的是平安保险公司（1995 年）。2004 年 6 月，平安保险集团又联合法国科法斯信用保险集团共同推出了企业国内贸易应收账款短期信用保险产品，填补了我国保险市场上国内贸易信用保险的空白。随着我国商业贸易结算制度的完善，该种信用保险将会实现较快发展。

（二）贷款信用保险

贷款信用保险是指保险人对银行或其他金融机构与企业之间的借贷合同进行担保并承担其信用风险的保险。贷款风险对银行来讲是客观存在的，需要相应的贷款信用保险制度来分散风险。贷款信用保险的投保人和被保险人是放款方，保险人承保的是贷款方的信用风险。这一保险业务的保险责任一般包括政府部门的干预、市场竞争、企业部门决策失误等风险，只要不是投保人或被保险人故意或进行违法犯罪所造成的贷款无法收回，均可承保。在发达国家，贷款信用保险是银行转嫁发放贷款中的信用风险的必要手段，我国这一市场现正处于开发过程中。

（三）个人贷款信用保险

个人贷款信用保险是承保金融机构对自然人进行贷款时，由于债务人不履行贷款合同致使金融机构遭受经济损失的信用保险。这一险种的投保人和被保险人为放款的金融机构，保险人承保的是贷款的自然人的信用风险。由于贷款人居住分散，风险各异，保险人必须对贷款人贷款的用途、经营情况、日常信誉等作比较全面的调查了解，必要时还会要求贷款人提供反担保。在我国，有些保险公司已经开办了一些个人贷款信用业务，如个人贷款购房综合险、个人抵押贷款房屋保险、住房抵押贷款保险。

（四）预付信用保险

预付和赊销是商业信用的两种形式。预付是指购买者先向卖方交付一定货款，经过约定时期以后才能取得货物的一种交易形式。预付信用保险是保险人为卖方交付货物提供信用担保的信用保险业务。由此看出，投保人或被保险人是商品的买方，保险人承保的是卖方的信用风险。

（五）信用卡保险

信用卡保险是随着银行开办的新型支付工具——信用卡的发展而产生的保险业务。信用卡的广泛运用以及其所具有的迅捷和通用的特点极大地便利了企业和个人的消费，但同时也存在着一定的潜在信用风险。因此，信用卡保险的开办与发展显得尤为必要。信用卡保险的投保人和被保险人为银行，保险公司配合银行开办此项业务，并帮助银行加强风险管理，补偿其在开展信用卡业务中产生的坏账损失。

四、投资保险

投资保险是以被保险人因投资引进国政治局势动荡或政府法令变动所引起的投资损失为保险标的的保险，又称政治风险保险。这里所说的政治风险包括投资引进国政府没收或征用外国投资者的财产、实行外汇管制、撤销进出口许可证、恐怖绑架等风险。我国的投资保险包括海外投资保险和来华投资保险两种。海外投资保险的目的是鼓励中国企业进行海外投资，目前包括股权保险和货款保险两大类产品。来华投资保险的目的则是保障投资者的合法权益，进而鼓励外商来华投资，目前也包括股权保险和货款保险两大类产品。投资保险一般为政策性保险，不以营利为目的。

（一）保险责任

我国投资保险承保的风险为征收、汇兑限制、战争以及政府违约。

1. 征收：指投资所在国政府采取、批准、授权或同意的对投资实行的强行征用、没收、国有化、扣押等行为。这些行为需持续一段时间，且使投资者无法建立或经营项目企业，或者剥夺、妨碍投资者的权益。

2. 战争：指投资所在国发生的战争、内战、恐怖行为以及其他类似战争的行为。战争项下的保障包括战争造成的项目企业有形财产的损失和因战争行为导致项目企业不能正常经营所造成的损失。

3. 汇兑限制：指投资所在国政府实施的阻碍、限制投资者把当地货币兑换为可自由兑换货币或无法将可自由兑换货币汇出投资所在国的措施，或者使投资者必须以远高于市场汇率的价格才能将当地货币兑换为可自由兑换货币或无法将可自由兑换货币汇出投资所在国的措施。

4. 政府违约：指投资所在国政府非法地或者不合理地取消、违反、不履行或者拒绝承认其出具、签订的与投资相关的特定担保、保证或特许权协议等。

（二）责任免除

1. 由于原子弹、氢弹等核武器造成的损失；

2. 被保险人投资项目受损后所造成被保险人的一切商业损失；

3. 被保险人及其代表违背或不履行投资合同或故意违法行为导致政府有关部门征用或没收造成的损失；

4. 被保险人没有按照政府有关部门所规定的汇款期限汇出汇款所造成的损失；

5. 投资合同范围之外的任何其他财产的征用、没收所造成的损失等。

（三）保险期间

投资保险的保险期间可分为短期和长期两种。短期为一年，长期最短为三年，最长为十五年。投保三年以后，被保险人有权要求注销保单，但如未到三年而提前注销保单，被保险人须交足三年的保险费。保单到期后，双方可以续保，但须另行商议承保条件。

（四）保险金额和保险费

投资保险的保险金额以被保险人在海外的投资金额为依据，一年期短期投资项目，保险金额是投资金额与双方约定比例（一般为90%）的乘积；长期投资项目每年投资金额在投保时按照每年预算投资金额确定，当年保险金额为当年预算金额的90%，长期投资项目需要确定一个项目总投资金额下的最高保险金额，其保险费须在年度保费基础上加上差额保费，待投资项目期满时，按照实际投资额进行结算。

投资保险的费率，一般根据保险期间的长短、投资者的能力、投资地区的综合条件等因素来确定。保险费在当年开始时预收，每年结算一次。

（五）赔偿处理

在发生损失时，保险公司按照保险金额和投资金额的比例赔偿损失，对将来追回征用、没收的款项按照各自承担的损失比例分配。

1. 赔偿等待期限

由于各种政治风险造成的投资损失有可能在不久后通过多种途径得到一定程度的补偿，所以损失的确定，需要一段相对较长的时间。正因为如此，投资保险有如下赔偿等待期限的规定。

（1）战争、类似战争行为、叛乱、罢工及暴动造成投资项目的损失，在提出财产损失证明后或者在被保险人投资项目终止六个月后赔偿；

（2）政府有关部门汇兑限制造成的投资损失，自被保险人提出申请汇款三个月后赔偿；

（3）政府有关部门的征用或没收引起的投资损失，在征用、没收发生满六个月后赔偿。

2. 赔偿金额

（1）当被保险人在保单所列投资合同项下的投资发生保险责任范围内的损失时，保险人根据损失金额按照投资金额与保险金额的比例赔付，保险金额最高占投资金额的90%；

（2）由于投资额的承保比例一般为投资金额的90%，因而被保险人所受损失若将来追回，应由被保险人和保险人按照各自承担损失的比例分摊。

第二节　保证保险

一、保证保险及其特点

（一）保证保险定义

保证保险是保险人为被保证人（义务人）向权利人提供信用担保的保险。如因被保证人的作为或不作为致使权利人遭受损失，由保险人代替被保证人承担赔偿责任。

担保行为自古有之，是为保证债的履行而设置的一种法律关系。如在买卖合同中就规定，买方应在卖方发货后付款，卖方（权利方）为能按时收回货款，可以要求买方（义务方）提供一银行作担保，保证在买方不能按期付款时，由担保银行付款。而保证保险具有同样的性质，即由保险公司提供保证保险单代替银行担保，负责赔偿权利人因被保证人（义务方）不履行合同义务而受到的损失。即保证保险所承保的是一种信用风险。

（二）保证保险的特点

1. 保证保险涉及三方当事人

一般的保险签约是一个双务合同，只涉及保险人与投保人（被保险人）两者之间的关系；而保证保险却要涉及三方当事人：保证人即保险人、权利人即被保险人或受益人、被保证人即义务方。

2. 标的是被保证人的信用风险

这里的信用指作为履行合约的信用，包括财务信用、商业信用、预付款信用、保证信用、诚实信用等。被保证人如不按合同规定履行义务造成权利人的损失，就形成信用风险。即保证保险是一种以无形的经济利益为标的的保险。

3. 保证保险属附属性合同

保证保险合同是保险人对另一方的债务偿付、违约或失误承担附属性责任的书面承诺。保险事故发生时，权利人受损，在被保证人不能补偿损失时，才由保险人代为偿付。所以保证保险属于附属性合同，从属于主合同。

4. 本质上是对权利人的担保

在保证保险中，保险事故一旦发生权利人遭受损失时，在被保证人不能补偿损失时，才由保险人代为补偿。本质上保证保险只是对权利人的担保。也就是说，保障权利人在任何情况下都能按时获得款项。

5. 赔款具有返还性

在保证保险中，被保证人对保险人代其支付的任何补偿，都有返还的义务。也就是说，保险人代替被保证人支付给被保险人（权利人）的任何补偿，依然有权利向被保证人追回。

保证保险成为一种专门的保险业务为时不长，最早办理保证保险业务的是美国的保险公司，西欧稍晚些。保证保险是伴随资本主义商业信用的普遍化和信用危机的频繁发生而发展起来的。我国的保证保险于20世纪80年代初由中国人民保险公司办理开始。

保证保险业务是建筑在没有损失这一概念基础上的。保险人出借的仅仅是自己的信用。因此保险人为了能向被保证人收回自己代其支付的款项，通常会要求被保证人向保险人提供可靠的反担保或签订"偿还协议书"后，才予承保。保证保险的保费实质上和银行的担保费一样，是一种劳务费或手续费。

保证保险主要有诚实保证保险和确实保证保险两大类。

二、诚实保证保险

诚实保证保险又称忠诚保证保险，保险人承保雇主（被保险人）因其雇员的不诚实行为而遭受的经济损失。这里雇主是权利人，雇员是被保证人。通常保险人所承保的风险包括雇员盗窃、侵占、伪造、非法挪用、故意误用等行为所造成雇主的损失。

（一）保障范围

雇主的货币和有价证券的损失；雇主所有的财产的损失；雇主有权拥有的财产或对此负有责任的财产；保险单指定区域的雇主可移动财产。

（二）责任范围

雇员在受雇期间盗窃财物所致损失；雇员在受雇期间贪污财物所致损失；雇员在受雇期间的欺诈行为（包括欺骗雇主和其他关系方）所致损失。

（三）责任免除

因雇主擅自减少雇员工资待遇或加重工作任务而导致雇员不诚实行为所带来的损失；雇主没有采取安全预防措施和尽责督促检查而造成的任何钱物损失；雇主及其代理人与雇员恶意串通造成的损失；超过了索赔期限仍未提出索赔的损失。另外，按照国际惯例，在诚实保证保险中，被保险人必须对雇员受雇前的情况进行查询。例如，雇主在聘用人员时，应当对该人所登记的姓名、住址通过有效证件进行查对，了解该人的工作经历、品质（如有无不诚实行为的记录等）、每次转换工作的原因和其他有关家庭、工作状况的情况，并将这些资料妥善保存。如果被保险人未尽该项义务，则对其雇员的不诚实行为所造成的损失保险人不负责赔偿。

（四）承保方式

1. 指名保证保险

指名保证保险是以特定的雇员为被保证人，在雇主因该指明的被保证人的不诚实行为而遭受损失的情况下，保险人才负责赔偿。又可分为个人保证和表定保证两种。

（1）个人保证保险。是以某一特定的雇员作为被保证人，当其单独或与他人串谋造成雇主损失时，保险人承担赔偿责任。保险费一般由被保证的雇员承担。

（2）表定保证保险。将两个（或以上）的雇员作为被保证人，在同一合同中承保，这些雇员每人有各自的保额。实际上是将若干个人保证合同合并成一个保证合同。所列雇员可随机增减，但必须列出被保证人的姓名及各自的保额。

2. 职位保证保险

该保险在保证保险合同中不列明各被保证人的姓名及保险金额，只列出各个职位名称、保证金额及每一职位的人数。又可分为单一职位保证保险和职位表定保证保险两种。

（1）单一职位保证保险。保证保险合同承保某一职位的若干被保证人，无论任何人担任这一职位均有效。每一名在该职位任职的被保证人，都按照保单所规定的保证金额投保。如果约定的承保职位与所列出的被保证的人数没有变化，只是被保证人员更换，则不必通知保险人；但如果任职人数发生了变动，则必须通知保险人。否则，保险人的责任将按照投保人数与全部任职人数的比例予以赔偿。此类保险业务，适用于员工流动比较频繁的单位，其对投保的职位没有要求。

（2）职位表定保证保险。在同一保证保险合同中，同时承保几个不同的职位，对每一职位，都规定其对应的保证金额。若在合同中增加新的职位，也可以自动承保，但是必须在规定的期限内通知保险人，同时，有关自动保证期间（六十日或九十日）的保证金额，也会有一定的限制。

假如该单位新调入了一名工程师，则保险公司对工程师这一职位的保证金额将发生变动，变为每人 55000 元，计算公式如下：

（保单规定的工程师的人数／实际雇用的工程师人数）×原定该职位的保证金额

此例中，新的标准金额为：（11／12）×60000＝55000（元）。

3. 总括保证保险

该保险是以雇主的所有正式员工作为被保证人的一种诚实保证保险业务。一个企业的所有雇员都是被保证人，新雇员在还未通知保险人之前就成为被保证人。总括保证保险现已成为诚实保证保险中最为大众所接受的形式，这是由其一系列鲜明的特点决定的：合同中并不列明雇员的姓名、职位、保证金额，发生保险事故时，只要雇主可以证明损失是由于被保证人的不诚实行为所致，就可得到保险赔偿；该险种自动承保任何新进的雇员，而不必通知保险人，也不必在当年增缴保费。但总括保证保险也有很明显的缺点：所有雇员的保证金额相同。因此，一些雇主在投保总括保证保险的同时，为获充分保障，针对一些特殊的职位还需再投保个人或职位保证保险。

总括保证保险又可以分为普通总括保证保险和特别总括保证保险。

（1）普通总括保证保险根据确定赔偿限额的方式不同，又可以分为职位总括保证保险和商业总括保证保险。职位总括保证保险的赔偿限额适用于每一雇员；商业总括保证保险的赔偿限额适用于每次损失，而无论损失是由一个雇员或几个雇员串通所致。

（2）特别总括保证保险承保各种金融机构由于雇员的不诚实行为所造成的损失。

4. 伪造保证保险

伪造保证保险是承保因伪造或窜改背书、签名、收款人姓名、金额等造成损失的保证保险。包括两种形式：一是存户伪造保证保险，承保被保证人或与被保证人往来的银行因他人以被保证人的名义伪造或窜改支票、汇票、存单及其他凭单票据等所致损失的保险，此处的承保票据仅指支票票据；二是家庭伪造保证保险，承保个人在收支款项时因他人伪造所致损失的保险，此处的承保票据包括支付票据、收入票据及收入伪钞。

5. 综合保证保险

该保证保险又称为三 D 保单，三 D 指不诚实（Dishonest）、损毁（Destruction）及失踪（Disappearance），三 D 保单是包括诚实保证与盗窃保证两者在内的综合保单。承保企业因雇员的不诚实、盗窃、失踪、伪造或窜改票据所遭受的各种损失，具体包括五部分内容：职员不诚实保险，屋内财物的盗窃保险，屋外财物的盗窃保险，保险箱盗窃保险，存户伪造保险。

综合保证保险有其鲜明特点：对性质不明的风险，保险人一般不得借故推诿赔偿责任；手续简便，保障范围宽泛；无到期日的规定，不会因为被保险人忘记保单到期日而使损失发生后得不到赔偿。

三、确实保证保险

确实保证保险承保被保险人（权利人）在其债务人（被保证人）不能履行或不履行义务时而遭受的经济损失。确实保证保险的标的是被保证人的违约责任。确实保证保险主要有合同保证、司法保证等种类。

（一）合同保证保险

合同保证保险承保因被保证人不履行或不能履行合同中所规定的义务而给被保险人造成的经济损失。也就是说，其所承保的主要是被保证人的违约风险。

合同保证保险是为满足建设工程中投资人对承包人如期履约的要求而兴办起来的，最常见的是建筑工程承包合同保证保险。

1. 合同保证保险的主要险别

（1）建筑保证保险。该保险承保因建筑工程误期所致的各种损失，依照建筑工程的不同阶段，又可以分为投标保证保险、履约合同保证保险、预付款保证保险、维修保证保险。被保险人既可以按照工程的不同阶段选择投保上述保险，也可以投保综合性的建筑保证保险。

（2）完工保证保险。该保险承保借款建筑人因未按工期和到期不还借款而造成的有关权利人的损失。

（3）供给保证保险。该保险承保供给方因违反合同规定的供给任务而使需求方遭受的损失。

2. 合同保证保险责任范围

合同保证保险根据工程承包合同内容确定保险责任，一般仅以承包人对工程所有人承担的经济责任为限。保险人只负责工程合同中所规定的因承包人方面的原因造成工期延误的损失，而对因人力不可抗拒的自然灾害或工程所有人提供的设备材料不能如期运抵工地等原因造成的工期延误，则属责任免除。

合同保证保险的保险金额，一般不超过工程总造价的80%。且保险人赔偿的数额以工程合同中规定的承包人应赔偿的数额为限。

（二）司法保证保险

在司法程序中，原告或被告向司法部门提出某项要求时，司法部门一般会根据具体情况，要求其提供保证。此时，法院面临原告或被告违约的风险。而司法保证保险就是为确保诉讼的正常进行而由保险人为被保证人因司法活动所产生的义务提供保证的一种保险。

1. 保险责任

担保被保释的人（未被扣押的被保证人）在规定的时间内出庭受审；担保原告败诉时补偿被告因财产被临时扣押所遭受的损失；担保上诉人能够支付原判决金额及其利息以及诉讼费用；担保由法院指定的财产保管人、破产管理人、遗嘱执行人等忠实履行其义务；等等。在保险实务中，保险人所担保的每一项内容都可以成为一个单独的险别。

2. 司法保证保险的种类

（1）信托保证保险。信托保证保险保证由法院所指定的受托人能够履行自己的职责。

（2）诉讼保证保险。诉讼保证保险包括保释保证保险和上诉保证保险以及扣押保证保险三种。保释保证保险是保险人保证被保释人在规定的时间内出庭受审的保险，否则保险人将承担罚款；上诉保证保险是指当上诉法院维持下一级法院的判决时，保险人保证上诉人支付原判决金额及其利息和诉讼费用的保险；扣押保证保险是指担保原告败诉时应当赔偿错误扣押财产而给被告造成的损失的保险。

（3）特许保证保险。特许保证保险是保险人为被保证人从事某种活动或行为而需要向政府申请领取执照或许可证时提供担保的一种保险。如果被保证人在从事该项活动或行为中违反政府法令或社会公德并造成他人经济损失时，由保险人负责赔偿。

（三）公务员保证保险

公务员保证保险是对政府工作人员的诚实信用提供保证的保险，分为两种形式：一是诚实总括保证保险，即对公务员的不诚实或欺诈等行为所造成的损失承担赔偿责任的保险；二是忠实执行职务保证保险，是对公务员因工作中未能忠于职守而给政府造成的损失承担赔偿责任的保险。

四、产品质量保证保险

产品质量保证保险是合同保证保险的一种，承保被保证人由于其制造或销售的产品质量存在缺陷而造成的产品本身损坏及对权利人所造成的利益损失。这里所说的利益损失，仅限于权利人由于产品质量缺陷所丧失的本应据有的价值和使用价值。在一般情况下，保险人不承担由于产品质量问题所引起的产品之外的其他损失。产品质量保证保险的开办有利于维护消费者的正当权益和社会的稳定，有利于企业产品的顺利销售，有利于企业加强产品质量管理。

（一）责任范围

1. 为用户或消费者更换或整修产品质量不合格的产品，或者进行相应赔偿；

2. 赔偿用户或消费者因为产品质量不合格而丧失产品使用价值的损失以及由此引发的额外费用；

3. 被保险人根据法院判决或有关行政当局的命令，收回、更换或修理已投放市场的质量有严重缺陷的产品所造成的损失以及相应费用。

由于产品质量保证保险的风险不易估算和控制，在业务实践中，通常是由保险人与投保人各自承担一定比例的责任。另外，产品制造商、销售商的技术水平和质量管理状况也是保险人确定费率时需要考虑的重要因素。

（二）责任免除

产品购买者、使用者的故意行为或过失行为所引起的损失；使用者未按照产品说明书安装、调试、使用产品所造成的损失；产品在运输过程中因外部原因所造成的损失或费用；属于制造商、销售商或修理商保修范围以内的损失；因制造或销售的产品缺陷致使他人人身伤亡的医疗费用和住院、护理等其他费用以及其他财产损失；等等。

（三）保险金额和费率

一般以被保险人的购货发票金额或修理费收据金额来确定。前者如出厂价、批发价、零售价等，以何种价格确定，可以由保险双方根据产品所有权的转移方式以及转移价格来确定。

五、贷款保证保险

贷款保证保险是由保险人保证从银行或其他金融机构取得贷款的债务人将确实履行债务，如债务人不履行债务致使债权人（银行或其他金融机构）遭受损失时，由保险人向债权人负赔偿责任，其投保人为债务人（被保证人）。贷款保证保险分为以下几类。

（一）个人抵押贷款房屋综合保险

个人抵押贷款房屋综合保险是为用贷款购买房屋的个人提供还款保证的保险。对于因火灾、爆炸、暴风、暴雨、台风、洪水、雷击、泥石流、雪灾、雹灾、冰凌、龙卷风、崖崩、突发性滑坡、地面突然塌陷等原因造成抵押房屋的损失以及为抢救房屋财产支付的合理施救费用，保险人负责赔偿。另外，因意外伤害事故所致房屋抵押贷款人死亡或伤残，而丧失全部或部分还贷能力，造成连续三个月未履行或未完全履行个人房屋抵押借款合同约定的还贷责任的，保险人也承担全部或部分还贷责任。

需要注意的是，装修、改造或其他原因购置的、附属于房屋的有关财产或其他室内财产，不在该保险范围内。

（二）汽车贷款保证保险

汽车贷款保证保险是为用贷款购买汽车的个人和法人提供还款保证的保险。属于确实保证保险的范畴。该险种一般将向购车人提供汽车消费贷款的商业银行和其他金融机构作为被保险人，借款购车人作为投保人。购车人连续三个月未履行或未完全履行《购买机动车辆借款合同》所约定的还款义务，即为保险事故发生，由保险人承担赔偿责任。

但是保险人对由下列原因引起投保人不履行约定的还款义务不承担责任：车辆被政府征用；因购车人违法使其车辆及其他财产被罚没、查封、扣押、抵债及车辆被转让、转卖；所购车辆毁损或灭失、并且无法得到机动车辆保险的赔偿时；因车辆的质量问题致使投保人不履行还款义务等。

（三）个人消费贷款保证保险

个人消费贷款保证保险是为了配合金融机构的个人消费贷款业务而开办的一项保险业务。这里所说的个人消费贷款是指除汽车和个人房屋消费贷款之外的个人消费信贷业务。其承保的风险主要是投保人不能按贷款合同约定的期限偿还所欠款项。由于其承保风险与个人的信用状况紧密相关，因此客观准确地评估投保人的信用状况是该项保险业务的关键。

（四）企业贷款保证保险

企业贷款保证保险是由保险人为从银行或其他金融机构取得贷款的企业提供担保的保险。该项业务开展时一般先要求借款企业将其固定资产、流动资产向保险公司投保财产保险，再将相当于贷款金额的资产向保险人进行抵押。

附一　××保险公司短期出口贸易信用保险条款

第一条　本保险合同由《短期出口贸易信用保险投保单》《保险单》《短期出口贸易信用保险条款》《出口信用保险国家（地区）风险分类表》《信用限额申请表》《信用限额审批单》《出口申报单》、《批单》以及其他相关单证组成。

凡涉及本保险合同的约定，均应采用书面形式。

适用范围

第二条　凡在中华人民共和国境内注册的企业均可作为本保险合同的投保人和被保险人。

第三条　本保险合同承保同时符合以下条件的出口贸易：

（一）货物从中华人民共和国境内出口；

（二）销售合同真实、合法、有效，应明确订立合同人、货物种类、数量、价格、付款条件及交货日期、地点及方式；

（三）以信用证和非信用证为支付方式，信用期限不超过360天；其中，信用证应为按照约定的《跟单信用证统一惯例》开立的不可撤销的跟单信用证。

第四条 投保人可以选择将所有以信用证和非信用证为支付方式、或所有以信用证为支付方式、或所有以非信用证为支付方式的出口贸易向保险人投保。投保人和保险人对适保范围的约定在保险单中载明。

本保险合同遵循统保原则，投保人应就适保范围内的全部出口向保险人投保、申报出口额并缴纳保险费，保险人依据本保险合同承担保险责任。

保险责任

第五条 在保险期间内，被保险人按销售合同约定出口货物后，或作为信用证受益人按照信用证条款规定提交单据后，因下列风险引起的直接损失，在投保人按照本保险合同约定足额缴纳保险费,并且符合本保险合同所约定的其他条件下，保险人按本保险合同约定承担保险责任。

（一）商业风险，包括：

非信用证支付方式下包括以下情形：

1. 买方破产或无力偿付债务；

2. 买方拖欠货款；

3. 买方拒绝接收货物。

信用证支付方式下包括以下情形：

1. 开证行破产、停业或被接管；

2. 开证行拖欠；

3. 开证行拒绝承兑，指在单证相符、单单相符的情况下，开证行拒绝承兑远期信用证项下的单据。

（二）政治风险，包括：

非信用证支付方式下包括以下情形：

1. 买方所在国家或地区颁布法律、法令、命令、条例或采取行政措施：

（1）禁止或限制买方以销售合同发票载明的货币或其他可自由兑换的货币向被保险人支付货款；

（2）禁止买方所购的货物进口；

（3）撤销已颁发给买方的进口许可证或不批准进口许可证有效期的展延；

2. 买方所在国家或地区，或货款须经过的第三国颁布延期付款令；

3. 买方所在国家或地区发生战争、内战、叛乱、革命或暴动，导致买方无法履行合同；

4. 导致买方无法履行合同的、经保险人认定属于政治风险的其他事件。

信用证支付方式下包括以下情形：

1. 开证行所在国家或地区颁布法律、法令、命令、条例或采取行政措施，禁止或限制开证行以信用证载明的货币或其他可自由兑换的货币向被保险人支付信用证款项；

2. 开证行所在国家或地区，或信用证付款须经过的第二国颁布延期付款令；

3. 开证行所在国家或地区发生战争、内乱、叛乱、革命或暴动，导致开证行不能履行信用证项下的付款义务；

4. 导致开证行无法履行信用证项下付款义务的、经保险人认定属于政治风险的其他事件。

责任免除

第六条　除非本保险合同另有规定，保险人对下列损失不承担赔偿责任：

（一）汇率变更引起的损失；

（二）被保险人或其代理人的违约、欺诈或其他违法行为，或被保险人的代理人的破产引起的损失；

（三）被保险人知道或应当知道本保险合同条款第五条项下任一风险已经发生，或由于买方根本违反销售合同或预期违反销售合同，被保险人仍继续向买方出口而遭受的损失；

（四）非信用证支付方式下发生的下列损失：

1. 可以及通常由货物运输保险或其他保险承保的损失；

2. 买方的代理人破产、违约、欺诈或其他违法行为引起的损失；

3. 银行擅自放单、运输代理人或承运人擅自放货造成的损失；

4. 被保险人向其关联公司出口，由于商业风险引起的损失；

5. 由于被保险人或买方未能及时获得各种必须许可证、批准书或授权，致使销售合同无法履行引起的损失。

（五）信用证支付方式下发生的下列损失：

1. 因单证不符或单单不符，开证行拒绝承兑或拒绝付款所造成的损失；

2. 信用证项下的单据在递送或电讯传递过程中迟延或遗失或残缺不全或误邮而引起的损失；

3. 虚假或无效的信用证造成的损失。

（六）本保险合同保险责任以外的其他损失。

责任限额

第七条　本保险合同累计最高赔偿限额是指在保险期间内，保险人对被保险人按照本保险合同约定申报的出口可能承担赔偿责任的累计最高额度，该累计最高赔偿限额在《保险单》中载明。

第八条 信用限额包括被保险人自行掌握的买方或开证行信用限额和保险人批复的买方或开证行信用限额。除特别注明外，买方或开证行信用限额在保险期间内均可循环使用。

（一）除本保险合同另有规定外，被保险人自行掌握的买方或开证行信用限额是不需被保险人申请，保险人在《国家（地区）风险分类表》承保条件内，自动赋予被保险人对特定买方或特定开证行开立的信用证项下的出口可能承担赔偿责任的最高额度。该被保险人自行掌握的买方或开证行信用限额在《保险单》中载明。对被保险人自行掌握买方或开证行信用限额下的出口，保险人按被保险人自行掌握的买方或开证行信用限额承担保险责任,但赔偿额应按照保险合同载明的赔偿比例计算。

（二）保险人批复的买方或开证行信用限额是保险人对被保险人向特定买方或特定开证行开立的信用证项下的出口可能承担赔偿责任的最高额度，但赔偿额应按保险合同载明的赔偿比例计算。

1. 被保险人应就本保险合同适保范围内的出口，按每一买方或开证行，分别向保险人书面申请买方或开证行信用限额。

2. 保险人批复的买方或开证行信用限额对其生效日后的相应出口有效。保险人批复的买方或开证行信用限额生效后，被保险人自行掌握的买方或开证行信用限额或保险人原批复的买方或开证行信用限额自动失效。该失效的买方或开证行信用限额内的保险责任余额自动归于新批复的买方或开证行信用限额内。

3. 保险人降低或撤销买方或开证行信用限额不影响买方或开证行信用限额被降低或撤销前保险人已承担的保险责任。

（三）保险人有权根据被保险人对买方或开证行信用限额的实际使用情况调整买方或开证行信用限额。对于被保险人超出《保险单》列明的"限额闲置期"仍未申报出运的，保险人有权撤销相应限额。

第九条 自被保险人根据本保险条款第二十九条的有关约定，对任一买方或开证行提交《可能损失通知书》之日起，保险人对该买方或开证行批复的信用限额自动被撤销。

当风险发生重大变化时，保险人有权书面通知被保险人撤销或修改针对特定买方或开证行、特定国家或地区所有买方或开证行的信用限额，上述撤销或修改适用于该通知中载明的生效日期之后的出口，不影响此前保险人已承担的保险责任。

第十条 对于任一买方或开证行，如果被保险人未在出运前获得信用限额或信用限额已失效或被撤销，保险人对相应出口不承担赔偿责任。

保险期间

第十一条　本保险合同的保险期间为一年，起止时间在《保险单》中载明。只要保险人和投保人双方均未提出解除或变更，则本保单在每一期届满时自动续转保险期间一年，本保单项下的批单有效期随保单续转而顺延。

凡在保险期间内出口，投保人按照本保险合同的约定申报并交付了保险费的，无论保险期间是否结束，保险人将按保险合同约定承担保险责任。

第十二条　投保人在保险期间内有权书面通知保险人解除本保险合同。本保险合同自通知到达保险人之日起解除，本保险合同项下投保人缴纳的所有保险费不予退还。该解除不影响解除日以前保险人按照本保险合同约定应承担的保险责任。

第十三条　投保人拖欠保险费超过约定期限 60 天的，保险人有权书面通知投保人解除本保险合同，本保险合同自该通知到达投保人之日起解除，本保险合同项下投保人缴纳的最低保险费及保险人已承担保险责任的对应保费不予退还。该解除不影响解除日以前保险人按照本保险合同约定应承担的保险责任。

保险费

第十四条　保险人按《保险单》约定的方式计算并收取保险费。

（一）投保人应在保险单签发后 7 个工作日内，向保险人交付保险单中载明的最低保险费。最低保险费是投保人在保险期间内应交付的最少保险费。保险人收取最低保险费后不予退还。保险合同履行过程中，投保人应交的保险费将首先从最低保险费中冲减。

（二）被保险人应就《保险单》载明的适保范围内的全部出口，按照《保险单》载明的保险费率向保险人缴纳保险费，除向保险人批复的信用限额为"零"的买方出口，或向保险人批复的信用限额为"零"的开证行开立的信用证项下出口以外。

（三）保险人根据被保险人按本保险合同约定申报的发票金额和《保险单》载明的保险费率，计算保险费并寄送保险费通知，通知投保人保险费抵扣情况或应对交付的保险费金额。投保人应于保险费通知到达之日起 10 个工作日内足额缴纳保险费。投保人未在约定期限内缴纳保险费，保险人对被保险人申报的相关出口不承担保险责任。

当风险发生重大变化时，保险人有权修改针对特定买方或开证行、特定国家或地区的全部买方或开证行的保险费率，并书面通知投保人。修改后的保险费率适用于该通知中载明的生效日期之后的出口。

投保人和被保险人义务

第十五条　未经保险人书面同意，投保人不得就本保险合同项下的约定保险范围内的出口向其他机构投保信用保险。

第十六条　被保险人应将可能影响保险人风险预测、费率厘定、限额审批和理赔追偿的信息真实、全面、准确、及时地书面告知保险人。被保险人应当保证其向保险人提供的资料或申报真实合法有效。

第十七条　被保险人应按照《保险单》载明的申报方法，以保险人要求的格式，向保险人申报适保范围内的出口。保险人对被保险人未申报或误申报的出口不承担保险责任。对于未在约定期限内申报的出口，被保险人有义务及时向保险人补报并补缴保险费。对于在补报前已经发生的损失或可能引起损失的事件已经发生，保险人对该补报部分的出口不承担赔偿责任。

被保险人故意不申报或故意误申报，对本保险合同项下被保险人所有出口发生的损失，保险人有权拒绝承担赔偿责任，并不退还已收保险费。

第十八条　被保险人在申请信用限额后，变更销售合同的支付方式、付款期限、转让债权债务以及其他可能影响保险人权益的合同内容时，应事先征得保险人书面同意，否则，保险人对相关出口项下发生的损失有权拒绝承担赔偿责任。

第十九条　被保险人应保证销售合同真实、合法、有效，并认真审查适保范围内的销售合同及相关单据，经常检查销售合同的履行情况，切实做好货款催收工作。

第二十条　被保险人在获悉本保险条款第五条项下任一风险发生时，应当按照本保险条款第二十五条的约定提交《可能损失通知书》。被保险人提交可能损失通知书后又收回货款时，应在收到货款后 10 个工作日内书面通知保险人。

第二十一条　在知道或应当知道买方或开证行不利的消息以及本保险条款第五条项下任一风险发生时，被保险人应及时采取一切必要措施，避免或减少损失，并书面通知保险人。买方或开证行进入破产程序的，被保险人有义务及时在相关法院或机构登记债权。

第二十二条　被保险人有义务协助保险人核查与本保险合同相关的账册、合同、单证以及往来函电等资料。保险人承诺对相关资料保密。

第二十三条　被保险人应对本保险条款、**单证**及保险人提供的有关买方的相关信息保密。被保险人未能履行保密义务的，应承担相关的法律责任。

第二十四条　被保险人应按照本**保险**合同约定履行其义务。被保险人未履行应尽的义务而影响保险人合法权益时，保险人有权拒绝承担赔偿责任。

索赔

第二十五条　被保险人应在知道或应当知道本保险条款第五条项下拖欠风险发生之日起30 天内，或其他风险发生之日起 10 个工作日内，向保险人提交《可能损失通知书》。被保险人提交《可能损失通知书》是索赔的前提条件。被保险人未能在本保险合同规定期限内提交《可能损失通知书》，保险人有权降低赔偿比例。如果被保险人在规定期限后 180 天内仍未提交《可能损失通知书》，保险人有权拒绝承担保险责任。

第二十六条　被保险人应在提交《可能损失通知书》后 120 天内向保险人提交《索赔申请书》以及《索赔单证明细表》载明的相关文件和单证。超过上述期限，保险人有权降低赔偿比例或拒绝受理索赔申请，但事经保险人书面同意的除外。被保险人提交的索赔单证不全而又未能按照保险人要求提交补充文件的，保险人有权拒绝受理索赔申请。

赔偿处理

第二十七条　保险人在受理被保险人的索赔申请后，应在 120 天内核实损失原因，并将核赔结果书面通知被保险人。保险人对保险责任范围内的损失，按照核定的损失金额与保险人批复的信用限额从低原则确定赔付基数，该赔付基数在任何情况下不得超出出口货物的申报发票金额。保险人赔付金额为赔付基数与本保险合同约定的赔偿比例的乘积。

第二十八条　如果销售合同存在付款担保或发生贸易纠纷，保险人定损核赔的原则是：

（一）对有付款担保的销售合同，除非保险人书面同意，在担保人按担保协议付款以前，或被保险人对担保人申请仲裁或在担保人所在国家（地区）提起诉讼，在获得已生效的仲裁裁决或法院判决并申请执行以前，保险人不予定损核赔。

（二）因贸易双方存在纠纷而引起买方拒付货款或拒绝接收货物，除非保险人书面同意，被保险人应先行申请仲裁或在买方所在国家（地区）提起诉讼，在获得已生效的仲裁裁决或法院判决并申请执行以前，保险人不予定损核赔。

（三）本条第（一）项和第（二）项发生的诉讼费、仲裁费和律师费由被保险人先行支付。该费用在被保险人胜诉且损失属本保险合同项下的保险责任时，由保险人与被保险人按权益比例分摊，否则，由被保险人自行承担。诉讼费或仲裁费限于裁判文书上确定的金额。

第二十九条　保险人定损核赔时，应扣除下列款项：

（一）买方已支付、已抵债的款项及被保险人已同意接受买方反索赔的款项；

（二）被保险人已通过其他途径收回的相关款项，包括但不限于转卖货物或变卖抵押物所得的款项及担保人支付的款项；

（三）被保险人擅自与买方商定的降价部分及被保险人擅自放弃债权的部分；

（四）被保险人根据销售合同应向买方收取的利息、罚息和违约金等；

（五）被保险人已从开证行或买方获得或确定能够获得的其他款项或权益；

（六）其他不合理的费用。

第三十条　在发生保险责任范围内的风险时，如涉及货物处理，在被保险人处理完货物前，保险人原则上不予定损核赔。被保险人处理货物的方式和金额，应事先取得保险人的书面认可，否则保险人有权降低赔偿比例。

第三十一条 赔付后出现下列情况时，被保险人应在收到保险人退款要求后 10 个工作日内退还保险人已支付的赔款：

（一）保险人发现被保险人与买方存在付款担保或贸易纠纷，或被保险人未遵守最大诚信原则而存在欺诈行为或与买方有恶意串通行为；

（二）被保险人擅自接受退货、同意折扣、擅自放弃债权或与买方或开证行私自达成还款或和解协议。

（三）因被保险人原因导致保险人不能全部或部分行使代位求偿权；

（四）保险人在不知情的情况下对不属于本保险合同责任范围的损失进行赔偿。

追偿

第三十二条 被保险人提交《可能损失通知书》后，应委托保险人进行追偿或根据保险人的要求自行追偿，否则保险人有权降低赔偿比例。

第三十三条 在被保险人委托保险人追偿情况下，如保险人查明被保险人所受损失属于本保险合同项下的保险责任，保险人与被保险人按照各自权益比例分摊追偿费用；如保险人查明被保险人所受损失不属于保险责任，追偿费用由被保险人承担。

如被保险人未按保险人的要求进行追偿，追偿费用由被保险人自行承担。

第三十四条 保险人赔付后，被保险人应将赔偿范围内的销售合同、信用证项下的权益转让给保险人。

第三十五条 保险人赔付后，被保险人仍有义务协助保险人向买方或开证行追偿。追回欠款后，按照保险人和被保险人在本保险合同项下各自的权益比例分摊追偿费用和追回款。被保险人及其代理人从买方或开证行追回或收到的任何款项，在与保险人分摊之前，视为代保险人保管。被保险人应在收到上述款项后 10 个工作日内将保险人应得部分退还保险人。

第三十六条 本保险合同约定的风险发生后，无论被保险人与买方是否有特别约定，除非保险人书面同意，买方对被保险人的任何付款均被视为按应付款日时间顺序偿还保险项下被保险人对该买方的应收账款。

争议处理和法律适用

第三十七条 本保险合同争议解决方式由当事人在合同约定从下列两种方式中选择一种：

（一）因履行本合同发生的争议，由当事人协商解决，协商不成的，提交保险单载明的仲裁委员会仲裁；

（二）因履行本合同发生的争议，由当事人协商解决，协商不成的，依法向人民法院起诉。

第三十八条　本保险合同的争议处理适用中华人民共和国法律（不句括港澳台地区法律）。

其他事项

第三十九条　本保险合同使用货币为美元或保险人和被保险人事先约定的其他货币。

第四十条　未经保险人事先书面同意，被保险人转让、抵押、质押或以其他任何方式处置其在本保险合同项下权益的行为，对保险人无任何约束力。由此给保险人造成的损失，被保险人应予以赔偿。

定义

第四十一条　本保险条款中相关名词按下列含义解释。

（一）保险人：指中国人民财产保险股份有限公司。

（二）出口：指货物已经报关并交付给承运人或直接交付给买方，或经保险人认可的其他形式。

（三）信用期限/付款期限：在非信用证支付方式下，指货物出口之日起至买方应付款日止；在信用证支付方式下，指被保险人将信用证项下单据提交议付行或通知行之日起至开证行应付款之日止。

（四）适保范围：指符合本保险条款第三条，并在《保险单》中载明的投保范围。

（五）非信用证支付方式包括付款交单（D/P）、承兑交单（D/A）和赊账（OA）等支付方式。其中：

付款交单（D/P）：指买方取得货运单据以买方先付款为条件的销售合同的支付方式以及同等条件的其他形式。

承兑交单（D/A）：指买方取得货运单据以买方承兑汇票为条件的销售合同的支付方式以及同等条件的其他形式。

赊账（OA）：指买方在未付款或未承兑汇票的情况下可以直接取得货物或货运单据的销售合同的支付方式，包括付款交单和承兑交单支付方式下的货物空运、陆运、部分货物单据直接寄至买方以及同等条件的其他形式。

（六）关联公司：指与被保险人在股权、经营或人员等方面，存在直接或间接的拥有或控制关系的公司；或与被保险人共同为第三者直接或间接所拥有或控制的公司。

（七）开证行：指接受开证申请人委托开立信用证并按信用证条款和条件独立承担付款责任的银行。本保险合同关于开证行的规定适用于保兑行。

（八）最终付款日：即期信用证的最终付款日为有关信用证适用的《跟单信用证统一惯例》规定的银行审单期限的最后一日，远期信用证的最终付款日为开证行的承兑付款日或通知到期日。

（九）追偿费用：指在追偿过程中发生的全部费用，包括调查费、诉讼费、仲裁费、律师费、公证费、认证费和执行费等，以及追回欠款后支付给追账公司或律师事务所的佣金。

（十）破产：指依照买方或开证行所在国/地区的法律，买方或开证行已进入破产程序，或法院、有权机关依法采取了其他使买方或开证行免受债权人直接追偿的措施。

（十一）拖欠：指买方收到货物后，违反销售合同的约定，超过应付款日30天仍未支付货款；开证行拖欠指在单证相符、单单相符的情况下，开证行超过最终付款日30天仍未支付信用证项下款项。

（十二）拒绝接收货物：指买方违反销售合同的约定，拒绝接收已出口的货物。

本章小结：

1. 信用保险以货币借贷和商品赊销中债务人的信用作为保险标的，以债权人为投保人和被保险人，当债务人到期不能履行契约中规定的债务清偿义务时，由保险人承担被保险人（债权人）因此遭受的经济损失。信用保险是随着信用制度的发展应运而生的。

2. 开办信用保险有利于保证企业生产经营活动的稳定发展；有利于促进商品交易的健康发展；有利于促进出口创汇。

3. 从信用保险的业务内容来看，一般可以分为国内信用保险、出口信用保险和投资保险三大类，且这三类又可以进一步分为若干具体险种。

4. 出口信用保险承保出口商因买方不履行贸易合同而遭受损失的风险。出口信用保险是国家为了推动本国的出口贸易，保障出口企业的收汇安全而开办的一项由国家财政提供保险准备金的非营利性的政策性保险业务。按出口合同对进口方的信用放账期长短不同，又可以分为短期出口信用保险和中长期出口信用保险两种。

5. 国内信用保险是指在商业活动中，一方当事人为了避免另一方当事人的信用风险，作为权利人要求保险人将另一方当事人作为被保证人，并承担由于被保证人的信用风险使权利人遭受商业利益损失的保险。

6．投资保险承保被保险人因投资引进国政治局势动荡或政府法令变动所引起的投资损失，又称政治风险保险。

7．保证保险是保险人以保证人的身份，根据债务人的请求并以其信用为标的，为债权人提供担保的一种保险。保证保险主要有诚实保证保险和确实保证保险两大类。

8．诚实保证保险又称为忠诚保证保险，承保被保险人因其雇员的不诚实行为而遭受的经济损失。根据承保方式的不同，可以分为指名保证保险、职位保证保险、总括保证保险、伪造保证保险和综合保证保险五种。

9．确实保证保险承保被保险人在其债务人不能履行或不履行义务时而遭受的经济损失。最常见的是合同保证保险、司法保证保险和特许保证保险。

10．产品质量保证保险承保被保证人由于其制造或销售的产品质量存在缺陷而造成产品本身损坏及给权利人造成的利益损失。

关键词：

信用保险 国内信用保险 出口信用保险 投资保险 保证 保证保险 担保业务 诚实保证保险 确实保证保险 产品质量保证保险 汽车贷款保证保险

思考题：

1．信用保险、保证保险定义。
2．出口信用保险的特点与经营模式。
3．信用保险的主要类别。
4．保证保险的特点与类别。

参考文献：

1．赵春梅，陈丽霞，江生忠．保险学原理［M］．大连：东北财经大学出版社，1999．

2．郝演苏．财产保险［M］．成都：西南财经大学出版社，1996．

3．兰虹等．财产保险［M］．成都：西南财经大学出版社，2001．

4．江生忠．中国保险业发展报告［M］．北京：中国财政经济出版社，2004．

5．郝演苏．财产保险学［M］．北京：中国财政经济出版社，1998．

6．陈可．我国汽车消费贷款保证保险市场前景分析［J］．企业经济，2004

（2）．

　　7．贾海茂．积极发展我国汽车消费贷款保证保险[J]．中国金融半月刊，2003（10）．

　　8．邓志敏．保证保险在消贷中的角色[J]．中国保险，2003（10）．

　　9．徐亚西．论我国信用保证保险的发展[J]．保险研究，2002（12）．

　　10．冯瑞，李良．保险基础与实务[M]．北京：北京大学出版社，2008．

　　11．陈伊维．非寿险实务[M]．北京：中国财政经济出版社，2011．